国家社科基金
GUOJIA SHEKE JIJIN HOUQI ZIZHU XIANGMU
后期资助项目

异在论与比较视域下的老子新解

A New Interpretation of Lao-Tzu Based on the Theory of Other-being and Comparison Between China and the West

田义勇 著

中華書局
ZHONGHUA BOOK COMPANY

图书在版编目(CIP)数据

异在论与比较视域下的老子新解/田义勇著. —北京:中华书局,2020.6（2024.4重印）
（国家社科基金后期资助项目）
ISBN 978-7-101-14581-6

Ⅰ.异…　Ⅱ.田…　Ⅲ.①道家②《道德经》-研究
Ⅳ.B223.15

中国版本图书馆 CIP 数据核字(2020)第 091708 号

书　　名	异在论与比较视域下的老子新解
著　　者	田义勇
丛 书 名	国家社科基金后期资助项目
责任编辑	葛洪春
责任印制	陈丽娜
出版发行	中华书局 (北京市丰台区太平桥西里 38 号　100073) http://www.zhbc.com.cn E-mail:zhbc@zhbc.com.cn
印　　刷	三河市中晟雅豪印务有限公司
版　　次	2020 年 6 月第 1 版 2024 年 4 月第 2 次印刷
规　　格	开本/710×1000 毫米　1/16 印张 25　插页 2　字数 400 千字
国际书号	ISBN 978-7-101-14581-6
定　　价	88.00 元

国家社科基金后期资助项目
出版说明

后期资助项目是国家社科基金设立的一类重要项目，旨在鼓励广大社科研究者潜心治学，支持基础研究多出优秀成果。它是经过严格评审，从接近完成的科研成果中遴选立项的。为扩大后期资助项目的影响，更好地推动学术发展，促进成果转化，全国哲学社会科学工作办公室按照“统一设计、统一标识、统一版式、形成系列”的总体要求，组织出版国家社科基金后期资助项目成果。

全国哲学社会科学工作办公室

目　录

前　言

写作此书，是建立于笔者多年阅读思考老庄哲学的基础上。倘若追溯至最初笔者之阅读《道德经》，乃是1995年左右的事情。那时临近大学毕业，便想由《道德经》学得“老道成熟”的处世之道，让自己踏入社会之时不那么唐突幼稚。同时，由于是汉语言师范专业，需要把字好好练练。出于这样的二重想法，就拿着《赵孟頫书小楷道德经》当范本，练字而兼阅读。事情想得美，实施起来难。字倒是练得勉强能够支撑台面，而“圆滑老成”那一套根本没学到。在担任高中语文教师的七年时间里，仍然是该碰壁就碰壁，说话做事纯凭率性冲动，美我者或谓之“直”，而实质上却仅是“戆”。

碰了一鼻子灰之后，就想考研考博，以为做大学教师为人处世应该相对容易些。孰料这又是极其幼稚可笑的认识。真等做了大学教师，方知大学校园内自有其不得已处。在读书期间，笔者亦曾研读老庄，甚至发表过相关的不成熟的论文①。进入高校工作以后，继续坚持读了一些相关书籍，但个人的时间精力实际上主要放在文论研究以及黑格尔哲学上，虽然也发了些文章，但多是“胆大妄为”之作。

近年来，笔者一方面出版了关于文论或黑格尔的书，诸如《文学理论的价值奠基与视域方法》《黑格尔〈小逻辑〉示要》《〈精神现象学〉示要》，另一方面还在构思写作《异在论》。“异在论”作为一种新创的理论话语体系，是笔者的哲学美学思考的一个总结，其基本立场与思想要点已经形成，其范畴概念与基本框架也大体具备，但其具体运作与行文尚有很多困难。在这个过程中，笔者又承担了所在学院几个班的“国学经典导读课程”的教学任务，用一个学期时间来讲《道德经》。在此期间，笔者产生了就《道德经》来写一本书的想法。这就与已经动笔了几万字的《异在论》有了冲突。好处是，既然自己的哲学思想已经大致成型，则由此基本立场来进行《道德经》

---

①田义勇：《游无定止的逍遥：庄子游观思想研究》，陈鼓应主编：《道家文化研究》第22辑，北京：生活·读书·新知三联书店，2007年版，第460—483页。

的研读与评判就做到了“心中有谱”；坏处则是两方面的，既可能时间精力难以兼顾，更可能因为“主见”太强而“误读”老子的成分太多。但不管怎样，开弓没有回头箭，既然动笔了就要尽量实现它。而且，笔者还想写完此书之后，今后有暇，则不妨继续写《佛经示要》之类。由此亦可见，笔者这么多年在“成熟老道”方面仍然毫无长进，表现在学术规划方面也貌似“雄心勃勃”，实则自不量力。

一

但既然要写，就要表明自己著述的优势或者特点，这既是历来写作者皆不能免的毛病，但也是一般著述的体例要求。这本《异在论与比较视域下的老子新解》特点如何呢？首先，它不是搞文献考据的，而是侧重义理方面的思考或批判的，尤其是侧重于中西比较的。关于文献考证、文字训诂这些方面，笔者虽然在攻读古代文学硕士期间也曾读了些此类的书，但仅限于入门性的泛泛了解；故笔者只能扬长避短，在哲学思辨方面多下功夫。它当然不能凭空瞎说，该遵守的学术规范也要遵守，该参考的学术成果也要参考。但是，它不是“炫学”为主的，而且笔者自己也无“学”可“炫”。它只是老老实实读文本，一字一字细读，基于文本脉络的深入理解来探讨所谓哲学方面的问题。简言之，这是一本相当哲学化的书，偏重于义理方面的讨论。但哲学方面的探讨，笔者也不是没有个基本方向。说得堂皇些，笔者是要把辩证法来一番“价值学转化”的。通常讲辩证法，是把它当作认识论方法，甚至把它夸大为“宇宙大法”或“斗争哲学”；笔者讲辩证法，则是把辩证法当作“价值论审判”的一种“颠倒机制”。

其实，不管是老子的辩证法，还是西方的源自古希腊的辩证法，首先就是批判术，它的基本作用就是揭穿幻相、指示真相。苏格拉底在接受审判时说：“神特意把我指派给这座城市，它就好像一匹良种马，由于身形巨大而动作迟缓，需要某些虻子的刺激来使它活跃起来。在我看来，神把我指派给这座城市，就是让我起一只虻子的作用，我整天飞来飞去，到处叮人，唤醒、劝告、指责你们中的每一个人。”[①]柏拉图也用著名的“洞喻”来讲辩

---

①柏拉图：《申辩篇》，见《柏拉图全集》(第1卷)，王晓朝译，北京：人民出版社，2002年版，第19页。

证法的首要作用，即把人从昏暗囚禁处引到洞外去看到真正的光明[①]。

可以说，对于中华文明而言，老子也充当了类似苏格拉底那样的“叮人”的作用。贯穿老子《道德经》全书的基本精神就是批判精神。其中最引人注目之处就是，老子运用辩证法批判了所谓伦理道德的虚假性与欺骗性。他指出：“大道废，有仁义。”（第十八章）“夫礼者，忠信之薄而乱之首。”（第三十八章）为此，他不无偏激地主张“绝仁弃义”（第十九章）。其次，老子还批判了世俗的价值追求。一般人所追求的，无非是物质财富、身体享乐与人前显耀。针对物质财富，老子警告说：“金玉满堂，莫之能守。”（第九章）针对身体享乐，老子棒喝说：“五色令人目盲，五音令人耳聋，五味令人口爽，驰骋田猎令人心发狂。”（第十二章）针对人前显耀，老子提示说：“宠辱若惊，贵大患若身。”（第十三章）针对统治者的横征暴敛、骄奢淫逸，老子揭露说：“民之饥，以其上食税之多，是以饥。民之难治，以其上之有为，是以难治。民之轻死，以其求生之厚，是以轻死。”（第七十五章）针对穷兵黩武、战争频仍，老子批判说：“师之所处，荆棘生焉。”（第三十章）“夫乐杀人者，则不可以得志于天下矣。”（第三十一章）可以说，在所有的先秦诸子中，就理论批判的广度、力度与深度而言，老子是第一人。

因此，倘若我们要继承老子，发扬老子，就要好好发掘其批判精神。一旦失去了批判力，一旦丧失最为宝贵的批判精神，那就等于背弃老子。在这个意义上，我们对老子学说的最好的态度就是批判，只有认真地批判老子，才是更好地发扬老子。在这方面，钱锺书先生就是很好的典范，比如他批判老子之超越矛盾对立面的做法：“神秘宗深知‘六门’（笔者按，即第二章所言的“有无相生，难易相成”等六对矛盾关系）之交得而不可偏举，欲消除而融通之，乃一跃以超异同，一笔以勾正反，如急吞囫囵之枣、烂煮糊涂之面，所谓顿门捷径者是。”[②]因此，在解读《道德经》的过程中，笔者有意地渗透着批判精神。既然老子着力批判了世俗人生观、价值观，那么若有批判得不对的地方，何妨对老子再来一番批判呢？倘若笔者的批判错了，亦何妨他人针对笔者再进行一番批判呢？不管怎么说，这都是批判精神的不断延续。也只有这样，才是对于辩证法的最好的发展。

---

①柏拉图：《国家篇》，见《柏拉图全集》（第2卷），王晓朝译，北京：人民出版社，2003年版，第510—514页。

②钱锺书：《管锥编》（第2册），北京：中华书局，1986年版，第415—416页。

关于辩证法，马克思有一段广为人知的名言："辩证法在对现存事物的肯定的理解中同时包含对现存事物的否定的理解，即对现存事物的必然灭亡的理解；辩证法对每一种既成的形式都是从不断的运动中，因而也是从它的暂时性方面去理解；辩证法不崇拜任何东西，按其本质来说，它是批判的和革命的。"[①]这本是对于辩证法的批判精神的极好概括。但是，弘扬辩证法的批判精神也不能走到极端，而沦为"任性批判"，更不能成为"否定一切"的代名词，因为辩证法毕竟包含着"对现存事物的肯定的理解"。因此，为了纠偏，尚需补充："辩证法在对现存事物的否定的理解中同时包含着对现存事物的肯定的理解，即对现存事物的存在必然性、合理性的理解。"否则，任意滥用辩证法就很危险，就会导致虚无主义，除了否定、否定、再否定的单调重复毫无建树与收获。因此，辩证法必须警惕着那种狂妄的、随意的否定主义。黑格尔说："思辨的东西，在于这里所了解的辩证的东西，因而在于从对立面的统一中把握对立面，或者说，在否定的东西中把握肯定的东西，这是最重要的方面，但对于尚未经训练的、不自由的思维能力说来，也是最困难的方面。"[②]近年来，笔者亲历了一些"尚未经训练的、不自由的思维能力"所暴露的"幼稚病"，对它们任性冲动的"否他性"深有感触，因此也就更能理解黑格尔这段话中"在否定的东西中把握肯定的东西"的深刻意义。笔者认为，只有把马克思的那段话与黑格尔的这段话结合起来，才能全面地把握辩证法的批判精神；否则，片面地发挥马克思的那段话就会由"不崇拜任何东西"而滑落为狂妄自大地打杀一切；但同样，片面地发挥黑格尔的"在否定的东西中把握肯定的东西"，也容易走向极端保守，从而盲目认同现存事物的合理性，而最终失去了辩证法的批判精神。

二

既然辩证法是批判术，那么其核心是什么？简言之，辩证法的根本所在，就是"颠倒律"。辩证法讲矛盾对立，说到底，就是揭示并超越对立面之间的那种往复运动（"一种绝对的过渡运动或一种纯粹的更替"[③]），比如说

①马克思：《资本论》（第1卷），北京：人民出版社，2004年版，第22页。

②黑格尔：《逻辑学》（上卷），杨一之译，北京：商务印书馆，1966年版，第39页。

③黑格尔：《精神现象学》，先刚译，北京：人民出版社，2013年版，第100—103页。

“正”与“反”,“反”的建立就是“正”的颠倒,反之亦然。

因此,按照笔者的愚见,所谓辩证法的核心并不只是如通常所言“矛盾对立面的斗争和统一”,它更体现于“价值异在面”的“颠倒”机制。所谓“价值异在面”,实质上区分为两种,一种是低一层次上的价值对立面,比如“善”与“恶”、“美”与“丑”;但还有高于此层次的“价值异在面”,比如“道”“无”这样的东西,这些就是高阶存在,相对而言,前者就是低阶存在。老子的《道德经》并不是“自然哲学”或“社会哲学”,更不是“科学”,它主要是一种价值学,发挥着重要的价值审判或批判的作用。因此,讲老子的辩证法,最不应该把它讲成“客观规律”之类,老子从根本上也不屑于这类认识论规律的总结,相反,他是“反知”的。笔者认为,老子的辩证法、佛经的辩证法之别于西方的辩证法,就在于东方的辩证法主要是价值论的而非认识论的,主要是作用于“德性”而非作用于“知性”的。道家哲学、佛家哲学皆有批判世俗的强烈倾向,其批判的基本机制就是“价值反转”。比如佛书《中论》里有《观颠倒品》,它就是针对着世俗的所谓“倒见”而批判之,进而确立自己的所谓“正见”。

我们经常讲“矛盾对立面”,但对立面之间的相互转化机制就是“颠倒”。从认识论讲,对立面之间的规定性是彼此对照、相互交替的关系,此之为“正”,则彼必为“负”,由此及彼的过渡就意味着相反的规定之交换。比如《楞严经》以手指的上下指向为例,指出其相对性,若坚持两者之间的差异性而执迷不悟就是所谓“若此颠倒,首尾相换”。“‘首尾相换’,谓其错认正倒。如以首为尾,以尾为首。诸世间人,一皆如此倒见也。”[①]黑格尔也认为,所谓矛盾对立面之间的差别是相对的,因为彼此之间只是对方规定性的“倒过来”而已,“每一方面本身都是绝对的颠倒和交换”[②]。所以黑格尔也是非常重视“颠倒”的,他说:“由此足见,颠倒这个观念构成了超感官世界的一个方面的本质,我们必须从颠倒这个观念里排除那把诸多差别固定化在一个不同的持存性的要素内的感性的看法,而差别的这个绝对概念作为内在的差别必须纯粹表明为并且理解为自身同一者本身与它本身的排斥和不等同者本身与它本身的等同。这里我们必须加以思维的乃是

---

①般剌密帝:《首楞严经》,哈尔滨:黑龙江人民出版社1994年版,第27页。

②黑格尔:《精神现象学》(上卷),贺麟、王玖兴译,北京:商务印书馆,1962年版,第99页。

纯粹的变化、自身之内的对立或矛盾。”[①]黑格尔的辩证法是深入到事物自身内部的，是把矛盾对立关系理解为“自身之内的对立或矛盾”，对立面是渗透到事物的自身规定之中的，所谓“颠倒”在黑格尔的理解中就是“自身颠倒”。“它自己是意识到它自己是颠倒了的世界，这就是说，它意识到它自己的反面；它是它自己和与它对立的世界在一个统一体中。”[②]黑格尔正是由此破解对立面的“僵固”“对峙”，认为所谓这种“把诸多差别固定化在一个不同的持存性的要素内的感性的看法”是错误的，这种“差别”实际上是“内在的差别”，是自身跟自身相对立的结果。

但黑格尔的“颠倒”仅限于或者说主要体现在相互对立的规定性之间的“纯粹的变化”或“交换”。黑格尔辩证法主要是基于认识论的，虽然其中也蕴含着丰富的价值论意义。反之，东方哲学里的辩证法主要不是为了从认识论上帮人增加知识理解的，而是从价值论上来批判此岸世界的荒谬性的，用尼采的话讲，道家、佛家都算是“彼世论者”[③]，从骨子里是瞧不起“此世”的。尼采经常讲“价值重估”，实则他也是针对着“彼世论者”在进行“价值颠倒”。“彼世论者”（就尼采而言，主要就是基督教哲学）批判肉体与感性，否定此岸世界的意义，尼采就倒过来，肯定肉体与感性，肯定此岸世界的意义。可以说，一切宗教都有“价值批判”的倾向，作为其理论基础，其思想就肯定地体现出“颠倒”世俗价值的功能。所以，笔者讲《道德经》也是把其“价值颠倒”机能视为重点的。

要之，谈辩证法，必须了解价值论的“颠倒机能”。必须对辩证法来一番价值论的现代转化。其实，马克思当年所做的工作也主要是一种“价值批判”。《资本论》所批判的，正是资本主义生产机制所渗透的“价值颠倒”：本来生产是为了改善人的生活，但却演变为为了金钱的增殖；本来机器是为了解放人，但结果是机器淘汰人、磨损人；本来劳动应该致富，但结果却是劳动致贫。扩大开来，衡量社会是否进步合理的标准，就是看其“价值颠倒机制”的限制程度。比如屈原讲“阴阳易位，时不当兮”，《窦娥冤》讲“为善的受贫穷更命短，造恶的享富贵又寿延”，莎士比亚《雅典的泰门》讲金子“使黑的变成白的，丑的变成美的，错的变成对的，卑贱变成尊贵，老人变成

①黑格尔：《精神现象学》（上卷），贺麟、王玖兴译，北京：商务印书馆，1962年版，第109页。

②黑格尔：《精神现象学》（上卷），贺麟、王玖兴译，北京：商务印书馆，1962年版，第110页。

③尼采：《查拉图斯特拉如是说》，孙周兴译，上海：上海人民出版社，2016年版，第29页。

少年,懦夫变成勇士”,都是在控诉一种“价值颠倒”。今天,我们讲老子的辩证法,也要从“价值颠倒”的角度来理解,所谓“水善利万物而不争,处众人之所恶”,正是针对“众人之所恶”而施行一种“价值倒转”。老子所谓“反者道之动”(第四十章),或者“正言若反”(第七十八章),也都要基于一种“价值倒转”来理解,才能获得深刻的领会。值得一提的是,霍克海默、阿多诺之批判“启蒙”,也善于运用“颠倒机制”,而且在价值立场上与老子思想颇有可对话之处。比如他们说:“在辩证思维中,每一种事物都是其所是,同时又向非其所是转化。”①这就表明他们注意到了这种“倒转性”。他们批判“启蒙倒退成神话”“理性倒退为野蛮”“幸福倒转为不幸”“聪明倒退成愚蠢”的现象②,都值得反思,也体现了对于“价值反转”的自觉运用。

三

笔者讲老子《道德经》,还是要贯彻本人自己的“异在论”思想。运用“异在论”来完成对于黑格尔、道家哲学、佛教哲学的“判教”或理论批判,本来就既是“异在论”的理论充实与提升的过程,又是其具体运用于理论对话的推广过程。

“异在论”在方法论上主要是“异阶性”与“平阶性”两个核心范畴。老子的哲学体系有一自觉的不同层次的存在划分,具体来讲就是“道”作为高阶范畴与“万物”作为低阶范畴之间的矛盾关系。老子总是用“道”为价值标准,来衡估世间的一切存在意义。但是,老子不懂得,高阶存在与低阶存在各有意义,高阶存在必须纡尊降格而为低阶存在从而得到具体化,这就是由虚而实,“道”倘若不经过“器”的落实,就始终是不可见的、不可名的;同理,低阶存在也必须保持一个向着高阶存在行进的趋势,这样才能克服其低阶徘徊、安于现状的弊端。既然,高阶存在与低阶存在各有价值,则从价值学讲,两者又是平阶的,是互相补充、缺一不可的。

“异在论”改造并利用通常的“矛盾论”。传统的“矛盾论”貌似重视对

①霍克海默、阿多诺:《启蒙辩证法——哲学断片》,渠敬东、曹卫东译,上海:上海人民出版社,2006年版,第11页。

②霍克海默、阿多诺:《启蒙辩证法——哲学断片》,渠敬东、曹卫东译,上海:上海人民出版社,2006年版,第1—5、193—194页。

立面的双方关系，但实质上很容易在两者之中有一高下层次的异阶划分。比如中国传统的“阴阳学说”，本来“阴”与“阳”是不分轩轾、不可偏颇的，但是，很容易偏于“阳”而贬抑“阴”。甚至老子自己也常常会犯这样的错误。比如“知其雄，守其雌”“知其荣，守其辱”等（第二十八章），按照对立面缺一不可而不当偏于其一的原则，则“雄雌”“荣辱”又何须加以人为性的“守”？辩证法既然讲对立面之间相互转化、相互过渡，难道靠“守”就能“守住”吗？所以，这个对立面既然都是平阶存在，两者地位上并无高下之分，无非是此一时彼一时而已，永远处于互相交替与变换之中，这个运动大方向不是人为所能左右的。

所以，“异在论”既要批判一般重高阶存在而贬低低阶存在的思维方式，又要批判一般在矛盾对立面之中偏守一隅而不顾另一面的思维方式。异在论认为，高低阶之间可以升降转化，平阶之间也可以相互过渡，倘若看不到这个大化流动的总趋势，就会陷入永远不断地发生着的“颠倒律”，比如“高”颠倒为“低”，“左”颠倒为“右”。因此，“异在论”既要善于运用“颠倒律”，又要超越“颠倒律”。“异在论”看到，相互颠倒的两个方面实际上只是因人而异，这两个方面既不能抹杀这不同面的“异”，但又要在价值论上获得一种“共同感”或“认同感”，这就要相互承认“异在”的合理性，也就是承认那不同于某一坚持着的立场的对立面的合理性与存在意义。这样，就要强调两者的共在性而非独在性，由此就要由“颠倒律”过渡为“结合律”，强调两者相互补充、相得益彰。

当然，“异在论”目前还不完善，其主要内容也远不止于此，以上略举大端，只是简单交代本书的基本立场而已。

四

讲老子《道德经》还要彰显其概念意识，借此突出其思想体系的核心范畴及其运作流程。

在老子的思想体系与价值体系中，最为基本的范畴，一般人公认的就是“道”。但是，“道”的最基本的性质是什么？这可能就要产生不同的言说了。比如，有的人可能想到《道德经》的第一章“道可道，非常道”而认为它就是“不可言说性”[1]，或者依据第四十二章“道生一，一生二，二生三，三生万物”而认为它就是宇宙的总根据、总源泉。不管怎么说，“道”就是绝对者、无限者、终极者。但其最基本的特性恰恰是概念性。这就是说，“道”首先源自老子的思想创造与语言创造，是由老子这个活人创建的、言说的。“道”是首先作为一个概念而指涉着一个绝对者、无限者、终极者。倘若这个“至高者”由老子说出、造出，这就首先是一个概念化的过程，或者说，是一个进入思维流程、语言流程的运动。这样，“道”就“他者化”了。因为，毫无疑问，老子也好，作为语言概念的“道”也好，实际上相对于“至高者”的“道”而言，已经是一个他者存在了。换言之，老子的存在是一个肉身存在，《道德经》的“道”是一个符号存在，这都只是真正的“道”的他者存在。反过来也一样，“道”相对于这些世间物、形而下存在者，也只是作为终极存在的他者。所以，“道”的最基本的性质，也就是“他性”(或“他者性”)。“道”的概念化、语言化的过程，就是这样的向着他者转化的过程，或者说，就是“道”的“他性”的实现过程。

“道”的概念性、他性是最为基本的属性，由此进一步讲，就既是绝对的否定性，又是绝对的肯定性。从“道”自身而言，“道”被规定为唯一者、永恒者、无限者，这就是说，它是绝对的肯定性，因为这就意味着它被绝对地肯定了。但与此同时，“道”发挥着作为价值标准的终极参照作用，它是唯一的绝对者，则一切与之相别者，就是绝对地被衡估者，被否定者，因而都是相对者、有限者。这样一来，“道”就是绝对的否定性，发挥着针对于世间存在者的否定功能。但是，既然世间万物的存在都由“道”而来，则等于说，“道”又恩赐了这些存在者的一定合理性或有限的意义，这样它又是相对的肯定性。

从一元本体论讲，“道”自身是其自身之所是，“道是道”，这样它就是绝对的自身等同性。但它因此异于其所有的被造物，故它又是绝对的自身差异化。它异于它自身，因为它造出了万物的存在。万物的存在异于它自身

[1]“不可言说性”的根源在于偏执于“道自身”的绝对同一性，反对一切他者的在场性，即是说，反对一切异于“道自身”的因素与影响。但是，我们每一个人都是“道自身”的他者，当我们为了维护“道自身”的纯洁性而排斥一切言说时，我们已经把这种“排斥”绝对化了。这就是说，我们把“我自身”关于“道自身”的这个“不可言说”的禁令绝对化了。这样，“不可言说性”的否定性规定源于“我自身”的偏执性。

的存在。所以,从万物的存在回归于“道”的存在,就必然是由“万殊”而进入“玄同”的运动,这实质上恰恰是思维的抽象化运动。反之,由“道”的存在而往万物的存在过渡,就必然是由“玄同”而“万殊”的具体化运动。

理解以上基本的思维运动与转化过程,就是我们所要求的概念意识。把握住这些最基本的概念规定性或概念运动,我们就能把握住“道”与他者的基本关系与具体流程。比如第一章的“有”与“无”这两个范畴,实则就是“道”的自身区别化。这就是由自身等同性中走出来,而异化为“有”与“无”。这样一来,我们所涉及的最为基本的范畴实际上并不是“有”与“无”,甚至上也不是“道”,而是“同”与“异”。因为,“道”的存在无非就是“玄同”,或者说,就是“殊途而同归”,这样就等于承认了,“道”即“同”,因为它使万物尽同于自身。同理,万物的存在(包括“有”与“无”)无非就是“道”的“异化”的表现。包括“道”的多种名言、称谓(第十四章“夷”、“希”、“微”),或者“强为之名”(第二十五章),都是这种“异化”在语言、思维运动的具体体现。比如第三十二章,说“道”“无名”,无非就是就“道”之绝对自身讲,实质上就是从“玄同”讲;说“始制有名”,就是从它的异化运动讲,它必须走出原初存在而向着具体化、差异化运动。

不把握概念的运动流动过程及其运作机制,不能把《道德经》的具体内容上升为清晰明澈的概念意识,必然会被老子牵着鼻子走,陷入“惚恍”(第十四章)的莫可名状之中。当然,肯定会有人不愿意走出这种“惚恍”,而宁愿沉浸于所谓“直观”或“冥想”之中,那最好的办法就是由他去吧,因为他可能患上了宁愿“独知”“独悟”的自闭症。只要我们在讲“道”,“道”就已经落入语言化、知识化、概念化的运动了,就必须承认这个“他者化”的合理性与必要性①。“道”总是我们每一个人的“道”,它总非某个人的“私家自迷”的存在,而是博大无私的“与我们共在”,我们每一方都有权作为对话者之一参与进来,各自凭借着关于“道”的语言媒介而相互交流沟通。那个不可言说的“道”,总是已经被“异化”了,被“中介化”了,我们每一个活人,正如

---

①与此相反,学界也有一种拒绝“他者化”的倾向,实质上就是坚持“道”的自身本真性,反对或否定其向着他者的转化运动。这种讲法,有人称之为“非对象化”。这种讲法有其合理性,但是,却暗于自我批判,即是说,该主张者实质上自身就是“道”的他者,在其言及“道”的过程中,“道”早就已经进入了“对象化”的流程了。那种“非对象化”的“道”,或者说,那种冥合性的、体验性的“道”,只能是一种“独在”,只能存在于独自的沉默之中。见林光华:《〈老子〉之道及其当代诠释》,北京:中国人民大学出版社,2015 年版,第 262—268 页。

老子也曾经是一个活人一样，本身只是异于“道”的他者存在了。这个“异”的运动，是任何人也绕不过去的。那些试图“冥合于道”者，或者幻想着“与道合一”者，却不曾想到，若它“与道为一”，何必额外增添“合”的人为努力？本“一”而后“合”者，画蛇添足而已。因此，必须有了“异”，甚至进而有了与“道”的隔膜，才能有“合”的依据。总之，“道”应该是开放性的，是向着所有人的敞开域；而非幽闭性的，拒绝任何关于它的言说。

五

讲老子《道德经》，还要进行充分的理论对话，比如从黑格尔哲学或佛教哲学等理论角度，来深入探究其理论内涵及其特色。但对话不是为了单纯地“求同”或盲目地“求异”。任何一种“求同”，难免以舍弃“异”为前提，甚至说，“求同”就无非是“舍异”的运动。反过来，“求异”又必然以一种话题共同点为基础，否则，就失去了基本的对话性。强调对话性，则不同的对话方、对话内容之间，都是互为他者的存在。这个“异”是无论如何取消不掉的。所谓真理，本来就只是不同的存在者之间展开对话而谋求共识的过程而已，但是，为了对话与共识，必须首先承认不同的他者之间的共在共聚。没有共在共聚，则无非是独白自语、自思孤明罢了。所以，对话总是必要的。

与黑格尔哲学、佛教哲学展开对话，乃至与儒家文化、主流文化展开对话，其关键之点就是辩证法与价值论。老子的辩证法是建立于价值体系的基础上的，最终，一切理论建构总是有一价值指向的。明乎此，则一切谈论最终还是要回归到世界与人生的价值意义上来。这才是不同的思想观念之间进行对话的共同话语平台。除此之外，还要与现代西方哲学，比如与海德格尔哲学、萨特哲学等进行相关的理论沟通与对话性尝试，这样才能实行现代意义上的理论对接，而不是一味停滞在“还原论”“复古论”的迷雾之中。

在诸多对话当中，笔者既要阐明老子的思想独特性与其积极价值，但也始终一贯地坚持反思老子的思想局限性。比如对照黑格尔的思想，笔者就多次反思一个问题：为什么老子的“道法自然”思想培育不出现代意义上的“自由原则”[①]？进一步讲，为什么不能由“自由原则”发展为“个性原则”，由此尊重每一个体的独立人格[②]？倘若“自然”真的如一些学者理解的那样，是“自尔”“自身如此”等意思，那么，由此就应当发展为“自由原则”。即是说，事物发展运动的最基本动力与走向，是源于事物的自身本性，是事物自己决定自己，而不容他者干预，任何外力控制皆不得改变此之必然性。事实上，老子的“无为”思想本来是可以提升为“不干预主义”的，之所以不干预，就在于尊重事物的自身规律，也就是尊重事物的自主性，让事物自己决定自己。但不幸的是，老子的“无为”推到极端，反而是窒息了人的自身主动性，反而发展为放弃自身的任何努力[③]。反之，真正的“自由原则”则是提倡事物的自身发展，自己主动地实现自己的本性，但首先是自知自己的本性，这就要求自我意识的觉醒，这就需要挺立起“自我”的精神。倘若尊重每一事物的本性，必然需要把运动发起的根源落实于一个个具体事物之中，而不是空洞地、泛泛地、抽象地讲“道”，反之，只应该把“道”落实于个别性事物之中，这就必须发展出“个性原则”，必须强调每一事物的独一无二的特性。但是，同样不幸的是，老子的“道”窒息了事物的个别性，用其“玄同”的至上性抹杀了每一事物的独立价值。

在诸多对话当中，笔者还是更致力于老子与黑格尔的对话，既要揭示其共同的问题域，更要揭示其面对同一问题域的不同的立场态度。比如在处理第三十三章时，针对“自知”“志行”“死亡”等问题，笔者都进行了深入的比较，这些比较侧重于问题的深度挖掘，而不期寻求一个简单的唯一性的答案。笔者认为，虽然老子与黑格尔都是著名的辩证法家，但是两者之间异大于同，因此，绝不能像通常那样，对老子与黑格尔做简单的求同式的比较[④]，而是应当具体问题具体分析。

这里预先举两个例子以说明两人之间的哲学立场之对立。首先是关于语言的不同认识与态度。众所周知，老子是质疑语言的传达有效性的，他认为“道”是超越于“言”的（《道德经》第一章），因此他主张“知者不言，言者不知”（《道德经》第五十六章）。相反，黑格尔明确地警告说：“思辨的真

---

①黑格尔：《历史哲学》，王造时译，上海：上海书店出版社，2006年版，第44—45、60页。

②黑格尔：《历史哲学》，王造时译，上海：上海书店出版社，2006年版，第46、65页

③这里面当然不全是老子学说自身的问题，也与后人的误解有关。

④田义勇：《文学理论的价值奠基与视域方法》第八章第四节，上海：上海人民出版社，2016年版。

理很容易在形式上表现为一种纯粹的超凡脱俗的东西。”[1]他主张要把“最好的东西”由“隐藏在内心里”而“走向光明”，也就是通过诉诸明晰性的语言来“追求与他人达成和谐一致”，来获得知识性的普遍可沟通性，隐藏他反对那种类似于“诉诸内心的神谕”的做法：“由于平庸的人类知性诉诸情感，诉诸内心的神谕，所以他可以轻易地打发任何与他意见不合的人。他总是宣称，如果谁在内心里不具有同样的体会和感触，那么他和他就无话可说了。”[2]黑格尔对于语言的可沟通性是高度自信的，他甚至坚信语言有一种魔力，即一种“颠倒机制”：“言谈具有一个神灵般的本性，也就是说，它把意谓中的东西直接颠倒过来，使之成为另外的东西，从而使之根本不能溢于言表。”[3]显然，老子并没有认识到语言的这种“颠倒机制”，尤其是黑格尔所乐见的这种积极的“反转机制”(把“意谓中的东西”反转为普遍性的东西，把感性的个别性反转为普遍的共相)。倘若从老子的立场讲，诉诸语言仅仅意味着背离于“道”；而在黑格尔看来，恰恰由于语言的这种“异化”功能使之最终提升为真理。因此，黑格尔与老子在关于语言功能的认识方面是完全对立的立场。

其次是关于运动的始点与终点的不同认识与态度。老子与黑格尔都体现了“寻根究底”的哲学精神，都倾向于寻找到万物发生发展的最根源，这是两者之相同的方面。但是，老子是更倾向于把总根源奠基在最初的“始”，他喜欢守着那种“初”。而黑格尔则不同，他更重视结果，更重视把真理奠基于运动的完成时，更强调作为运动之总体的把握。比如：“纯概念是绝对无限的、无条件的和自由的东西。在这以概念为其内容的研讨时，必须再一次回溯概念的发生史。本质是从有变成的，概念又是从本质变成的，因而也是从有变成的。但这个变却具有它本身的反作用的意义，所以那变成的东西反倒是无条件的和原始的东西。”[4]在此，黑格尔把“概念”追溯到“有”，从运动过程而言，“有”是始点，按照老子的观点，“有”才是最根本的，才是真理之所在；但是，黑格尔恰恰把这一关系做了“颠倒”的理解，作为“变成的东西”的“概念”反倒是“有”的真理。从老子的立场讲，运动的

---

①黑格尔：《精神现象学》，先刚译，北京：人民出版社，2013 年版，第 42 页。

②黑格尔：《精神现象学》，先刚译，北京：人民出版社，2013 年版，第 44 页。

③黑格尔：《精神现象学》，先刚译，北京：人民出版社，2013 年版，第 70 页。

④黑格尔：《逻辑学》(下卷)，杨一之译，北京：商务印书馆，1976 年版，第 267 页。

“先”更重要，“后”必须奠基于“先”；但从黑格尔的立场讲，运动的“后”更重要，“后”总是超越了、扬弃了、包含了“先”。“认识是从内容到内容向前转动的。首先，这种前进是这样规定自身的，即：它从单纯的规定性开始，而后继的总是愈加丰富和愈加具体。因为结果包含它的开端，而开端的过程以新的规定性丰富了结果。”①

除此之外，本书将通过一系列的对比，证明老子与黑格尔的哲学思想方方面面的对立关系，无论是本体论层面的问题，还是具体领域的问题，诸如知识追求、政治法律、财富积聚、军事行动，等等。笔者是想通过这种“求异式”为主的比较，来强调老子与黑格尔的各自的思想独特性与原创性，强调认识这种思想独特性与原创性的极端重要性，因为思想的进步与发展是基于“异质性”营养的汲取与发扬的。相反，那种简单的求同比附式的比较方法是应该反思与抛弃的，因为它恰恰遮蔽了不同哲学思想之间的独特性与原创性。从时代上讲，黑格尔是远远晚于老子的，在比较的过程中，当然不能用黑格尔的深刻性来讥讽老子的素朴性；但同样，也不能因为黑格尔晚于老子，就把黑格尔的独特思想观念比附为老子早已有之的东西，甚至为了强调老子的思想原创性而认为黑格尔只是“抄袭”。除了黑格尔，又比如海德格尔，他虽然也阅读过老子，甚至受老子的思想影响，但是，是否因此就简单地认为海德格尔的思想立场只是老子思想的“现代翻版”？是否因此就沾沾自喜于老子的原创性而忽略了海德格尔的创造性？事实上，海德格尔与老子也是有着根本性的差异的，两者之间的“同”实质上是表面性的②。

在关于老子的解读过程中，我日益认识到其厚重的文化背景与沉重的历史感，《道德经》的哲思与其史识是联系在一起的，因此，读《道德经》的过程常常既使我出史而思，又让我据理入史。这种“史”与“哲”之间的交织意识，倒是与读黑格尔的《精神现象学》的感受有一致之处，因此，在本书行文中，尤其引述比较了《精神现象学》的诸多论述。对于黑格尔，笔者并没有一味赞同，但是，显然亦心存敬意；同样，对于老子，笔者虽不乏批判，但亦有所感激。此中西两大哲之相照，就犹如两面镜子，你中有我，同时你有我

①黑格尔：《逻辑学》（下卷），杨一之译，北京：商务印书馆，1976年版，第549页。

②可参看本书关于《道德经》第一章的论述。

无或我有你无，各有其独特处，亦各有其相应处。

当然，笔者的这部书毕竟也只是一种自家言说，它也必须要走向他者，经历一番“他者化”的运动流程，并接受各种各样的他者的批评，承受必要的被众多他者否定的代价。这样一来，由一部《道德经》的存在，就派生了无数的“他者存在”出来，它们之间必然相互异在，进而相互冲突、相互斗争，但是，它们必然总是已经相聚相遇了！这种相聚相遇的必然过程，难道不是值得珍惜的吗？

老子总论及其批判

看东西之前要擦亮眼睛，这是生活常识。研究对象之前先要清点研究者自身的先有认知前提与基础，把握所谓问题所及的“前理解”①，这也已经近乎是治学常识。故论及老子之前，首须陈述一些研究者应有的基本观念，然后再具体讨论老子的基本主张与价值立场。

一、研究老子哲学应当具有世界哲学视野

老子其书早已经是世界名著，在很多国家得到广泛的传播。可以说，老子哲学早已置身于世界哲学之中了。但是，老子其书得到广为流传是一回事，能不能成为世界哲学的流行话语乃至主流话语则是另一回事。当然，鉴于老子之“道隐无名”的价值追求，这种观念或许功利了些。而就老子研究而言，是不是具有全球视野，是不是具有对话意识还是非常重要的。简言之，研究老子哲学应当置身于世界哲学的潮流。在参与国际对话方面，尤其是中西哲学的比较方面，老子研究理应走在前头，事实上也的确走在了前头。老子本人正是有强烈的“天下意识”的，他说：“圣人抱一为天下式。”（第二十二章）又说：“譬道之在天下，犹川谷之与江海也。”（第三十二章）在八十一章的著述中，涉及“天下”一词的就有三十多章。而且，面对“天下”，他具有强烈的理论自信：“执大象，天下往；往而不害，安平太。”（第三十五章）

就学界研究而言，有不少学者已经在进行相关的比较对话。由于笔者的学识所限，故只能略举数端。

首先，新中国成立以来，老子研究很长时间是受意识形态影响的。特别是 1959 年前后，关于老子哲学的讨论是围绕着唯物主义还是唯心主义的定性而展开的。具体而言，是拿源自西方哲学的“物质性”与“精神性”概

---

①海德格尔：《存在与时间》，陈嘉映、王庆节译，北京：生活・读书・新知三联书店，2012 年版，第 175—179 页；伽达默尔：《真理与方法》，洪汉鼎译，北京：商务印书馆，2010 年版，第 73—76 页。

念,来理解指认老子的“道”的本质[1],由当时的学界代表人物冯友兰、任继愈与关锋、林聿时等人主导,以1959年中华书局出版的《老子哲学讨论集》为标志。这种哲学话语的使用,抛开其政治意图,在一定程度上已经是中西哲学的比较研究。因为,从概念本源讲,唯物主义与唯心主义都是舶来品,包括马克思主义理论,也是西方理论的产物。这种以西式理论来对比老子哲学的研究态势一直以来占据学术主流。这是不难理解的。因为哲学这个学科的建立本身就是受西方文化教育影响而成就的。值得注意的是,当时冯友兰、詹剑峰指责关锋、林聿时的老子研究“是把《老子》哲学黑格尔化了”[2],是“以黑解老”,“把‘道’理解为黑格尔的绝对”[3]。这种指责或可争议,但于中透露的是维护中国哲学本来面目的学术意识,也可视为对于西方哲学话语影响力的一种警觉甚至是反拨。但实质上,双方都难以摆脱西方哲学话语的支配,所使用的概念系统也都打上了特定时代的印记。

其次,老子哲学研究是不断地在纠偏、发展的。特别是进入改革开放的新时期以来,老子哲学研究更为规范严谨,方法上也更为多样。基于帛书、楚简等出土文献,老子的版本学研究取得了一系列成果,这为进一步的理论思考提供了扎实的文本基础。就比较方法的自觉运用而言,老子研究的代表性人物择以钱锺书、张世英、叶秀山、成中英、傅伟勋、唐力权、张祥龙、邓晓芒、刘笑敢等为例。

钱锺书的老子研究主要成果是《管锥编》中基于《老子王弼注》所做的十九则学术札记。在此过程中,钱锺书旁征博引,文史哲皆有涉及,仅哲学方面就征引了亚里士多德、斯宾诺莎、休谟、莱布尼茨、培根、黑格尔、叔本华、尼采、海德格尔等人的观点,诗人方面也有席勒、海涅、勃莱克(通译布莱克)、艾略特等名家。钱锺书引诗人语以比勘老子哲学,在文学与哲学之间建立联系,打通诗与哲的鸿沟,这在方法论而言可谓一个创新。透过这些耀人眼目的繁星般的大量引述,我们还是应该从哲学角度,从理论核心出发,来审视一番钱锺书的比较研究,尤其是聚焦到黑格尔与老子的比较。

关于黑格尔的观点,钱锺书的主要引述有三:(1)引述黑格尔的“玄夜

①乔清举:《当代中国哲学史学史》(上册),上海:上海古籍出版社,2014年版,第239—240页。
②乔清举:《当代中国哲学史学史》(上册),上海:上海古籍出版社,2014年版,第247页。
③乔清举:《当代中国哲学史学史》(上册),上海:上海古籍出版社,2014年版,第252页。

冥冥，莫辨毛色，遂以群牛皆黑”[①]，来批判老子的泯绝分别的玄同观念[②]。这一批判笔者认为是恰当的，引述黑格尔的观点也比较准确。(2)引述黑格尔的“自在”(an sich)概念，来比附“万物自然”[③]，这一比附显得牵强。黑格尔的“自在”概念，虽然也属于事物发展最原初的阶段，但与老子的“自然”概念仅是表面之似，原因在于两者对于事物之原初阶段持截然对立的价值立场。老子主张应当守护着这种原初状态，而黑格尔则主张必须打破这种原初状态：“精神的本质在于扬弃这种自然素朴的状态，因为精神生活之所以异于自然生活，特别是异于禽兽的生活，即在其不停留在它的自在存在的阶段，而力求达到自为存在。”[④](3)引述黑格尔的“否定之否定”观念来印证老子的“反者道之动”，以为两者之间“理无二致也”[⑤]。实则，老子的“反者道之动”主要是价值意义上的“返”，是回归到事物的发展未萌芽、未分化状态。退一步讲，即使把“反者道之动”理解为“相反”与“回返”两义兼具[⑥]，它与黑格尔的“否定之否定”的概念内涵也是根本不同的。黑格尔讲“否定之否定”，是超越于简单的对立面之间的那种交替轮回的，是对于他者关系的扬弃，是自身关系的恢复。即是说，它已经克服了对立面的纠缠不休，它是“由否定而转回到自身的运动”[⑦]。黑格尔的“否定之否定”并不是简单的负负得正，而是经历了自身分裂、自身与他者的对立斗争的必然过程。而这种分裂、斗争的必经阶段，恰恰是老子所要抛弃的。更要紧者，黑格尔的“否定之否定”是西方主体性哲学的产物，凸显的是主体意识的自我解放，是“自我”的实现。而老子恰恰是主张“无我”的。与此相

---

①贺麟中译本为：“无论是把‘在绝对中一切同一’这一知识拿来对抗那种进行区别的、实现了的或正在寻求实现的知识，或是把它的绝对说成黑夜，就像人们通常所说的一切牛在黑夜里都是黑的那个黑夜一样，这两种做法，都是知识空虚的一种幼稚表现。”见黑格尔：《精神现象学》(上卷)，贺麟、王玖兴译，北京：商务印书馆，1979 年版，第 10 页。先刚中译本为：“这样一种知识——在绝对者之内一切都是相同的——与那种作出区分并得到充实的认识，或者说与那种追求并要求得到充实的认识相对立。它宣称它的绝对者是一个黑夜，在其中，就像人们惯常说的那样，所有母牛都是黑的。”见黑格尔：《精神现象学》，先刚译，北京：人民出版社，2013 年版，第 10 页。

②钱锺书《管锥编》(第 2 册)，北京：中华书局，1986 年版，第 414 页。

③钱锺书《管锥编》(第 2 册)，北京：中华书局，1986 年版，第 434 页。

④黑格尔：《小逻辑》，贺麟译，北京：商务印书馆，1980 年版，第 89 页。

⑤钱锺书《管锥编》(第 2 册)，北京：中华书局，1986 年版，第 446 页。

⑥钱锺书《管锥编》(第 2 册)，北京：中华书局，1986 年版，第 445 页。

⑦黑格尔：《逻辑学》(上卷)，杨一之译，北京：商务印书馆，1966 年版，第 147 页。

关,还涉及黑格尔的“端末回环”或“端末衔接”[1]、“奥伏赫变”(通译为扬弃)[2]的引述。

另外值得注意的是钱锺书对于斯宾诺莎名言 determinatio est negatio 的引用。该名言中译即“限定就是否定”[3]。这个命题非常有名,因为既有黑格尔讨论过它[4],又有恩格斯引用过它[5]。洪汉鼎详细讨论过该命题的本义:“它是作为说明一个绝对无限的东西不可能是受限制的理由被提出来的,因此它不是什么肯定的东西,而是一种否定……”[6]这个意思不难理解,近乎说老子的“道”是不可规定的,任何对它加以规定,都只能是一种否定。但钱锺书把这个名言翻译为“言是此即言非彼”[7],认为是讲彼此之间的相互依赖性。这种理解既不同于洪汉鼎的理解,也不同于黑格尔、恩格斯的理解。我们认为,斯宾诺莎的命题是讨论绝对者的不可限定性,或者说是对于一切限制的拒斥性,而钱锺书把该命题运用于讨论对立面之间的相待性,这是弄错了命题的使用对象。换言之,斯宾诺莎的命题是指向高阶存在的,是讲绝对者的,而钱锺书则用来指向低阶存在,是讲相对者的。

总体来看,钱锺书的比较研究展示了其学问广博的特点,但也有肤浅不切的弊端,尤其是很多比较性引述局限于点到而止、缕列观点,缺乏深入的理论分析与观念洞察。比如老子的“反”字是否“足与黑格尔用‘奥伏赫变’齐功比美”[8]?黑格尔的“奥伏赫变”是主张事物发展、进步的,是基于价值的“升高”的,“所以,被扬弃的东西同时即是被保存的东西,只是失去了直接性而已,但它并不因此而化为无”[9]。很明显,老子是倾向于保持着事物的直接性,并主张“化为无”的。钱锺书对于很多哲学命题与核心概念缺乏深入的领会,因此,他在老子与西方其他哲学家之间的比较中就仅限

---

①钱锺书《管锥编》(第 2 册),北京:中华书局,1986 年版,第 434、446 页。

②钱锺书《管锥编》(第 2 册),北京:中华书局,1986 年版,第 445 页。

③斯宾诺莎:《斯宾诺莎书信集》,北京:商务印书馆,1993 年版,第 228—229 页。

④黑格尔:《逻辑学》(上卷),杨一之译,北京:商务印书馆,1966 年版,第 106 页。

⑤《马克思恩格斯选集》(第 3 卷),北京:人民出版社,1995 年版,第 484 页。

⑥洪汉鼎:《斯宾诺莎研究》,北京:人民出版社,1993 年版,第 742 页。

⑦钱锺书:《管锥编》(第 2 册),北京:中华书局,1986 年版,第 411 页。

⑧亦有学者指出:“钱先生不小心将‘反’等同于黑格尔哲学意义上的‘矛盾’,这是钱先生大瑜中的小疵。”参见赵一凡等主编:《西方文论关键词》,北京:外语教学与研究出版社,2006 年版,第 101 页。

⑨黑格尔:《逻辑学》(上卷),杨一之译,北京:商务印书馆,1966 年版,第 98 页。

于语词层面的相似或相近。比如他引用海德格尔的《存在与时间》[①],仅限于“道”与“言”的关系,而且也是一掠即过。事实上,海德格尔与老子在很多问题上是可以进行比较的,但钱锺书没有就某一方面具体地展开分析。又比如他还引用培根的观点[②],也无关痛痒。众所周知,培根是坚定地捍卫知识的价值与学问的尊严的[③],而老子则是否定世俗知识的,本来应当在这个立场的对立关系上展开深入的比较。我们认为,只有在实质性的问题上,在涉及比较双方的基本立场方面,针对核心命题或核心概念进行深入的比较,这样的比较研究才有学术价值。

张世英研究老子是基于其深厚的西方哲学素养,他本来是黑格尔研究家。但引人注意的是,张世英好像并不把比较研究的重点放在黑格尔与老子之间。他的相关研究,主要是从宏观的角度,对于中西方文化进行比较,特别是吸收了以海德格尔为代表的西方现代哲学的批判主客二分的思想[④],由此而弘扬中国传统的“天然合一”。其中,他提到老子的“复归于婴儿”、“学不学”、“欲不欲”等观念,“以去欲望、功利、知识之蔽,克服人己之分”[⑤]。在张世英的问题域中,黑格尔哲学代表着西方主体性哲学,是主客二分模式的反映,故他更多的是批判的态度;而尼采、海德格尔则代表着黑格尔哲学之后的新思潮,故张世英引以为同调而多有眷注。在他的《天人之际:中西哲学的困惑与选择》一书中,《尼采与老庄》《海德格尔与道家》都是作为专章来谈的。

在尼采与老庄之间,张世英分别就四个方面进行比较:(1)“尼采的‘利己’与《老子》的‘贵身’”;(2)“尼采的‘善于无知’与老子的‘绝圣弃智’”;(3)“尼采的‘醉境’与老庄的‘道’”;(4)“老庄的‘玄览’、‘坐忘’与尼采的‘远观’”[⑥]。在此过程中,张世英对两者的同异之处有所揭示,一些论述有一定的启发性,但也存在着不足之处。比如尼采讲“利己”与老子讲的“贵身”显然不是一回事,两者之间从根本上是对立的。这涉及对于生命的理解。尼采说:“生命本身本质上就是占有,伤害,制服陌生者和弱者,压迫,

①钱锺书:《管锥编》(第2册),北京:中华书局,1986年版,第408页。
②钱锺书:《管锥编》(第2册),北京:中华书局,1986年版,第418页。
③培根:《学术的进展》,刘运同译,上海:上海人民出版社,2007年版,第3—52页。
④张世英:《哲学导论》,北京:北京大学出版社,2002年版,第3—16页。
⑤张世英:《哲学导论》,北京:北京大学出版社,2002年版,第28—29页。
⑥张世英:《天人之际:中西哲学的困惑与选择》,北京:人民出版社,1995年版,第352—368页。

强硬，把自己的形式强加于人，吞并，至少，在最温和的时候，是剥削。”①而凡是了解老子哲学的，就不难看出尼采这种主张之与老子主张的严重冲突。此外，尼采的“醉境”是酒神精神，是肉欲的刺激与狂欢，是激情的宣泄与力量的释放②。这与老子的“致虚极，守静笃”的追求显而易见也是截然对立的。

在海德格尔与道家之间，张世英做了三方面的比较：(1)“道家的‘以物累形’与海德格尔的‘沉沦’”；(2)“道家的‘复归于婴儿’与海德格尔的‘复归于本真’”；(3)“海德格尔反对形而上学与老庄的形而上学的‘道’”③。由于海德格尔与老子之间的确有显著的可比较性，故这部分的比较相对而言也更能切中肯綮。张世英同时也指出：“老庄所讲的‘道’是‘常道’，都是超验的普遍永恒的东西。可见老庄的‘道’，基本上是海德格尔作为一个现代西方哲学家所反对的自柏拉图到黑格尔的旧形而上学的本体范畴。”④这是从西方现代哲学的立场来批判老庄哲学。这种批判或许会引起中国哲学研究界的异议。但难能可贵的是，张世英强调了海德格尔与老庄哲学之间的差异：“中国许多把海德格尔与老庄拿来做比较研究的学者，大都只看到海德格尔的‘本真状态’与老庄的‘与道为一’都是超出名利、超出知识、超然物外的境界，从而认为两者是一回事，他们抹杀了两者的时代差异和民族差异……”⑤笔者认为，在海德格尔与老庄之间，除了“时代差异和民族差异”之外，更值得强调的是两者之间的文化差异与立场差异。就两者的差异，张世英的结论说：“就海德格尔之反对形而上学本体论，重视‘个体化’原则，老庄主张形而上学的抽象的‘道’而言，——我们则需要更着重吸收海德格尔哲学。”⑥这个结论或许不那么令人信服。实际上，提倡“个体化原则”不光是海德格尔在讲，黑格尔也曾经予以很大的重视⑦。而且，海德格尔的哲学也需要批判，他的理论之弊端已经有人在不断地揭示。这就是说，海德格尔哲学能不能成为一个批判老庄哲学的理论尺度本身尚有

①尼采：《善恶的彼岸》，赵千帆译，北京：商务印书馆，2015 年版，第 261 页。

②尼采：《悲剧的诞生》，孙周兴译，上海：上海人民出版社，2016 年版，第 24—25 页。

③张世英：《天人之际：中西哲学的困惑与选择》，北京：人民出版社，1995 年版，第 387—401 页。

④张世英：《天人之际：中西哲学的困惑与选择》，北京：人民出版社，1995 年版，第 403 页。

⑤张世英：《天人之际：中西哲学的困惑与选择》，北京：人民出版社，1995 年版，第 404 页。

⑥张世英：《天人之际：中西哲学的困惑与选择》，北京：人民出版社，1995 年版，第 405 页。

⑦黑格尔：《逻辑学》(下卷)，杨一之译，北京：商务印书馆，1976 年版，第 191 页。

待于商榷与检验。

笔者一方面肯定张世英所做的理论努力，但对其主张"天人合一"而反对"主客二分"等观点持保留意见。这是因为，中国没有经历西方的那种"主客二分"，中国人的主体性精神还远远不足。简言之，西方的"主客二分"等思维模式一向是中国传统所缺乏的。研究中国的学问，不仅要看曾经有什么，还要反思到底缺什么。"人有我无"的东西，正是急需引进的东西。从这个角度讲，老庄哲学的"玄同"思想与"天人合一"思想，都是需要具体批判的，不宜盲目地提倡，相反，我们应当多讲讲"自我"，多讲讲主体性。可喜的是，张世英近年对自己的观点有新的反省："我觉得中华文化要想求得新的大发展，仍然需要多花点时间，做点'补课'的功夫，当然还是不能亦步亦趋。我前些年讲的'超越自我'之'超越'，未免有点言之过早，强调得过多。在当前一段历史时期内，我们还是应当在会通中西的大原则和总趋势下，更多地偏重学习、吸纳西方人的'独立型自我'观。我们不要老是片面地自满于中华传统文化的优点，而应该多一点忧患意识，多想想自己的缺点。"①他还说："中国原始的'天人合一'也有很大的缺点，不强调人与物的区分，缺乏主体改造客体的思想，这就很自然地缺乏主体性。"②这种观点笔者深为赞同。

叶秀山是卓有成就的西方哲学研究专家，他同时也有关于老子的比较研究。他的《我读〈老子〉书的一些感想》一文很有理论深度。在该文中，他既把老子的"道""自然"与希腊语"生长"③"灵魂"④等观念联系起来，与巴门尼德哲学、希腊原子论进行比较，又把老子的"道"与海德格尔的思想进行联系，主要是就 Dasein（中译为"定在"或"此在"）与 Sein（中译为"存在"或"是"）的差异来讲老子的思想。他说："就老子的思路来说，他强调'守着'那个'Sein'，而反对那个'Da'……'Sein'要努力挣脱'Da'的'限制'、'规定'，'保留'着'Sein'的一切'可能性'。因为，如果一'是'了'什么'，就不再'是''别的''什么'；一'有'了'什么'之后，就'僵化'了，就'死'了，所以要'有而不持'，光有个'是'，而'是'为'虚'、为'静'、为'朴'、为'根'，

①张世英：《中西文化与自我》，北京：北京大学出版社，2016 年版，第 2 页。
②张世英：《九十思问》，北京：中国人民大学出版社，2016 年版，第 285—286 页。
③叶秀山：《叶秀山文集·哲学卷》（下册），重庆：重庆出版社，2000 年版，第 614—616 页。
④叶秀山：《叶秀山文集·哲学卷》（下册），重庆：重庆出版社，2000 年版，第 619 页。

‘虚’着那个‘什么’，使这个‘什么’为‘无’，则‘什么’都可以‘是’，可以‘有’。这就是‘虚位以待’，‘虚’其‘位’，以‘等待’一切的‘什么’。这是老子的思路和理路。”[①]这些论述颇能发人深思，对于老子的立场有某种相契合的地方。叶秀山把老子的“道”理解为不愿接受一切限制，宁愿保持着一种无限的“可能性”，是受了海德格尔的影响的。海德格尔说：“最本己的可能性是无所关联的可能性。”[②]这句话颇能与老子的“道”相通。海德格尔认为，人的生存具有无限的可能性，总是有一种“尚未”，“即始终亏欠的东西”[③]。这些论述都与老子的“虚”“无”可以相通。但是，仍然要看到海德格尔与老子的巨大区别。老子的“道”是高于海德格尔讲的“此在”的。即是说，海德格尔讲“可能性”是基于“此在”（实际上就是单个的人）的日常生活，是强调“在世界中存在”，仍强调诸种“纠缠”，而老子讲“道”是彻底的“无所关联”，是拒绝一切世间的名缰利锁的。换言之，海德格尔讲“此在”还远不如老子的“道”那么“空”，他仍然有“死”作为“畏”之根源[④]。而老子的“道”则是超越于“死”的，追求所谓“死而不亡者寿”（第三十三章）。与老子之执着于无限性相比，海德格尔实质上还是基于人的有限性来思考问题，他始终丢不下的还是那个“Da”[⑤]。

成中英一直在中西哲学之间寻求会通与融合。他的《论中西哲学精神》一书涵盖了老子哲学与西方哲学的比较。他说：“如果说，西方思维方式倾向于形式的、机械的、冲突的，那么，中国传统思维方式则倾向于整体的、辩证的、和谐的。故而，我们将中国传统思维方式的特征概括为‘和谐化的辩证法’。”[⑥]在这个前提下，他对于道家思想进行了论述。他说：“和谐在道家的观念里无过于万物的自然统合和万物依循对偶、互摄、反、反者之反（复）等原则的自然变化。当然，无限的创生能力亦是道的性能之

①叶秀山：《叶秀山文集·哲学卷》（下册），重庆：重庆出版社，2000年版，第621页。

②海德格尔：《存在与时间》，陈嘉映、王庆节译，北京：生活·读书·新知三联书店，2012年版，第302页。

③海德格尔：《存在与时间》，陈嘉映、王庆节译，北京：生活·读书·新知三联书店，2012年版，第279页。

④海德格尔：《存在与时间》，陈嘉映、王庆节译，北京：生活·读书·新知三联书店，2012年版，第305页。

⑤海德格尔：《康德与形而上学疑难》，王庆节译，上海：上海译文出版社，2011年版，第218—219页。

⑥成中英：《论中西哲学精神》，上海：东方出版中心，1991年版，第173页。

一。”[①]进而他说：“在这意义上，我们可试与其他文化、其他哲学中发展出的辩证观做比较。我们会很自然地联想到两种不同类型的辩证哲学：其一，近代西方由黑格尔到马克思所传袭的永恒进步的辩证法；其二，佛学传统中提倡全然否定、全然无执的中观辩证法。我们之所以要比较这三者，是因为，我们想指出，儒、道二家中的和谐化辩证法与黑格尔、马克思的辩证法、中观辩证法在逻辑上有根本的不同。”[②]但是，成中英的论述是宏观性的，由此就带来一些问题，比如儒、道之间的差异被忽略了，黑格尔与马克思之间的众所周知的差异(甚至对立)也被忽略了而同等看待。此外，成中英还在怀特海与老子之间进行了比较。但，与其说是比较，不如说是拿怀特海的“象征指涉”理论[③]来运用于分析老子，归纳了“水”“赤子”“母亲”“阴性”“朴”等关于“道”的意象[④]。这些理论分析虽有新颖之处，但其与老子的思想是否契合就有待于商榷了。

傅伟勋的《从西方哲学到禅佛教》同样是宏观立论为主。他论及老子说：“依照我所了解的老子思想的哲理本末次序，道的六大层面是：(1)道体(Tao as Reality)；(2)道原(Tao as Origin)；(3)道理(Tao as Principle)；(4)道用(Tao as Function)；(5)道德(Tao as Virtue)；以及(6)道术(Tao as Technique)。从道原到道术的五个层面，又可以合成‘道相’(Tao as Manifestation)。”并把“层面”与西方哲学的“范畴”相区别，称之为“整全(顾及全面)的多层远近观”的一种表现方式。这种理解是有独特的见地的，凸显了老子哲学的“颇具哲理的伸缩性与诠释学的开放性”。[⑤] 只是缺少了对于具体文本的细致分析作为支撑。

唐力权的思想具有独创性，在于他提出了新创的哲学体系，即“场有哲学”[⑥]。他虽受怀特海等西方哲学家思想的影响，但主要还是据此阐发中国传统思想的优长，在此过程中提出一系列新见，其中也包括了对于老子哲学的比较研究。这里值得注意的主要是：(1)认为老子的“道”与黑格尔的“绝对精神”、胡塞尔的“超越我”不同，黑、胡所讲的是“无根”的，而老子

①成中英：《论中西哲学精神》，上海：东方出版中心，1991年版，第180页。
②成中英：《论中西哲学精神》，上海：东方出版中心，1991年版，第184页。
③成中英：《论中西哲学精神》，上海：东方出版中心，1991年版，第229页。
④成中英：《论中西哲学精神》，上海：东方出版中心，1991年版，第240—245页。
⑤傅伟勋：《从西方哲学到禅佛教》，北京：生活·读书·新知三联书店，1989年版，第385页。
⑥唐力权：《蕴徼论：场有经验的本质》，北京：中国社会科学出版社，2001年版，第194页。

的“道生一”则是挺立出“根身”——“中介于‘道’与‘器’之间的形躯”[①]。(2)基于“有无相即”观念,把《道德经》第一章的“常无”“常有”理解为“无限背景”与“前景现象”,并指出:“没有无前景之背景,也没有无背景之前景。”[②](3)结合维特根斯坦的思想,论述道家“无言”的意义。他认为通常的语言是“事物语言、一种设计出来的语言”,故无法表达“道”的本质。[③]这些论述也是宏观性的,语言表述也带有强烈的个性色彩。唐力权之目的实际上不是追求“哲学史家式”的客观性,而是带有“哲学家式”的创新冲动。因此,他的这种研究既有其新颖性,但也会引来争议。

张祥龙的哲学研究以《海德格尔思想与中国天道》为代表,其中有专门一章讲老子。本书有三部分构成,第一部分介绍海德格尔思想,第二部分讲东方思想,第三部分才是海德格尔与中国天道的比较,而且相对于前两部分,第三部分的比较研究是显得单薄而仓促的,在全书十七章中仅有三章文字而已。张祥龙基于对海德格尔“缘在”(Dasein)[④]思想的理解,认为海德格尔所谓的存在的真义即“缘构发生”[⑤]。这种认识就构成了他解读老子的“前理解”。以老子的“反者道之动”为例,张祥龙强调非现成性、动态性,即“发生的构成态”[⑥]。他更为直接的结论是:“《老子》一书中的‘反’,说到底,就是从现成反到构成,从焦点反到边缘域……也就是与通常的平板思维不同的那样一个构成的、边缘域的领会境界和生存境界。”[⑦]这种论述不为无理,但显然,与老子的思想亦有不尽贴切之处。笔者以为,如果说海德格尔重“缘在”,重“结缘”的在世关联性,那么,老子则有“绝缘”的倾向,他的“道”与在世、日常生活有明显的张力关系。

邓晓芒以翻译研究康德、黑格尔哲学知名。他这方面的代表作是《思辨的张力:黑格尔辩证法新探》,在该书第一章中他对于中西辩证法进行了比较。其要点是:(1)“生存论上的差异”,中国生存本体是“气”、“道”或

---

①唐力权:《周易与怀德海之间——场有哲学序论》,沈阳:辽宁大学出版社,1997年版,第165—166页。

②唐力权:《周易与怀德海之间——场有哲学序论》,沈阳:辽宁大学出版社,1997年版,第114页。

③唐力权:《蕴徼论:场有经验的本质》,北京:中国社会科学出版社,2001年版,第54—55页。

④张祥龙:《海德格尔思想与中国天道》,北京:生活·读书·新知三联书店,1996年版,第91—95页。

⑤张祥龙:《海德格尔思想与中国天道》,北京:生活·读书·新知三联书店,1996年版,第163页。

⑥张祥龙:《海德格尔思想与中国天道》,北京:生活·读书·新知三联书店,1996年版,第282页。

⑦张祥龙:《海德格尔思想与中国天道》,北京:生活·读书·新知三联书店,1996年版,第290页。

"水"，而西方是"火的哲学"[①]。"中国哲学始终未能突破'气论'或'道论'的无定形阶段而上升到明确的规定性和语言的'逻各斯'，正反映了对个体生存动力的追求和对自我定形的欲望之软弱无力。"[②]"真正的辩证法则应当从同一个事物的自我否定性及所导致的'差别的内在发生'出发，来考察事物的自我分裂又自我回复的运动过程……对比之下，中国古代讲两个对立面相互依存、斗争、转化，讲'物极必反'，讲'反者道之动'，唯独不讲一个事物的能动的自我否定性。"[③]基于此，邓晓芒认为先秦哲学"体现为一种'反生存论'倾向，一种使人返回平静本性、克服内心骚动的力，实际上是对生命欲望的扭曲，已完全丧失了打破外在限制的内心冲动"[④]。(2)"语言学上的差异"，"中国哲学……与希腊哲学不同，它一开始就采取了蔑视语言本身或使语言为政治服务的态度，从未把语言当作人与世界本体之间的必经中介，更谈不上将语言本身及其逻辑当作本体和客观规律了"[⑤]。在行文过程中，邓晓芒对于老子的"道"与西方的"逻各斯"进行了比较，其根本不同即在于语言观念的对立以及"完全相反的思路"[⑥]。

笔者认为，邓晓芒关于中西之间的生存论、辩证法、语言观的比较是非常深刻的，很多表述既准确又痛切，很能揭示中国传统哲学的弊端。但其鲜明的赞同西学而贬低中学的倾向性很容易招来非议。此外，邓晓芒就"无"的概念在中西之间进行的比较，虽不乏精到的见解，但总是以黑格尔的"自否定"[⑦]理念来衡估中西理论的优劣，亦陷入了一种误区。事实上，老子的"道"是另一种意义上的"自否定"，是针对着现实的欲望膨胀而进行的否定活动，所谓"为道日损"的"损"本身就是一种努力，所谓"致虚极，守静笃"的"致"与"守"的修持功夫，也不能说不是一种针对自身的欲望躁动的一种克制行动。因此，中西之间，尤其是黑格尔与老子之间的根本差异并不是由于"自否定"的缺失，而是源于对主体欲望的不同态度。黑格尔的"自否定"实则意味着主体欲望的无限肯定，故这一意蕴经由马克思发挥而

①邓晓芒:《思辨的张力:黑格尔辩证法新探》，北京:商务印书馆，2008年版，第43—44、67页。
②邓晓芒:《思辨的张力:黑格尔辩证法新探》，北京:商务印书馆，2008年版，第69—70页。
③邓晓芒:《思辨的张力:黑格尔辩证法新探》，北京:商务印书馆，2008年版，第72—73页。
④邓晓芒:《思辨的张力:黑格尔辩证法新探》，北京:商务印书馆，2008年版，第78页。
⑤邓晓芒:《思辨的张力:黑格尔辩证法新探》，北京:商务印书馆，2008年版，第87页。
⑥邓晓芒:《思辨的张力:黑格尔辩证法新探》，北京:商务印书馆，2008年版，第90页。
⑦邓晓芒:《思辨的张力:黑格尔辩证法新探》，北京:商务印书馆，2008年版，第209页。

彰显为“改变世界”[①]的革命实践。而老子的“为道日损”的活动恰恰是主体欲望的取消活动，这种取消活动难道不是人针对自身的绝对否定吗？因此，从“自否定”的本来意义上讲（自己否定自己），老子哲学反而是把“自否定”发挥到极致的，比如他讲“自胜者强”，这个“自胜”正是针对着自身欲望的一种否定活动。

刘笑敢是老庄哲学研究界的知名学者。由于他的研究一向重视文献基础与本义探究，因此对于“用西方哲学（包括马列）的角度、框架、概念来研究、解释、重构中国古代的思想理论”的弊端比较敏锐，他称之为“反向格义”[②]。在其煌煌大作《老子古今》中，刘笑敢继续围绕着“反向格义”，对现代学术史上的一些研究案例进行剖析，指出其弊端与困难之处[③]。他指出：“将西方概念用于中国哲学术语时，或者将中国哲学理论与西方哲学作比较时，应该全面了解和分析双方的异同，避免简单地为中国哲学作西方式定义或定性，这样或许可能避免狭义的反向格义所遇到的尴尬。”[④]这种主张当然是笔者赞同的。但是，笔者认为，运用西方概念术语、视角方法、框架模式来解读中国哲学之所以成为普遍性的做法，刘笑敢似乎对其根源有所忽略。这个根源就是，中国的现代知识体系、文化教育体系是源自对于西方文化的被动或主动的学习。更深层的原因则是，近代以来，中国文化在世界文化舞台上的地位是日益衰落的，伴随着国力衰落，政治上被动挨打，经济上遭受剥削，导致中国传统文化失去了在国际舞台上的竞争力。因此，中国人知耻而后学习西方文化，是迫不得已的事情。这就造成了近现代的中国文化领域以西方文化的输入为主。这个大势倘若不改变，则所谓“反向格义”就很难根治。而且，身处“西方文化输入国”，我们的认知结构、思维方式、语言模式都打上了西方文化的印记，以至于有人说我们患上了“失语症”。包括笔者在内，这种问题也很难避免。就刘笑敢而言，他虽然指出了“反向格义”的种种问题，但似乎连其本人也难以洗脱西方话语的影响。比如关于老子的“道”，他说：“经过反复考虑，笔者认为老子之道可以概括为关于世界之统一性的概念，是贯通于宇宙、世界、社会和人生的统

---

①《马克思恩格斯文集》（第 1 卷），北京：人民出版社，2009 年版，第 500、502 页。

②刘笑敢：《庄子哲学及其演变》，北京：中国人民大学出版社，2010 年版，第 318 页。

③刘笑敢：《老子古今》（上卷），北京：中国社会科学出版社，2006 年版，第 96—110 页。

④刘笑敢：《老子古今》（上卷），北京：中国社会科学出版社，2006 年版，第 110 页。

一的根源、性质、规范、规律或趋势的概念。概括起来，则包括统一的根源和统一的根据两个方面。”[①]这里，仍是一个定义式的表述，诸如“统一性”“概念”“规律”等术语一望而知是源自西方的或受过西方文化的影响。倘若追求中国文化的本真性，则这些术语可能都有问题。但包括笔者，谁能把这些术语彻底放弃呢？因此，笔者认为，在整个西方文化占据主导地位的时代，想要“独善其身”是不可能的。

事实上，刘笑敢在《老子古今》中大量参照了西方文化，这种做法也无可厚非。比如，就老子的“道”，他比较了西方的“上帝”，指出：“就它们的解释功能来说，二者都有相似之处。作为世界的总根源和总根据，上帝的伟大之处，上帝的功能和作用与道都有类似之处，但一涉及人格问题、意志问题、目的问题、精神问题，上帝与道就毫无共性可言。”[②]在具体的阐释过程中，刘笑敢引用蒂利希、马斯洛、霍布斯、魁奈等西方学人的观念，在宗教、心理学、政治学、经济学，以及女性主义、自然科学等方面进行比较，所论亦有启发性。但，也有牵强不周的地方，比如把老子的“有生于无”的观念与现代宇宙学的大爆炸理论联系起来[③]，而这之中的关联性并没有获得说服力很强的揭示。

以上关于中西比较的综述当然是挂一漏万的。比如老一辈的学人中，张岱年也有相关的贡献[④]，一些知名的老子研究专家的相关研究[⑤]，这里就没有一一缕述。但由此已经足以说明，研究老子哲学是需要世界哲学的视野的，是需要进行中西比较的。但是，必须强调的是，中西比较不应该有源于现实利益的过于强烈的功利思想，尤其是要克服狭隘的民族主义情绪，以及由此产生的汉文化优越感。中西比较一旦有了争胜之心，一旦有了利益的纠葛，就容易陷入立论的狭隘与偏执。实质上，倘若我们具有了世界哲学的视野，或者说，倘若我们站在世界哲学的高度看问题，则无论西方哲学还是中国哲学都是其中的内在组成部分，两者之间就不是油水分离的关系，两者之间就可以发展为“你中有我，我中有你”的相互包容而非相互外

①刘笑敢：《老子古今》(上卷)，北京：中国社会科学出版社，2006年版，第113页。
②刘笑敢：《老子古今》(上卷)，北京：中国社会科学出版社，2006年版，第152页。
③刘笑敢：《老子古今》(上卷)，北京：中国社会科学出版社，2006年版，第452页。
④张岱年：《中国哲学大纲》，南京：江苏教育出版社，2005年版，第115页。
⑤胡道静：《十家论老》，上海：上海人民出版社，2006年版。

在的关系。进而,从中国哲学的发展讲,更应该侧重于“西方有的,而我尚无”的学习精神,这样才可能取其所有而补我所无。这是拿西方哲学的优长来助长自身的壮大。而通常那种“西方有的,我早已有”的自满自得是要不得的,只是一种沉溺于自大狂的虚荣罢了。故而,相比于求同式的比较,求异式的比较要更有价值。

二、研究老子哲学应该具有时代意识与价值贞定的追求

关于哲学与时代的关系,马克思曾经说过:“哲学家并不像蘑菇那样是从地里冒出来的,他们是自己的时代、自己的人民的产物,人民的最美好、最珍贵、最隐蔽的精髓都汇集在哲学思想里。”①他还说:“任何真正的哲学都是自己时代的精神上的精华,因此,必然会出现这样的时代:那时哲学不仅在内部通过自己的内容,而且在外部通过自己的表现,同自己时代的现实世界接触并相互作用。”②因此,研究老子哲学也要具有时代意识。这既要关注老子所处的时代,也要关注当下生活的时代。这样一来,时代意识又总是联系着历史意识与现实意识。

在老子的时代,是大变革的时代。周王朝所奠立的政治秩序,周公制礼作乐所奠定的文化体系与价值体系,统统面临着崩溃的危险。战争频仍、社会动荡是这个时代的最突出的特征。“仅《春秋》所记,250余年中,言‘侵’者60次,言‘伐’者212次,言‘围’者40次,言‘师灭’者1次,言‘战’者23次,言‘入’者27次,言‘进’者1次,言‘袭’者1次,言‘取’言‘灭’者更是不可胜计。”③大动荡的社会形势必然给人一种天翻地覆的感受冲击,这种“颠覆感”必然沉淀下来,进而转化为心灵世界的“颠倒无常”的精神观念。因此,“颠倒”观念是理解老子哲学及其时代特征的最切实的着眼点。同时,时代的动荡不休,变化莫测,又导致人们对于“永恒”“常态”的渴望。因此,“变”与“常”的辩证法由此产生。所以,理解老子哲学,就既要看到他对于“变”的重视,又要看到他对于“常”的强调。事实上,在“变”与“常”的关系上,“常”占有着至高无上的地位,而“道”就是指向着“常”的终极范畴,“常道”“常名”“常德”都体现了老子对于“常”的追求。由此可

---

①《马克思恩格斯全集》(第1卷),北京:人民出版社,1995年版,第219—220页。

②《马克思恩格斯全集》(第1卷),北京:人民出版社,1995年版,第220页。

③卿希泰、詹石窗:《中国道教思想史》(第1卷),北京:人民出版社,2009年版,第72页。

见，老子的“道”反映了当时的时代呼声：人民渴望摆脱动荡不已的局势，渴望一种安定和平的环境，渴望建立一种恒常牢固的秩序。

由此可见，老子哲学是“自己时代的精神上的精华”，他的“道”是“人民的最美好、最珍贵、最隐蔽的精髓”之汇聚。这就启示我们今天研究老子哲学进而建立自己的哲学体系，也要深入思考自身所处的时代，也要具有伟大的历史感与现实感。

我们当下这个时代，是相对和平的时代。但是，这只是相对于战争而言的。实际上，我们这个时代同样是个大变革的时代。比如邓小平引领的“改革开放”潮流，本身就是大变革的运动过程的一部分。质言之，“改革”本身就是一场不流血的“革命”。

远的说来，中国自近代以来，就没有消停的时候。鲁迅说：“革命，反革命，不革命。革命的被杀于反革命的。反革命的被杀于革命的。不革命的或当作革命的而被杀于反革命的，或当作反革命的而被杀于革命的，或并不当作什么而被杀于革命的或反革命的。革命，革革命，革革革命，革革……”[①]“你方唱罢我登场”，“城头变幻大王旗”。一派刚来尚未站稳脚跟，另一派已经站在门头等着埋葬他，而更新的一派也紧紧地追踪而至。战争频繁，几乎一个连着一个：鸦片战争、太平天国运动、八国联军入侵、义和团运动、军阀混战……

所以，我们所处的时代，从远了说，是“变”，从近了说，还是“变”。强调“变革”，强调“与时俱进”，是我们时代的鲜明主题。时至当下，“改革”进入了“全面深化改革”，这种促新求变的要求愈加强烈。与此同时，旧的社会秩序、道德体系、价值体系是统统面临着被推翻的可能性的。在这个急功近利的时代，“三十年河东三十年河西”已经加速为“三日河东三日河西”。那么，总是这么“折腾”是否就正常呢？如何在“变”中建立一种“常”呢？当今愈演愈热的“国学热”的背后，其实是人们对于“常”的渴望：既然新的“常”尚未建立起来，那就缅怀一下旧的“常”，乃至一些类似于“二十四孝”“三纲五常”的东西也被拿出来叩拜。这种扭曲的文化现象正反映了一种呼声：人民渴望“常”，期待着一种能够长治久安的东西，期待着一种建设为主而非破坏为主的努力。张载说过：“为天地立心，为生民立道，为去圣继

---

①鲁迅：《鲁迅全集》(第3卷)，北京：人民文学出版社，2005年版，第556页。

绝学，为万世开太平。”[①]这里同样反映了一种“常”的呼唤。哲学研究应当关注这种“常”的建立。《庄子·天下篇》讲老子哲学也说：“建之以常无有，主之以太一。”所突出的也是“常”的建立。

总之，通过把握老子的时代特征，进而通过了解我们的当下时代特征，就可以得出一个基本关系，即“变”与“常”的关系。怀特海也说：“各种理念就是围绕着恒定和流变这两个概念而形成的。在不可避免的必然之流中总有某种持存永驻的东西，压倒一切的恒定性总有涌入流变之中的成分。只有从流变中才能把握住永恒，而流过的瞬间只有归于永恒才能发现其合适的强度。想要把这两个要素分开的人就不可能找到对明显事实的解释。”[②]一方面，我们必须重视“变”，但另一方面，总是强调“变”也失之于片面。倘若强调变革、推翻、破坏，强调“变”当然具有合理性；但如果是强调稳定、建设、维护，则强调“常”或“恒”就是必要的。就单个人的生存而言，匆匆不过百年光景，人的生命是经不起几次大的折腾的，因此，总是应该相对地维持一种常态。就哲学创造而言，它是应当超越于现象的变幻不定的，它应该通过创造概念来凝固下来一些东西。

倘若我们再反思一下这个时代的严重问题，则“常”的要求就更为重要。这个时代是一个任何人都不能安于现状的时代，每一个人都躁动不已，“不安”是这个时代的共同心理，无论是主动或是被动，每个人都被抛入了“不安”的旋涡之中。与此同时，多数人都抱怨社会的丑恶现象：道德滑坡、世风日下、人心不古、金钱崇拜、低俗盛行。人们更注重于个人利益的获得，而鄙视过去的“大公无私”为一种“伪崇高”，相比于过去的强调“奉献”，当今的人们更在乎“索取”，相比于过去的强调“精神”，当今的人们更在乎“享乐”。费希特曾经把人类发展划分为五个基本阶段：(1)“人类无辜的状态”；(2)“恶行开始的状态”；(3)“恶贯满盈的状态”；(4)“说理开始的状态”；(5)“说理完善和圣洁完满的状态”[③]。费希特认为他的时代是第三个时代，“只剩下一种纯粹的、赤裸裸的利己主义”[④]。费希特并不是单纯从否定他所处的时代来讲的，相反，他认为这是必经的阶段。那么，抛开费

---

①张载：《张载集》，章锡琛点校，北京：中华书局，1978 年版，第 376 页。

②怀特海：《过程与实在》，李步楼译，北京：商务印书馆，2011 年版，第 510—511 页。

③费希特：《现时代的根本特点》，沈真、梁志学译，北京：商务印书馆，2017 年版，第 12—13 页。

④费希特：《现时代的根本特点》，沈真、梁志学译，北京：商务印书馆，2017 年版，第 66 页。

希特的过于极端的表述,我们可以拿他所讲的第三个阶段来比较下当下的时代:“直接摆脱专断的权威、间接摆脱合理本能和任何形态的理性的统治的时期,这是对任何真理都绝对漠不关心、不要任何指导而完全放纵的时期。”[①]我们这个时代的很多人至少具有“对任何真理都绝对漠不关心、不要任何指导而完全放纵的时期”的特点,这正是社会风气败坏的根由。

之所以人们“对任何真理都绝对漠不关心”,就是由于时代的“变”太过于频繁与剧烈了。既然任何东西都难以持久,当然就无所谓永恒的真理,当然就不会再信从任何真理。这一方面是一种思想上的空前解放,但另一方面则是“不要任何指导而完全放纵”。人们开始各择其所爱,陷入了各种盲信,导致了各种封建迷信现象,以至于各种从历史的故纸堆里扒出来的“功法”“方术”“奇技淫巧”开始在社会上畅行无阻,各种“大师”的头衔满天飞。

在当代国人最需要理性的时候,偏偏又遇上西方涌入的各种后现代思潮,非理性主义占据了思想界的主流,而理性主义则几乎落入“过街老鼠人人喊打”的地步。学者们言必称海德格尔、德里达,满脑子充满了“向死而生”“解构”,注重于日常生活的瞬间提升、身体美学的感官娱乐,而鄙视所谓“不朽”“无限”等观念,把“形而上学”的“本质主义”彻底抛弃,而强调所谓“后形而上学”“非本质主义”。这一切,用尼采的话来讲,就是:“一切皆虚妄!一切皆允许!”[②]由此,导致了价值体系的全方位的崩塌,剩下的只是一片废墟而已。

可以说,至少自“五四”运动以来,中国社会思潮的主流一直是“破”字当头的,其合理性在于“不破不立”,但其弊端则是“只破不立”,或者“立而复破”。在这种总是否定、否定而又否定的单调的否定运动之中,什么东西也没有真正地建立起来。人们总是太匆促地对于一切说“不”,而不能正视其中的肯定因素,或者总是倾向于得出一个虚无的结果,即一切都是短暂的,一切都是变动的,一切都是有待于否弃的。然而,费希特说:“假象是一种不停的变换,一种在变易与消逝之间永远的游移,因此,单纯的假象生活也是一种不停的变换,永远游移于变易与消逝之间,并被无休止的变化撕

①费希特:《现时代的根本特点》,沈真、梁志学译,北京:商务印书馆,2017年版,第12页。
②转引自周国平:《尼采与形而上学》,北京:生活·读书·新知三联书店,2017年版,第67页。

得粉碎。”[①]这就像总是飘荡于空中的秋风，它扫落一切绿叶，摧毁一切花朵，却不能形成一种牢固可靠的东西，它又像虚浮于空中的云，不停地变马做狗，却不曾持存下来，而是陷入一种空洞的流动性。因此，必须超越于“变”，必须打破这种“变易与消逝之间永远的游移”，而这就要求“对永恒的渴求”，“本真生活及其极乐，就在于同不变的、永恒的东西合而为一”[②]。

这种对于“常”的呼唤，对于永恒的渴望，就是我们所讲的价值贞定。所谓价值贞定，就是超越于世态变迁的精神执着与理想信念。这里可以拿屈原的《渔父》为例。在这篇文字中，渔父代表着一种随波逐流的生活态度，这种生活态度就是与时俱变、顺水推舟。所谓“圣人不凝滞于物，而能与世推移”，其极端形式不就是“变色龙”吗？根据环境的变化而及时作出调整，这在生存策略上本无可厚非，但是，必须警惕其中的“滑头主义”或“混世哲学”。倘若我们认同这种价值观念，则历史上的各种变节者或叛徒都可以予以谅解，因为他们正是所谓“识时务者”，为了生存而毫无操守或良知原则。相反，我们更应该肯定屈原的执着：“安能以身之察察，受物之汶汶者乎？宁赴湘流，葬于江鱼之腹中。安能以皓皓之白，而蒙世俗之尘埃乎？”这种执着，在那些偏执于现实利益的人看来，或许就是一种“傻”。但是，这恰恰是中华民族千百年来受到歌颂的精神品质。翻开历史，每逢改朝换代，就有一批这样的“傻人”，他们宁愿死去也不肯“与世推移”。这就是一种高贵的气节！这种气节，超越了个人的世俗利益，超越了政权更迭的是非之争，甚至超越了不同民族之间的恩恩怨怨，是连杀害这些“傻人”的对手也不得不敬重的浩然正气。

但问题是，中国当代的“市侩”气息太过于浓厚，精致的利己主义太过于盛行，导致了价值贞定的严重缺失。很多人眼里只有金钱利益，只在乎到手的实惠，而鄙视貌似虚无缥缈的“气节”“良知”。然而，当西方最讲利益算计的经济学家也在强调“信念”时，我们是否感觉汗颜呢？比如，乔治·吉尔德就说：“所有的人类先驱，从领悟真谛的诗人和作曲家，到探索生命重新开始的神秘物质领域的科学家，本质上他们都献身某种形式的信仰。”[③]那么，我们今天研究老子哲学，是否能够发扬一种“信仰”呢？在此，

---

①费希特：《费希特文集》(第5卷)，梁志学编译，北京：商务印书馆，2014年版，第15页。

②费希特：《费希特文集》(第5卷)，梁志学编译，北京：商务印书馆，2014年版，第16—20页。

③乔治·吉尔德：《财富与贫困》，李毅、贾男、陈晓玲译，北京：机械工业出版社，2016年版，第311页。

也有必要提醒那些善于算计的人，那就是，不要忽略了为了自身利益而不择手段的过程中所要付出的道德成本与声誉代价[①]。因此，我们在关注实体市场、物质生产力的同时，也有必要提醒大家重视“道德市场”与“道德生产力”[②]。

笔者认为，长期以来，老子哲学的研究者陷入了一种误区，那就是把老子的“道”理解为一种“变”或“运动”的规律。这正是由于不能看到老子哲学中汇聚的对于“永恒的渴求”。倘若从价值贞定的要求讲，从理想信念的高度讲，“道”就不是像通常理解的那样，只是一种“反”的翻饼式运动，或者一种“复”的单调循环，相反，它是超越于这种变动不居的一种价值贞定，一言以蔽之，就是“静”！这个“静”是高于一般“动”的价值诉求，因此，不应当从通常的物理学、知识学的角度讲，而应当从价值学，从理想信念的高度讲。只有从超越于“动”“变”而吁求着“常”“恒”的价值学上，老子的“道”才能获得更为准确的把握。尤其是，老子的“道”反映的是长期动荡不止的老百姓的最深沉的呼声：我们不要动荡，我们渴望安宁！

说到这里，或许可以联系一下《周易》之得名：“易一名而含三义：易简，一也；变易，二也；不易，三也。”[③]我们认为，老子之“静笃”的精神，与《周易》之“不易”是立场一致的。有学者论“不易”说：“不易者，贞定也。大易首重乾坤，其《彖》曰：‘乾道变化，各正性命；保合太和，乃利贞。’天地之大，虽变化日新，然万物各有其定命，各有其凝性。惟能贞固，故其云行雨施也，品物各成其形，乃能保和太和；不贞，则乱而已，焉有太和。是惟贞而后可以生生，万国于以咸宁。至于人之在世，亦以贞为首。‘不恒其德，或承之羞’，文王所系之辞，而夫子重加赞叹。贞而恒，斯为善人；善人进为君子，以至于圣。是贞为立人之本，成圣之基，夫又何疑？若彼未成君子，即已轻言‘随时’、‘权变’，乃至悖逆彝伦而不恤，岂谓知《易》哉。”[④]对于这段话，笔者是颇为赞赏的。也就是说，我们讲“变”必须以价值贞定为本，而非颠倒了两者关系，要令世间随波逐流、见风使舵之徒无从合理化其不当利

①米歇尔·鲍曼：《道德的市场》，肖君、黄承业译，北京：中国社会科学出版社，2003年版，第387—393页。
②米歇尔·鲍曼：《道德的市场》，肖君、黄承业译，北京：中国社会科学出版社，2003年版，第507页。
③《周易注疏》，王弼、韩康伯注，孔颖达疏，陆德明音义，北京：中央编译出版社，2013年版，第7页。
④谷继明：《周易正义读》，上海：上海人民出版社，2017年版，第161页。

益诉求，或至少要让他们略知价值操守之廉耻。

三、讲辩证法须克服相对主义、虚无主义

讲老子哲学就要涉及辩证法，就要研究老子的辩证法。但是，通常讲老子的辩证法，往往就是指一种对立面之间的运动变化。比如，老子的“反者道之动”就被理解为是辩证法的集中表述，所谓“反”就是向相反的方向运动。又比如第二章，被认为就是讲有与无、难与易、长与短的相互依存的对立关系的。实际上，老子的“道”是高于这种对立面之间的变动的。在过去，由于受“斗争哲学”的影响，对于老子超越对立面的努力基本上是持否定态度的。过去的研究者片面地强调了对立面之间的“斗争”“矛盾”，而理解不了老子化解“斗争”“矛盾”的积极意义。比如侯外庐讲：“战国之世乃是古代显族社会的矛盾已经扩大了的时代，老子正是从现实社会中看出了种种互相统一着的矛盾与对立……老子认为，所有这些矛盾，乃是现实社会中一切动乱与灾患的根源；要消除这些动乱与灾患，首先得消解动因，即消解对立。对立物是互相依存、相互统一的，因此，消解其中的一面，也就消解了整体。在这里，老子消极地重消解而不是重斗争，老子从消极的消解想使历史的车轮倒退，即在历史方面否定了发展。”①倘若我们从克服对立面之间的动荡不止的高度（所谓“斗争”无非就是“东风压倒西风”的此起彼伏，这是一种永无休止的纠缠），则老子的“重消解而不是重斗争”就不仅不是消极的，反而获得了一种积极的价值。因为，正如我们上文已经揭示过的，倘若现实总是“矛盾”“斗争”，就会导致一切都是暂时的，一切都是注定要消逝的，一切都是要被推翻的，这就会导致对立面中的任何一方都不具永恒的价值，任何一面也都没有意义。这就会导致一种相对主义，进而导致虚无主义。“斗争哲学”实质上就难免于这种虚无主义，其所到之处就是扫荡一切。但是，“斗争哲学”不懂得，自己的“斗争”也只是暂时的，自己的“破坏”也是注定要消逝的，自己的“胜利”也只是相对的。倘若如此，一切“斗争”不也是没有意义的虚无了吗？

因此，我们研究老子哲学，进而探究老子的辩证法思想，就必须重新思考辩证法与相对主义、虚无主义的关系。我们认为，存在着两种意义的辩

---

①胡道静：《十家论老》，上海：上海人民出版社，2006年版，第162—163页。

证法，一种是相对主义、虚无主义的辩证法，这是一种永远否定而没有肯定的辩证法，它总是一往无前地把眼前所遇的任何东西统统消灭、无情打翻。这种辩证法是纯粹以破坏为乐的，是靠着正与反之间的变戏法式的折腾为能事的。老子的辩证法是超越于这个破坏为乐的辩证法的。这个超越，就体现在老子对于“斗争”“矛盾”的“消解”。这个“消解”的努力，就在于他提出一个高于一切对立面的“道”来涵盖之。在这个问题上，关锋的论述说：“按照老子的辩证法，形而下之事物，由于具有内在矛盾，必然转化为自己的反面，作为此事物就消逝了，不再存在了，它们是不常的。而老子的‘道’是‘常道’，正因为它不具有内在矛盾，所以才不会转化为自己的反面，永远不会变成具体之有，而保持其为‘常道’。否则，就不可能是‘常道’了。取消了‘常道’的哲学就不是老子哲学了。”①这里，关锋能够看出老子的“道”与形而下之事物的重大区别，能够看出“道”是超越于“变”的“常道”，这是值得肯定的。但是，他同样不能正确理解老子超越于“变”的努力之价值意义，而是把它视为一种“形而上学”(按，这是关锋那个特定时代的贬义色彩的“形而上学”，即与辩证法相对立的“形而上学”)②。而我们则认为，老子辩证法的积极意义，正在于“常道”对于“消逝”的超越，换言之，老子的辩证法是价值论意义上的一种贞定，“道”反映了老子挣脱“斗争”的旋涡的一种追求。

这种不肯在利益的圈子里斗来斗去的超然精神，是值得肯定的。反思历史，我们知道，历来受老庄哲学影响的隐士多具有这种超拔精神。这是因为，他们看穿了核心利益圈子里的种种鬼把戏，所谓你争我夺、尔虞我诈，都是一种无谓的生命虚耗而已。且看苏轼《满庭芳》：“蜗角虚名，蝇头微利，算来著甚干忙？事皆前定，谁弱又谁强。且趁闲身未老，尽放我、些子疏狂。百年里，浑教是醉，三万六千场……又何须，抵死说短论长。幸对清风皓月，苔茵展、云幕高张。江南好，千钟美酒，一曲满庭芳。”在苏轼的这首词中，就有着对于现实之中“矛盾”“斗争”的不屑，所谓“事皆前定，谁弱又谁强”就是消解这种“斗争哲学”的意义的，这种“斗来斗去”只是一时的，所谓“又何须，抵死说短论长”是讲纠缠于“对立”的无趣的。这就是对

①胡道静：《十家论老》，上海：上海人民出版社，2006年版，第329页。

②胡道静：《十家论老》，上海：上海人民出版社，2006年版，第330页。

于纠结于政治功利、物质利益的你死我活之争的一种超然态度。在这种超然的态度中，否定的是现实的对立面的“斗争”，肯定的是超脱于这种“斗争”的一种非功利的审美人生：“幸对清风皓月，苔茵展、云幕高张。江南好，千钟美酒，一曲满庭芳。”

倘若我们从这个角度再看老子的“致虚极，守静笃”的所谓“静观”方法，就必须跳出通常那种认识论、知识学的束缚。比如任继愈说：“老子的认识论的过失在于把摒除内心杂念的干扰和参加变革现实的实践对立起来，他认为只有袖手静坐思维，冷眼旁观，才能保持客观，取得正确的认识……他把保持头脑冷静的客观态度和置身局外、不参加实践混同起来。”①这种论断之错误，就在于硬把追求客观知识的现代人的价值观扣到老子的头上。倘若我们了解到，老子的“道”的追求是不屑于一般世俗性的客观知识的，比如他讲“为学者日益，为道者日损”，那么，这种评价就失去了意义。老子的“静观”并不是为了“取得正确的认识”，而是高于通常的“正确的”或“错误的”这种世俗见解的。因为，执着于“正确的”，就意味着陷入与“错误的”相纠缠的“斗争”。老子的“静观”不屑于这种“斗争”。所谓“万物并作，我以观复”，明显是超拔于世俗是非的。任继愈所谓的“参加变革现实的实践”是不是总是“正确的”？是不是总是值得肯定的？由此，是积极地参加这种“变革现实的实践”好呢，还是超然于事外好呢？倘若我们回顾历史，当遇到是非不明、颠倒黑白的乱世局面时，宁愿“置身局外、不参加实践”就反而是一种值得充分肯定的行为选择。相反，那种历史上多次出现的“党争”，比如，无论是唐代的“牛李党争”，还是宋代的“元祐党争”，其负面效应都严重影响了政权稳定与政令推行，并最终导致了国家的衰弱乃至灭亡。就“牛李党争”的结局，陈寅恪总结说：“终于事势既穷，乞援外力，遂同受别一武装社会阶级之宰割矣。”②就“元祐党争”的恶果，钱穆总结说：“新旧相争的结果，终于为投机的官僚政客们造机会。相激相荡，愈推愈远。贫弱的宋代，卒于在政潮的屡次震撼中覆灭。”③面对这种玉石俱焚、同归于尽的结果，请问对立面双方所坚持的是非、对错还有什么意义吗？这种“争”真是“不争”也罢！

---

①胡道静：《十家论老》，上海：上海人民出版社，2006年版，第270页。

②陈寅恪：《唐代政治史述论稿》，上海：上海古籍出版社，1997年版，第110页。

③钱穆：《国史大纲》（下册），北京：商务印书馆，1996年版，第602页。

从这个意义上讲，老子的辩证法是一种人生选择的价值追求。他的“道”是超越于现实的利益冲突的。现实一切所谓“斗争”，都无非是为了物质利益或精神利益的争夺罢了！这是中国的品质高洁的人士早已看穿了的鬼把戏，即“蜗角虚名，蝇头微利”。那么，这种不肯落入一种相对意义上的“斗争”，不肯在“抵死说短论长”里虚耗的人生选择，在当下仍不失一种正面的意义。由此可见，超然于局中，超拔于现实利益纠葛，寻求一种更有意义的追求至今仍具有现实性。

总之，老子的“道”代表着对于“斗争”“矛盾”的否定，这是因为这种“尔虞我诈”“你方唱罢我登场”式的走马灯一样的循环往复是毫无意义的，除了导致生命的虚耗，导致人际关系的恶化，导致生存环境的压抑，毫无值得肯定的地方。但是，它在否定这种“斗争”“矛盾”的同时，肯定了另一种人生追求，那是一种超越了具体利益的审美态度，这种审美态度由陶渊明、苏轼等等知名的或无名的高洁人士历代不绝地传承了下来。这种辩证法，是一种生存辩证法，是一种价值论的辩证法，其目的不是为了是非之纠缠，而是超越于是非之纠缠，用一种更高的境界取而代之。因此，对于老子的“致虚极，守静笃，万物并作，吾以观其复”，我们绝不能从一般认识论、方法论的角度来理解，而应当从价值论、人生方法论的角度来重估。他的“道”也因此就不是认识论意义上的所谓客观规律，而是人生道路选择意义上的价值规律。这个“复”，也就不能理解为一种反复不止的运动，而是超越于世间动荡的精神安静，是一种价值贞定与情操坚守。陶渊明《归园田居》：“久在樊笼里，复得返自然。”“樊笼”所指，正是现实中的各种利益纠葛与矛盾冲突；而“自然”恰恰是老子“夫物芸芸，各复归其根……复命曰常”的那个“常”。

倘若我们再比照一下黑格尔的辩证法，也能分辨出两种辩证法。一种是导向否定结局的辩证法，它常常陷入诡辩论、怀疑主义[①]、虚无主义之中。另一种则是黑格尔所强调的，追求一种肯定的结果，导向一种积极意义的扬弃、提升。真正说来，应该把黑格尔的辩证法理解为完整的三个方面[②]：“(a)抽象的或知性的方面，(b)辩证的或否定的理性的方面，(c)思辨

①黑格尔：《小逻辑》，贺麟译，北京：商务印书馆，1980 年版，第 178—181 页。

②参看科耶夫：《黑格尔导读》，姜志辉译，南京：译林出版社，2005 年版，第 531—532 页。

的或肯定理性的方面。”[①]第二个阶段，近乎通常讲的向对立面转化的意思[②]。但恰恰由于世人仅仅停留在这个阶段，夸大了“否定的理性的方面”，导致总是局限在有限事物的正反面之来回摆荡而难以自拔。第三个方面常常被忽略了，这个第三个方面恰恰意味着对立面的统一，这种统一克服了“对立双方的分解和过渡”[③]，它不再是“有限事物的变化消逝”，而是达到了真正的无限性。对于这种区别，黑格尔讲：“抽象的理智思维并不是坚定不移、究竟至极的东西，而是在不断地表明自己扬弃自己和自己过渡到自己的反面的过程中。与此相反，理性的思辨真理就在于把对立的双方包含在自身之内，作为两个观念性的环节。”[④]这就是说，通常那种停留于对立面的相互斗争的思维只是“抽象的理智思维”，它达不到辩证法的高级阶段。在辩证法的终极阶段，对立面之间的那种相互交替、此起彼伏的消逝运动就得到了克服了，这种状态，黑格尔形象地解释说：“真相是一场酒神狂欢节，参与到其中的人无不陷入迷醉。又因为当任何一个参与者孤立出来，马上就会消解，所以这个狂欢节同样也是一种透明的和单纯的静止状态……就运动的整体被理解为一个静止状态而言，那个在其中作出区分并给予自己以特殊实存的东西保存下来了，并且回忆起这一切。”[⑤]这段话的意思是说，真正的辩证法是超越了个别环节的生灭变化的，它作为整体毋宁说是一种静止状态，在它里面一切都保存着，而不是通常所理解的彻底灭绝了。这就好比是汪洋大海，就具体的水滴而言，当然是有生灭变化的，但就汪洋大海本身作为整体而言，它是一种超越于生灭变化的，每一滴水都保存在其中而没有消逝。黑格尔讲的这种“静止状态”，这种对于生灭变化的扬弃，是可以与老子的“致虚极，守静笃”相比较的，都表达了对于相对主义、虚无主义的克服。

倘若把老子的辩证法与张载的相关思想进行联系，我们也能看到这种对于相争相斗的克服之努力。张载说：“无形，感而生则聚而有象。有象斯有对，对必反其为；有反斯有仇，仇必和而解。”[⑥]在这里，“无形”近乎老子

①黑格尔：《小逻辑》，贺麟译，北京：商务印书馆，1980年版，第172页。
②黑格尔：《小逻辑》，贺麟译，北京：商务印书馆，1980年版，第176页。
③黑格尔：《小逻辑》，贺麟译，北京：商务印书馆，1980年版，第181页。
④黑格尔：《小逻辑》，贺麟译，北京：商务印书馆，1980年版，第184页。
⑤黑格尔：《精神现象学》，先刚译，北京：人民出版社，2013年版，第29页。
⑥张载：《张载集》，章锡琛点校，北京：中华书局，1978年版，第10页。

的“道”（老子讲“大象无形”），它是超越于“象”的高阶存在，这就是说，它这里还没有对立面的展开，但也由此意味着它摆脱了对立面的纠缠，即“有反斯有仇”。“象”的存在，已经是低于“道”的形而下者，只有在这个领域里，才有种种对立关系与矛盾斗争。但最终，所有这些“对”与“仇”又要“和而解”。那么，“和而解”的境界就是高于这些低阶存在的“道”之所在。因此，张载讲辩证法也是讲对立面的扬弃，但是这个对立面的扬弃或统一不是通常理解的矛盾双方同归于尽，化为乌有，否则就谈不上“和而解”而只能是“亡而灭”了。过去的“斗争哲学”是讲你死我活的，是讲一方把另一方消灭的，这种讲法并不符合老子、张载与黑格尔的辩证法。通过以上的分析，我们可以看到，老子、张载、黑格尔的辩证法不是那种杀气腾腾的，而是追求各方的和谐，最终是追求相互结合，共同存在。

在这个问题上，冯友兰由于受“斗争哲学”的影响，对张载的相关思想作了错误的解释，认为“仇必和而解”代表了“他的辩证法思想的弱点和缺点”①。这种解释是受矛盾斗争“同归于尽”的思想影响，当然是不对的。冯友兰举资本主义社会中资本家与无产阶级的例子，“无产阶级革命消灭了资本家，资产阶级就不存在了，如果没有资本家，也就没有无产阶级了”②。这样的理解之下，斗争的结局当然就是虚无的结果。但是，倘若我们换一个眼光来看，两个阶级或许就不是都不存在的结局，而是在一个新的社会形态中换了个身份继续存在着，即都化为了人民大众的组成部分。黑格尔说：“这里的根本成见是，辩证法只是一个否定的结果。”③问题的关键，就在于理解“否定”范畴。一种理解是，“否定”就是消灭，就化为乌有。但是，黑格尔的辩证法意义上的“否定”不是这样的，而是“扬弃”，是兼有“保存”与“提高”的意思④。黑格尔的辩证法是为了让矛盾的各环节以提高了的形式继续存在着，而不是如冯友兰讲的“没有了”。黑格尔说：“直接的东西依照这个否定的方面，便在他物中没落了，但这个他物本质上不是空虚的否定的东西，不是无……于是第一个本质上也就在他物中留藏并保持下来了。——把肯定的东西在它的否定的东西中，即前提的内容中，在

①冯友兰：《中国哲学史新编》（下卷），北京：人民出版社，2007年版，第127—128页。

②冯友兰：《中国哲学史新编》（下卷），北京：人民出版社，2007年版，第128页。

③黑格尔：《逻辑学》（下卷），杨一之译，北京：商务印书馆，1976年版，第539页。

④黑格尔：《逻辑学》（上卷），杨一之译，北京：商务印书馆，1966年版，第98页。

结果中坚持下来，这是理性认识中最重要之点。”[①]由此可见，黑格尔的辩证法之“否定”，并不是把对立面彻底消灭、化为乌有，而是为了让它获得更高意义上的存在，在更高的层次上它仍继续保存着。

通过以上的论述，我们必须把老子、张载、黑格尔的辩证法与通常的“斗争哲学”区别开来。通常的“斗争哲学”是不追求“双赢”的，它是“零和博弈”，不懂得保存对方的积极意义，故一心只求化对方为虚无。相反，老子、张载、黑格尔的辩证法追求一种和谐共处的局面，而不是单方面的独在或双方都不在。在老子哲学中，“和”的观念是很重要的。比如“万物负阴而抱阳，冲气以为和”（第四十二章），这里就讲万物的构成离不开阴阳双方的共同存在，这种共同存在不是基于斗争相杀而是基于相互结合、相互交融，并不是你压倒我或我压倒你的那种紧张关系。又比如“和曰常，知和曰明”（第五十五章），是把“和”作为“常”来肯定的。这样，“和”就获得了一种永恒性的价值。

总之，我们今天讲辩证法，必须与那种纠缠于对立面的斗争、冲突而永无和解乃至永无宁日的思想划清界限，也要与那种在正与反之间往复循环、搬弄是非，而一味否定、毫无建树的诡辩论划清界限。这种利用矛盾、戏弄矛盾的手法，黑格尔也曾经揭示：“意识在这个发展过程中的做法是，先设定一个环节，从这里直接过渡到另一个环节，然后将前者扬弃。但意识刚刚建立起这第二个环节，马上又将其颠倒，反而以它的对立面为本质……这样一来，意识等于承认它实际上对这两个环节都不是严肃认真的。”[②]这就是说，这种诡辩思维只是在两个相互对立的环节之间来回游移，比如说它刚设定一个A，但随即又通过设定非A来否定A，但它为了否定非A，又健忘地把A重新捡回来，它享受这种A与非A之间的往复颠倒。这种思想因此是有害的，它没有一个肯定的结果，只是享受打破一切、推翻一切的恶作剧式的快感。历史上的各种政治斗争，从根本上也是如此，无非就是你推翻我、我打倒你的循环往复，这就让正义、真理都失去了意义。黑格尔说：“在这个矛盾里，综合式表象活动兜着圈子，却无力整合自己的思想，这些思想，亦即各个相互对立的‘也’或‘并且’，相继出现，一

---

①黑格尔：《逻辑学》（下卷），杨一之译，北京：商务印书馆，1976年版，第541页。

②黑格尔：《精神现象学》，先刚译，北京：人民出版社，2013年版，第379页。

个接一个地取代彼此。”[①]这种类似“兜圈子”一样的戏法，这种“一个接一个地取代彼此”的机械循环，是毫无新意的简单重复。

真正的辩证法，是追求真理的，是止于至善的，是有一个理想信念的坚守的，是希望哲学，而不是堕入到万劫不复的“死斗”僵局。在柏拉图那里，讲辩证法[②]也是为了追求一个价值的至高点。“当一个人根据辩证法企图只用推理而不要任何感觉以求达到每个事物本身，并且这样坚持下去，一直到他通过纯粹的思想而认识善本身的时候，他就达到了可理解的世界的极限，正像我们寓言中的另一个人最后达到了可见世界的极限一样。”[③]所以，讲辩证法是一种灵魂的提升过程，是为了从锁链中解脱，从洞穴中走出，从阴影之下走到光天化日，是“有能力把灵魂的最优秀部分向上引导，去观察最优秀的实在”[④]。在中国历史语境中，“辩证”与“辨证”通用，至少在《新唐书·钱徽传》中就出现了：“苟无愧于心，安事辩证邪？”其本义是“辨别论定是非”[⑤]。由此可见，在中国古代，所注重的仍是“论定是非”。总之，不论是从古希腊的辩证法源头讲，还是从中国历史语境讲[⑥]，辩证法都不应该沦为混淆是非、搬弄是非的工具，反之，它应该成为提升精神进步，恪守道德信念的一种价值追求。讲老子的辩证法，也应当按照价值学上的自我贞认来讲，因此老子的所谓“反者道之动”，并不是沉沦于正反面之间的往返运动，而是超拔于这种机械、僵化、单调重复的摆荡不休，达到一种价值静守与坚定不移。

四、论老子的“道”的价值统一性意义

以上，我们清理了在一些基本问题上淤积着的观念误区，初步奠定了一些基本认识：(1)我们研究老子哲学要有全球视野、天下意识、比较眼光，

---

①黑格尔：《精神现象学》，先刚译，北京：人民出版社，2013 年版，第 386 页。

②从“辩证法”的语源讲，“辩证法”的最初含义即对话。就苏格拉底而言，“辩证法”就是“他所使用的提问的对话方法”。见汪子嵩等：《希腊哲学史》（第 2 卷），北京：人民出版社，1993 年版，第 424、428 页。

③柏拉图：《柏拉图全集》（第 2 卷），王晓朝译，北京：人民出版社，2003 年版，第 533—534 页。

④柏拉图：《柏拉图全集》（第 2 卷），王晓朝译，北京：人民出版社，2003 年版，第 534 页。

⑤《辞源》，北京：商务印书馆，1988 年版，第 1654 页。

⑥这方面更为详细的讨论可参考田辰山：《中国辩证法：从〈易经〉到马克思主义》，北京：中国人民大学出版社，2016 年版。

并侧重于"西有中无"的借鉴学习，而非"西有中早""西无中有"这样的自我炫耀或自我满足；(2)研究老子哲学应当具有时代意识与历史使命感，处理好"变"与"常"的关系，在当今世界里重建"常"是更为迫切的任务，而"破"字当头的那种否定主义并不可取；(3)讲辩证法必须走出相对主义、虚无主义的陷阱，尤其是警惕"斗争哲学"的严重弊端，从矛盾双方的永无止息的相争相斗中挣脱出来，来谋求一种共存双赢的解决之道。在这个基础上，我们进一步了解老子的基本主张，主要是：(1)老子的"道"论；(2)老子的认识论；(3)老子的政治思想；(4)老子的经济思想；(5)老子的人生哲学。

关于老子的"道"，有着各种解释。比如关锋论老子的"道"的基本规定性：(1)"'道'是'常道'，又是'常有'"；(2)"'道'是'常虚'，是超时空的绝对"；(3)"'道'是物质世界的创造者"①。又从反面否定种种观点："老子的'道'不是'原子'、自然界，也不是'物质'范畴或规律……"②方东美则把老子的"道"细剖为四大层面，分别是"道体""道用""道相""道征"③。但这种论述难免有交叉，而且有繁琐之弊，比如论"道体"，就根据老子的相关论述，陈列为：(1)"道为万物之宗，渊兮不可测，其存在乃在上帝之先。"(2)"道为天地根，其性无穷，其用无尽，视之不见，万物之所由生。"(3)"道为元一，为天地万物一切存在之所同具。"(4)"道为一切活动之唯一范型或法式。"(5)"道为大象或玄牝。无象之象是谓大象，抱万物而营育之，如慈母之于婴儿。"(6)"道为万物之最后归趋。"④这些讲法都有依据，但是缺乏必要的提炼与概括，因为这里面有几条是可以归并的，其意思大体上比较接近。

笔者认为，要认识老子的"道"，关键在于识破其神秘性质，不要被其语言上的诸多夸饰或有意掩盖给蒙蔽了。这就要善于从总体上来把握其根本性质。"道"的根本性质就是它的最高的价值统一性，即是说，"道"是一个代表着终极价值的范畴。因此，对于"道"的规定，要从价值学上理解，它是世界与万物的价值本体，它是世界与万物存在的价值依据。关于"道"，并不是像老子夸张得那样"不可道"，事实上，它是"可道"的，比如老子本人

---

①胡道静：《十家论老》，上海：上海人民出版社，2006 年版，第 289—310 页。
②胡道静：《十家论老》，上海：上海人民出版社，2006 年版，第 310—326 页。
③方东美：《中国哲学精神及其发展》，北京：中华书局，2012 年版，第 126—129 页。
④方东美：《中国哲学精神及其发展》，北京：中华书局，2012 年版，第 126 页。

就确实下过一个简明的定义:“道者,万物之奥,善人之宝也,不善人之所保也。”(第六十二章)“奥”字,有人解为“幽深处”等类似意思,据帛书该字是“注”,或解为“主”①。但无论是理解为“主”,还是径直理解为“注”,都是可以的,从价值学上讲,“道”就是万物的价值总根源,所以,它是万物的价值之“主”或“注”(辐辏、聚集)。它因为是价值总依据,所以它高于善恶(“善人之宝也,不善人之所保也”)之上。它评估万物,而万物有了它才有了存在的意义,万物没有它就失去了存在的理由,故只能消逝。因此,老子最伟大的贡献,就在于创造了一个总价值范畴,来对于当时的社会乱局进行批判,来完成一种哲学意义上的统一。

一个国家,一个民族,有两种基本形式的统一:一种是政治上的统一,即建立大一统的国家政权;一种是思想上的、价值上的统一,即建立一个广为认同的价值体系、文化体系。这两种统一有时是分裂的,这就是“政统”与“道统”的分离;有时是一致的,即“政统”与“道统”的合一。历来统治者不仅竭力谋求政权的统一,还要竭力谋求其价值学的统一,即政权合法性的强力支持,这方面最著名的例子就是汉武帝听从董仲舒的意见,“罢黜百家,独尊儒术”。一个文明共同体,往往是以文化价值的统一为内在的联系纽带的,哪怕其国家政权是分裂的,乃至于是消亡的,但其民族精神仍能依赖着内在的价值纽带团结在一起。这方面的例子莫过于犹太民族,其国虽常亡而不存,却依赖《圣经》为血脉而终能复国。所以,尼采真知灼见地指出:“任何民族,不首先对善恶作评价,就不能生存;可是,要想持续生存,这个民族就不应该按照邻族的评价去作评价。”“在每个民族的头上,都吊着一块刻着善的标准的石版。瞧,这是这个民族克服困难的记录牌;瞧,这是这个民族追求强力的意志所发出的声音。”②所以,尼采高度强调:“评价就是创造:你们创造者啊,请听!评价本身就是一切被评价的事物的无价之珍宝。”③

在春秋时代,老子、孔子都面对着政治不统一的乱世局面,也都竭力地

①高明:《帛书老子校注》,北京:中华书局,1996年版,第126—127页。

②尼采:《查拉图斯特拉如是说》,钱春绮译注,北京:生活·读书·新知三联书店,2012年版,第61页。

③尼采:《查拉图斯特拉如是说》,钱春绮译注,北京:生活·读书·新知三联书店,2012年版,第62页。

创造一种能够统系人心的内在的“无价之珍宝”。所以，孔子的“仁”与老子的“道”在客观上都发挥着重要的价值功能，事实上，也的确增强了中华民族的文化向心力与价值认同感。因此，这种内在的价值统一性意义是不容忽视的。福山也说过：“就算正式的法律和政治经济体制具有关键意义，但它们仍不足以确保现代社会得以成功。自由民主始终都需要某些共享的文化价值观念保驾护航才不至于出偏。”“一个真正的社群是借由共享的价值观、规范和经历而团结起来的。”[①]从这个意义上讲，价值观念的统一与认同就是一个国家、民族崛起的必要前提。而在春秋时代，由于国家政权的分裂，“政统”与“道统”的分离，导致了当时的政治精英与思想精英的对立，也激起来孔子、老子为代表的思想精英通过创造新的价值体系来展开其对于现实政治的尖锐批判。可以说，“仁”与“道”作为一种哲学本体，不能仅仅从认识论角度去理解，更不能纠缠于所谓的“唯物”或“唯心”之争。时至今日，中华民族倘要实现其伟大复兴，也不能没有民族自身的独立的价值观共识，而不能“按照邻族的评价去作评价”。但可悲的是，我们有太多的国人在很多具体的事务上“言必称美国”，恰恰缺乏独立的价值判断力。

老子的“道”，作为一种价值统一性的最高范畴，是为了“评价”世间万物的意义，同时也是“评价”人生意义的终极尺度。在这方面，老子对于“根”的强调是值得重视的。比如第六章：“谷神不死，是谓玄牝；玄牝之门，是谓天地之根。绵绵若存，用之不勤。”这个“天地之根”，从世界万物的价值本原的角度来理解更有学术生命力。其次，是老子对于“生”的论述。比如第四十二章：“道生一，一生二，二生三，三生万物。”这里的“生”理解为宇宙的价值生成机制更为合理。“道”与“万物”的关系，是价值总根源与其价值的具体实现的关系。

在这里，还需要考虑几对基本关系：(1)“变”与“常”的关系；(2)“动”与“静”的关系；(3)“异”与“同”的关系；(4)“多”与“一”的关系。

首先是“变”与“常”的关系。这是我们上文已经论及的。我们认为，老子的“道”就是特意对治“变”而提出的。他面对现实的时局动荡与社会变

---

① 福山：《大断裂：人类本性与社会秩序的重建》，唐磊译，桂林：广西师范大学出版社，2015年版，第15、19页。

化，作为自觉的价值体系的创造者，他必须提出一个对治之“道”。因此，“道”就是“以不变应万变”的那个唯一的“不变”。比如第十六章：“夫物芸芸，各复归其根。归根曰静，静曰复命。复命曰常。知常曰明；不知常，妄作，凶。知常容，容乃公，公乃王，王乃天，天乃道，道乃久，没身不殆。”这里面，“夫物芸芸，各复归其根。归根曰静，静曰复命。复命曰常”。这里从“夫物芸芸”到“知常”的路线，正是从“万变”返归“不变”，就是要求人应当做到价值贞定，即俗话讲的“主心骨”。“常”就是贯穿了一切短暂者、消逝者而能持存的价值统一，所以老子多次强调“久”的意义。比如第五十九章：“有国之母，可以长久。是谓深根固柢，长生久视之道。”在“变”与“常”的问题上，歌德也提出：“我为那些十分看重一切存在物之必然死亡、因而一心观照世间一切存在物之毫无价值之处的人惋惜；我们之所以活着，就是要使须臾即逝的一切变得长存，只有我们善于充分评价一方和另一方，亦即必死和不死两者，才能够做到这一点。”[①]其实对于偏于“变”而忽略“常”的思想，苏轼《赤壁赋》早就告诫过：“逝者如斯，而未尝往也。盈虚者如彼，而卒莫消长也。盖将自其变者而观之，则天地曾不能以一瞬。自其不变者而观之，则物与我皆无尽也，而又何羡乎？”这种达观态度超越了两者的对立关系，尤其克服了那种执于“变”而叹“逝”的悲观颓丧。

其次是“动”与“静”的关系。“静”是一个价值范畴，而不是物理学意义上的与“动”相对立的关系，它高于“动”之上，是一种价值操守的强调与体认。一个没有价值操守的人，一个没有自我之本性自信的人，就是躁动不已的人，就是拼命地随波逐流、向外奔竞的人。老子看到了世人到处奔竞之风，故强调“静”的意义。他的“道”之主“清静无为”当由此理解。同时，老子之强调“静”也有对治现实政治的混乱、折腾的意义。比如北宋围绕着“变法”展开的种种“党争”导致了很大的弊端。连宋徽宗在注解“治大国若烹小鲜”时也说：“事大众而数摇之，则少成功；藏大器而数徙之，则多败伤；烹小鲜而数挠之，则溃；治大国而数变法，则惑。是以治道贵清静，而民自定。”[②]

---

①转引自梅列日科夫斯基：《托尔斯泰与陀思妥耶夫斯基》，杨德友译，北京：华夏出版社，2016 年版，第 35 页。

②赵佶、章安：《宋徽宗道德真经解义》，万曼璐点校，上海：华东师范大学出版社，2017 年版，第 177—178 页。

第三，“异”与“同”的关系。关于老子重“玄同”的思想，笔者多有批判，但就其价值立场而言，从其维护价值统一性讲，亦有其积极的意义。老子之主张“同”，是为了对治世间的种种纷乱的，故亦不能全盘否定。老子讲“同”，往往与“无”、“混”、“朴”等联系在一起。其大旨在于反对分裂、反对散离，反对细化。关于其思想弊端，笔者在具体行文中自会剖断。这里仅从价值论的角度，肯定其整顿人心、统一思想的理论意图。

第四，“多”与“一”的关系。这个问题与上一个问题紧密联系。“异”必然意味着“多”，“同”必趋向于“一”。老子对于“一”高度重视，也多次强调。比如第十章：“载营魄抱一，能无离乎？”第十四章：“此三者不可致诘，故混而为一。一者，其上不皦，其下不昧，绳绳不可名，复归于无物。是谓无状之状，无物之象。是谓惚恍。”第二十二章：“圣人抱一为天下式。”第三十九章：“昔之得一者：天得一以清，地得一以宁，神得一以灵，谷得一以盈，万物得一以生，侯王得一以为天下正。”这些论述都表明了老子在价值统一性方面所做的努力。在这方面，老子的致思方向与古希腊先哲是有共同之处的，他们都面对着繁复歧异的世界而怀有“惧怕差异”的隐忧。“我们看到一个纷繁的世界，众神在其中欢聚一堂，纷纷攘攘。这个世界从何而来？当我们移步公元前六世纪末，答案就不仅仅说这个世界是创生而来的了。尽管对这些思想者们而言认识论表述还很陌生，他们在这个纷繁芜杂的世界中瞥见了一种危险——即人类理智永远无法理解这种繁复。他们的任务就是通过简单化、条理化我们亲身经历的世界，从而克服这种多样性，并且让人们能够理解这个世界。现在，创生说与认识论的答案最终都归结一个元素，一切都来源于此，这个元素仍旧被当作周围世界的统一。对这个元素——一切都诞生于此又复归于此——的探求，可以被理解为认识论超越自然的冲动。自然世界化作一个‘一’之后，我们就可以理解它了。自然世界以它的浩渺无垠让我们的智识自惭形秽。”①

老子的“道”就是这样的“一”，它是对治繁复世界的“不二法门”，它是高于世间矛盾对立的终极范畴。一方面，老子固然重视矛盾，也论述过对立转化的规律；但是另一方面，他只是利用矛盾转化规律，目的是超越矛盾

①萨克森豪斯：《惧怕差异：古希腊思想中政治科学的诞生》，曹聪译，北京：华夏出版社，2010年版，第27页。

对立，是化解矛盾，是克服对立，是走向一个更高的生存境界。所以，老子的“道”又是生存论意义上的“境界”。比如第四章：“道冲，而用之或不盈，渊兮似万物之宗。挫其锐，解其纷；和其光，同其尘。湛兮似或存。吾不知其谁之子，象帝之先。”这种“境界”尽管带有玄想的色彩，但它的价值追求是值得肯定。相比于一切矛盾的相对性、暂时性，“道”是绝对的、无限的，因此，它作为一种理论设定是有待于商榷的，但是它作为一种价值论的终极理想亦有其值得尊重的方面。

老子的“道”同样体现了人类根深蒂固的“思乡病”。面对着矛盾重重的世界，人类总是抑制不住对于昔日纯朴记忆的缅怀。海德格尔说：“哲学或形而上学是一种思乡，一种随处想要回家的冲动，一种渴望，不是盲目而无方向的，而是在我们内心觉醒并导向那样的问题及其统一……这种冲动，随处都要回家的冲动，本身同时就是归途之追寻，它为那些问题开辟正确的道路。”[①]所以，老子的“道”，从根本上，是一种价值寻根之旅。这种寻根意识，正是针对着人类日常生活的纷纭无根状态。人类为了自身的利益，整日里斗来斗去，你打倒我，我推翻你，都不过逞一时伎俩而已。这正如孔尚任《桃花扇》里的唱词：“眼看他起朱楼，眼看他宴宾客，眼看他楼塌了！”这种兴亡颠覆之感，老子当年就应该已经“看饱”了。所以，他才多次强调“复”“返”“归”。比如第二十八章：“常德不离，复归于婴儿……常德不忒，复归于无极……常德乃足，复归于朴。”这种“复归”的追求，针对着世人的游荡无归、漂泊无依、往复无根，表达的正是“回家的冲动”。所以，老子的“道”指向的是“精神家园”的看护，反映了人们对于战争冲突乃至一切无谓争斗的厌倦与反感，表达了人类超越这种精神流浪状态的深沉的渴求。

人不能总是漂流在外的。从价值追求上讲，人必须有所“止”。这个“止”必须通过“家园”的营构来实现。因此，总是破坏是不成的，必须要有所创造；总是推翻也是不成的，必须要有所建立；总是变动也是不行的，总是要有所坚守。老子的“道”正是在这个意义上彰显了其伟大的理论品格。这种价值追求的“回归意识”在黑格尔那里也是突出的。他说：“普遍的东

---

①海德格尔：《形而上学的基本概念》，赵卫国译，北京：商务印书馆，2017年版，第11页。

西构成基础，因此不应当把进程看作是从一个他物到一个他物的流动。”①这就说明，黑格尔的辩证法也是为了对治那种永无止境的“流动”的，那种“流动”无非就是你推翻我、我推翻你的往复无常的更迭替代，其最剧烈的形式莫过于王朝的兴替，但除了更换了“大王旗”，它并不能打破“兴，百姓苦；亡，百姓苦”的单一重复。所以，为了打破这种外在的机械循环，黑格尔强调：“在这里不如这样来理解过渡，即，理念自由地解脱自身，对自己绝对有把握，并且在自身中宁静。”②黑格尔最终还是强调回归自身，摆脱那种外在的游离状态。这种“在自身中宁静”的强调，与老子的“致虚极，守静笃”是有共性的，都指向对于外部动荡不安的克服，只不过其内涵是不同的。老子的“静”是通过“无我”来实现的，是欲望的彻底消除。而黑格尔的“静”是通过“大我”的实现来实现的，是欲望的彻底释放。“最高、最锋锐的顶峰是纯粹的人格，它唯一地通过那成为自己的本性的绝对辩证法，既把一切都包摄在自身之内，又因为它使自身成为最自由的，——仍保持着单纯性，这个单纯性是最初的直接性和普遍性。”③所以，老子是用“舍弃”的办法，通过不断地“损”来减负，直到达到彻底的“无”；而黑格尔则是用“占有”的办法，通过不断地“加”来扩大，直到达到至大无外的“有”。

五、老子的认识论之利弊

老子一向以“反知”著称，比如他主张“绝圣弃智”(第十九章)。但倘若深入下去，就可知老子实际上是反对世俗之知。他毕竟也主张另一种“知”：“知不知，尚矣；不知知，病矣。”(第七十一章)所以，老子实际上区分了两种“知”，即日常之知与圣人之知。在老子看来，这两种认知方式是不兼容的，乃至是对立的。“为学者日益，为道者日损；损之又损，以至于无为。”(第四十八章)

有人说老子的“知”是一种直观④，这是一种似是而非的讲法。就笔者的理解，中国传统哲学的主流语境中没有“直观”的讲法，“直观”作为概念应该是由西方哲学而来。比如康德讲知识的来源有两个，一个是感官接受

①黑格尔：《逻辑学》(下卷)，杨一之译，北京：商务印书馆，1976年版，第549页。
②黑格尔：《逻辑学》(下卷)，杨一之译，北京：商务印书馆，1976年版，第553页。
③黑格尔：《逻辑学》(下卷)，杨一之译，北京：商务印书馆，1976年版，第549页。
④胡道静：《十家论老》，上海：上海人民出版社，2006年版，第176页。

性，一个是概念自发性，由前者产生直观，由后者产生概念，“直观和概念构成了我们一切知识的要素”[①]。可见，“直观”就是感性认识，它区别于概念反思。老子的“圣人之知”与这种“直观”不是一回事。那么，老子所谓“圣人之知”到底是什么？笔者认为，它是摒弃了感性认知的一种特殊的内省方法，或者说就是“冥想”。老子明确地弃绝感官认知的途径。比如第四十七章讲：“不出户，知天下；不窥牖，知天道。其出弥远，其知弥少。”再比如第五十六章讲：“塞其兑，闭其门，挫其锐，解其纷，和其光，同其尘，是谓玄同。”这都是放弃外部感知的认识途径，而倾向于冥思内省。这是因为老子对于感官是不信任的，他说：“五色令人目盲，五音令人耳聋，五味令人口爽。”（第十二章）那么，排除掉感官觉知，剩下的只能是无形可捉的冥想：“视之不见，名曰夷；听之不闻，名曰希；搏之不得，名曰微。”（第十四章）老子讲“道之出言，淡乎其无味。视之不足见，听之不足闻，用之不足既。”（第三十五章）这种排斥感知的特点是很突出的。

老子的排斥感性的思路与苏格拉底是相近的。苏格拉底也是轻视感性的，他在身体与灵魂之间进行严格的区分，主张人应该追求灵魂不朽：“当灵魂自我反省的时候，它穿越多样性而进入纯粹、永久、不朽、不变的领域，这些事物与灵魂的本性是相近的，灵魂一旦获得了独立，摆脱了障碍，它就不再迷路，而是通过接触那些具有相同性质的事物，在绝对、永久、单一的王国里停留。灵魂的这种状态我们称之为智慧。”[②]对于苏格拉底来说，身体会让人迷路，会引人陷入多样性的歧途，故只有灵魂才能引人进入永恒的境界。笔者认为，老子之追求永恒（“常道”）与苏格拉底是一致的。但是，老子并没有苏格拉底那样强烈的理性精神，老子只是强调“内省”，但不一定就是苏格拉底那样的概念性认识。“苏格拉底的学说，一言以蔽之，就是，一切知识都是经由概念的知识。”[③]老子是没有这么强烈的理性意识的。

从整个哲学史讲，对人的认识方式进行区分是很普遍的做法。但是，对于不同的认识方式，不同的哲学家的态度是不一样的。比如最常见的区分就是感性认识与理性认识，有的贬低感性认识而抬高理性认识，有的则

①康德：《纯粹理性批判》，李秋零译注，北京：中国人民大学出版社，2011年版，第76页。
②柏拉图：《柏拉图全集》（第1卷），王晓朝译，北京：人民出版社，2002年版，第83页。
③斯塔斯：《批评的希腊哲学史》，庆泽彭译，上海：华东师范大学出版社，2006年版，第112页。

贬低理性认识而抬高感性认识。康德属于比较特殊的一种态度,他认为两者缺一不可,提出:"无感性就不会有对象被给予我们,无知性就不会有对象被思维。思想无内容则空,直观无概念则盲……只有从它们的相互结合中才能产生出知识。"①黑格尔则认为,康德的这种"相互结合"仍显得外在,所以他把这两方面统统视为人的思维的"一分为二",思维本身就应该"合二为一":"思想的真正客观性应该是:思想不仅是我们的思想,同时又是事物的自身,或对象性的东西的本质。"②这就是说,思想一方面是"我们的思想",但另一方面它同时含摄着"事物的自身",是综合了两者于一体的。

由此可见,老子的认识论与上述观念并不相同。西方哲学的理性认识得出的是一种普遍性知识,应该也是老子所反对的。老子讲"绝学无忧"(第十九章),又讲"学不学,复众人之所过"(第六十四章),简直是把一切"学"都否定了。他的"致虚极,守静笃""塞其兑,闭其门"等认识方法更倾向于一己自悟的内在体验。这种内心体验很难说是西方哲学意义上的理性认识,而近乎宗教冥想性质。这种侧重内省的认识方式,是拒绝他者的维度的,即是说,它屏蔽一切外在的证明,而沉醉于自悟自证。这种反躬自省、内敛自求的认识方法,应该说有利有弊。从其出发点讲,它实际上区分了两种认识,一种是关乎外界的知识,这种知识是对象性的,是向着他者而动的;另一种是关乎自身的认知,这种认知是以自我为对象的,是向着自身而动的。它强调舍弃外部认知而返归自我,批判那种沉溺于对象的驰骛之中而迷失了自我的认知弊端,把注意力放在关注自我方面,引导人关心自我的欲望、意志、情感等因素的控制,这是有积极意义的。

这种关心自己、照料好自己的思想,在古希腊时期也有类似的追求。按照福柯的理解,在古希腊哲学中,"认识你自己"(德尔斐神谕)与"关心自己"是有区别的,从价值上,"认识你自己"要低于"关心自己"③。在苏格拉底为自己所做的著名申辩中,他声称自己"忽略大多数人心中所想的财富、私利……",而敦促众人"不要关心身外之物,而要关心自己的人"④。这个

①康德:《纯粹理性批判》,李秋零译注,北京:中国人民大学出版社,2011年版,第76页。

②黑格尔:《小逻辑》,贺麟译,北京:商务印书馆,1980年版,第120页。

③福柯:《主体解释学》,佘碧平译,上海:上海人民出版社,2005年版,第4—7页。

④福柯:《主体解释学》,佘碧平译,上海:上海人民出版社,2005年版,第8页。

“关心自己”的概念，福柯认为主要有三层意味：(1)“‘关心自己’就是一种态度：关于自身、关于他人、关于世界的态度。”(2)“‘关心自己’也是某种注意、看的方式。关心自己包含有改变他的注意力的意思，而且把注意力由外转向‘内’。”(3)“关心”这个词还意味着“某些人自身训练的活动，人通过它们控制自己、改变自己、净化自己和改头换面”①。

作为比较，我们很容易在老子的言说中发现类似的表述。老子多次讲到“身”或“自”。比如第七章：“天长地久。天地所以能长且久者，以其不自生，故能长生。是以圣人后其身而身先，外其身而身存。非以其无私邪？故能成其私。”这也是对于自己的一种关心，只不过强调的是自我实现的迂回性、间接性。再比如第十三章：“吾所以有大患者，为吾有身，及吾无身，吾有何患？故贵以身为天下，若可寄天下；爱以身为天下，若可托天下。”这里字面意思好像是强调“无身”，但实质上仍是为了讲一种自我保全的迂回策略。最值得注意的是第四十四章：“名与身孰亲？身与货孰多？得与亡孰病？是故，甚爱必大费，多藏必厚亡。知足不辱，知止不殆，可以长久。”在这里，老子就类似苏格拉底，明确地在身外之物与自己之间做出价值区判，“名”“货”“得”都是外部存在的事物，都不如“身”之“不辱”“不殆”“长久”重要。所以，老子是惩戒于世人的贪多必失，而提出更好的保全自我的一种生存之道。

但是，其弊端则在于矫枉过正，把认识外物与认识自我对立起来了。老子为了强调这种内在的自我认知，完全把感性存在屏蔽掉了。进而，这种纯粹的内心体验由于拒绝他者的参与，而沦为一种绝缘性的独知独照。这种独知独照有可能因为独证而无旁证堕落为一种“师心自用”。倘若我们反思中国文化传统的弊端，尤其要警惕这种偏执于内而拒斥于外的思想意识。梁漱溟在言及这种“向里用力之人生”的传统时说：“凡一切心思力气向外用者，皆非其道也。”故传统中国人的习气是：“他只能回环于自立志、自努力、自责怨、自鼓舞、自得、自叹……一切都是‘自’之中。尤其是当走不通时，要归于修德行，那更是醇正的向里用力。”②笔者以为，“醇正的向里用力”固然有其合理的价值，如梁漱溟所谓“皆有其社会构造的事实作

①福柯：《主体解释学》，佘碧平译，上海：上海人民出版社，2005年版，第12页。
②梁漱溟：《中国文化要义》，上海：上海人民出版社，2003年版，第226—228页。

背景而演成”;但导致的后果是,往往缺乏客观的普遍有效性,而局限于一人之孤明自得或少数同调者的同声相应。尤其是,老子强调的“道隐无名”(第四十一章),固然可能是“下士闻道大笑之”的曲高和寡,但很多后来者往往也以此为借口,拒绝把社会承认作为检验真理的一种途径,甚至故意秘不示人,就难免有一种故作玄虚、以假饰真的嫌疑。熊十力批判老子说:“老子只喜欢说无,却不知所谓无才是至刚至健,我想老子尚不免耽着虚无的境界……真理是不远于吾人的,须是返躬体认始得。”[①]熊十力对于老子的弊病所言得中,但其归结处仍是“返躬体认”,就落入了“醇正的向里用力”的旧辙。老子的“耽着虚无的境界”,用梁漱溟对于中国文化病根检讨的话讲,就是“不落实”:“存于理者,其理虽见,其势未成;纵然高明,不能落实……离现实而逞理想。卒之,理想自理想,现实自现实,终古为一不落实的文化。”[②]在这个问题上,熊十力是不如梁漱溟见识高明的。比如熊十力批判西方哲学之弊端:“凡诸迷谬,总由误将宇宙人生分割为二,不得不离自心而求本体,易言之即向外求体,唯其然也,故常恃猜度之能而构成有体系之理论,自以为坚立不摇,实则妄逞戏论,如蛛造网自缚而已。东方先哲,脱然超悟吾人与宇宙本来同体,未尝舍吾心而求体于外,其学不遗思辨,要以涵养为本,求心,养心……方信万有根源不离吾心而外在,何劳向外退寻哉?”[③]熊十力此论或许言中了部分西方哲学家之弊,但难免以偏概全。而且,从逻辑上推求,此段话亦有破绽。既然“吾人与宇宙本来同体”,则何处尚有“外”可言?假如“离吾心”而有“外”,则此心必有涯畔,不可谓“与宇宙本来同体”。熊十力既然主张“体用不二”,就当知“内外不二”的道理,凡所谓“外”,即是过于“见外”了。

今天,我们本着“人有我无”的中西互补理念,应当吸取西方哲学的优长,来根治中国传统文化“不落实”的病根。这个治本的法子,就是要把内外打通。《中庸》说:“诚者,物之终始,不诚无物。是故君子诚之为贵。诚者,非自成己而已也,所以成物也。成己,仁也。成物,知也。性之德也。合内外之道也。”倘若把“合内外之道”贯彻到底,彻上彻下,则亦可说“物者,诚之终始,不物无诚”。按照朱熹的讲法,“终始,是彻头彻尾底意”,又

---

①熊十力:《新唯识论》,北京:中华书局,1985年版,第331页。

②梁漱溟:《中国文化要义》,上海:上海人民出版社,2003年版,第333—334页。

③熊十力:《新唯识论》(壬辰删定本),北京:中国人民大学出版社,2006年版,第16—17页。

说“在我真实无伪，自能及物”[①]，而中国传统文化之弊端正在于“及物”方面做得不够彻底。

就老子的“道”而言，既然它是世界的价值总根源，是所谓本体，则举凡世间任何一物之存在，都是“道”的显现。换言之，倘若世间尚有一物遗留于其“外”，则“道”必有隘，不得为绝对，即不得谓之“周行而不殆，可以为天地母”（第二十五章）。“道”既然最“大”，则无所不尽其极，无所不充其端，应当无微不至，最终推及“至小”处。而按照老子的论说，它的“道”尚不能遍及所有，它有意地保留一种“缺”，即“保此道者不欲盈”（第十五章），这是一种留有余地的智慧呢，还是留下了理论不周的破绽呢？从其积极意义上讲，此种“缺”是保留一种生机活气，正如中国艺术追求一种“空白之美”。但是，亦可从其消极意义上反思其不彻底性。既然“道”尚有其所不能及，按照黑格尔的讲法：“正因为它与有限物对立，在它那里有它的他物，所以它是已经有了界限，本身是有限的，是坏的无限物。”[②]当然，关于黑格尔的“真无限”也可以做一番批判，比如张世英就认为“我们宁愿强调黑格尔的‘坏无限’，也不要强调‘真无限’”[③]。笔者认为，张世英在此基础上提倡“想象的无限性整体”[④]固然有其合理性，但是，这种“想象的”产物终究有“不落实”的弊端。一方面，“想象的”正因为是“想象的”，就带有太多的主观性与随意性，每个人都凭借自身之想当然而自是，则混乱之局必起。老子的“道”一方面因其故意的“不说破”而具有充分的灵活性，但随之也导致后人解说的多歧性。这一方面固然利于后人的创造性发挥，但亦造成言人人殊、莫衷一是。

柏拉图讲灵魂既要上升，又要下降，这两条道路缺一不可[⑤]。老子哲学在下降的道路上是有所不及的。他更倾向于一人独知，作为一个“独异者”而存在（第二十章），这样他就在自身与众人之间划了一道鸿沟。他的知识之旅因此是孤独者之路，走向了远离世人的所在，一方面他固然以“知我者希，则我贵矣”（第七十章）来自我安慰，但另一方面，他忽略了人作为

①黎靖德：《朱子语类》（第4册），王星贤点校，北京：中华书局，1986年版，第1579、1581页。

②黑格尔：《逻辑学》（上卷），杨一之译，北京：中华书局，1966年版，第154页。

③张世英：《哲学导论》，北京：北京大学出版社，2002年版，第62页。

④张世英：《哲学导论》，北京：北京大学出版社，2002年版，第65页。

⑤柏拉图：《柏拉图全集》（第2卷），王晓朝译，北京：人民出版社，2003年版，第517页。

社会性的存在的重负,即人必须赢取社会共同体的承认。米德认为,个体固然需要通过把自己与其他人区别开来而彰显个性,但同时重要的是:“由于它是一个社会性自我,所以,它是一个通过它与其他人的关系而得到实现的自我。它只有得到了其他人的承认,才能具有我们希望它所具有的那种价值观。”[①]这种通过向外努力来确证自我的道路是西方哲学比较重视的,而这条道路或许正是中国文化传统所缺失的。霍耐特说:“在社会生活现实中,对人的发展进步负责的道德力量,就是为承认而斗争,这就是黑格尔和米德的基本观点。”[②]这种“为承认而斗争”的追求恰是老子哲学所排斥的,他是主张“不争之德”的。

总之,通过回顾老子的认识论,可以看出:他偏于“内知”与“自知”,而忽略了“外知”“被知”的重要维度。他偏于自我确证,而缺乏他者确证,导致社会性认可机制的严重缺席。我们认为,所谓知识就应当追求客观有效性,而且它不仅是就个人而言的有效性,而且是对于社会共同体而言的普遍有效性。知识的检验途径,终究离不开社会承认机制。那种深藏不露的所谓“秘笈”,那种深夜无人的独知独觉,有可能只是需要被克服的臆想。黑格尔说:“问题的关键在于,我们不应当把最好的东西隐藏在内心里,而是应当促使它突破封锁,走向光明。”[③]但遗憾的是,我们传统文化一直在“把最好的东西隐藏在内心里”,这不仅是道家的追求,而且也是儒家所强调的,追求所谓“慎独”或将发未发之“中”,以及那似动非动的“几”[④]。其理论固然玄妙,而不堪现实一击。比如陈献章说:“此理包罗上下,贯彻终始,滚作一团……夫以无所著之心行于天下,亦焉往而不得哉!”[⑤]此段话就大有问题。既然“包罗上下,贯彻终始,滚作一团”,则应当时时处处皆可“著”才是。“以无所著之心行于天下”,这个“无所著”的追求,不仅是儒家之弊,亦是道家之弊,总之,只是不肯“及物”而孤悬一个“不及物”的绝缘体。

---

①丁东红选编:《米德文选》,丁东红、霍桂桓等译,北京:社会科学文献出版社,2009年版,第101页。
②霍耐特:《为承认而斗争》,胡继华译,上海:上海人民出版社,2005年版,第149页。
③黑格尔:《精神现象学》,先刚译,北京:人民出版社,2013年版,第44页。
④张学智:《明代哲学史》,北京:中国人民大学出版社,2012年版,第208—209页。
⑤黄宗羲:《黄宗羲全集》(第7册),杭州:浙江古籍出版社,2005年版,第87页。

六、老子的政治思想

老子一方面固然有一种遗世独立的精神追求，但是另一方面，他又有强烈的拯救浊世的事功之心。所以，尽管他的认识论在“外”与“内”之间存在着一种难以弥合的裂隙，政治在其哲学思想中仍然占有极为重要的分量。

老子的政治思想首先着眼于对最高统治者的要求。这主要体现在对于“圣人”的言说。在老子的语境中，“圣人”是什么人？简单说，“圣人”就是区别于“民”“百姓”的最高统治者。比如第三章：“是以圣人之治也：虚其心，实其腹；弱其志，强其骨。常使民无知无欲，使民智者不敢为也。”再比如第五章：“圣人不仁，以百姓为刍狗。”通过“治”“使民”“以百姓为刍狗”等表述，我们可以知道，“圣人”首先主要是指拥有最高统治权力的人①。所以，老子所言的“圣人”可能不同于一般所谓“圣人”，比如孔子、孟子是“至圣”“亚圣”这样的“圣人”，但主要是指其道德修养境界而言的。当然，老子口中的“圣人”又区别于一般世俗的最高统治者，而特指与“道”合一的最高统治者。比如第八十一章：“圣人之道，为而不争。”这就直接把“道”与“圣人”直接视为一体。再比如第二十二章：“圣人抱一为天下式。”此处所谓“一”也应当就是“道”。可见，“圣人”是特指拥有“道”的领悟性的最高统治者，或者说，“圣人”就是“得道”的最高领袖。由于“道”是老子心目中的最高境界，因此“圣人”就意味着老子期许的最理想的最高统治者。通过对于“圣人”的具体言说，就可以获知老子对于最高统治者的理想期待。

首先，“圣人”不与民争利。所谓“圣人之道，为而不争”，主要是指不为了物质利益而与民相争。所以，“圣人”不是贪得无厌的人，不把物质利益的获得作为人生目标。“圣人”的“有”应该区别于一般人的“有”，对于一般人而言，恰恰是“无”。“圣人无积，既以为人，己愈有；既以与人，己愈多。”（第八十一章）“圣人”的价值追求是对于“天下”的“有”，为此，他就不应当陷入一般性的“有”。一般物质利益的“有”只是“小有”罢了，“天下”尽归己有才是真正的“大有”。所以，最高统治者不与民争蝇头微利，恰恰是为了

① 也可能有极少数例外的情况，比如第七十章讲“圣人被褐怀玉”，此处的“圣人”可能不是拥有最高统治权的人。

获得其最高利益，即对“天下”政权的拥有。

这种思想在《周易》中也有体现，比如“同人”与“大有”两卦相衔接。对于“同人”，程颐解释说：“夫同人者，以天下大同之道，则圣贤大公之心也。常人之同者，以其私意所合，乃昵比之情耳……能与天下大同，是天下皆同之也。天下皆同，何险阻之不可济？何艰危之不可亨？”①关于“大有”，程颐说：“‘大有’，《序卦》：‘与人同者，物必归焉，故受之以大有。’夫与人同者，物之所归也，大有所以次同人也。为卦，火在天上。火之处高，其明及远，万物之众，无不照见，为大有之象。又一柔居尊，众阳并应，居尊执柔，物之所归也。上下应之，为大有之义。大有，盛大丰有也。”②这就是说，“同人”卦正是一种与民同心的象征，而“大有”卦则是统治者居上不骄，以“柔”为德，因而天下和谐的太平气象。

其次，“圣人”顺应民心，代表了百姓的愿望所在。这突出地体现在第四十九章：“圣人常无心，以百姓之心为心。善者，吾善之；不善者，吾亦善之，得善矣。信者，吾信之，不信者，吾亦信之，得信矣。圣人之在天下，歙歙焉；为天下，浑心焉。百姓皆注其耳目，圣人皆孩之。”“圣人”要“以百姓之心为心”，那就要消除一己私心，胸怀天下，让所有人各得其所。第七章：“天长地久。天地所以能长且久者，以其不自生。故能长生。是以圣人后其身而身先，外其身而身存。非以其无私邪？故能成其私。”为什么“非以其无私邪？故能成其私”？这是因为，“圣人”的“私”不同于百姓的“私”，“圣人”的“私”不是对于物质利益的占有，而是对于国家政权的占有。他是舍弃“小有”，获得“大有”。当然，老子这里没有做概念上的具体分辨，“私”字在概念上有混淆不清的地方，很容易导致对于“私”一律否定的误解，甚至有意无意间存在着“公”与“私”的对立关系。事实上，“圣人”也是人，也有七情六欲，也有物质需要，因此要求他完全“无私”就不近人情了。

再次，“圣人”具有值得百姓拥护的个人美德。比如他不奢侈，不贪图安逸享受，“圣人去甚，去奢，去泰”（第二十九章）。又比如他仁慈为怀，博大包容，“圣人常善救人，故无弃人；常善救物，故无弃物”（第二十七章）。他谦退谨慎，不爱出风头，不自我炫耀，“圣人自知而不自见也，自爱而不自

①程颢、程颐：《二程集》（下册），王孝鱼点校，北京：中华书局，1981年版，第763页。
②程颢、程颐：《二程集》（下册），王孝鱼点校，北京：中华书局，1981年版，第768页。

贵也”（第七十二章）。他不居功自傲，“圣人为而弗有，成功弗居也”（第七十七章）。

值得注意的是，老子对于“圣人”的规定大多是否定式的用语，诸如“无常心”“无私”“不自见”“弗有”，这种现象说明了什么？一方面，是因为“圣人”与“道”合一，“道”的规定常常是否定式的，故“圣人”的规定也是如此；另一方面，就涉及一个大问题，即如何约束限制掌权者？老子的这种否定式的表述正隐隐约约地透露了这一核心问题：如何避免掌权者的专权擅权问题？老子对于“圣人”的要求，其实就是从掌权者的主体意识上入手，从其个人道德追求上着力，要求掌权者德配其位，要求他加强自我修养，不要放纵自我，不要走上作威作福的道路，更不要与民为敌。老子警告他说：“民不畏威，则大威至。无狎其所居，无厌其所生。”（第七十二章）就是不要逼民太甚，导致民不聊生。但是，这种寄希望于掌权者单个人的主体修养的要求，是很难实现的。中国历代掌权者中，个体修养差的是很多的，因此，这一良好愿望是常常落空的。这就说明，把国家的安定繁荣建立在个人的德性品质方面是靠不牢的。真正对于掌权者的权力构成约束限制的，不应该是单纯依靠内在的自觉，而更应该确保外在的制度建设与分权措施。这是老子有所不知的，但也一直是中国几千年来的历史难题。

除了对于掌权者的要求，老子的政治思想最为人所知的还是其“无为而治”的理想。他要求“圣人处无为之事，行不言之教”（第二章），强调“无为之有益”（第四十三章），认为“无为而无不为”（第四十八章），“我无为而民自化”（第五十七章）。为什么老子会主张“无为”呢？我们可以反面推想当时“有为”是怎么样的。在老子的时代，是政治混乱的局面，大多数统治者并没有高明的治国良策，由此导致的后果就很严重。老子一定是有惩于当时的“混乱之治”而针对性地提出“无为而治”的。对此，胡适论述说：“老子反对有为的政治，主张无为无事的政治，也是当时政治的反动。凡是主张无为的政治哲学，都是干涉政策的反动。因为政府用干涉政策，却又没有干涉的本领，越干涉越弄糟了，故挑起一种反动，主张放任无为。欧洲的18世纪的经济学者政治学者，多主张放任主义，正为当时的政府实在太腐败无能，不配干涉人民的活动。老子的无为主义，依我看来，也是因为当时的政府不配有为，偏要有为；不配干涉，偏要干涉，所以弄得‘天下多忌讳，而民弥贫；民多利器，国家滋昏；法令滋彰，盗贼多有’。”①这些论述至今仍富有启发性。笔者认为，老子主张“无为”，除了针对当时的“恶政”之外，还有深层的原因。其一，“无为而治”思想反映了当时底层人民渴望安宁和平生活的良好愿望。老百姓不希望当局者过多地折腾，乃至巧立名目、巧取豪夺。所以，这就不单纯是胡适所讲的“不配干涉人民”的统治者的能力素养问题，而更涉及官民之间的利益斗争等根本问题。统治者的很多“有为”，其直接目的往往也不是为了国家利益、百姓利益，而是为了满足个人的贪欲而已。这样一来，“无为而治”的主张就传达了维护人民利益的呼声。其二，老子之主张“无为”，其根本依据就是其知识论对于“知”的批判。老子认为，“知”是有限的，因此，统治者不是全知全能的，不可能掌控全局，因此，他要求统治者不要瞎指挥。

老子从知识论的角度来批判“有为”，主张“无为”，这一点与西方自由主义者有相同之处。比如哈耶克在批判“干涉型政府”时，就提出：“人类在改善社会秩序的努力中，如果不想弄巧成拙，他就必须明白，在这件事上，就像以性质复杂的有机体为主的任何领域一样，他不可能获得主宰事务进程的充分知识。因此他不能像工匠打造器皿那样其模铸产品，而是必须像园丁看护花草那样，利用他所掌握的知识，通过提供适宜的环境，养护花草生长的过程……社会研究者认识到自己的知识有不可逾越的障碍，便应懂得谦虚为怀的道理，不至于再去充当那些极力控制社会的狂妄之徒的帮凶；这种做法不但会使他成为自己同胞的暴君，并且可以使他成为一种文明——它不是出自哪个头脑的设计，而是通过千千万万个人的自由努力成长起来的——的毁灭者。”②

老子政治思想中最遭非议的可能就是所谓“愚民政治”了。比如第三章：“不尚贤，使民不争；不贵难得之货，使民不为盗；不见可欲，使民心不乱。是以圣人之治：虚其心，实其腹；弱其志，强其骨。常使民无知无欲，使夫智者不敢为也。”再比如第六十五章：“古之为道者，非以明民，将以愚之。民之难治，以其智也。故以智治国，国之贼也；不以智治国，国之福也。”但是，需要注意的是，“愚”或“无知”在老子那里具有与世俗理解截然对立的

① 胡适：《中国哲学史大纲》，石家庄：河北教育出版社，2001年版，第43—44页。

② 哈耶克：《哈耶克文选》，冯克利译，郑州：河南大学出版社，2015年版，第608页。

价值规定。也就是说,“愚”的价值意义与通常的价值观是相互颠倒的关系。通常认为它是不好的,是贬义词,但老子这里它是好的,是褒义词,这就是“正言若反”的价值颠倒。从根本上,老子的“道”,就是一种“愚”的境界,所以,他自己就以“愚”为最高价值,自豪于“我愚人之心也哉”(第二十章)。由此,他不光是主张“民愚”,也主张“治”之“愚”。他既然主张“不以智治国”,那当然就是要“以愚治国”。在通常理解的“愚民政策”概念中,“愚民”仅是稳固统治的手段,所以“愚”的只是“民”而不是统治者自己。但在老子这里,“愚民”不仅是手段,它同时就是目的,“愚”本身就是值得追求的境界,因此最好是天下皆“愚”。

质言之,老子之主“愚”,从价值论讲,是批判“诈伪”的。他提出“不以智治国”,实际上也在要求统治者不要欺骗老百姓,因为老百姓被骗得多了,也会“吃一堑长一智”,变得“诈伪”起来,这就必然导致上下互相欺骗而不同心的局面。老子说:“爱民治国,能无以智乎?”(第十章)又说:“以正治国,以奇用兵。”(第五十七章)兵以诈立,所谓“以奇用兵”就是善于“诈伪”;但是,治国就要“正”,就要堂堂正正,讲究诚信,所以商鞅变法前先搞一个“立木为信”的举措,以示有令必行。因此,从这个意义上讲,老子的“不以智治国”“以正治国”的主张,就是值得肯定的观点,它就与通常理解的“愚民政治”相距甚远了。

老子的政治思想还有值得注意的方面,就是反对竞争机制。这也是有惩于当时的恶性竞争机制。所谓恶性竞争机制,就是通过统治者利用亲疏关系,制造不公平的利益分配,也就是“宠”了少部分,“辱”了大部分。比如第十三章:“宠辱若惊,贵大患若身。何谓宠辱若惊?宠为下,得之若惊,失之若惊,是谓宠辱若惊。”“宠”和“辱”是相互依存的,都不是好现象,有人获“宠”,就有人获“辱”。“受宠者”毕竟是少数人,实际上置身于众多的“获辱者”之中,其处境也并不妙。而且局势一旦恶化,大多数人就会群起而攻之,这些少数人必将最终受辱。

老子反对竞争,表现在他反对搞优胜劣汰,反对搞物质刺激。比如第三章:“不尚贤,使民不争;不贵难得之货,使民不为盗;不见可欲,使民心不乱。”“尚贤”的结果必然体现在物质利益的分配不均,必然导致“难得之货”为少数人获得,这些“难得之货”也必然勾起众多人的欲望。现代心理学研究也表明,“外部奖励可能降低创造力,抑制内在兴趣”[①]。

在反对竞争方面,老子又与西方自由主义者的主张有相互对立之处了。这是因为老子有平均主义的倾向,而西方自由主义者则认为差异原则有助于经济发展。当然,他们鼓吹的是一种自由竞争,正是这种自由竞争会导致结果的不可预测性与偶然性,并由此造就少数人胜出,进而迫使多数人群起效仿,推动变革的发生。哈耶克说:“无论在什么地方,竞争之具有合理性,都是因为我们不能事先知道决定着竞争行为的那些事实。在体育运动或考试中,就像政府合同或诗歌奖金的颁发一样,如果我们事先就知道谁是最优者,再安排竞争便是无意义的。”[②]他还说:“只有当愿意并且能够尝试新方式的少数人确信,许多人会仿效他们,并且也对他们表现出这种态度时,他们才会造成风俗习惯上的必要变革……它不但表明如何才能更有效地工作,而且使那些收入依靠市场的人面对选择,他们或是去模仿那些更为成功的人,或是收入减少或一无所获。竞争以这种方式产生了一种非人格的强制力,使无数的个人以某种任何专门教育或命令都无法提供的方式,调整自己的生活道路。”[③]简言之,哈耶克认为竞争有利于社会变革与发展。这与老子的主张并不一致。老子说:“天之道,其犹张弓与?高者抑之,下者举之;有余者损之,不足者补之。天之道,损有余而补不足;人之道则不然,损不足以奉有余。”(第七十七章)老子认为的“高者抑之,下者举之;有余者损之,不足者补之”,在西方自由主义者看来,就可能是一种人为的控制,因为按照自由竞争机制,其结果必然导致差异的产生,导致财富不均,这才是真正的“天之道”。“现在,很多人都相信,不平等的存在是促使现代经济生产力得到巨大提升的重要方面。”[④]罗尔斯说:“在某种意义上我们说,当差别原则得到满足时每个人都会受益。”[⑤]这种论调对于坚持“不患寡而患不均”理念的人来说,简直是不可思议。

老子的政治思想还有其他一些方面,比如他明确地反对对外战争与势力扩张。第三十章说:“以道佐人主者,不以兵强于天下,其事好还。师之

①布朗:《自我》,王伟平、陈浩莺译,北京:人民邮电出版社,2015年版,第207页。

②哈耶克:《哈耶克文选》,冯克利译,郑州:河南大学出版社,2015年版,第158页。

③哈耶克:《哈耶克文选》,冯克利译,郑州:河南大学出版社,2015年版,第172页。

④夸梅·安东尼·阿皮亚:《想透彻:当代哲学导论》,姜昊骞译,北京:新华出版社,2017年版,第272页。

⑤罗尔斯:《正义论》,何怀宏等译,北京:中国社会科学出版社,2009年版,第62页。

所处，荆棘生焉。”第三十一章说：“夫兵者，不祥之器，物或恶之，故有道者不处。”他还论述了大小国之间的关系：“大国以下小国，则取小国；小国以下大国，则取于大国。故或下以取，或下而取。大国不过欲兼畜人，小国不过欲入事人。夫两者各得其所欲，大者宜为下。”（第六十一章）这种希望“两者各得其所欲”的设想可能是不切实际的。历史上兼并战争的发生往往不以人民的良好的和平意愿为转移。

七、老子的经济思想

关于老子的经济思想，侯外庐说：“在中国古代，首先发现商品概念的是老子，而发展这一思想的是法家。”①他的依据是第十一章：“三十辐共一毂，当其无，有车之用。埏埴以为器，当其无，有器之用。凿户牖以为室，当其无，有室之用。故有之以为利，无之以为用。”侯外庐把“当其无”这样解释：“所谓‘无’，是社会的属性，不是物理的、自然的属性。‘无’当诂为‘非有’，义指不私有，所以‘当其无’，便是说当车、器、室在非私有财产的特定阶段。”②这种理解在今天看来是非常牵强附会的。我们认为，老子的经济思想根本达不到“发现商品概念”的程度。

老子从经济上讲，是主张回归到原始落后的农耕时代。比如第八十章：“小国寡民。使有十百人之器而不用，使民重死而不远徙。虽有舟舆，无所乘之；虽有甲兵，无所陈之。使民复结绳而用之。甘其食，美其服，乐其俗，安其居。邻国相望，鸡犬之声相闻，民至老死不相往来。”首先，“小国寡民”的要求是与国富民强相违背的。没有足够辽阔的土地，没有足够充裕的人力资源，一个国家是很难在国际上立足的。尤其是人口，更是经济发展的决定性因素。魁奈说：“构成国家强大的因素是人；财富是由于他们的需要而增长的；人们所需的生产品增加得越多，他们对产品的消费越多，他们就越富裕。”③

由这段话亦可知，老子反对生产工具的发明改进，这与后世的重视生产力的提高的观念是背道而驰的。由这段话还可知，老子反对国际经济贸易，“民至老死不相往来”，这种观念与中国历史上相当时期的“闭关锁国”

---

①胡道静：《十家论老》，上海：上海人民出版社，2006年版，第177页。

②胡道静：《十家论老》，上海：上海人民出版社，2006年版，第177页。

③魁奈：《魁奈经济著作选集》，吴斐丹、张草纫选译，北京：商务印书馆，1979年版，第103页。

政策有着内在的联系。笔者认为,中国传统文化长期基于农耕文明,本身是农耕文明的思想反映,因此它的重农抑商意识自古以来是很强烈的。老子的经济思想本身也是重农抑商传统的反映,在这一点,他具有相当的保守性乃至滞后性,是不值得称道的。从这个方面讲,司马迁《货殖列传》就足够先进乃至于标新立异了。对于老子的上述主张,司马迁评论说:"必用此为务,挽近世涂民耳目,则几无行矣。"①司马迁还说:"富者,人之情性,所不学而俱欲者也。"②又说:"夫用贫求富,农不如工,工不如商,刺绣文不如倚市门,此言末业,贫者之资也。"③这在今天仍是真知灼见。而相比之下,老子则对于"富"有尖锐的批判,比如他说:"财货有余,是谓盗夸。"(第五十三章)老子虽然可能是针对当时的"为富不仁"现象而言的,但相比司马迁的观念就偏于保守了。

今天我们谈论老子的经济思想,还要关注他对于"难得之货"的批判。老子所谓"难得之货"用今天的讲法,大概就是稀有的奢侈品。比如第三章:"不贵难得之货,使民不为盗。"第十二章:"难得之货令人行妨。"第六十四章:"是以圣人欲不欲,不贵难得之货。"一方面,老子处于当时的生产力还比较落后、物质生活条件还比较匮乏的时代,他对于"难得之货"的批判主要是针对着穷奢极欲的上层统治者的,这也是他思想合理的方面。另一方面,在今天物质生活水平相对提高的时代,在广大人民的物质财富相对地比较充裕的情况下,对于"难得之货"的追求就变得比较合理了,那么,对于老子的相关主张也就没必要株守,而是要有所批判。

美国学者克里斯托弗·贝里的《奢侈的概念》一书对于我们重新认识奢侈品可能会有一定的启发性。他把奢侈品分为四类:"奢侈品的类别包括饮食、居所、衣着和娱乐休闲。"④他还从历史的角度,提到关于奢侈品的历来道德批判传统:"实际上在古希腊思想中,'奢侈'从来都是一个政治概念。在古典及基督教和早期近代思想中,'奢侈品'是受到道德批判的。"⑤所以他主张为之"去道德化",认为:"实质上,奢侈可以对社会有益,而不一

①司马迁:《史记》(第10册),北京:中华书局,1959年版,第3253页。
②司马迁:《史记》(第10册),北京:中华书局,1959年版,第3271页。
③司马迁:《史记》(第10册),北京:中华书局,1959年版,第3274页。
④克里斯托弗·贝里:《奢侈的概念》,江红译,上海:上海人民出版社,2005年版,第9页。
⑤克里斯托弗·贝里:《奢侈的概念》,江红译,上海:上海人民出版社,2005年版,第22页。

定是社会和个人腐败的根源。”①

就中国的历史语境而言，这个道德批判的传统同样存在着并延续至今。我们历来是强调节俭的。老子也说：“俭，故能广。”他把“俭”列为“三宝”之一（第六十七章）。但是，西方不断地有经济学家从经济效益的角度为“奢侈”正名。比如曼德维尔就反驳“奢侈生活——高人一等的生活方式的欲望是毁灭的根源”的观点，认为“任何这类毁灭都是愚蠢而不是奢侈的结果，因为任何无法量入为出的人都是傻瓜”②。休谟更是把“奢侈”（Luxury）与艺术的精致追求联系起来，认为这对于社会是有利的，所以他要对关于奢侈享受的“或认为无害，或认为应受谴责”的对立观念加以重估。“既然享受不是被看作一种过错，就是被认为无害，对于这种颠三倒四、出尔反尔的看法，我们不免会感到惊讶莫名，然而这种看法却由来已久……在这里，我们要对这两种各趋极端的观点匡谬纠偏，办法是证明：一，享受随着时代的进步而日益精致，是人心所向极为正当的趋势；二，如果享受不再是无害的，也就不会是有益的；沉湎过度是有害处的，不过这种害处对于社会政治生活也许还不至于成为什么弥天大罪。”③所以，休谟力图为之辩护。他说：“人们的消遣享受越是考究，就越不会沉湎物欲，放纵无度，因为对于真正的消遣享受来讲，再没有比这种放纵无度更有害的了。”④“一切美化生活的商品的增加和消费，都对社会有好处；因为它们在成倍地扩大满足那些无害的个人欲望的同时，也增加了劳动产品的贮存，这种贮存，在国家一旦出现紧急情况时，就可转入社会劳务。如果一个国家不要求这种积余，人们崇尚清静无为，对各种生活不感兴趣，那种这种人对社会是毫无用处的，因为社会不能指望这样的懒汉来供养维持自己的海军和陆军。”⑤凯恩斯说：“财富的增长远不取决于富人的节欲，像一般假设的那样；它的增长反而会受到富人节欲的阻碍。”⑥这些论述显然与老子的观点直接冲突。老子恰是重清静无为，反对积累财货，主张“圣人无积”（第八十一章）。

亚当·斯密的经济学观点在很多方面都与老子的主张相对立。首先

①克里斯托弗·贝里：《奢侈的概念》，江红译，上海：上海人民出版社，2005年版，第123页。
②克里斯托弗·贝里：《奢侈的概念》，江红译，上海：上海人民出版社，2005年版，第134页。
③休谟：《休谟经济论文选》，陈玮译，北京：商务印书馆，1984年版，第19页。
④休谟：《休谟经济论文选》，陈玮译，北京：商务印书馆，1984年版，第21页。
⑤休谟：《休谟经济论文选》，陈玮译，北京：商务印书馆，1984年版，第22页。
⑥凯恩斯：《就业、利息和货币通论》，高鸿业译，北京：商务印书馆，1999年版，第390页。

亚当·斯密批判过中国的重农抑商、不重视国外贸易的政策。[①] 其次,亚当·斯密主张自由竞争的好处:"如果竞争是自由的,各人互相排挤,那么相互的竞争,便会迫使每人都努力把自己的工作弄得相当正确……哪怕是卑不足道的职业吧,竞争和比赛,亦可使胜过他人成为野心的目标。竞争和比赛往往引起最大的努力。"[②]第三,与老子反对"私"相对立,亚当·斯密认为"私利"的追求可以转化为"公益":"他受着一只看不见的手的指导……他追求自己的利益,往往使他能比在真正出于本意的情况下更有效地促进社会的利益。"[③]第四,亚当·斯密显然不赞同老子期待的那种原始平等的社会状态。老子的那种原始状态的社会经济,固然没有贫富差距,但是那也只能以极其匮乏的物质条件与极其落后的生产力为基础。"普遍的贫乏,造成了普遍平等的局面。"[④]

所以,具体到奢侈浪费的问题,亚当·斯密的观点也与老子不尽一致。具体而言,亚当·斯密区别对待两个层面的奢侈浪费。一方面,他揭露政府的奢侈浪费之弊端。他说:"地大物博的国家,固然不会因私人奢侈妄为而贫穷,但政府的奢侈妄为,却有时可把它弄得穷困。"[⑤]另一方面,他认为人民的奢侈浪费政府没必要过问。他指责统治阶级说:"他们不知道,他们自己始终无例外的是社会上最浪费的阶级。他们好好注意自己的费用就行了,人民的费用,可以任凭人民自己去管。"[⑥]更重要者,在贫富分化严重的情况下,亚当·斯密认为,富人的奢侈浪费反而会带来好处。"对个人财富较有益的消费方法,对国民财富亦较有益。富人的房屋、家具、衣服、转瞬可一变而对下等人民中等人民有用。在上等阶级玩厌了的时候,中下阶级的人民,可以把它们买来,所以,在富人一般都是这样使用钱财的时候,全体人民的一般生活状况就逐渐改进了。"[⑦]关键之处还在于,富人的无度消费会导致一种"革命",即社会阶层的流动性,因为富人家庭无法长期存在下去。"在收入的最大部分归个人消费时,他的用度就往往极无限制;因

---

①亚当·斯密:《国富论》,郭大力、王亚南译,北京:商务印书馆,2015年版,第650—651页。
②亚当·斯密:《国富论》,郭大力、王亚南译,北京:商务印书馆,2015年版,第727页。
③亚当·斯密:《国富论》,郭大力、王亚南译,北京:商务印书馆,2015年版,第428页。
④亚当·斯密:《国富论》,郭大力、王亚南译,北京:商务印书馆,2015年版,第681页。
⑤亚当·斯密:《国富论》,郭大力、王亚南译,北京:商务印书馆,2015年版,第323页。
⑥亚当·斯密:《国富论》,郭大力、王亚南译,北京:商务印书馆,2015年版,第327页。
⑦亚当·斯密:《国富论》,郭大力、王亚南译,北京:商务印书馆,2015年版,第328页。

为他的个人虚荣心，是无限制的、永远满足不了的。所以，在商业国，即使有极严厉的法规取缔挥霍浪费，长期富裕的家庭仍属罕见。”[①]这样一来，那本身应该遭受道德谴责的奢侈浪费现象，反而促进了上下阶层的颠覆，那上流阶级的铺张浪费反而利于接受雇佣的勤勉节俭的下层人民用来改善自己的境遇，最终是铺张浪费者变得贫穷，而勤俭的下层人民由此上升。所以，对比老子对于“奢”的一概批判，亚当·斯密的观点可能更有启发性。

老子的经济学立场当然是非常朴素的，远不能与后来的西方经济学家相比，或者说，这样的比较本身不够公平。但是，我们今天仍然需要借鉴西方经济学家的观点来反思相关的问题，因为一直到今天，不少国人的头脑仍被老子的主张深深地钳制着。再者，老子的一些主张在某种意义上颇与西方自由主义者的观念有相通之处。特别是，西方自由主义者主张自由放任的市场经济[②]，这与老子的“无为而治”在基本理念上有暗合的方面。在这方面，刘笑敢就把老子的思想与魁奈的经济观念相联系，认为其思想来源于老子[③]。

但也需要指出，尽管老子思想不乏这方面的因子，但他与西方自由主义者在思想倾向方面总体上还是对立的。西方自由主义者普遍地肯定欲望，认为欲望乃至于自私自利可以促进经济发展，这是老子根本不会认同的。西方自由主义者鼓吹自由竞争，而老子则反对一切“争”。最为根本的，老子反对那种经济发展与文明进步，这与一切西方经济学家的思想理念基本上是相互冲突的。老子大加推崇的“愚”或“无知”，是西方经济学家所不能接受的。魁奈说：“无知是孤立的野蛮人的原始属性。所以在社会中，无知是人类为害最大的缺点。正因为这个缘故，在社会中，无知可说是

①亚当·斯密：《国富论》，郭大力、王亚南译，北京：商务印书馆，2015年版，第393页。

②“‘随它去把，让它独自一人，这个世界本就是自行其是’是经济自由主义者发出的著名号召。”见海因茨·D·库尔茨：《经济思想简史》，李酣译，北京：中国社会科学出版社，2016年版，第20页。

③刘笑敢：《老子古今》(上卷)，北京：中国社会科学出版社，2006年版，第477—479页。这里也要指出，尽管魁奈与老子的思想有一定的可比较性或观念相通处，但就其具体内涵而言，区别也是存在的。就魁奈的“自由放任”的主张，熊彼特认为：“尽管他笼统地谴责政府的管制或控制，但应注意他实际上所反对的是从过去流传下来而不再适合于当前情况的管制；自由放任的绝对规范在这里具有一种相对的意义而和它的绝对性的含义大不相同。”(熊彼特：《经济分析史》第1卷，朱泱等译，北京：商务印书馆，1991年版，第358页)

有罪的;因为所谓赋有理性的人,必须超过野蛮状态的阶段。"[1]亚当·斯密说:"在无知的国民间,狂热和迷信,往往惹起最可怕的扰乱。一般下级人民所受教育愈多,愈不会受狂热和迷信的迷惑。加之,有教育有知识的人,常常比无知识而愚笨的人,更知礼节,更守秩序。"[2]他还说:"科学是对于狂妄及迷信之毒的大消毒剂。"[3]作为西方经济学开山鼻祖的魁奈、亚当·斯密如此说,后继的经济学家们在这一立场上也基本上与老子相对立。很显然,在西方自由主义者那里,一切自由都基于个体的觉醒,都基于个人利益的维护。所以,在哈耶克看来,"个人主义是西方文明最重要的核心……西方文明异于且优于其他文明的地方,正在于它突出强调每个个体的重要性"[4]。连其理论对手凯恩斯也说:"以我观之,资本主义的主要特征,乃是依靠个人谋利和个人嗜利不能的强度引力而以之作为经济机器的主要动力。"[5]所以,老子的"无为"思想与西方经济学家的观念从根本上是对立的,对于两者之间的关系不宜做太多的求同比较。

总之,老子的经济思想是当时落后生产力的产物,是先秦时期相对匮乏的物质生活条件的反映,也是中国作为传统农业大国、作为农耕文明的理论体现。他对于统治阶级的骄奢淫逸的经济活动的批判在当时是具有强烈的现实意义的,也客观上传达了底层人民的共同声音,他的一些观念在今天也具有重要的启发性。但是,绝不可夸大老子的相关思想价值,事实证明,当代中国早已经与现代西方国家在经济机制上日益趋近,在这种情况下,再固守旧观念就远远不合时宜。

八、老子的人生哲学

关于老子的人生观念,世人所议论者已经很多。笔者只就自己略有感触的几点,在此进行讨论。

首先,人是什么?人应不应该首先保障基本的生理欲望?换言之,人活着的基本前提是不是生理欲望的满足?但是,遗憾的是,老子的基本立

①魁奈:《魁奈经济著作选集》,吴斐丹、张草纫选译,北京:商务印书馆,1979年版,第306页。
②亚当·斯密:《国富论》,郭大力、王亚南译,北京:商务印书馆,2015年版,第752页。
③亚当·斯密:《国富论》,郭大力、王亚南译,北京:商务印书馆,2015年版,第761页。
④艾伯斯坦:《哈耶克传》,秋风译,北京:中信出版社,2014年版,第122页。
⑤凯恩斯:《通往繁荣之路》,李井奎译,北京:中国人民大学出版社,2016年版,第70页。

场恰恰是对于欲望的否定与抵制。他主张"欲不欲"(第五十七章),就是以"不欲"为鹄的。对于感性需要,对于人的欲望要求,他基本是否定的态度。他说:"五色令人目盲,五音令人耳聋,五味令人口爽,驰骋田猎令人心发狂,难得之货令人行妨。是以圣人之治也,为腹不为目。故去彼取此。"(第十二章)我们认为,这样的批判虽然也有其一定的合理性,但是,从根本上,它是基于对于生理欲望、个人物质需要的贬低。

在老子的言说中,他区别了人的存在的两个基本等级,或者说,他把人之为人区别为两种层面的追求:作为低级需求的生理欲望、物质需要与作为高级需要的精神境界。老子说:"视之不见,名曰夷;听之不闻,名曰希;搏之不得,名曰微。此三者不可致诘,故混而为一。"(第十四章)这种"不见""不闻""不得"的东西,就是超越于感性之外的那个"一",实质上就是"道"之所在。一方面,老子能够提出这个"道"作为人生追求的境界,反映了人类不甘心束缚于自然欲望的超越精神;但另一方面,这种单纯地贬低与否定人的生命欲望、物质要求的态度,也并不可取。

从中国传统文化的价值立场讲,贬斥或限制"欲"一直是主流。在儒家而言,就是"理"与"欲"的冲突关系,其极端化的形式就是"从天理,灭人欲"。这方面,李卓吾与戴东原的伟大之处,就在于翻转了、颠覆了传统的价值观念。按照传统的价值立场,生命欲求、身体需要是可以牺牲掉的,而道德理想、伦理信条才是更为崇高的追求。诚然,在一定的语境中,就一些特殊的场合而言,的确需要一种"杀身成仁""舍生取义"的浩然正气。但是,就一般的、普遍的日常生活而言,片面地否定"欲"就很不合理。李卓吾说:"穿衣吃饭,即是人伦物理;除却穿衣吃饭,无伦物矣。"①这就把"穿衣吃饭"视为一种"人伦物理",或者说,完成了把人的生理需要、基本欲望加以合理化的价值转换。戴震说:"'民之质矣,日用饮食',自古及今,以为道之经也。"②这都是强调人的感性需要的合理性与正当性。从李卓吾、戴震的立场看,离开这个基本的感性层面,讨论其他的方面是成问题的。这就是说,以前的价值立场是,"理"具有比"欲"更高的价值优先性;但从李贽、戴震开始,"欲"比"理"更有着根本性的意义。

---

①张建业:《李贽全集注》,北京:社会科学文献出版社,2010年版,第8页。

②戴震:《孟子字义疏证》,北京:中华书局,1982年版,第92页。

儒家的“理欲”之争,在道家这里就是“道”与“欲”之争。老子为了强调“道”的追求,是有意地贬斥对“欲”的世俗态度的。比如第二十章:“众人熙熙,如享太牢,如春登台;我独泊兮其未兆,如婴儿之未孩,傫傫兮若无所归。众人皆有余,而我独若遗。我愚人之心也哉,沌沌兮!俗人昭昭,我独昏昏;俗人察察,我独闷闷。惚兮其若海,恍兮若无止。众人皆有以,我独顽似鄙。我欲独异于人,而贵食母。”“众人熙熙,如享太牢,如春登台”,这里的“众人”就是热衷于“享太牢”“春登台”等身体方面的快乐生活,老子是不屑的,所以他讲“独泊兮其未兆”,“泊”就是欲望淡泊的意思,恰恰是与众对立的立场选择。老子讲“我欲独异于人,而贵食母”,相当于自我贞认了一个“畸人”形象。庄子《大宗师》说:“畸人者,畸于人而侔于天。故曰:天之小人,人之君子;人之君子,天之小人也。”成玄英疏曰:“畸者,不耦之名也。”“侔者,等也,同也。”①王叔岷说:“‘畸于人而侔于天’,谓异于人而同于天也。”②这样来看,庄子讲的“畸人”,实际上源于老子的“我欲独异于人,而贵食母”思想的继承。

由此就可知,老子的自我追求与世俗追求之间存在着明显的矛盾关系。斯特劳斯说:“从非哲人的角度来看,哲人必然会显得荒唐可笑,但从哲人的角度来看,那些非哲人才荒唐可笑;哲人与非哲人的相遇构成了喜剧的基调。”③的确如此,老子自己就讲过:“下士闻道,大笑之,不笑,不足以为道。”(第四十一章)这个“笑”不正好印证了“哲人与非哲人的相遇构成了喜剧的基调”吗?但是,这也就说明,在哲人的人生观念与世人的人生追求之间,存在着严重的价值冲突。由此,讨论老子的人生哲学就必须直面这一矛盾冲突。我们一方面固然会对于老子的高尚其志表示欣赏,但是,另一方面,我们也应当质疑:极个别的优秀哲人的价值追求能否推广为普天下的人生共同准则?倘若把极少数的哲学精英、哲学天才的人生准则进行推广,要求天下人都照此来行,这本身是不是一种“少数人对于多数人的统治”?

站在今天的角度,我们认为,人生追求绕不开生命的基本欲求的满足,离不开个人的物质利益的安全保障。“一个人只要他还活着,他就不得不

①郭象、成玄英:《庄子注疏》,曹础基、黄兰发点校,北京:中华书局,2011年版,第150页。

②王叔岷:《庄子校诠》(上册),北京:中华书局,2007年版,第255页。

③刘小枫、陈少明:《苏格拉底问题》,北京:华夏出版社,2005年版,第16页。

服从本能冲动的摆布。人的本性是要保持和增强他的生命力，是要消除不舒适之感，是要寻求所谓的快乐。”[①]进而言之，对于美好生活的向往与追求，本身就是大多数人的基本权利。比如说，有人认为美好生活的七个基本要素为：健康、安全、尊重、个性、与大自然和谐共处、友谊、闲暇[②]。这种思考值得考虑。单从追求“个性”讲，老子的主张就不合理。“私有财产是个性的一个主要保护手段，因为它允许个体根据自己的品位和理想生活，免受当权者和舆论的强迫。”[③]老子对于“货”的抵制固然有其具体的历史语境与合理性，但是他肯定意识不到财富对于个人生存的积极意义。“个人生活有财务保障，这是闲暇和进行独立思考的一个必要条件，休闲和思考又是文明社会建设的一个必要条件。”[④]当然，也有很多当代学人从老子哲学中寻找与自然和谐共处的思想依据，或是从其“无为”观念中寻找休闲文化的萌芽。这就与上述讲的美好生活七要素具有一定的对话性。

老子人生哲学的另一个重要的观念，就是“不争”观念的利他追求。第八章：“上善若水。水善利万物而不争，处众人之所恶，故几于道。居善地，心善渊，与善人，言善信，正善治，事善能，动善时。夫唯不争，故无尤。”这里的关键词就是“善”，所取喻的“水”之特点就是“善利万物而不争”，总是把好处留给他物，自愿处于恶劣不良的境地。这个“不争”，就是不去攫取个人利益，甚至说就是自愿损失自己的物质利益。老子的这一立场至今有其积极意义。在一个单位中，如果一个人处处斤斤计较自己的利益、凡事必争，那么，这种“争”往往会让其成为众矢之的。这样一来，他的“争”就转化为了一种不利于己的坏事。反之，另一个人倘若识大体、懂大局，能够对于个人利益适当放弃，把机会让给别人，那么他反而赢得了众人的道德认可，客观上为自己建立了轻松和谐的生存氛围。

但是，老子在这个问题上，有一种走向极端的倾向。我们认为，有所“不争”，有所必“争”才是正常的选择。一味地利他而毫不利己，这种情况

①米塞斯：《人的行为》，夏道平译，上海：上海社会科学院出版社，2015 年版，第 818 页。

②罗伯特·斯基德尔斯基、爱德华·斯基德尔斯基：《金钱与好的生活》，阮东等译，北京：中信出版社，2016 年版，第 179—194 页。

③罗伯特·斯基德尔斯基、爱德华·斯基德尔斯基：《金钱与好的生活》，阮东等译，北京：中信出版社，2016 年版，第 187 页。

④罗伯特·斯基德尔斯基、爱德华·斯基德尔斯基：《金钱与好的生活》，阮东等译，北京：中信出版社，2016 年版，第 188 页。

当然也会有，但是，它作为生活准则不具有可普及性。也就是说，它只能实现于极少数人，比如“圣人”或“道德楷模”；它无法成为绝大多数人的行为法则。这样一来，它就可能沦为一种高头讲章，妙而不实。而积极争取个人利益，保护自己的利益不受侵犯，这本身就是一个人的正当权利，不应该对之进行道德谴责。在这个问题上，必须强调的是，利己与利他存在着兼容互济的情况，而不能片面地突显其相互对立的方面。弗洛姆说：“认为爱人与爱己互不相容的见解，乃是错误的理论。”“进一步说，在原则上，我把别人作为爱的目标时，我自己也该同样作为爱的目标。个人对自己生命、幸福、成长和自由的肯定，根源于他爱的能力，这就是关怀、尊重、责任感及智慧。如果一个人具有创造性的爱的能力，他也会爱他自己；如果他只爱别人，则他根本不懂如何爱。”[①]一个人懂得了爱己，懂得了维护自己的利益，也利于他理解别人，尊重别人的利益。反之，一个人贱视、贬低自己的生命意义，一向看轻自己的利益，也可能导致他不尊重他人的生命，乃至蔑视他人的合理的利益。

要而言之，在“争”与“不争”的关系上，不应该僵化地看待两者的关系，不应该把二者简单地对立起来或割裂开来。但首要是认清“争”与“不争”的根本目的是什么，尤其是搞清楚“争”的利弊关系，应当提倡积极有益的“争”、合法合理的“争”，而避免那种损人利己乃至损人不利己的恶性的“争”。古希腊诗人赫西俄德讲：“大地上不是只有一种不和之神，而是有两种。一种不和，只要人能理解她，就会对她大唱赞歌。而另一种不和则应受到谴责。这是因为她们的性情大相径庭。一种天性残忍，挑起罪恶的战争和争斗……另一不和女神是夜神的长女，居住在天庭高高在上的克洛诺斯之子把她安置于大地之根，她对人类要好得多。她刺激怠惰者劳作，因为一个人看到别人因勤劳而致富，因勤于耕耘、栽种而把家事安排得顺顺当当时，他会因羡慕而变得热爱工作。邻居间相互攀比，争先富裕。这种不和女神有益于人类。陶工与陶工竞争，工匠与工匠竞争；乞丐忌妒乞丐；歌手忌妒歌手。”[②]赫西俄德用两个不和女神比喻恶性竞争与良性竞争的关系，褒赞能够激发人、鼓舞人的良性竞争，这种朴素的思考至今仍具有现

①弗洛姆：《自我的追寻》，孙石译，上海：上海译文出版社，2013年版，第110、111—112页。

②赫西俄德：《工作与时日·神谱》，蒋平、张竹明译，北京：商务印书馆，1991年版，第1—2页。

实意义。

第三,老子的人生理念还涉及人生的"无为"与"为"的冲突问题。老子看到了"为"的种种局限性,乃至于种种罪恶性,就提出"无为"的理念,这虽有现实针对性,但也容易导致因噎废食,以为凡事皆不可。所以,应该化解"无为"与"有为"的对立关系,而达到一个新的综合。这就是说,既要扬弃"有为"的种种问题,避免各种坏的"为",尤其是对那种为了暂时的功利目的而无所不用其极的"为"更要坚决抵制;同时,也要扬弃"无为"的消极片面性,应当把"无为"转化为一种高远的境界与超越的胸怀,这样的"无为"并不总是排斥"为",而是在"为"的同时,时刻不忘对于"为"保持一种冷静审视与批判纠偏的态度。这样,"无为"就可以把"有为"包容进来。

我们认为,"无为"只是在对治"有为"之弊端中方彰显出其积极意义,不能脱离这个前提来片面地夸大"无为"。荣格说:"无为即'无—作为'(not-doing)[切记不要将其与'无所作为'(doing nothing)相混淆。]"①这就是说,"无为"的本质源于对于"为"的批判性立场,在对于"为"之"无"的否定性取向中,有其积极的价值意义,这种"无为"之"无"恰恰是及物性的"无",而非不及物的漫无边际的"无"。同时,任何一种"为"都是有限的,都是要付出代价的。这里不妨参照下经济学的"机会成本"概念:"由于资源是稀缺的,因此,我们必须不断地决定如何利用我们有限的时间和收入。当你决定是否学经济学,是否买汽车,或是否上大学时,你需要放弃一些事情——存在着若干可以被放弃的机会。这类有待被放弃的非最优的事情或东西,体现着你进行该项决策的机会成本。"②因此,我们必须对于任何一种"为"慎重选择,保持着对其必要的批判审视的立场。而另一方面,"无为"或不做选择并不意味着自己就保持着最大的可能性或敞开性,因为时光并不因你不行动而停止,你照样消耗了同样的时间,与此相应,你的生命力也在不断地走向老去。经济学家米塞斯甚至说:"凡是有'人所可干涉的情况'存在的地方,不管他干涉与否,他都是在行为。一个人忍耐他所能改变的而不去改变,其行为并不异于另一个人为达成另一情况而起来干涉。能够影响生理与本能因素的作用而不去影响它们的人,也是在行为。行为

①荣格:《心理类型》,魏宪明译,北京:民主与建设出版社,2016 年版,第 242 页。

②保罗·萨缪尔森、威廉·诺德豪斯:《经济学》,萧琛等译,北京:商务印书馆,2011 年版,第 24 页。

不仅是做，而且也包括能做而不做。"[①]可见，"无为"与"有为"是相对的，两者并不是截然对立的。但就一个现代人而言，仍然应该赞同米塞斯的观点："人的行为所引起的一些变动，如果与一些庞大的宇宙力量运作的后果相比较，确实是渺小得很。从永恒和无限的宇宙观点来看，人是一个无限小的颗粒。但是就人而言，人的行为和行为的变动不居，却是些真实的事。行为是他的本性和存在的要素，是他保持生命以及把他自己提升到高于禽兽和植物水准的手段。不管人类所有的努力如何地不经久，如何地易于消失，但就人来讲，就人文科学来讲，人的努力总是至关重要的。"[②]

从与"积极有为"之"进取""斗争"相对而言，"无为"呈现了一种有意的"退却""退让"的姿态。但美国心理学家卡伦·霍尼区分了两种"退却"："'退却'隐含着欲建立一种只要不含冲突的安宁之意。在宗教的体验中，追求安宁并不包含放弃奋斗与努力，而是要将这些奋斗与努力导向更高的目标。然而就神经症患者而言，它却意味着放弃奋斗与努力，变得较缺乏建设性。因此他的退却是一种退缩的过程、限制的过程，而且是缩减生活与成长的过程。"[③]卡伦·霍尼的这种区分有利于我们认识两种性质不同的"无为"，一种是避免现实的利益纠葛而全情努力于较高价值追求的"无为"，这只是"忍小"而"谋大"的策略而已；另一种则是万事不努力，实际并没有值得肯定的生活旨趣，而是怠惰性、依赖性乃至于寄生性的"无为"，对于这种"无为"我们持批判的态度。真正说来，"'无为'的理论并不是劝告人们绝对地不作为，而只是禁止人们以违反自然的方式来行动"[④]。

第四，老子的人生哲学还有一个引人注意的地方，就是"避免拔尖""避免顶点"或"避免完美"。比如第九章："持而盈之，不如其已。揣而锐之，不可长保。金玉满堂，莫之能守。富贵而骄，自遗其咎。功遂身退，天之道。"这在旧中国历史上的影响很大。一方面，这种观念对于居功自傲是一种警惕，能够让人保持一种自我省察的状态，乃至于居安思危。但另一方面，它

---

①路德维希·冯·米塞斯：《人的行为》，夏道平译，上海：上海社会科学院出版社，2015年版，第15页。

②路德维希·冯·米塞斯：《人的行为》，夏道平译，上海：上海社会科学院出版社，2015年版，第20页。

③卡伦·霍尼：《神经症与人的成长》，李明滨译，上海：上海译文出版社，2016年版，第356页。

④提摩太·夏纳罕、罗宾·王：《理性与洞识——东方与西方求索道德智慧的视角》，王新生等译，上海：复旦大学出版社，2012年版，第252页。

也反映了过去恶劣的生存条件，以至于让一些依靠正当途径获得成功的人也总是忐忑不安，放心不下。所以，我们认为，一个正常的社会秩序不仅应当让那些真正努力的人获得成功，而且还要保护获得成功后的劳动果实，让成功人士无后顾之忧。我们回顾历史，就会发现种种功臣受诛的惨剧，这才是“功遂身退”的真正根源。说到底，这是连马斯洛讲的“安全需要”[①]都无保障的时代悲剧。所以，一个良好开放的社会，也应该包容“盈”与“锐”的情况。

按照经济学的“边际效用”概念，老子的“避免顶点”思想也有其合理性。“某物对任何人的边际效用，是随着他拥有此物数量的每一点增加而递减的。”[②]这就是说，对于一样事物的占有量，并不总是越多越好，到了一定的程度之后，它的效用就递减了。这就好比人饿了吃馍，第一个馍的效用最显著，但随着不断吃下去，后面的馍的效用就减少了，乃至于吃得太多成为一种负担了。所以，老子的“避免顶点”的思想有利于提醒人们凡事适可而止，以保持一种灵活的留有余地的生活姿态。

第五，老子人生哲学还强调了人生价值实现的迂回性、间接性。比如第二十二章：“曲则全，枉则正，洼则盈，敝则新，少则得，多则惑。是以圣人抱一为天下式。不自见，故明；不自是，故彰；不自伐，故有功；不自矜，故长。”特别是，一个人的价值实现，不是靠自己单方面肯定就行的，还需要他者的认可。因此，应该避免“自见”“自是”“自伐”这样的自吹自擂，而积极寻求在他者那里证明自己。这就意味着，必须克服前文我们批判过的那种“自闭症”，必须向着他者开放，积极地追求他者的承认。人的存在并不是单子式的独体存在，而是与他人、他物相互关联着的共同体存在。因此，人为了自身的美好生活，必须营造美好的环境，从而间接地对自己有利。这就意味着，人必须学会关心他人，必须学会善待世界。这是人生价值实现的间接性与迂回性的根源所在。

与此同时，老子还强调了个人成功的迂回性与曲折性，乃至说，人生总是有缺憾的，不必刻意地追求什么“成”。比如第二十章、四十一章、七十章等等，都流露了老子本人的真实情感，其中既有沉重的生之喟叹，也有难得

①马斯洛：《动机与人格》，许金声等译，北京：中国人民大学出版社，2012年版，第22—27页。

②阿弗里德·马歇尔：《经济学原理》，廉运杰译，北京：华夏出版社，2012年版，第79页。

知音的寂寞之感，还有聊以自宽的遣兴之意。通过这些内容，我们能够了解到人生成功的艰苦性与曲折性，也就需要对于个人之成功保持必要的耐性，而不可急于求成。“自古圣贤多寂寞”，这部分是由于“圣贤”的卓越导致的，正所谓“曲高和寡”；另一部分则是社会承认的滞后性导致的，由于种种机制性的问题，优秀人才并不总是获得及时的认可的。方孝孺《畸亭记》也曾经说：“人之所得皆不能全，受于天者深，则遇于人者必浅，合于人太甚者，必无所得于天也……故凡特立之士，多不合于人。非天欲困之也，取乎天者已多，其不能兼得乎人，亦其势然也。”①

九、结语

通观老子的思想整体，我们会发现其中的复杂性乃至于矛盾性。比如就认识论而言，老子明显地偏于“自知”，但是，就人生实现而言，他又反对“自见”“自是”，这就是其中一种明显的矛盾。当然，有矛盾才是正常的。克尔凯郭尔甚至说：“悖论是思想的激情，思想家要是没有悖论就像情人没有激情：那就只是庸人一个。”②老子说：“大成若缺。”（第四十五章）这句话可谓夫子自道。

就当代中国的现实需要而言，在处理老子的思想遗产方面，也同样是复杂的。一方面，中国仍处于现代化的进程中，仍需要学习吸收西方的现代性资源。但另一方面，西方现代性暴露出来的问题也日益严峻，所以以海德格尔为代表的西方人士开始进行批判反省。这就是现代性本身的两面性。“几乎每个人都承认，宽泛意义上的现代性——自文艺复兴以来西方世界发生的与之相关的经济的、社会的、科学的、政治的和文化的活动——已经自食其果，付出了惨重的代价，但是也嘉惠良多，恩泽万民……总的说来，现代性带来的东西中有自由的和很高的生活水平，同时也伴随着难以下咽的苦果。”③从反思批判现代性的恶果的角度讲，老子的思想具有很高的价值，这也是海德格尔对于老子心向往之的重要原因。因为西方现代性的进程是以主体性的建立为基础的，而老子哲学则具有突出的消解

①方孝孺：《方孝孺集》（中册），徐光大点校，杭州：浙江古籍出版社，2013年版，第563页。

②克尔凯郭尔：《哲学片段》，翁绍军译，北京：商务印书馆，2012年版，第49—50页。

③卡洪：《现代性的困境——哲学、文化和反文化》，王志宏译，北京：商务印书馆，2008年版，第294页。

主体性或“反主体性”的倾向。同时，西方对于“发展”理念也开始反省，乃至于提出了“后发展”的理念[①]，而老子哲学则具有“反发展”的理念，他是对于所谓文明进步大批判的。这样一来，老子的思想就难免与西方的这种反思潮流有不谋而合的地方。然而，这恰恰是最需要警惕的。

特别要当心的是，随着中国经济高速发展，进而中国的综合国力有所崛起，很多国人已经开始失去了谦卑之心，乃至于忘记了中国近代以来“丧权辱国”的那段惨痛教训的根源。伴随着“国学热”而起的，恰恰是一种文化上的盲目自大的心理。在这个过程中，传统文化的弊端就不再是注意的方面，而刻意拔高了其中的价值。“五四”以来的文化批判的积极成果正在不断地被遗忘，乃至于把“五四”以来的文化批判精神加以否定与抛弃。一些国人提倡“国学”到了丧失基本的常识的程度，他们大发思古之幽情而不顾当今世界之通则，把陈独秀、胡适等早已批判过的东西当做宝贝重新捡起。

在这种文化氛围中，老子思想作为“国学”的一部分也占据了重要的地位。这固然是一件好事，但也导致了一种极端化的倾向，那就是失去了治学研究必备的批判精神。我们认为，老子的思想中的确有很多好东西，但由于中国的现代化进程还没有终结，更由于中国人的主体性精神并没有普遍地建立起来，我们对于老子思想也要抱着谨慎的态度。有调查表明，当代中国人中还有相当多的人，其欲望主体是弱化或缺位的，尤其是“农民的主体欲望相对缺失”[②]。他们中一些人的生活从来没有明确的目标，其欲望要求还停留在极其低下的层次。从社会发展的角度讲，这是需要改变的处境。但是，恰恰又有很多人，片面地鼓吹一些僻远落后的地方为所谓“世外桃源”，羡慕那里的人为“质朴天真”。这种思想显然是受老庄哲学的影响。一方面，作为正常的现代人，欲望主体的建立是基本的发展要求，这就要从“无欲”到“有欲”。总是片面地否定、批判欲望的做法并不足取。另一方面，为了救治欲望主体的弊端，我们还需要提倡“价值主体”的建立，要求人们克服那种私欲膨胀、金钱崇拜的不良现象，在这方面，老子讲的“欲不

---

①吉尔贝·李斯特：《发展史：从西方的起源到全球的信仰》，陆象淦译，北京：社会科学文献出版社，2017年版，第397—412页。

②陈慧平：《人·时间·辩证法：中国道路的哲学基础探原》，桂林：广西师范大学出版社，2015年版，第127—129页。

欲”正好可以发挥作用。

综上可知，对于老子的思想我们要区别对待，发扬其中的积极有益的方面，而扬弃其中明显不适宜的东西。当此中华民族伟大复兴之际，必须提倡一种新的国民精神，必须克服传统的那种保守隐忍、暮气沉沉的颓废心态。陈独秀写于1915年的《敬告青年》一文，至今仍有强烈的现实意义，他提倡青年应有的精神特质是：“（一）自主的而非奴隶的”，“（二）进步的而非保守的”，“（三）进取的而非退隐的”，“（四）世界的而非锁国的”，“（五）实利的而非虚文的”，“（六）科学的而非想像的”[①]。稍加思考即可知，陈独秀提倡的这六条精神素养很大程度上是与老子哲学相对立的。陈独秀并非不了解退隐的利处，但是，从国家富强、民族复兴的角度讲，那是没有益处的。“当此恶流奔进之时，得一二自好之士，洁身引退，岂非希世懿德；然欲以化民成俗，请于百尺竿头，再进一步。夫生存竞争，势所不免，一息尚存，即无守退安隐之余地。排万难而前行，乃人生之天职。以善意解之，退隐为高人出世之行；以恶意解之，退隐为弱者不适竞争之现象。欧洲以横厉无前为上德，亚洲以闲逸恬淡为美风：东西民族强弱之原因，斯其一矣。此退隐主义之根本缺点也。”[②]

尤其值得注意的是，当今仍然有相当数量的人，援老庄哲学以为助，把不思进取、安于现状、逃避辛劳美化为一种“无欲无求”“高情雅致”。这类人陈独秀也给予了揭露：“自好之士，希声隐沦，食粟衣帛，无益于世，世以雅人名士目之，实与游惰无择也。”[③]对于这类“有闲阶级”，一方面亦不妨肯定其合理的追求，尊重其个人的爱好；但另一方面，也必须看到，他们中有些人之选择“有闲”，实际上是出于一种优越感的炫耀。在社会上大多数人被生存压力驱使而整日辛苦奔波、劳碌无休的时候，他们却能够享受闲适、品赏美景、摆弄各种玩物、咂味茗茶珍馐，这之中的高贵感、优越性是不言自明的。凡勃伦说：“摒弃劳动不仅是体面的、值得称赞的，而且是保持身份地位、礼仪的一个必要条件。在累积财富的早期阶段，以财产作为博取荣誉的基础这一主张显得非常直接而迫切。这时摒弃劳动是拥有财富的习惯证明，也因此是社会地位的公认标志；于是由财富带来价值这一牢

①陈独秀：《独秀文存·论文·上》，北京：首都经济贸易大学出版社，2018年版，第2—6页。
②陈独秀：《独秀文存·论文·上》，北京：首都经济贸易大学出版社，2018年版，第3—4页。
③陈独秀：《独秀文存·论文·上》，北京：首都经济贸易大学出版社，2018年版，第4页。

不可破的观念，带来了对休闲更强烈的要求。”[①]可见，“炫耀性休闲”实质上是财富丰裕到可以脱离辛勤劳作的地位象征。一些人倘若不了解真相而盲目效颦，就顶多是“冒牌的有闲阶级”[②]而已。

因此，讲老子哲学，我们必须警惕那种利用老子“无为”“不争”等思想为个人的偷懒行为做挡箭牌的现象。必须揭明的是，老子讲“无为”“不争”，是就“圣人”而言的。在他的原话中，“故圣人云：我无为而民自化……”（第 57 章），“圣人无为故无败”（第 64 章），这个作为主体的“圣人”是必须要重视的。他所谓“不争之德”（第六十八章），也是从“用人”的统治者的角度讲的。但是，偏偏在这个问题上，后世乃至当代的人，都把老子的观点做了不加限制的扩展，把“无为”“不争”的处事法则不加前提批判地推及为普通人的行为准则，这就闹出了问题。因此，对于那些号称“无为”“不争”的雅士、名士，就有必要提醒一下：你们是不是“圣人”，够不够“无为”“不争”的资格？倘若自己仅仅是一般的俗众，地位不高，财富不厚，见识不广，才华有限，那就应该守好“民”的本分，把“无为”“不争”让给极其稀少的“圣人”来承担。

问题的根本是，人生如何看待“休歇”。对于那些活得太累的人，对于那些因为种种生存压力而产生了无尽痛苦的人，或许真应该听听老子哲学的“无为”“不争”等言说而暂时地松一口气，缓一下力。但是，这毕竟只是权宜之计而已，“休歇”只能是为了更好地生活，而活着根本上不可能永远“休歇”。方以智说：“有事勿正、勿忘、勿助，正恐其落无事窟，求休歇也。不得管带，不得忘怀，即是此事。行无事者，必有事，即透彻交际之反因，而受用一贯之公因……知有此事，遂可了事。既然了事，了事无事。无事之事，何妨多事。心即是天，天休歇耶？自强不息，于穆不已。无住生心，正以能休歇，乃知此无休歇处。知此无休歇，乃为大休歇。放下著，担将去，即此杀人刀，即此活人剑。”[③]阅读老子其书，我们需要警惕那种“落无事窟，求休歇”的错误念头，应当注意“有事”与“无事”之间、“休歇”与“自强不息”之间的相互依存与相互转化的关系，对于那种只想着“休歇”的偷懒思想，或许应当告诫以“反因”（矛盾对立面相反相成）的道理。

---

①凡勃伦：《有闲阶级论》，李风华译，北京：中国人民大学出版社，2017 年版，第 23 页。

②凡勃伦：《有闲阶级论》，李风华译，北京：中国人民大学出版社，2017 年版，第 24 页。

③庞朴：《东西均注释》，北京：中华书局，2016 年版，第 436 页。

一章　语言跨不过“道”的阈限

道可道，非常道；名可名，非常名。

无名天地之始[1]，有名万物之母。故常无欲以观其妙，常有欲以观其徼[2]。

此两者同出而异名，同谓之玄，玄之又玄，众妙之门。

这一章是开宗明义的一章，明代憨山大师说：“此章总言道之体用，及入道工夫也。老氏之学，尽在于此。其五千余言，所敷演者，唯演此一章而已。”[3]但这一章正是理解起来相当困难的一章，而且本章的一个观点是涉及语言无效性的，但也恰恰由于老子自己的语言表述导致了一些阅读障碍的问题，主要是以下几个：

(1)断句问题。关于“无名天地之始，有名万物之母”，有两种断句方法。一种是“无，名天地之始；有，名万物之母”，另一种是“无名，天地之始；有名，万物之母”。关于“常无欲以观其妙，常有欲以观其徼”，也有两种断句方法。一种是“常无，欲以观其妙；常有，欲以观其徼”，另一种是“常无欲，以观其妙；常有欲，以观其徼”[4]。朱熹与其门人亦曾讨论：“问：‘老子“道可道”章，或欲以“常无”“常有”为句读，而“欲”字属下句者，如何？’曰：‘先儒亦有如此做句者，不妥帖。’”[5]但仅此而已，未讲具体的理由。

(2)词性问题。“道”、“名”、“欲”、“玄”，都同时兼有动词义与名词义，有的是两义并存，比如“道”与“名”，有的则涉及到具体的断句或理解问题。比如“欲”作为名词，就是“欲望”；作为动词则是“想要”。若断为“常无，欲

---

①帛书作“万物之始”，见杨丙安：《老子古本合校》，杨雯整理，北京：中华书局，2014 年版，第 4—5 页。

②“徼”字帛书作“噭”，亦有理据。见杨丙安：《老子古本合校》，杨雯整理，北京：中华书局，2014 年版，第 5—6 页。

③憨山：《老子道德经解》，梅愚点校，武汉：崇文书局，2015 年版，第 11 页。

④据帛书，“欲”字后有停顿标志“也”，则此种断法为善。见杨丙安：《老子古本合校》，杨雯整理，北京：中华书局，2014 年版，第 6 页。

⑤黎靖德：《朱子语类》(第 8 册)，北京：中华书局，1986 年版，1986 年版，第 2994 页。

以观其妙；常有，欲以观其徼”，则解为“想要”；若断为“常无欲，以观其妙；常有欲，以观其徼”，则解为“欲望”。“玄”是作为名词义指某种阶段或状态，还是做形容词来描述之？这牵涉是否具有明确的概念意识、范畴意识。倘若“玄”是最基本的范畴，则必是名词无疑；但倘若它仅仅是一种情状的描述，则它尚不能达到基本范畴的抽象程度。

(3)指代问题。“此两者”指的是什么？高明说：“‘两者’究属何指，旧注甚为分歧。”[①]接着列了种种分歧。但大要还是两种理解，一是据河上公注，“两者，谓有欲无欲也”[②]；另一据王弼注，“两者，始与母也”[③]。据“此”字，则“两者”必是近指，按照王弼注，则“两者”是舍近求远，因此河上公的理解要好一些。但是，如果断句把“有”、“无”独立出来，即是说，把“有”与“无”理解为核心范畴，则这段文字从脉络上更为贯通，则“此两者”当指“有”与“无”无疑。

结合这一章的总脉络、宗旨，则知本章核心在于异阶性存在的划分以及平阶性存在的区别与对立。何谓异阶性的存在？简言之，高阶存在与低阶存在的分判也。在老子的思想体系中，“道”显然是标志着高阶存在的基本范畴，而其余范畴则是等而下之者。就此章而言，“玄之又玄，众妙之门”显然是超越于其余的最高阶存在，而“此两者”则是源自于它的低阶存在。“此两者”又构成相互对立的平阶性存在。同时，复有低于“此两者”者，比如“天地”、“万物”。这样，本章范畴群就是一个三级次的异阶关系：(1)最高阶范畴，即“众妙之门”所在之“恒道”；(2)二级范畴，“此两者”，即“有”与“无”；(3)三级范畴，“天地”、“万物”。但如果再细分，则“天地”与“万物”是否应该也有个等级区分的问题？苟如此，则“万物”当为四级范畴。

讲范畴，尚须明了范畴机制。什么是范畴机制？所谓范畴机制，就是范畴的产生机制与运作机制。范畴是如何产生的？它起于人的思维的概括作用与言语功能。思的概括与言的凝铸，这是二合一的范畴生成机制。但是，老子在此恰恰否定了语言机制的有效性。“道可道，非常道；名可名，非常名。”这句话按照老子第七十八章“正言若反”的言说原则，分明包含着“恒道不可道”、“恒名不可名”的意思。这样，老子此处已经以语言机制为

①高明：《帛书老子校注》，北京：中华书局，1996年版。第227页。

②河上公：《老子道德经河上公章句》，王卡点校，北京：中华书局，1993年版，第2页。

③王弼：《老子道德经注》，楼宇烈校释，北京：中华书局，2011年版，第2页。

分水岭，切分出两大领域，即语言领域（亦即非恒道、非恒名的领域）与超语言领域（亦即恒道与恒名的领域）。两大领域之间是什么关系呢？是否定关系，是不可通约关系。两次“非”的运用把这一意思讲得非常果断。但是，倘若我们细思下去，就会发现其中的破绽！

老子这一章的范畴机制的运作是单向度的。即，他从低阶存在一步步还原到、追溯到一个“发源地”，那个作为世界万物发生之地的总根源。这个“众妙之门”是如何诞生的？它诞生于老子这个人的概括性的大脑运动，它生成于一种“总括性”的抽象活动，在此，一切都消融在“众妙之门”里了。换言之，一切低阶存在的差异性都被取消了，都“同化”于“众妙之门”了。这样一来，我们回头再看上段提出的两大领域关系的问题，是否发现了症结所在？

既然一切低阶存在都“同谓之玄”，则语言领域、非恒道非恒名的存在就应当是那个总根源的生成物，也就是说，两者之间就不应当是单纯的“非”的关系。换言之，两者之间的真实关系是：低阶存在虽非高阶存在本身，但又是高阶存在的产物。因此，两者之间不是单纯的否定关系，而同时具有肯定关系。这样，两大领域之间就是可以过渡的关系，是互相转化的关系。因此，两大领域之间就不是单向度的，而是双向度的。一方面，语言领域可以向着超语言领域迈进，非恒道非恒名向着恒道恒名迈进，这是老子自己所走的路程；另一方面，超语言领域可以向着语言领域下落，恒道恒名可以向着非恒道非恒名沉降，这一路径恰由于“非”字给切断了。在此，老子的“独断论”色彩已经暴露无遗。那个“同出”、“同谓”只是老子自己的判定，但“异出”、“异名”的可能性已经预示了这另一条路径的存在。这也就表明，老子的辩证法在此贯彻得并不好，或者说，暴露出了老子的辩证法思想的局限性，他只允许低阶存在向着高阶存在返回，一直返回到那个运动原点；他看不到，事实上，正是由于低阶存在，正是通过低阶存在的被否定过程，才推导出高阶存在，以及那个最高点。质言之，“常道”与“非常道”、“常名”与“非常名”是相互依存的关系，两者互为前提互为基础。老子否定语言机制之时，这个语言机制已经存在着，也已经被老子自己运用着。从根本上说，“恒道”“恒名”的存在已经被表述出来了，只不过是通过否定的方式，以“不可道”“不可名”的禁令宣示了其存在感。一切否定活动，都必然是有所指向的活动，即是说，都以被否定对象的存在为前提，否则这种否定活动就是漫无目的的盲动。因此，“不可道”“不可名”恰恰证明了“可道”“可名”的存在是一个基本事实。

我们阅读本章，可以看到“恒道”、“恒名”、“众妙之门”的现身方式，是采取否定低阶存在的途径而实现自己的。或者说，老子表述其心目中本体范畴的方式，是一种否定性的思维方式与言说方式。但是，这种否定同时也是一种肯定，它只是偏向于肯定高阶存在而已，然而，它毕竟已经以否定低阶存在的方式间接证明了低阶存在的前提性，从这个意义上说，它也是对于低阶存在的间接肯定。

老子自己的语言机制还表明，在“同出”“同谓”之下，是一条“异”与“多”的否定之路，也就是说，是一种过滤一切差异、淘汰一切规定的抽象化过程。在“不可言说”的禁令下，却剩下老子在自言自语。在“不可规定”的言说背后，分明是老子在禁止规定，即是说，这一“不可规定”是由现实中的某个人设定的。现实中的某个人，作为个别性的存在者，偏偏创造了、推导出一个无所不包的“众妙之门”，这个绝对的普遍者，或者普遍的绝对者，偏偏依赖于单个人的头脑与言说而得以传达出来。“恒道”“恒名”果然“不可道”“不可名”吗？非也，通过老子这个特殊人物的特殊表述方式，我们读者都知道有着这么一个最高阶存在。这就证明，语言机制毕竟是有效的，把“恒道”“恒名”以否定的方式实现出来，不仅是可能的，而且是现实的。因为，我们在否定掉一切规定与言说之后，发现了最高阶存在的本性正是“不可规定”。这样，它为了绝对地肯定自身的存在，证明它就是绝对的否定性。但是，我们同样明白了，是老子这个人，这个神秘性的人物，在规定着这个绝对者、最高者。

王夫之曾针对“常”与“可”说：“‘可’者不‘常’，‘常’者无‘可’。然据‘常’，则‘常’一‘可’也，是故不废‘常’而无所‘可’。不废‘常’则人机通，无所‘可’则天和一。”[①]这实际上是讨论永恒者、无限者与短暂者、有限者的关系问题。“‘可’者不‘常’”，即是说，“可道”、“可名”这类人为性是短暂的。但王夫之实际上仍偏于一侧，他只看到“可”的短暂性、消逝性，而忽略了“可”恰恰是“常”自身的产物与显现，“常”自身事实上就每时每刻都在向着“可”转化。既然“可”源自“常”，“常”化为“可”，就不能说“‘常’者无

①王夫之：《老子衍》，《船山全书》（第13册），长沙：岳麓书社，1996年版，第17页。

‘可’”，而当讲“‘常’者无‘定可’而‘皆可’”。“常”者只是不拘泥于、不限制于某一固定的“可”，因此它才时时处处“皆可”。这就好比一轮圆月当空，它的影像不拘于某一水，但它可以寓身于天下众水，换言之，凡有水处皆可显现月影。因此，“常”只是不“一可”而“众可”，实则是处处皆“可”，终究不当废“可”而独言“常”。

由此可见，王夫之还是不能彻底摆脱老子的思维模式。老子的思维模式代表了中国乃至东方根深蒂固的思维模式，总是倾向于对于现象之物、低阶存在进行否定，而其否定的总标准就是那唯一的最高存在，即“道”这样的绝对物。黑格尔说：“绝对物的单纯的、坚实的同一，是不规定的，或不如说，无论本质和存在，或无论一般的有和反思，其一切规定性都在这个同一中消解了。在这种情况下，规定什么是绝对物，其结果就是否定的，而且绝对物本身就仅仅表现为一切宾词的否定和空无。”[①]这样一来，为了绝对地肯定绝对物，就必然绝对地否定相对物，为了彻底捍卫本体，就必然彻底消灭现象。这样一来，一切关于绝对物的规定或说明就都是无效的。这样一来，绝对物就如同黑洞，诚如老子所谓的“众妙之门”，成为一切规定的“无底深渊”[②]。但是，绝对物恰恰是一切“有”的存在根据，换言之，一切“有”恰恰是源自“众妙之门”的，既然如此，它就必须得承认一切“有”的存在合理性。这就好比一个母亲，既然生育了众多子女，她就要尽量保障众多子女的生存可能性。

总之，我们今天阅读《道德经》第一章，思考老子所谓的“道”，必须跳出其思维模式的窠臼。单纯地从肯定“常道”（“恒道”）的角度，去否定一切关于它的“可道”、“可名”，就类似于黑格尔批判的斯宾诺莎的“实体”概念，对于这个“实体”而言，“规定即否定”[③]。无论是老子，还是斯宾诺莎，都站在最高存在的立场上看问题，而片面地否定一切关于最高存在的言说规定，都是把人的言说、思维看作是区别于最高存在的外在的东西。这就忘记了，既然最高存在是无所不至、普遍有效的，那么，人的言说、思维与它的关系就是内在的、不可分割的。站在人的言说、思维的角度，所有言说与规定

---

①黑格尔：《逻辑学》（下卷），杨一之译，北京：商务印书馆，1976年版，第179页。

②“这种实体的唯一规定是否定的，即一切规定都被吸收到它里面去了。”见黑格尔：《逻辑学》（上卷），杨一之译，北京：商务印书馆，1966年版，第417页。

③黑格尔：《逻辑学》（下卷），杨一之译，北京：商务印书馆，1976年版，第187页。

本身都是最高存在的表现与反映，都是最高存在的映像，都具有不可绝对否定的存在意义。因此，为了证明最高存在的绝对性、永恒性，仅仅是强调有限存在的相对性、消逝性是不够的。最高存在之所以为最高存在，就在于，它必须保障让每一有限存在都去存在，都获得其积极意义。一言以蔽之，为了保障最高存在的“是其所是”而对着一切“有”说“不是”的做法是片面的，因为一切“有”恰恰都是最高存在的自身显现与自身展示。

倘若从思维方法上总结本章的得失，则老子的思想方法之弊端就在于他一味地运用“逆推”或“倒溯”的方法，想要通过否定与超越形而下的万物而提升到、还原到那原初的“众妙之门”。但我们则认为应当采取“双向往复”的方法，既要由万物以“逆推”而返，又要由“众妙之门”而“渐进”为“万物”。此即近乎成玄英之所倡“重玄学”：“既不滞有，亦不滞无，二俱不滞，故谓之玄。”“非但不滞于滞，亦乃不滞于不滞，此则遣之又遣，故曰玄之又玄。”[①]亦如萨特所说：“理解的运动同时是渐进的（朝着客观结果）和逆退的（我朝着最初的条件追溯）。”[②]要之，以《维摩诘所说经・观众生品》最有意味：“言说文字，皆解脱相。所以者何？解脱者，不内不外，不在两间。文字亦不内不外，不在两间。是故，舍利弗，无离文字言解脱也。所以者何？一切诸法是解脱相。”所谓“无离文字言解脱也”，就是不要抛弃文字侈谈解脱之道，可谓正中老子痛处。

关于本章内容，尚需补充的一点是，老子本章里讲的“有”与“无”范畴，绝不可与黑格尔《逻辑学》里讲的“有”与“无”轻易地作简单比附。黑格尔讲的“有”（英译词 Being），当代中国哲学界一直找不到一个众口皆调的对应词，有的直译为“是”，有的译为“存在”，与中国哲学语境中的“有”大为不同；黑格尔讲的“无”（英译词 Nothing），也不能等同于中国语境中的“无”[③]。什么是“有”？黑格尔说：“有是无规定的直接的东西；有和本质对比，是免除了规定性的，同时也免除了可以包含在它自身以内的任何规定性。这种无反思的有就是仅仅在它那里的有。”[④]黑格尔是从纯抽象的思

①蒙文通：《道书辑校十种》，成都：巴蜀书社，2001 年版，第 377 页。

②萨特：《辩证理性批判》（上册），林骧华等译，合肥：安徽文艺出版社，1998 年版，第 123 页。

③这方面可参考王路的翻译。见王路：《“是”与“真”——形而上学的基石》，北京：人民出版社，2013 年版，第 184—207 页。

④黑格尔：《逻辑学》（上卷），杨一之译，北京：商务印书馆，1966 年版，第 68 页。

维存在讲“有”的，即是说，此阶段除了“纯思”自身活动，一切规定性都还没有。所以，黑格尔讲“有”，只是强调其“无规定性”。因为“有”就是纯粹的直接的“无规定性”，所以，它也就同时是“无”。“无、纯无；无是与它自身单纯的同一，是完全的空，没有规定，没有内容，在它自身中并没有区别。”[①]众所周知，黑格尔是坚持存在与思维同一的，但是，很少有人意识到，此时黑格尔讲“有”与“无”已经是在贯彻这一同一性原则，这里的“有”与“无”实质上都是纯思维的自身抽象运动。倘若这里把“有”翻译为“存在”，则这一原则的贯彻意图一目了然。黑格尔明确地说：“无是空的直观和思维本身，而那个空的直观或思维也就是纯有。”[②]“有是全然抽象的结果，因而已经是抽象的否定性，是无”[③]，“无的活动，即单纯的抽象，比起单纯的无来，其真实不更多也不更少”[④]，这些都是从纯思维活动的抽象性讲的，即是说，正是因为它只是抽象性的存在，因此它是“无”。因此，不懂得思维的“抽象性”，不懂得黑格尔由“抽象”而“具体”的运思过程，就不懂黑格尔的“无”的意义。倘若不结合黑格尔的具体哲学语境而硬是把它们与老子的哲学范畴相比附，甚至认为老子哲学早已经发黑格尔之先声，就是极其无知，以至于荒谬的认识了！

最后，关于本章的内容黑格尔自己也曾经有所评述。这种评述当然带有西方文化立场的偏见。“老子书中有很重要的一段常被引用。这就是第一章的开始……这整个说来是不能给我们很多教训的，——这里说到了某种普遍的东西，也有点像我们在西方哲学开始时那样的情形。”[⑤]关于老子的“道”，黑格尔说：“道就是道路、方向、事物的进程、一切事物存在的理性与基础……但它的意思是很不明确的。”[⑥]尽管他的话并不中听，但是他指出的老子语言表达的含糊不定的问题也确实是基本事实。我们姑且不管黑格尔的文化偏见，单就黑格尔的略显粗浅的论述而言，中西两位辩证法大师之间并未发生深层次的理论对话，他真正从老子那里吸收的东西是不多的。但是，这个理论现象至今还没有人深入地探究，更少有人由此深入，

①黑格尔：《逻辑学》(上卷)，杨一之译，北京：商务印书馆，1966年版，第69页。
②黑格尔：《逻辑学》(上卷)，杨一之译，北京：商务印书馆，1966年版，第70页。
③黑格尔：《逻辑学》(上卷)，杨一之译，北京：商务印书馆，1966年版，第90页。
④黑格尔：《逻辑学》(上卷)，杨一之译，北京：商务印书馆，1966年版，第91页。
⑤黑格尔：《哲学史讲演录》(第1卷)，贺麟、王太庆译，北京：商务印书馆，1959年版，第127—128页。
⑥黑格尔：《哲学史讲演录》(第1卷)，贺麟、王太庆译，北京：商务印书馆，1959年版，第126页。

探究中西辩证法的本质区别问题。

这里顺便也提一下海德格尔，学界盛传海德格尔是深受老子的思想影响的。实质上，尽管海德格尔在其著作中也论及了老子的“道”[①]，但是其本人理解与老子的实际思想是有严重的偏差的。就本章而言，老子的“道”是超越于语言的，乃至说，“道”构成了对于语言的否定性存在。而海德格尔尽管也由“道路”一语去联系发挥，但他恰恰把“道路”与“道说”本质地关联起来。如果说，老子的“道”是否定地指向语言的，那么，海德格尔的“道”恰恰肯定地指向语言。因此，海德格尔是把语言提高到本体性的地位的。“作为为世界开辟道路的道说，语言乃是一切关系的关系。语言表现、维护、端呈和充实世界诸地带的‘相互面对’，保持和庇护世界诸地带，因为语言本身，即道说，是自行抑制的。”[②]当海德格尔引述诗人荷尔德林的《词语》，分析“词语破碎处，无物可存在”的含义[③]，他与老子的哲学立场之对立就已经无可掩饰。当海德格尔说出“无词便无物存在”[④]，或者说出“语言是存在之家，因为作为道说的语言乃是大道之方式”，他的极端肯定语言的立场就显然已经与老子截然对立起来了。这就说明，中西之间的求同式比较实在是过于轻率的做法。把黑格尔或者海德格尔的思想与老子相联系是可以的，进行深入的比较也是可以的，但若是攀附性地认为老子如何沾溉了后者，或后者如何吸收了老子的思想，就无非是如同傍大款一样妄图借此满足一种虚荣心罢了。海德格尔说：“早些时候我曾经十分笨拙地把语言称为存在之家。如若人是通过他的语言才栖居在存在之要求中，那么，我们欧洲人也许就栖居在与东亚人完全不同的一个家中……一种从家到家的对话就几乎还是不可能的。”[⑤]这就等于非常明确地警告了中西之间相互附会的做法。而且，就海德格尔本人的学术经历而言，他有过与萧师毅合作翻译《道德经》而最终不了了之的憾事[⑥]。此一事实再次表明了中西之间理论对话的困难程度。

因此，中西之间、老子与黑格尔之间、老子与海德格尔之间，在进行比

①海德格尔：《在通向语言的途中》，孙周兴译，北京：商务印书馆，2004 年版，第 191 页。
②海德格尔：《在通向语言的途中》，孙周兴译，北京：商务印书馆，2004 年版，第 211 页。
③海德格尔：《在通向语言的途中》，孙周兴译，北京：商务印书馆，2004 年版，第 229 页。
④海德格尔：《在通向语言的途中》，孙周兴译，北京：商务印书馆，2004 年版，第 231 页。
⑤海德格尔：《在通向语言的途中》，孙周兴译，北京：商务印书馆，2004 年版，第 90 页。
⑥萧师毅：《海德格尔与我们〈道德经〉的翻译》，池耀兴译，《世界哲学》2004 年第 2 期。

较时就应该是以“尊异”“存异”为基础，而顶多谨慎地、具体地求同。就语言问题而言，海德格尔处于西方“语言的转向”的大潮中，他吹捧语言的本体性地位是毫不惊讶的。对此，海德格尔的高足伽达默尔评价说：“海德格尔指出了一条新道路，他把对形而上学传统的批评变成一种准备，并以新的方式提出了关于存在的问题，借此走在通往语言的旅途上。它是一条语言之路，这条语言之路并不通向判断性陈述和对它的客观性有效要求，它紧紧依靠着整个存在。”[①]事实也确实如此，甚至可以说，在世界哲学史上，很少有谁像海德格尔那样地高度自觉地依赖于语言，尤其是依赖于语源学方面的“抠字眼”来展开其思想，这种趋势越到晚期越达到登峰造极的程度。因此，如果说海德格尔的倾向一直是“通向语言的途中”，那么，老子的立场则是“背向语言的途中”，他是对于语言抱着高度的不信任、乃至于近乎敌意的态度的。或许正是由于这样的拒绝“语言化”的立场[②]，先后导致了黑格尔、海德格尔与之对话的理论僵局。从当代倡导对话性的立场看，老子的“反对话性”的姿态是需要反思的。而且，不管老子初衷如何，不断与之对话的难度如何，事实上，老子哲学都避免不了参与世界哲学文化对话的必然性。而且，也有学者坚持在做着中西哲学对话的探究，包括评估老子与海德格尔之间的理论沟通可能性[③]。

---

①布洛赫等：《德国著名哲学家自述》(下册)，张慎等译，北京：东方出版社，2002年版，第85—86页。

②对于这种“不言”的姿态，钱锺书已经有过相当深入的分析与批判。见钱锺书：《管锥编》(第2册)，北京：中华书局，1986年版，第453—459页。

③张祥龙：《海德格尔与中国哲学：事实、评估和可能》，《哲学研究》2009年第8期。

二章　“有对”到“无对”的超越

天下皆知美之为美，斯恶已；皆知善之为善，斯不善已。[①] 故有无相生，难易相成，长短相形[②]，高下相盈[③]，音声相和，前后相随。

是以圣人处无为之事，行不言之教，万物作而弗始[④]，生而弗有，为而弗恃，功成而弗居。夫唯弗居，是以不去。

本章内容分两部分，第一部分是讲对立面之间的相互依存关系，即，对立双方的存在是同时共在、相照并举的。对立双方的每一方的存在，都以对方的存在为前提，有此必有彼。这样一来，在看待对立面时，就不应当偏举其一而忽略另一[⑤]，而应当两者并举、相伴相生，出语表述必成双结对。刘勰说：“造化赋形，支体必双，神理为用，事不孤立。夫心生文辞，运裁百虑，高下相须，自然成对。”[⑥]禅宗六祖慧能就曾如此教诲弟子：“忽有人问汝法，出语尽双，皆取对法，来去相因。究竟二法尽除，更无去处。”[⑦]那么，存在不存在一个高居两者之上的统一者呢？需要不需要一个凌驾于平阶性对立面的高阶存在呢？从通常的辩证法思想来讲，是需要的。因此，本章第二部分就是讲对于矛盾对立关系的超越的，即凌驾于对立面之上的至

---

①此句或可有两解：其一，基于对立面的相互依存，有正则必同时有反；其二，基于对立面的相互转化，即物极必反，天下人都群赴蚁集地奔赴一个方向，哪怕它是所谓的“美”“善”，也最终会变成坏事。就本章的具体处理而论，笔者姑且以第一种理解为主，但同时也不废第二种理解。

②多数版本作“相形”，王弼注本作“相较”，“相形”为好。见杨丙安：《老子古本合校》，杨雯整理，北京：中华书局，2014 年版，第 10 页。

③“相盈”王弼注本亦作“相倾”。见杨丙安：《老子古本合校》，杨雯整理，北京：中华书局，2014 年版，第 10 页。

④王弼注本作“万物作焉而不辞”，下文亦作“生而不有，为而不恃”。此处依从陈鼓应先生的处理意见。见《老子注译及评介》，北京：中华书局，1984 年版，第 64、68 页。

⑤王弼说：“喜怒同根，是非同门，故不可得而偏举也。”见王弼：《老子道德经注》，楼宇烈校释，北京：中华书局，2011 年版，第 7 页。

⑥刘勰：《文心雕龙 · 丽辞》，见黄叔琳、李详、杨明照：《增订文心雕龙校注》，北京：中华书局，2000 年版，447 页。

⑦鸠摩罗什等：《佛教十三经》，中华书局 2010 年版，第 120 页。

高存在。老子讲的“圣人”就占据着这个高阶位置，他高高在上，任由对立双方此消彼长、相荡相磨，而静观其变并坐收渔利。这也正是一种中国历代帝王的不宣之秘。简言之，这就是任由低阶相争而高阶获利之道。因此，本章两大部分之间是有机联系的，第一部分讲矛盾对立面之相依相对，第二部分则讲超越于此相依相对层面的绝对存在，由平阶关系而升级为高阶存在。王安石说：“夫美者，恶之对；善者，不善之反。此物理之常。惟圣人乃无对于万物。自非圣人之所为，皆有对矣。”[①]可见，关于这两个层面的逻辑关系，王安石是明确区分为“有对”（矛盾对立）与“无对”（超越矛盾对立）这两个不同境界的。而高亨针对“是以圣人处无为之事，行不言之教”说：“‘是以’二字疑后人所加……本章此前八句为老子之相对论，此后八句为老子之政治论。文意截然不相联，本无‘是以’二字，明矣。”[②]这种观点是不妥的，割裂了两部分之间的内在关系。

王夫之说：“天下之变万，而要归于两端。两端生于一致，故方有‘美’而方有‘恶’，方有‘善’而方有‘不善’。据一以概乎彼之不一，则白黑竞而毁誉杂。圣人之‘抱一’也，方其一与一为二，而我徐处于中；故彼一与此一为垒，乃知其本无垒也，遂坐而收之。垒立者‘居’，而坐收者‘不去’，是之谓善争。”[③]据此段，我们可知王夫之具有相当成熟的辩证法思想，而且很熟悉统治术。

王夫之这里把矛盾对立统一的关系讲得很清楚，这也就是“两端”与“一致”的关系问题。但质言之，所谓矛盾对立统一，就是一个异阶而统摄平阶的结构，从异阶性讲，作为高阶存在的“一”与作为低阶存在的“二”，这是上下等级的关系；从平阶性讲，作为对立双方，“彼一与此一为垒”，两者之间是对垒并峙的关系。作为“两端”，每一方的存在都必然伴随着另一方的存在，每一方的存在都通过对方的存在而显示自身的存在。然而，“两端”之存在，实际上是基于“知”的区别活动，正是由于“知”，才判分为“善”与“恶”、“美”与“丑”等等的二元对立关系。所以，理解这一章的关键词，恰恰是“知”字。要想消灭矛盾，就必须从消灭“知”入手，这就是老子主张“绝

①王安石：《王安石老子注辑佚会钞》，上海：华东师范大学出版社，2013 年版，第 18 页。

②高亨：《老子正诂》，北京：清华大学出版社，2011 年版，第 6 页。

③王夫之：《老子衍》，《船山全书》（第 13 册），长沙：岳麓书社，1996 年版，第 18 页。

圣弃智”的根本原因①。

但是对于“知”，黑格尔与老子持完全对立的立场。黑格尔认为，“知”既是矛盾的根源，但又是解决矛盾的根源。站在黑格尔的立场上，由第一句话“天下皆知美之为美，斯恶已”，则恰恰表明了“知”的对立统一的特性。这是因为，“美”与“恶”作为对立双方必然已经同时存在于“知”之中，这就是说，“知”是把两者统摄起来的运动。反过来，“美”与“恶”的对立关系，只是“知”的自身分裂、自身区别的产物，换言之，是由“知”自身运动而分裂出来的对立面。“我是一种纯粹否定性或一种自身分裂活动。我是意识。这个区分出来的内容本身也是我，因为它是一种自身扬弃运动，或者说是一种作为我而存在着的纯粹否定性。我在这个区分出来的内容里面折返回自身之内。只有当我在我的他者存在那里保持在自身内，内容才得到概念式的把握。更确切地说，这个内容无非是刚才所说的那个运动本身。”②黑格尔正是把矛盾对立关系理解为自我意识的自身分裂关系，这种“一分为二”的本性就是概念运动的绝对否定性。“借助于概念的纯粹性，那个单纯的概念发生分裂，或者说显露出来，因为概念的纯粹性是一种绝对的抽象或否定性。……出现在一个对立之中，就意味着参加了这个对立。自在地看来，那种以本质为对象的纯粹知识已经摆脱了它的单纯性，因为它是一种分裂活动，或者说是一种本身即概念的否定性。只要分裂代表着转变为自为的一方，那么它就是恶；只要分裂代表着自在体，那么它就保持为善。”③

黑格尔的观点概括地讲就是，善与恶的二分是难以避免的，甚至说“二分”即是“恶”；但同样，“统一”的趋势更是阻挡不了的，这种“统一”是更高的“善”。从主张“分”的立场，黑格尔反对抹杀善与恶之别，从主张“统一”的立场，黑格尔也反对把善与恶的对立视为静止的、绝对的存在。“实体性的统一即是善的本身，恶是一种分裂为二。因此实体的统一不外是善与恶被融化为一，而恶被排除了。所以在神的本身内并没有善恶的区别，因为

①对此，钱锺书已有相当详细的剖析。见钱锺书：《管锥编》（第2册），北京：中华书局，1986年版，第412—413页。

②黑格尔：《精神现象学》，先刚译，北京：人民出版社，2013年版，第496页。

③黑格尔：《精神现象学》，先刚译，北京：人民出版社，2013年版，第494页。

这种区别只是分裂为二，而恶的本身就在分裂为二的东西之内。”[①]

由此可见，老子与黑格尔在看待“善”与“恶”的对立关系时，都认识到“知”所发挥的作用。但是，老子却由此走上了反对“知”的道路，因为他认为“知”的分别作用取消了，一切对立关系都可以取消了，矛盾关系就自然不存在了。然而，黑格尔却走上了张扬“知”的道路，认为“知”既然能够产生矛盾就能够扬弃矛盾，矛盾不仅不是“知”的缺点，反而恰恰是“知”的积极意义。因此，这里存在着两种不同的辩证法，两种辩证法都看到了矛盾对立关系，都在寻求解决、超越对立冲突的方案，两种辩证法的区别主要在于这种解决方案的不同。老子的辩证法，是想要通过泯除差异、消灭分别而走向一种玄冥之境，一种万物齐同的状态，这之中的弊端，钱锺书亦已言之甚详[②]。黑格尔的辩证法，则是想要通过矛盾对立之尖锐冲突与斗争，通过一番曲折过程，达到一种绝对理性的实现，最终把对立关系内化为一种自身分裂的关系，把矛盾理解为绝对理性的内部矛盾，把对立面之间的差异理解为“知”的“自身区分活动”，这就把对立的“两”还原为“我＝我的纯粹活动”的绝对性的“一”[③]，矛盾的解决与扬弃就在于实现这个“一”的“绝对自知”，即“精神的真正的自我认知”[④]。简言之，老子与黑格尔的区别之根源在于对于“知”的不同态度。两者都把矛盾对立与冲突的根源，把对立面的区分归结为“知”的分别功能。但老子由此而主张取消“知”，以为消灭了这种“区别心”就万事大吉。而黑格尔则由此而断定，既然“二”源于“一”之分裂，只要让这个“一”透彻明白了这种“一分为二”的发生机制，让这个“一”掌握了“二”之间的辗转变化与相互依存的规律，那么这“一”就能统一起来一切矛盾关系，就能成为一种“具体的总体”[⑤]而掌握之，它就能够实现其绝对自由，认识到一切矛盾冲突皆源于己、亦皆由己掌控。“它唯一地通过那成为自己的本性的绝对辩证法，既把一切都包摄在自身之内，又因为它使自身成为最自由的……”[⑥]“知性本身就是一种纯粹的必然性，

①黑格尔：《小逻辑》，贺麟译，北京：商务印书馆，1980 年版，第 9 页。
②钱锺书：《管锥编》(第 2 册)，北京：中华书局，1986 年版，第 413—416 页。
③黑格尔：《精神现象学》，先刚译，北京：人民出版社，2013 年版，第 500 页。
④黑格尔：《精神现象学》，先刚译，北京：人民出版社，2013 年版，第 498 页。
⑤黑格尔：《逻辑学》(下卷)，杨一之译，北京：商务印书馆，1976 年版，第 535—536 页。
⑥黑格尔：《逻辑学》(下卷)，杨一之译，北京：商务印书馆，1976 年版，第 549 页。

如果它不是在自己这里，那么还能在别的什么地方揭示出必然性呢？”①

当然，我们今天学习老子，主要还是应该发挥其积极方面的理论价值。我们思考其中的辩证法思想，也要把它转化为一种积极向上的辩证法。“天下皆知美之为美，斯恶已；皆知善之为善，斯不善已。”这句话从对立面之间的相互、过渡转化的关系讲，发挥出来就具有一定的批判精神。这就是说，“善”与“不善”之间的界限并不是绝对的、永恒的②，而是可能随着具体情境的变化而互换其规定性的，此一时为“善”，则可能彼一时为“恶”。尼采甚至讲：“一切善都是恶的转化：任何神都以魔鬼为父。”“恶被证明是必要的，有益的，是善的源泉。”③这样一来，世俗舆论短时期做出的“善恶”之价值评判就可能值得怀疑，而不应盲目听信。事实上，历史上存在着大量的道德审判的冤案。而且，这些道德冤案往往又与政治斗争、政治迫害联系在一起。不是有很多“忠臣”反而被标以“逆臣”吗，反过来，不也有大量的“逆臣”曾经是皇帝的“忠臣”吗？这里仅需要举出东汉“党锢”与明代“东林党”的例子就够了。百姓心中的好人，可能是奸贼眼中的坏人，一切都涉及到利益冲突的问题。这里面就存在着因为利益的对立关系，而导致的善恶评判的价值颠倒。当然，这里还有阶级地位的价值颠倒。尼采说：“等级制度的颠倒。——虔诚的造假者、教士在我们当中成为贱民——他们采取了江湖骗子、游医术士、伪造假币者、施魔法者的态度：我们将他们看作是意志的败坏者，生命的诋毁者和报复者，失败者中的愤怒者……相反，从前的贱民现处最高位：最前面的是渎神者、非道德论者、各种类型的漂泊者、艺术家、犹太人、吟游诗人，——基本上全是声名狼藉的阶层。”④就拿中国来说，很多艺人在旧时代就是“贱民”，而今则是世人眼热的艺术家。在不同的时代，穿衣举止都能打上“美丑”“善恶”的标签，过去广为不齿的裸露肢体的装束举止，而今则美之名曰“性感”。

总之，通过老子本章，我们要重视其对立面之间的相互依存、相互转化的思想；同时，也要进而领会其辩证法思想的批判精神，领会在一切“美丑”

①黑格尔：《精神现象学》，先刚译，北京：人民出版社，2013 年版，第 150 页。

②世俗讲的“善恶”、“美丑”总是相对的、暂时的，关于这一点古人早已揭示：“世人所谓美善者，非至美至善也。夫至美，非世所能见；至善，非世所能知也。”见严遵：《老子指归》，王德有点校，北京：中华书局，1994 年版，第 124 页。

③尼采：《重估一切价值》(下卷)，林笳译，上海：华东师范大学出版社，2013 年版，第 731—732 页。

④尼采：《重估一切价值》(下卷)，林笳译，上海：华东师范大学出版社，2013 年版，第 723 页。

“善恶”的价值审判之后存在着严重的价值颠倒问题。懂得了价值颠倒的辩证法，就懂得了历史的诡秘之处，就获得了超越于时代局限的高远的批判力量。但同时需要提醒的是，辩证法的根本精神不是在矛盾对立面之间的来回折腾，不是搞类似上文提到的高亨先生所讲的那种“相对论”，这只是诡辩术或诡诈伎俩。能不能超越矛盾的对立关系，能不能摆脱正反面之间的那种类似钟摆的无穷摆荡，而达到一种高阶价值评判平台，达到一种价值共识，这才是辩证法的根本追求。事实上，老子与黑格尔都有这样的诉求，但都不见得是成功的，原因是老子寄希望于“圣人”那样的存在，而黑格尔则诉诸类似“上帝”那样的绝对精神。而我们则把对立的统一或对立关系的超越理解为一种价值观的共识，理解为不同方面之间的积极对话基础上的认同感的达成，它更接近于康德所讲的“普遍同意”①而非单方面的话语垄断。

①康德：《判断力批判》，邓晓芒译，北京：人民出版社，2002年版，第51页。

三章 “弱志”说:“欲”的消解

不尚贤,使民不争;不贵难得之货,使民不为盗;不见可欲,使民心不乱①。

是以圣人之治:虚其心,实其腹;弱其志,强其骨。常使民无知无欲,使夫智者不敢为也②。为无为③,则无不治。

这一章开宗明义就与儒家学说相悖。儒家的政治理想无非就是“选贤任能”,而此章则倡言“不尚贤,使民不争”。这是为何?又比如儒家讲人格修养,首重“立志”。王阳明就说:“夫学,莫先于立志。志之不立,犹不重其根而徒事培壅灌溉,劳苦无成矣。世之所以因循苟且,随俗习非,而卒归于污下者,凡以志之弗立也。故程子曰:‘有求为圣人之志,然后可与共学。’”④而此章则讲“弱其志”,这又是为何?

其原因大概在于,有了“尚贤”,就有了“贤不肖”的对比,就有了人与人的比较心、竞争心、功名心。河上公说:“贤谓世俗之贤,辩口明文,离道行权,去质为文也。不尚者,不贵之禄,不尊之以官也。”⑤一般所谓“立志”,无非是志于做“人上人”而已,“求为圣人之志”无非是要做人中之杰特之士。这样,必然陷入“争”与“为”的套路里,所谓“名缰利锁”,莫此为甚。《庄子·庚桑楚》早就揭示了其社会弊端:“举贤则民相轧,任知则民相盗……大乱之本,必生于尧、舜之间,其末存乎千世之后。千世之后,其必有人与人相食者也!”于此,德国哲学家雅斯贝尔斯的批判性的一段话颇能

---

①帛书本作“使民不乱”。见杨丙安:《老子古本合校》,杨雯整理,北京:中华书局,2014年版,第15页。

②亦作“使夫智者不敢,不为”。见杨丙安:《老子古本合校》,杨雯整理,北京:中华书局,2014年版,第16页。

③或有版本无“为无为”三字。见杨丙安:《老子古本合校》,杨雯整理,北京:中华书局,2014年版,第17页。

④王阳明:《示弟立志说》,见《王阳明全集》(上册),上海:上海古籍出版社,1992年版,第259页。

⑤河上公:《老子道德经河上公章句》,王卡点校,北京:中华书局,1993年版,第10页。

道出老子哲学精神与西方哲学精神的迥异与对立。“世界和我们的精神处于同自身以及与他人搏斗的紧张状态之中，在进行着决定性的搏斗，其历史的内涵乃是一次性的。老子不识那位提出要求的、发着怒的、正在格斗并想要格斗的上帝的暗号。”[①]从“不争”“无为”的观念讲，雅斯贝尔斯的不无偏见的评论想必会令老子本人哑然失笑吧。倒是托尔斯泰可能在一定程度上与老子气味相投：“在人自身进行着一场理智与情欲的战争。假如在一个人的身上只存在无情欲的理智，或者只存在无理智的情欲，人就可以得到某种安宁。但这两者在人身上是同时存在的，所以人无法逃避斗争，无法只与一方和平相处而不与另一方战斗。他永远在自身进行着斗争。这种斗争是必不可少的，生活就在于此。”[②]当然，在情欲的克服上，老子比托尔斯泰还要激进，老子的根本立场是彻底实现“无我”，是把“理智与情欲”双方都要消除掉，最终也就杜绝了这种自身内部的永恒战争。

老子的“弱志说”既与儒家的“立志说”相对立，更与尼采的“强志说”相冲突。尼采出于叔本华，而扬弃叔本华，乃至说反其道而行之。叔本华认为人生痛苦的根源，乃至整个世界的本质在于人有意志，故其解决人生痛苦的办法就是“意志的取消”。“随着自愿的否定，意志的放弃，则所有那些现象，在客体性一切级别上无目标无休止的，这世界由之而存在并存在于其中的那种不停的熙熙攘攘和蝇营狗苟都取消了；一级一级的形式多样性都取消了，随着意志的取消，意志的整个现象也取消了；末了，这些现象的普遍形式时间和空间，最后的基本形式主体和客体也都取消了。没有意志，没有现象，没有世界。”[③]这最终是什么样子的存在呢？“我们这个如此非常真实的世界，包括所有的恒星和银河系在内，也就是——无。”[④]倘若老子有灵，阅读到这样的文字是否会会意一笑？但尼采显然从反方向来理解。既然世界的本质是“意志”，那么，“意志”为何把自己“取消”了？它为什么不努力实现自己？通常道德意识对“欲”的控诉都不过是骗人的鬼把戏罢了！所以他要对三种最受诅咒的恶行做出新的估价：“肉欲，统治欲，自私自利：这三者直到现在是最受人诅咒，声名狼藉而致谬种流传——这

---

①雅斯贝尔斯：《大哲学家》，李雪涛主译，北京：社会科学文献出版社，2005 年版，第 845 页。

②托尔斯泰：《生活之路》，王志耕译，北京：商务印书馆，2015 年版，第 339 页。

③叔本华：《作为意志与表象的世界》，石冲白译，北京：商务印书馆，1982 年版，第 562 页。

④叔本华：《作为意志与表象的世界》，石冲白译，北京：商务印书馆，1982 年版，第 564 页。

三者,我要按常情好好地权衡一下。”[①]尼采质问:“禁欲理想意味着什么?”答案无非是:(1)“一种对心灵之干净的感觉”;(2)“一种囚徒状态”;(3)“一种生命的赤贫化,一种对冷漠、安宁的需要”;(4)“一种病态的脆弱性,敏感性,某种老处女般的东西,回避生活”[②]。尼采归结到:“禁欲理想始终表达出一种失败,一种匮乏,一种生理冲突。令人深思的是,真正说来,只有教士这个禁欲主义者种类才依然为当代人所熟悉:此乃人类蜕化和失败的表达。”[③]所以尼采主张:“生命问题:作为权力意志。……强者的尺度:能够在颠倒了的价值评估下生活,并且永远重新意愿这种价值评估。”[④]尼采对于禁欲主义者进行了批判,认为他们是“对于尘世间强大者的仇恨”,“对精神、骄傲、勇气、自由、精神之放纵的仇恨”,“对感官、感官之乐、一般快乐的仇恨,以及一种对感性和性欲的不共戴天的仇恨”[⑤]。尼采的这一思想显然与老子的“弱志说”、“寡欲说”相冲突。站在尼采的立场,他肯定认为老子的学说是“弱者的哲学”,是不敢实现自己的“龟缩”。

但是,老子的学说毕竟对于世俗的价值追求有一定的规谏作用。他主张“不贵难得之货”,“不见可欲”,目的就是想要避免人类的争斗局面。然而,他主张“常使民无知无欲”,实质上就是尽量降低生活要求,降低幸福标准,把追求与目标尽量压低再压低。因此,在“弱志”与“寡欲”的背后,就可能是精神追求的“囚徒状态”与生活现状的“赤贫化”了。从这个角度讲,尼采的学说亦有纠偏的积极作用。

对老子此章的观念主张,苏辙的意见颇为中肯:“尚贤,则民耻于不若而至于争;贵难得之货,则民病于无有而至于盗;见可欲,则民患于不得而至于乱。虽然,天下知三者之为患,而欲举而废之,则惑矣。圣人不然,未尝不用贤也,独不尚之耳;未尝弃难得之货也,独不贵之耳;未尝去可欲也,独不见之耳。”[⑥]这就批评了老子的偏颇,指出了“举而废之”的不当之处。

老子主张“不尚贤,使民不争”,是看到了社会阶层的不平等现象及其

---

①尼采:《查拉图斯特拉如是说》,钱春绮译,北京:生活·读书·新知三联书店,2012年版,第218页。

②尼采:《权力意志》(上卷),孙周兴译,北京:商务印书馆,2007年版,第377页。

③尼采:《权力意志》(上卷),孙周兴译,北京:商务印书馆,2007年版,第378页。

④尼采:《权力意志》(上卷),孙周兴译,北京:商务印书馆,2007年版,第386页。

⑤尼采:《权力意志》(上卷),孙周兴译,北京:商务印书馆,2007年版,第379页。

⑥苏辙:《老子解》,见《三苏全书》(第5册),曾枣庄、舒大刚主编,北京:语文出版社,2001年版,第404页。

恶果。但是,由此而走到极端,就是“玄同”,就是绝对平均主义了。但这样一来,就违背了人类社会的差异性规律,就会扼杀差异性的存在,因为“贤不肖”的现象是普遍存在的事实,有“贤”而不“尚”就无非是陷入另一种不公正、不平等罢了。对此,黑格尔是公然地为“各个人的财富和技能的不平等”辩护的,认为“提出平等的要求……是空洞的理智的勾当”①。这就表明了,在社会理想方面,老子可能有着类似“平均主义”(结合第七十七章“天之道,损有余而补不足”)的设想,而黑格尔则是公开为财富不平等、进而为社会等级分化②辩护的。可见,两人的价值指向是相互冲突的。

①黑格尔:《法哲学原理》,范扬、张企泰译,北京:商务印书馆,1961年版,第211页。
②黑格尔:《法哲学原理》,范扬、张企泰译,北京:商务印书馆,1961年版,第212页。

四章　“道”的否定性

道冲，而用之或[①]不盈。渊兮似万物之宗。挫其锐，解其纷；和其光，同其尘。湛兮似或存。吾不知其[②]谁之子，象帝之先。

这一章是对于“道”的集中描述。“道冲”，“冲”就是“空”“虚”的意思。这就是从否定性来理解“道”，因为“空”“虚”等字，都是负面的意思。这种从反面讲的方法，或许近乎冯友兰所谓的“负的方法”[③]。但是，老子完全赋予了“空”“虚”这些负面字眼的积极意义，这就是“以负为正”的价值反转了。因此，“道”的基本规定就是“冲”（又作“盅”字，即“虚”的意思）。倘若换做新的哲学术语，这个“虚”“空”的意思也就是“抽象”。所谓“抽象”，就是抽离了一切“象”之后的终极剩余。黑格尔说：“一切皆能抽象，而一切都被抽象之后，剩下的就是无了。”[④]老子讲“道”当然不同于黑格尔讲“抽象”，但是，就“空”“虚”这样的规定而言，“道”的确是“抽象”的结果。

什么是“道”？或者换一个思路问，“道”这个范畴是由何而来的？首先，“道”是个汉字，作为一个汉字它具有哲学意味，具有形而上的、终极存在的意味；其次，“道”是老子这个人（不管这个人事实上如何扑朔迷离）提出来的，它是经过老子这个人的描述言说的，因此它经历了一种“个体化”的转化过程，打上了老子的个人印记；第三，“道”是经过把一切具体存在者排除不管、搁置不顾而预设的，也就是说，“道”作为“万物之宗”是一个预设范畴。因为，作为现实的活人的老子，是不可能作为世界的创造者、造物主来设计出来万物的起始点的。“道”作为“万物之宗”，是由老子代言的，即是说，“道”自己并不自称“万物之宗”，而是凭借老子这个人将它指称为“万

---

①“或”字又作“又”字。见杨丙安：《老子古本合校》，杨雯整理，北京：中华书局，2014 年版，第 19—20 页。

②王弼本无“其”字，据帛书当有。见杨丙安：《老子古本合校》，杨雯整理，北京：中华书局，2014 年版，第 21 页。

③冯友兰：《新知言》，见冯友兰：《三松堂全集》，郑州：河南人民出版社，2001 年版，第 150 页。

④黑格尔：《逻辑学》（上卷），杨一之译，北京：商务印书馆，1966 年版，第 90 页。

物之宗”。因此，“道”的本性规定都是经过“他者化”（受老子这个他者的规定，受汉字这个他者的符号化限制）的结果，是思与言双重运动的产物。“道”作为一个哲学范畴，具有“空”“虚”等特点，具有“万物之宗”的地位，这都是人为规定的，都是人的思维与语言活动的反映。因此，这里是三个环节：(1)作为本体性的“道”，它是绝对、普遍、至上；(2)作为异于“道”的价值至少低一格的存在，它是“器”、“物”等“形而下者”，是相对、个别、暂时；(3)作为言说者的老子，他规定了“道”的特点为“盅”。我们恰恰发现，正是老子这个活人在区分这两个阶层的存在，但同时又把两者否定地关联起来，二者构成了上下对立关系。这种情况是否可以在某种程度上对照黑格尔讲的：“在一个环环相扣的推论里，相互对立的两端曾经以彻底分裂的方式出现，而意识的真理就是那个在推论里显现为中项的东西……这个中项是一个直接认知着对立两端、并且把它们关联在一起的统一体，它对意识从而也对它自己说出了这种统一关系；意识到这种统一关系，就意味着确信自己是全部真理。”①可以确定的是，老子恰恰充当了处于“道”与“器”两端之间的“中项”作用，但是，老子这个“中项”仅仅把两端对立起来，还不能够明确地让两端统一于自身，更谈不上“确信自己是全部真理”而实质上“确信‘道’是全部真理”。

“用之或不盈”，则是讲“道”的无限性，“不盈”就是“不满”“不穷”“不尽”的意思。讲“道”是无限性，就同时意味着一个对比的存在，即有限性。有限性的存在，也就是“万物”这样的参照对象，它们都有生灭变化，都要消逝掉。但是，作为无限者的“道”既然是“万物之宗”，那么，它就不是“万物”的对立面，而是“万物”的创造者。“道”相对于“万物”而言，既能让其存在，又能让其不存在，也就是既能让其生，又能让其灭。既然这样，“道”与“万物”之间的关系就不仅是否定的关系，而且是肯定的关系。因此，不能只看到其对立关系，而忽视其同一关系。一方面，无限者包含着有限者，决定有限者，赋予有限者存在的意义，另一方面，有限者既然源自无限者，那么就必然能够“分有”无限者的特性，甚至说，有限者本身就是无限者的显现。因此，不能片面地为了肯定“道”的至高无上地位，而刻意贬低“万物”的作用。甚至说，“道”本身就离不开“万物”，只有通过“万物”的存在（这之中就

①黑格尔：《精神现象学》，先刚译，北京：人民出版社，2013年版，第147页。

包括老子这个人的存在，“道”这个汉字的存在），“道”才是“实存”。“道”之所以“虚”，正是由于它本身是排除掉“万物”的结果。“道”产生“万物”的过程，就是由“虚”而“实”的过程。黑格尔讲：“精神在本质的要素里面是单纯统一体的形式，这个形式因此在本质上是一个不断转变为他者的过程。”“那个纯粹永恒的或抽象意义上的精神转变为一个他者，换言之，精神进入实存，而且是直接地进入一个直接的实存。”[①]黑格尔讲的“精神”，本是讲宗教信仰的那个“神圣存在”的，但与老子的“道”可以在一定程度上比照，因为两者都是“万物之宗”的地位。黑格尔讲：“神性本质在那个纯属思想的精神之内转变为一个他者，而在这里，这个转变过程对于表象活动而言已经趋于实现。在表象活动看来，这个实现之所以成立，是因为神性本质自己贬低自己，放弃了它的抽象性和非现实性。”[②]在老子的语境中，也涉及到“这个转变过程”，这就是由作为“道”的存在过渡到作为“万物”的存在，“这个转变过程”是不是一种“贬低”“降格”的过程呢？换言之，“道”一旦跌落到“万物”，算不算是“掉价”呢？按照老子的立场，这个由至高存在而发展为万物的过程，就是一个价值不断损耗的过程，就是一个不断背离真理的过程。但是，按照黑格尔，这却是一个积极实现自己的过程，是至高存在摆脱其“虚”“空”而不断落实的过程。所以，老子讲“道冲”就只是想守着这个“虚”“空”，因为这个最高的价值地位不容“跌份”！

“挫其锐，解其纷；和其光，同其尘。”这都是“道”的具体存在方式，但却是自否定式的。因为它把否定的力量针对着自身，目的是竭力避免锋芒毕露、出头拔尖，也就是竭力隐藏自身、混同于世。这几句话成为很多中国人的处世哲学，也就是“闷声捞实惠”而不追求表面虚名。这实质上就是要求为人处世避免与现实发生激烈的矛盾冲突，这实质上是靠着压抑生命价值、遮蔽真实面目而换来苟全于世。换言之，一旦要实现“真我”，一旦抛去“假面具”，就可能面临着巨大的生存风险。但按照黑格尔的讲法，“质只有在斗争中才会发生并保持自己”[③]，生命是必须通过矛盾尖锐化才能激活的。“思维的理性则可以说是使差异物变钝了的区别锋利起来，使表象的简单多样性尖锐化，达到本质的区别，达到对立。多样性的东西，只有相互

---

①黑格尔：《精神现象学》，先刚译，北京：人民出版社，2013 年版，第 474 页。

②黑格尔：《精神现象学》，先刚译，北京：人民出版社，2013 年版，第 477 页。

③黑格尔：《逻辑学》（上卷），杨一之译，北京：商务印书馆，1966 年版，第 108 页。

被推到矛盾的尖端，才是活泼生动的，才会在矛盾中获得否定性，而否定性则是自己运动和生命力的内在脉搏。”[①]这里讲“使差异物变钝了的区别锋利起来，使表象的简单多样性尖锐化”以及“推到矛盾的尖端”，不正好是“挫其锐，解其纷”的反面吗？

因此，在老子与黑格尔的思想之间，就实质上反映了两种截然对立的人生态度，一种是遮蔽、掩饰自己的真面目，换来他人的包容；一种则是勇于展示自己的“质”（本性、本真的规定性），为此敢于与世界发生矛盾碰撞。第一种以生存方式的“假”赢得社会的认可包容乃至如鱼得水，第二种以生存方式的“真”导致激烈矛盾乃至头破血流。前者是“同于众”，后者是“异于俗”，到底哪一种更可取呢？但好像连老子自己也不甘心一辈子“隐”的，他有时也终于按捺不住地要“我独异于人”（第二十章）的。

“吾不知其谁之子，象帝之先。”这里就讲“道”的价值地位至高，强调“道”的“先在性”。这种“先在性”更多是一种价值学的意义，这种“先”不能从宇宙生成论的角度去理解，而应当从价值学的角度讲。很多人讲老子的“道”，非要附会到自然科学上去，非要搞成创世论、发生学那样的东西，皆从根本上背离了老子的真意。老子根本上就是“反科学技术”的，他反对所有这些智慧发明、技术创新。因此，此处的“先”字不当偏于时间性的“先”，而应当着眼于价值性的“先”。

从价值学的角度讲，我们才能更好地把握本章关于“道”的论述。“道”的本质规定就是“虚”，其“用”就是无限性。它作为“万物之宗”，是世间一切存在的价值源泉。因此，它就发挥着对于世间万物的价值裁判的功能。老子自认为手握这个最高的价值尺度，因此就自信能够看穿世相，进而裁断世间的一切价值。因此，“道”是老子哲学的价值学范畴，发挥着极大的批判作用。

---

①黑格尔：《逻辑学》（下卷），杨一之译，北京：商务印书馆，1976年版，第69页。

五章 “不仁”非贬义

天地不仁，以万物为刍狗；圣人不仁，以百姓为刍狗。

天地之间，其犹橐龠乎？虚而不屈，动而愈出。

多闻[①]数穷，不如守中。

本章思路是由天道讲到人事，前几句皆讲天道，后一句是讲人事。这里的关键是“不仁”与“刍狗”两个词义。“不仁”，钱锺书认为有两解，一“凉薄或凶残也”，二“麻木或痴顽也”[②]。但这两种理解都是贬义词，都是谴责天地无情或无心之义。这显然是违背老子的本义的。老子是赞同天地的这种“不仁”的，因此“不仁”就不应该取其贬义词的意思。钱锺书基于这样的误解，导致对于全章的意思理解上亦有偏差。“求‘合’乎天地‘不仁’之‘德’，以立身为接物，强梁者必惨酷而无慈悯，柔巽者必脂韦而无羞耻。”[③]钱锺书显然是把“不仁”全解作贬义了。当然，钱锺书的个中批判也颇值得重视。钱锺书说：“在天地为自然，在人为极不自然；在婴儿不学而能，在成人勉学而难能。”[④]这就是说，效仿天道而为人事的思路是错的，人本身有血有肉、有情有义，非要效仿天地之无心无情，有欲有求的成人非要回到无欲无求的婴儿状态，这就是“极不自然”的事情。

苏辙关于“不仁”与“刍狗”的理解要更为可取。“天地无私而听万物之自然，故万物自生自死。死非吾虐之，生非吾仁之也。譬如结刍以为狗，设之于祭祀，尽饰以奉之，夫岂爱之？时适然也。既事而弃之，行者践之，夫岂恶之？亦适然也。圣人之于民亦然。特无以害之，则民全其性，死生得

---

①“多闻”，通行本作“多言”，此据帛书改。见杨丙安：《老子古本合校》，杨雯整理，北京：中华书局，2014年版，第24页。

②钱锺书：《管锥编》（第2册），北京：中华书局，1986年版，第418页。

③钱锺书：《管锥编》（第2册），北京：中华书局，1986年版，第421页。

④钱锺书：《管锥编》（第2册），北京：中华书局，1986年版，第421页。

丧,吾无与焉。虽未仁之而仁亦大矣。”[①]这就是说,“不仁”即“无私”、“不偏爱”之义,“天地不仁”就等于说“天道至公”,它对于世间万物的存在一视同仁。“刍狗”就是祭祀时用稻草之类扎缚而成的“草狗”,其做法近乎“稻草人”这样的东西,因此它只是临时性的,祭祀之后就抛弃掉了,行人践踏它也无所谓的。苏辙认为,圣人待民如天地无偏私,只是听凭万民的自由发展,而不强行干预,这样反而“民全其性”。苏辙的思想是很有深意的,也是颇为符合老子本章的要领。总之,老子之“天地不仁”的意思近乎屈原《离骚》中的“皇天无私阿兮”的意思,是褒赞而非贬抑。

老子的“无为”,简单地说,就是“不干预”,引申了说,就是尊重事物的自身本性,任其自生自灭。因此,“无为”的本义是让万物自由发展,自由实现其价值意义,反而成就了、便利了万物的“有为”。这一点,老子的观点与黑格尔的观点是可以比较的。黑格尔的哲学很多人简单化地理解为唯心主义,事实上不是这样的。黑格尔喜欢强调“概念”,但是,什么是“概念”?简单说,就是合乎“事情的本性”的那种思维活动。所谓“概念”,不是通常理解的主观概念,而是纯思维的概念,“思维在它的内在规定中,和事物的真正本性是同一个内容”[②]。因此,黑格尔强调要尊重概念的“自身运动”,这就等于主张要尊重事物的本性,由事物自身做主去发展、实现自己。“我们鼓励推理式思维承担起概念的劳作,放弃它那种所谓的自由,不是去担当一个随意推动着内容的原则,而是将自由放置在内容里,让内容通过它自己的本性亦即它的自主体来自行运动,而思维则在一旁观审着这个运动。须知,避免打断概念的内在节奏,不以一种臆想出来的或通过别的什么途径获得的智慧介入其中——这种克制的态度和做法本身就是关注概念时的一个根本环节。”[③]

“天地之间,其犹橐龠乎?虚而不屈,动而愈出。”这是拿“橐龠”来做比喻。“橐龠”就是烧火吹风用的“风箱”,它的特点就是尽可能地保持“中空”,从而便于“风”的自由流通。因此,老子这个比喻的含义就是,天地尽可能地为万物的生长发展腾出活动空间,而不是置身其中压缩其活动

---

①苏辙:《老子解》,《三苏全书》(第5册),曾枣庄、舒大刚主编,北京:语文出版社,2001年版,第406页。

②黑格尔:《逻辑学》(上卷),杨一之译,北京:商务印书馆,1966年版,第26页。

③黑格尔:《精神现象学》,先刚译,北京:人民出版社,2013年版,第37页。

空间。

“多闻数穷，不如守中。”这是对于治国理政的“圣人”的要求。“多闻”（什么事都想知道，什么事都要听问）引申了说，就是到处管事，到处插手，是统治者竭力显示自己的存在感，导致的后果就是政令烦苛，民不聊生。“不如守中”，就是统治者退出与民争利的局面，清静自守；用我们今天的话讲，就是政府要退出市场，让市场自然运行。因此，由老子本章的思想，引申开来，就俨然是“自由经济”“市场经济”的先声了。

六章　女性特征的哲学化

谷神不死，是谓玄牝；玄牝之门，是谓天地之根。绵绵若存，用之不勤。

本章的理解关键就是"谷神"与"玄牝"。"谷"就是山谷、溪谷之类的狭长而中空的地段，恰恰形似女性生殖器。"玄牝之门"，本是很直白的表达，就是女性阴户。中国古代人原是很直率无禁忌的。中国自古就是"性文化大国"，再加上从道家发展到道教，关于"性"的修炼讲究更是一件人生大事。因此，关于本章就有太多关于"性"、"女性崇拜"之类的奇思妙想。

老子本章的确是由自然事物与女性特征着眼而生发出一套处世哲学，也就是"柔性法则"，或"雌柔之术"，这对中国历代的人格养成产生了无可估量的影响，弥漫开来就是"阴柔之风"盛行。仅就哲学家与女人的关系而言，可以说从中到西都是一个争论不休的话题。古希腊亚里士多德的绯闻秘事且不说，单说尼采的貌似污蔑女性的言论就引起了太多的不满。尼采关于女人的言说集中在《年老的和年轻的女人》这篇文字里，其中广为流传的名言是"你到女人那里去？别忘了带你的鞭子！"①尼采对女性的批判源于其主张"强力意志"，而女性往往是与此相背的，尼采认为女性往往缺乏主体性精神，总是盲目依从的或任性随意的。尼采说："男人的幸福是：我想要。女人的幸福是：他想要。"②这个对比是值得注意的，可见出尼采心目中的女人就是依从性、被动性。但站在老子的立场上，女性的这种依从性、被动性反而是一种值得肯定的优点，因为它恰恰是通过成全他者，进而间接实现自己。老子认为，那种直接实现自己的咄咄逼人式的做法并不可取，反而阴柔忍让、迂回实现自己的路径要更为长久。

从黑格尔的视域来看男女关系，也颇有意味。"在对外关系中，前一种性别是有力的和主动的，后一种是被动的和主观的。因此，男子的现实的

---

①尼采：《查拉图斯特拉如是说》，钱春绮译，北京：生活·读书·新知三联书店，2012年版，第72页。

②尼采：《查拉图斯特拉如是说》，钱春绮译，北京：生活·读书·新知三联书店，2012年版，第71页。

实体性的生活是在国家、科学等等中，否则就在对外界和对他自己所进行的斗争和劳动中，所以他只有从他的分解中争取同自身的独立统一，在家庭中他具有对这个统一的安静的直观，并过着感觉的主观的伦理生活。至于女子则在家庭中获得她的实体性的规定，她的伦理性的情绪就在于守家礼。”①“男女的区别正像动物与植物的区别：动物近乎男子的性格，而植物则近乎女子的性格，因为她们的舒展比较安静，且其舒展是以模糊的感觉上的一致为原则的。如果妇女领导政府，国家将陷于危殆，因为她们不是按普遍物的要求而是按偶然的偏好和意见行事的。妇女——不知怎么回事——仿佛是通过表象的气氛获得知识而受到教育的。至于男子则唯有通过思想上的成就和很多技术上的努力，才达到他的地位。”②大体来说，黑格尔的男女观念是保守的、传统的。他认为，男性代表着普遍性精神，是通过为国家共同体服务来实现自己的价值，而女性则倾向于个体性的存在而谋取私利。“人的规律，作为一种普遍的实存，是共同体，作为一般意义上的行动，是男性，作为一种现实的行动，是政府。……以下情形可以说是对于共同体的一个永恒讽刺：女性通过诡计把政府的普遍目的转化为一个私人目的，把政府的普遍成果转化为这一个特定的个体的事业，把国家的公共财富转化为家庭的私有财产和饰物。”③这里，黑格尔关于女性的论述当然充满了“傲慢与偏见”，他提到的贪污腐化现象倒多是男性官员为主的，尽管这些男性官员的腐败谋私的背后总有女性的身影。

除此之外，萨特的哲学也与关于女性的思考有关。在《存在与虚无》中，萨特认为人就是“虚无”，因此需要时时纠缠着“存在”④。如果这个“虚无”范畴还很抽象的话，那么取喻于“洞”就显得通俗易懂了。“洞本身是存在的精神分析法应该弄清楚的一种存在方式的象征……在那里，我们从其起源把握了人的实在的最基本倾向之一：要去填满的倾向。我们在青春期和成年期都发现了这种倾向；我们一生中的很大一部分时光是在填洞、充实虚谷、象征性地实现及奠定充实中度过的。孩子从最初的经验出发认识到他本身被打了洞。当他把手指放到嘴里时，他是试图堵住他脸上的洞，

①黑格尔：《法哲学原理》，范扬、张企泰译，北京：商务印书馆，1961年版，第182页。

②黑格尔：《法哲学原理》，范扬、张企泰译，北京：商务印书馆，1961年版，第183页。

③黑格尔：《精神现象学》，先刚译，北京：人民出版社，2013年版，第293页。

④萨特：《存在与虚无》，陈宣良等译，北京：生活·读书·新知三联书店，2012年版，第38、43页。

他希望手指与嘴、唇和腭融为一体并且堵住嘴的口子，就像人们用水泥堵墙的裂缝一样，他寻求巴门尼德的存在的均匀球形的密度和充实；他之所以吮吸他的手指，正是为了稀释它，为了把它变成一个塞住他的嘴这个洞的柔软的柱子。这种倾向确实是那些用来做吃这个活动的基础的倾向中间最基本的倾向之一：食物是塞住嘴的'填料'；吃，尤其是填充。只是从这里出发，我们才能过渡到性欲：女人的性的猥亵是所有张开的东西的猥亵：像别的所有的洞一样，这是存在的要求；女人自在地要求一个应该通过穿入和稀释把她改造成充实的存在的外在的肉体。反之亦然，女人之所以感觉到她的条件是一种要求，正是因为她被'打了洞'。这就是阿德勒情绪的真正起源。无疑女性器官是入口，吞下阴茎的贪婪入口——恰好能引起阉割的观念的东西：性交活动是对男人的阉割——但是这首先是因为女性器官是洞。……洞是猥亵的等待，肉体的要求。"[①]在萨特的心目中，"洞"的形象象征着人的存在的本真性，人天然就是"虚无"，有待于去充实。可以说，在萨特看来，"洞"预示着人生在世的悲剧性，这类取喻于女性器官的象征物总是那么猥亵而令人难堪，恰恰反映着人生在世的"恶心"。

这样一来，老子对于女性器官的赞美就显得独标一格。老子认为，正是因为它的"虚空"的特征，才能带来无限的发展空间。萨特的"洞"喻，只是人生虚无的悲剧性揭示；老子的"玄牝之门"，反而是生生不息的世界源泉。"绵绵若存，用之不勤"，它就是永恒的、无限的那种存在的"敞开性"。在萨特的眼里，"女人的性的猥亵是所有张开的东西的猥亵"；而在老子的眼里，"谷"的敞开，"玄牝"的敞开，是一种自由创造、自由发展的开放性。保持这种开放性的姿态，才能有利于万物生长，有利于世界繁荣，它正是一种包容性、博大性的体现。朱熹对此解释说："谷虚。谷中有神，受声所以能响，受物所以生物。"[②]又说："玄，妙也；牝，是有所受而能生物者也。至妙之理，有生生之意焉，程子所取老氏之说也。"[③]

①萨特：《存在与虚无》，陈宣良等译，北京：生活·读书·新知三联书店，2012年版，第741—743页。
②黎靖德：《朱子语类》（第8册），北京：中华书局，1986年版，1986年版，第2994页。
③黎靖德：《朱子语类》（第8册），北京：中华书局，1986年版，1986年版，第2995页。

七章 “无私”而“成其私”

天长地久。天地所以能长且久者，以其不自生，故能长生。

是以圣人后其身而身先，外其身而身存。非以其无私邪？故能成其私。

这一章的核心关系就是“无私”与“私”的关系，换成更为哲学化的讲法，就是“为他”与“为己”的关系。老子认为，天地是无限永恒(“长且久”)的存在，为什么能如此呢，就在于它的“为他”而不“为己”。这就是曲折地实现自己的路径，是通过促成他者实现而实现自我之路，这与儒家讲“己欲立而立人”颇有一致之处。所谓“圣人后其身而身先，外其身而身存”，就是“无私”“忘我”的精神，甚至是“舍己为人”，这样反而能够更好地实现自己的价值(“故能成其私”)。这就是实现自我价值的“颠倒律”：欲立己而先立人，欲有获而先克己，欲得利而先无欲。世人只想直接成功，而不肯经历曲折，就是由于不懂得“颠倒律”，但往往“欲速则不达”。

黑格尔讲“异化”，也有类似这样的曲折实现之路。只不过老子讲的是“道”，黑格尔讲的是“概念”，是“自我意识”；老子偏于讲“为他”然后“为己”，黑格尔则讲“异化”(“脱离自身发生外化”)而后“返己”(“不但扬弃这种外化活动和客观性，同样又把它们收回到自身之内”[①])。相比于老子而言，黑格尔更为强调的是自我实现的外化过程，黑格尔认为“外化”同时也就是“内化”，建立他者的运动本身就是建立自我的运动。而老子有着强烈的内敛冲动，甚至为了自身的存在之本真性，宁可放弃掉那种外向的运动。简言之，老子更倾向于“隐”，黑格尔更倾向于“显”，老子更倾向于“内涵”，黑格尔更倾向于“外延”。黑格尔说：“走出自身之外，即是进一步的规定，它的每一新阶段也是走入自身之内，而更大的外延同样又是更高的内涵。”[②]因此，黑格尔是强调外在性的拓展与占有的，认为越是向外扩展自

---

①黑格尔：《精神现象学》，先刚译，北京：人民出版社，2013年版，第489页。

②黑格尔：《逻辑学》(下卷)，杨一之译，北京：商务印书馆，1976年版，第549页。

己的活动范围，越是尽力地占有他者，越是能够让自己的内涵更充实，越是自我真理性的确证。但老子则不是这样的，他认为越是向外扩展，越是占有外物，越是导致自我的丧失，越是容易迷途而不知返。所以，虽然两人的最终目的都是实现自己的价值，虽然都强调"为他性"的必要性；但是，老子往往把"为他性"强调到极端，甚至到了否弃"自我性"的地步，故他有着强烈的"祛我化"或"非我化"的冲动；而黑格尔则不然，他认为"为他性"就是"为我性"，进而"自我意识在它的严格意义上的他者存在那里也是保持在自身内"①，根本不存在老子担心的情况。

再从最终的努力方向讲，老子虽主"玄同"之境，但是在老子的心目中，实际上始终存在着"外"与"内"、"他"与"己"、"公"与"私"的对立关系。而黑格尔则以"同一性哲学"著称，在消除"外"与"内"、"他"与"己"、"公"与"私"的对立关系上，就更为彻底。黑格尔认为，"私"根本就不应该否定，根本就不应该高调而空洞地提倡"公"，因为"私"自身本来就可以反转为"无私"之"公"。黑格尔说："一个个体的所作所为，作为全部个体的普遍技能和普遍伦常存在着。但是，一旦这个内容成为一种纯粹个别的东西，他在现实中就凝缩为全部个体的一个行动。个体出于自己的生理需要进行劳动，这既满足了他自己的生理需要也满足了他人的生理需要，同样，也只有通过他人的劳动，个体才能满足自己的生理需要。也就是说，个人在他的个别的劳动中已经无意识地从事着一个普遍的劳动……"②可见，"为己"与"为他"是本质地相联在一起的，个别需要、个别劳动本质地转向他者需要、普遍劳动。"每个人都既有自身确定性也有他人确定性……他人就是我，我就是他人。"③因此，黑格尔自然而然地就认为，越是"为己"的，就越是"为他"的。黑格尔说："通过享受，个体性成为一个自为的或个别的个体性，但这个享受本身是普遍行动的一个结果，正如它反过来又促成了普遍的劳动以及所有的人的享受。现实事物在根本上具有一种精神性意义，即直接作为一种普遍的东西存在着。诚然，在这一个环节里面，每一个人都认为自己是出于自私自利才行动的……但实际上哪怕仅仅从外表来看，我们都可以发现，每个人在享受着什么东西的时候，也让所有的人都得到了

①黑格尔：《精神现象学》，先刚译，北京：人民出版社，2013年版，第489页。
②黑格尔：《精神现象学》，先刚译，北京：人民出版社，2013年版，第217页。
③黑格尔：《精神现象学》，先刚译，北京：人民出版社，2013年版，第218页。

享受，每个人在劳动的时候，既是为了他自己，也是为了所有的人而劳动，正如所有的人的劳动也是为了他。因此，每个人的自为存在本身就是普遍的，而自私自利仅仅是某种意谓中的，不能成为现实的东西，也就是说，没有任何人能做什么纯粹只是为了他自己而不是为所有的人带来福利的事情。”[①]这就等于说，绝对的、纯粹的自私自利就不存在，因为它一旦实现出来了，就本质上转化为利他性的东西。

就“公”与“私”的关系而言，黑格尔显然把辩证法的“颠倒机制”贯彻得更为自觉而彻底：“为己”反转为“为他”，“利己”反转为“利他”，“个别”反转为“普遍”。老子(包括儒家在内)则对此缺乏认识，而是更倾向于否定“利己”或“自私”的念头，更强调“欲望”的取消。老子讲“非以其无私邪？故能成其私”，重在由“无私”到“成私”的路向，故其取的是消除个人目的的路线。但这句话黑格尔肯定不赞同，他也许会这样讲：“非以其自私邪？故能成其无私。”也就是说，这恰恰与老子是相反的路线，是从设定自我意图为入手处，但其客观效应则是普遍性的福利的实现。这也就是“理性的狡计”：每一个人都虽然怀揣着个人目的，但偏偏实现出来的是普遍性的东西，这就是“私意”反转为“天意”[②]。如果说老子的“道”代表着绝对的“公”，按照黑格尔的这一理论，它就不应该反对“私”，而是任凭人人之逞其私，这样它反而坐收渔利。

苏辙说：“天地生物而不自生，立于万物之外，故能长生。圣人后其身而先人，外其身而利人，处于众人之表，故能先能存。如使天地与物竞生，圣人与人争得，则天地亦一物耳，圣人亦一人耳，何以大过之哉！”[③]这种讲法颇有道理，但是尚有“隔”。“天地”之与“万物”、“圣人”之与“众人”，亦何必“大过之”方是？倘若按照中国传统“天人合一”的观念，“天地”与“万物”一体，“圣人”与“众人”为一，又何须分个“先后”“自他”的区别出来？于此可见，“天地”之与“万物”，“圣人”之与“众人”，在老子、苏辙的心目中，已经是有个区别存在着。这个“区别”能不能拿掉？倘若严格按照“玄同”“混一”的要求，则当取消这个“区别”，这样进而就当取消“自他”“先后”的对立关系。因此，这是理解本章的理论关键。

---

①黑格尔：《精神现象学》，先刚译，北京：人民出版社，2013年版，第307页。

②黑格尔：《小逻辑》，贺麟译，北京：商务印书馆，1980年版，第394—395页。

③苏辙：《老子解》，《三苏全书》(第5册)，曾枣庄、舒大刚主编，北京：语文出版社，2001年版，第407页。

八章　“善”即“利他性”

上善若水。水善利万物而不争，处众人之所恶，故几于道。

居善地，心善渊，与善人，言善信，正善治，事善能，动善时。

夫唯不争，故无尤。

这里的核心词就是“善”。我们经常讲“真善美”，那么老子如何讲“真善美”？在《道德经》中，“真善美”也是都论述到的，但需要去识别。关于“真”与“美”，我们点到为止，以后再具体讲，这里重点就是讲“善”。“上善”就是今人所说的“至善”，“上”是形容词，是“至”的意思。有人理解为“通‘尚’，尊崇，崇尚”[①]，似乎没有必要这么曲折地理解。

什么是“至善”？老子本章有明确的规定，就是“若水”，具有“水”那样的品德。而“水”的品德就是“善利万物而不争”，首先是“利万物”，其次是“不争”。从自身与他者的关系讲，“利万物”就是讲“利他性”；“不争”就是“不为己”乃至“无己”。简单地说，老子讲“善”就是讲“利他”而不“为己”，也就是“无私”。倘若我们按照黑格尔的哲学讲法，把存在的方式区别为“为他存在”与“为己存在”，那么老子的主张就是倾向于“为他存在”。但是，偏于做“为他存在”，就是“为己存在”的缺失，就是一味屈从他者，受他者的制约，接受他者的规定限制，而导致没有了自家的面目了。所以，真正讲存在的合理方式，应该是“为他存在”与“为己存在”的统一，是把两者结合起来，维持一个巧妙的平衡状态。

“人不为己，天诛地灭。”这话是非常惹人厌的，但是，恰恰是符合绝大多数人的本性的。“水善利万物而不争，处众人之所恶”，为什么？就是因为“利他”“为他”是相背离于“利己”“为己”的。“众人之所恶”，“恶”什么？“恶”的就是损失自己的利益，因为“利他”往往是导致自己利益的受损的。所谓“不争”，就是不争夺个人利益，不为自己捞取好处，这当然也是“众人

---

①辛战军：《老子译注》，北京：中华书局，2008 年版，第 33 页。

之所恶”。

“夫唯不争,故无尤”,反过来讲,“夫唯争,故有咎”。这就是人性的“原罪”。“尤”就是“罪”的意思。人间是非烦恼,皆源于“争”。“争”什么,“争”个人利益、捞取个人的好处。但是,这就会导致侵犯、损害他人的利益,进而人人相争、互相冲突。这一切的根本就是“为己存在”。所以,人性的“原罪”就是“为己性”。老子在这里实际上已经触及到了人类斗争的核心问题。马克思、恩格斯《共产党宣言》有句名言:“至今一切社会的历史都是阶级斗争的历史。”①很多人认为这句话过时了,不用再讲“阶级斗争”了。但是,什么是“阶级斗争”,“争什么”?得搞清楚一切“阶级斗争”的实质是什么!很多人把注意力全集中在“阶级斗争”的字面上,而忽略了“为什么斗争”的根本问题,这就使得问题变得很是肤浅而无趣。倘若我们通读了马克思、恩格斯的著作,把握了其“争”的根源,则问题就一清二楚。简单地说,一切斗争都是围绕着物质利益的争夺,用马克思的讲法,就是争夺劳动资料的占有权、劳动生产过程的支配权、劳动生产结果的分配权、消费权。人类斗争来斗争去,就是基于“为己性”,就是尽力为自己捞取好处,甚至不惜一切代价去损害他人的利益。搞清楚一切斗争的本质就是“利益之争”,则是不是还要说“阶级斗争”过时了呢?

一切人类斗争的根源,就是“为己存在”与“为他存在”的矛盾对立关系。一味地“为己”,而总是“损他”,必然导致他者的“反击”。这就是“尤”的本质所自。老子主张“不争”,正表明了老子所处的时代已经是纷争不已的时代。因此,老子的“不争”是针对现实利益冲突的一剂药方。但是,是否管用呢?“为己存在”与“为他存在”的根源又源于自身与他者的“异”。为什么要“为己”,就是自己不同于他者,因此就要对他者存在进行否定。所以,“为己性”必然伴随着“否他性”。老子开出的方子实质上是“自否性”,自己否定自己的“为己性”,转而“利他”,这就是“不争”的解决之道。人人都“无我”了,那么当然就是“不争”了。黑格尔讲:“自我俨如一洪炉,一烈火,吞并并销熔一切散漫杂多的感官材料,把它们归结为统一体。”②这就是说,“自我”的本性就是“否他性”。黑格尔更明白地讲:“人的努力,

①《马克思恩格斯选集》(第1卷),北京:人民出版社,1995年版,第272页。

②黑格尔:《小逻辑》,贺麟译,北京:商务印书馆,1980年版,第122页。

一般讲来，总是趋向于认识世界，同化并控制世界，好像是在于将世界的实在加以陶铸锻炼，换言之，加以理想化，使符合自己的目的。”[①]这样看来，老子主张把“我”取消掉的确是釜底抽薪之法。但是，人之为人，恰恰在于他具有“我”的自觉性。老子要把“我”取消掉，完全像“水”那样，只是一味“屈从他者”，这就等于把“人”取消了。实际上，自然界的事物都是偏于“为他存在”的，因为这些自然物没有自我意识，只能任凭他者做主，好比是“水”的“随物赋形”，在方的容器里就变成方的，在圆的容器里就变成圆的，这就是任人揉捏与宰割。黑格尔认为：“意识必须使每一个环节都成为一个事关本质的东西，不但是一个自为存在（笔者按，即“为己存在”），而且是一个为他存在。所谓整体，就是一个把个体性和普遍者贯穿起来的运动。”[②]这就是黑格尔的解决方案，就是把“为己存在”与“为他存在”相结合，把“个体性”（私人性、自私性）与“普遍性”（公共性、共同性）相结合。否则，这两个环节的分裂与交替就会导致“个体性之间的欺骗游戏”（也就是俗称的“尔虞我诈”）。黑格尔说：“真正说来，事情的实现就是把每个人自己的东西陈列在一个普遍的因素里面，只有这样，每个人的东西才会并且一定会转变为全人类的事情。”“真正说来，事情本身的本性其实是这样一个本质，它的存在是个别的个体和全部个体的一个行动，而它的行动本身就是一个为他存在或一个事情，而且，只有作为全人类的行动和每一个人的行动，它才是一个事情。”[③]这就是说，个别性的私人行动必须统一于全人类的整体行动。换言之，“小我”必须转化为“大我”（具有“类意识”的“人类大我”）。“每个人都设法维系他自己的和他家人的生活，但在同样的程度上也维护着这样的可能性，即成为一个对周围的人有用的人，并且为那些需要帮助的人做有益的事情。”[④]黑格尔正是基于这样的立场，认为恰恰是私心私利能够“反转”为“公德公益”。“实际上，个人为自己所做的事，也会让普遍者受益。他愈关心自己，就愈是有可能给其他人带来利益。不仅如此，他的现实性完全在于和其他人一起存在，一起生活。他的个别的享受在本质上意味着同时也向其他人奉献出了自己的私利，帮助他们获得各

①黑格尔：《小逻辑》，贺麟译，北京：商务印书馆，1980年版，第122页。
②黑格尔：《精神现象学》，先刚译，北京：人民出版社，2013年版，第252页。
③黑格尔：《精神现象学》，先刚译，北京：人民出版社，2013年版，第254页。
④黑格尔：《精神现象学》，先刚译，北京：人民出版社，2013年版，第396页。

自的享受。”[1]这就是“私”与“公”的辩证法，实质上就是“私”“反转”“颠倒”为“公”的法则。也就是通常讲的“主观上为自己，客观上为别人”。黑格尔讲：“每个人都是在普遍的精神那里获得他的自身确定性，也就是说，每个人都发现这种存在着的现实性其实就是他自己。每个人都既有自身确定性也有他人确定性。——我在所有的人那里都直观到，他们就其自身而言仅仅是一些独立的本质，和我一样。我在他们那里直观到，我和他人组成了一个自由的统一体，这个统一体既依赖于我，也依赖于他人。——他人就是我，我就是他人。”[2]这就是说，在同族的大家庭里，自我与他者相互认同了。中国成语故事“楚弓楚得”颇有这方面的意味。在这种情况下，得失心就放下了，自然也可以“不争”了。

总结本章的内容，可以说老子的“善”的观念是涉及到人性之“恶”的。而人性的“恶”（“原罪”）实际上就是“为己性”。老子主张“上善若水”，实质上是要求做一个单纯的“为他存在”，但这就等于否定了“自我”的独立性而总是“依他存在”。在这个问题上，必须把自我存在与他者存在相协调，寻求自身与他者的共同存在与共同发展之路。最后，倘若求助于自然意象来讲老子与黑格尔之别的话，分别赋予“水”意象与“火”意象不同的内涵就是相当有趣的话题了，既然老子独爱“水”，则黑格尔势必更爱“火”。对于黑格尔来说，“水”意味着中和、矛盾的调解，而“火”可能更符合黑格尔的“矛盾激活”或“自我否定”的理念[3]。对于老子而言，“水”或许象征着一种无适而不可的强大顺应能力与隐忍生存能力；那么，对于黑格尔来说，“火”象征着精神的提升与灵魂的不朽，“这就是自由的火……一种永恒的火、生命之火”[4]。

---

①黑格尔：《精神现象学》，先刚译，北京：人民出版社，2013年版，第398页。

②黑格尔：《精神现象学》，先刚译，北京：人民出版社，2013年版，第218页。

③黑格尔：《自然哲学》，梁志学等译，北京：商务印书馆，1980年版，第353—357页。

④黑格尔：《自然哲学》，梁志学等译，北京：商务印书馆，1980年版，第374页。

九章 “避免顶点”

持[①]而盈之，不如其已。揣[②]而锐之，不可长保。金玉满堂，莫之能守。富贵而骄，自遗其咎。功遂身退，天之道。

老子本章讲的是中国式的处事原则：宁亏毋满，宁钝毋尖，换个讲法，就是有意“避免顶点”，不愿意居于最高处，或者说故意保持至高点的缺位。

老子哲学的背后是一种深层的焦虑与担心，是一种对于“失”与“咎”的“畏”。这种“畏”，这种深层的不安全感，这种植根于中国人心灵深处的集体意识，反映了中国人的忧患意识，也反映了中国人的生存处境的不安全性。“富贵而骄，自遗其咎。”这个“咎”字源于“骄”，这是自己行为有过错，理当承担“咎”的后果。但是，“金玉满堂，莫之能守”呢？倘若是不义之财、取之不道，当然“守”不住；但是，倘若是诚实劳动、辛勤耕耘，那么为什么还“守”不得呢？这就不能怪罪辛勤工作的人头上了，就应该另寻其“守”不住的根源了。笔者认为，一方面，老子这句话确实给那些贪得无厌、为富不仁者敲响了警钟；但另一方面，却为那些贪图安逸，不愿辛劳的懒人找了个很好的借口，反正最终是“守”不住嘛，还干吗那么辛苦与执着呢？作为一个正常的社会秩序，作为一个正义开明的国家，理应提供“金玉能守”的制度保障。

同时，“功遂身退”的背后是“功高震主”的恐惧，是“飞鸟尽，良弓藏”的悲剧，这个责任难道能怪罪到“功”上吗？比如说中国人经常讲韩信的例子，引以为戒，但是，积极建功立业的韩信自身有什么罪不可赦吗？因此，在“功遂身退”的警言背后，实际上是一套国家政权的“颠倒机制”：越是“功高”，越是“危险”。不从这套“颠倒机制”本身进行批判，不从“颠倒机制”的始作俑者入手，反而去谴责“有功之人”，这不也是一种价值观的“颠倒”吗？

---

①“持”字或解作“殖”字，即“增殖”“积聚”之义，正与下文“盈”字呼应。

②“揣”即“锻”字，“揣而锐之”，即“锻打使之尖锐”之义。

一个正常的国家制度，不应该鼓励“能者上”吗？倘若“功遂”而无过错，就应该使之得到应有的待遇与报酬，怎么反而竭力地赶其下台呢？因此，我们必须认清一点：“功遂身退”根本不是什么“天之道”，而是颠倒黑白是非的“人之道”，罪魁祸首就是那上层统治集团的“翻云覆雨”的阴谋与见不得人的勾当。比如说，韩信悲剧性命运的根源，分明是吕后等人的宫中阴谋所制造的冤假错案。韩信本人起于微贱，崛起于卒伍，其大富大贵是凭卓越的军事才能换来的，何罪之有？因此，韩信的悲剧性完全罪不在己，而在于当时最高统治者的反复无常、忘恩负义。因此，“功遂身退”的根源是统治者的始用终弃。中国历代功臣的悲剧命运，都不应当片面地追究到功臣本身的头上，而应当追究到这套“颠倒机制”的运行本身。

从中西比较的角度讲，老子的惧“盈”心态与黑格尔是互相对立的。黑格尔肯定认为，这种不肯发展到“盈”的状态，这种只是逗留于中途的东西，本身仍然带有虚假性，仍然是不彻底的。黑格尔的这一立场可以通过评论其“道德性”的“不完满”来得到验证[①]，更可以通过其对于“坏的无限”的批判来证明。“这种无限性，作为有限物的彼岸而被牢固地规定了，它应该被称为坏的量的无限性。它和质的坏的无限性一样，从长在的矛盾的一环到另一环，从界限到界限的非有，又从这个非有回到同样的东西——即又回到界限，这样不断地往返交替。”[②]老子的“不盈”之“道”，就相当于黑格尔这里讲的“又回到界限”，而不能够真正地扬弃“界限”。按照黑格尔，作为绝对存在的“道”，就具有一种绝对的力量去达到其发展的顶点，否则，它就仅仅是一种有限的存在。换言之，“天之道”既然是无所不为、无所不至的“全能”，那么，那种“不盈”的空白留给什么去填充呢？既然“天之道”是永恒的、常驻的，它又“退”向何处呢？或者说，它“退出来”给什么去占有呢？黑格尔的观点当然也引起了当代质疑，比如张世英就针锋相对地说：“问题在于黑格尔哲学的最高任务是要克服有限性，贬低无穷尽展式的无限为‘坏’无限……黑格尔所贬称的‘坏无限’倒是我们所应当崇奉的。”[③]照此说来，老子的“不盈”之“道”反而应该是值得提倡的东西了。但问题恐怕还没有这么简单，事实上，黑格尔也不是拒绝“有限”或“界限”，他也曾经明确

---

①黑格尔：《精神现象学》，先刚译，北京：人民出版社，2013年版，第383—384页。

②黑格尔：《逻辑学》（上卷），杨一之译，北京：商务印书馆，1966年版，第245页。

③张世英：《论黑格尔的逻辑学》，北京：中国人民大学出版社，2010年版，第344—345页。

地主张要“有限化”的[①]。在我们看来，“界限”本身就是“无限”与“有限”的联结纽带，而非把两者割裂开来的鸿沟。片面地强调“有限”或片面地强调“无限”，都是错误的。刚一提“有限”概念，就已经伴生着“无限”概念了，反之亦然，因此，两者是相异相依的关系。同样，老子的“不盈”与“退”也总是相异于“盈”与“进”方有意义，或者说，总已经预设了这种“盈”与“进”的可能性。因此在两者之间，就不能单边主义地选择其一而否弃另一。

①黑格尔：《精神哲学》，杨祖陶译，北京：人民出版社，2006年版，第32页。

十章　“德性的洁癖”

载[①]营魄[②]抱一，能无离乎？专[③]气致柔，能婴儿乎？涤除玄鉴[④]，能无疵乎？

爱民治国，能无以智乎？天门开阖，能为雌乎？明白四达，能无知[⑤]乎？

生之畜之，生而不有，为而不恃，长而不宰，是谓玄德。

由老子本章来看，他还是蹈袭修身而后治国、平天下的常规思路。这一章可以分为三部分：(1)从“载营魄抱一”到“能无疵乎”，是讲自我修养，当然侧重于精神内敛；(2)从“爱民治国”到“能无知乎”，这是讲治国术的，主要是“柔术”；(3)最后是总结，即概括“玄德”的特点。

从这一章，我们可以看出，老子认为统治者的精神修养与治国理政的成效是一致的。但是，这一点却是成问题的。这个问题可以联系针对传统儒家的一问：“内圣何以开不出外王？”比如孔子的“内德”已经为“圣”了，为什么仅仅是“素王”而达不到现实有效性？倘若按照“德性联系实际”的原则，这就讲不过去了。所谓“至善”不能仅仅局限于“内”，它必实现于“外”，否则，所谓的“至善”就可能是“伪善”(它不具有客观的“真”而仅仅是主观的“自以为是”)。黑格尔讲“德行与世界进程”，就认为这种“德行”背离了“世界进程”，是“世界进程的手下败将”，他还讽刺说：“这样一些理想的本质和目的归根到底不过是一些空话，它们诚然促使心地高尚，但也使得理性空疏，它们大张旗鼓，却毫无建树……是一种缺乏本质的德行，它只存在

---

①“载”字有人解为类似于“夫”字的“语助词”，王弼解为“处”，认为“营魄，人之常居处也”。王弼：《老子道德经注》，楼宇烈校释，北京：中华书局，2011 年版，第 25 页。

②“营魄”即“魂魄”之义。

③“专气”即“抟气”，聚气之义。

④“玄鉴”亦作“玄览”，虑及以心为镜，当以“玄鉴”为当。见杨丙安：《老子古本合校》，杨雯整理，北京：中华书局，2014 年版，第 38 页。

⑤“无知”亦作“无为”，当以“无知”为妥。见杨丙安：《老子古本合校》，杨雯整理，北京：中华书局，2014 年版，第 39—40 页。

于表象和那些空无内容的词语之中。"[①]回顾一下中国史与世界史，就会发现无论是孔子还是老子，都过于强调"内修"而不免迂阔，因为中外历史上德行卓越者与治国有效者常常是不一致的。为什么会这样？黑格尔认为，这就涉及到辩证法的"颠倒律"了："世界进程本来应该是善的一个颠倒运动，因为它把个体性当作它的原则。然而个体性才是现实性的原则……世界进程把那个持久不变者颠倒过来，使之从一个虚无缥缈的抽象转变为一个存在着的实在性。"[②]在黑格尔看来，孔子、老子心中装着的那个东西，只是一种"抽象"，只是一种"观念"，要想实现出来，就必须落实到生活中的活人、自私自利的单个人。这些活生生的"个体性"哪个是"完美"的呢，哪个不是一身毛病呢？一旦把"德行"设想为"至善"，那它就因为"完美"而找不到现实的对应物。因此，片面地强调"内修"而忽略了"外行"的"颠倒律"（由空洞的、抽象的"美德"而转化为丑陋的行为），就难免有问题。回到儒家那个问题："内圣何以开不出外王？"我们的答案是：因为"内圣"总是排斥"丑陋的私心私欲"，就已经失去了实现其理想抱负的生活基础。它的"内圣"转不出"外王"，是因为它一直在否定历史上真实的"外王"，而实质上遭它批判的一个个"王"，都无非是其理想的"颠倒"（在"至善"的道德观看来，一个个都是"恶人"，这就符合"善"而"恶"的"颠倒律"）罢了。倘若"颠倒律"就是真理实现自身的必经之路，那么，唯有承认它而放弃自己的道德偏执或"德性的洁癖"。

老子主张"抱一""团气致柔"，都是把精神往内收，这就是"使人向里用力"，"凡一切心思向外用者，皆非其道也"[③]。朱熹说："老子之学只要退步柔伏，不与你争。"[④]老子的功夫全用在如何消灭"主体性"上了，像"婴儿"那样无知无欲，而不是发挥自己的自觉性、主动性、积极性。按照拉康的理论，婴儿须经"镜像阶段"然后才形成"我"。"一个尚处于婴儿阶段的孩子，举步趔趄，仰倚母怀，却兴奋地将镜中影像归属于己，这在我们看来是在一种典型的情境中表现了象征性模式。在这个模式中，我突进成一种首要的形式。以后，在与他人的认同过程的辩证关系中，我才客观化；以后，语言

①黑格尔：《精神现象学》，先刚译，北京：人民出版社，2013年版，第237—238页。
②黑格尔：《精神现象学》，先刚译，北京：人民出版社，2013年版，第237页。
③梁漱溟：《中国文化要义》，上海：上海人民出版社，2003年版，第226—227页。
④黎靖德：《朱子语类》（第8册），北京：中华书局，1986年版，第2996页。

才给我重建起在普遍性中的主体功能。”①“镜子阶段是场悲剧。”②因为自从有了“我”的意识，就带来了人与世界的分裂与对立，就带来了种种矛盾与痛苦。这样看来，老子主张回归“婴儿”倒也是有几分道理。但是，既然在婴儿阶段就已经隐藏着“我”的形成机制了，就说明它是一个难以避免的趋势，既然已经具有了自我意识了，人已经是主体性了，非要退回“无我”还行得通吗？所以，倒不如承担成人阶段的痛苦，承认“我”的局限性。只有有了自我意识，人才会感到受限制，才会感到痛苦。“有生命的事物可以说是有一种感受痛苦的优先权利，而为无生命的东西所没有的，甚至在有生命的事物里，每一个别的规定性都可变成一种否定的感觉。”③

“生之畜之，生而不有，为而不恃，长而不宰，是谓玄德。”这里“不有”“不恃”“不宰”，都是否定地指向自身的，前面的“生”“为”“长”都是肯定地指向他者的，这就是偏向于“为他存在”而非“为己存在”。其优点是符合利他精神，但其弊端在于一味“自否定”了。顺便提一问：老子讲的“玄德”是针对普通人的修养吗？须知，“玄德”的言说对象并不是普通民众，而是“爱民治国”者。因此，老子的很多话都不是对于一般百姓的要求。问题就在于，偏偏一般人忽略了这个区别，而忽略了自己的身份定位；作为细民而偏要效法“玄德”，这是不是一种选择错位呢？这就必须进一步提问：老子哲学的普及推广是如何自上而下的？即是说，它从上流社会的修身哲学是如何变为细民百姓的处事原则的？作为最高统治者，“隐于大内”而不抛头露面，垂拱无为而顺应民情，这是有合理之处的；但是，作为一个地位低贱的人，必须靠着辛苦劳作才能挣口饭吃，想“隐”而“无为”可能吗？但是，后世的隐士之风又的确深受老庄哲学的影响。这是一个颇有待深究的问题。或者说，这是一个有趣的“颠倒律”：本来是君王“南面之术”，却“颠倒”为下民的安时处顺之道了！

①拉康：《拉康选集》，褚孝泉译，上海：上海三联书店，2001年版，第90页。
②拉康：《拉康选集》，褚孝泉译，上海：上海三联书店，2001年版，第93页。
③黑格尔：《小逻辑》，贺麟译，北京：商务印书馆，1980年版，第148页。

十一章 “无”:面向他者的敞开域

三十辐共一毂,当其无,有车之用。埏埴[①]以为器,当其无,有器之用。凿户牖以为室,当其无,有室之用。

故有之以为利,无之以为用。

这一章的核心就是“无之以为用”。本章全是譬喻为证,分别以“车毂”、“陶器”、“居室”为例来讲“无”的作用。“三十辐共一毂,当其无,有车之用。”这句话朱熹讲得很具体易懂:“某尝思之,无是毂中空处。惟其中空,故能受轴而运转不穷。犹伞柄上木管子,众骨所会者,不知名何。缘管子中空,又可受伞柄,而辟阖下上。车之毂亦犹是也。庄子所谓‘枢始得其环中,以应无穷’,亦此意。”[②]这是很贴合生活经验的解释。因此,“无”之所以能有“用”,就在于它的“中空处”,唯如此它才能够“容他”,把他者聚拢进来。同样的道理,“埏埴以为器”也是由于陶器保持着“中空”的状态,所以才能发挥“盛东西”的作用。造房子也是如此,只有开凿门窗,保留着敞开性的中空状态,才能容纳人进来。因此,老子讲的这三个比喻,都强调了“中空”的意义,这个意义就是对于他者的敞开、接纳的态度,所以“无”的价值就在于博大的“容他性”而非“排他性”。倘若这些东西都是“实心”的,就无法发挥这样的作用了,就只是对于他者存在的一味否弃而已。这种“中空”的价值旨趣,在庄子的语境中,就是“虚而待物”的特质:“气也者,虚而待物者也。唯道集虚。虚者,心斋也。”[③]

值得注意的是,海德格尔关于“壶”有一段颇与老子相近的论述。“壶之物性因素在于:它作为一个容器而存在。当我们装满一把壶时,我们发觉这个器皿的容纳作用。显然,是壶底和壶壁承担着容纳作用。但别忙!

---

①“埏埴”就是“和泥”的意思,“和土以为饮食之器”。河上公:《老子道德经河上公章句》,王卡点校,北京:中华书局,1993 年版,第 42 页。

②黎靖德:《朱子语类》(第 8 册),北京:中华书局,1986 年版,1986 年版,第 2994 页。

③郭庆藩:《庄子集释》(上册),王孝鱼点校,北京:中华书局,2004 年版,第 152 页。

当我们装满一壶酒时，难道我们是在把酒注入壶壁和壶底么？我们顶多能说，我们把酒倒在壶壁之间、壶底之上。壶壁和壶底当然是这个器皿中不透水的部分。不过，这个不透水的部分也还不是起容纳作用的东西。当我们灌满壶时，液体就在充灌时流入虚空的壶中。这种虚空乃是器皿的具有容纳作用的东西。壶的虚空，壶的这种虚无，乃是壶作为有所容纳的器皿之所是。”①当然，海德格尔对于“虚空”还另有一番发挥。

笔者认为，“无”的本质就是接受他者到来的那种敞开性。一切“容器”之所以能“容”，就在于具有“受他性”而非“拒他性”。这是一种积极的“无”，是通过自身的“无”而让他者“有”。这种“无”，源自自我牺牲的勇气，它保持着面向他者的开放空间，或者说，它是一种主动的“清场”与“腾空”。这就如同旅店打扫卫生、空出房间来迎接八方来客。因此，“无”是存在空间的开辟，直言之，它“创造空间”，它创造出“空”来“容他”。因此，“空”的目的是为了更好地“充实”。中国艺术之真精神即在于“创造空白”，它是一种反向的创造力；它区别于一味地填满空间、密不透风，而是主动删除、削减，直至少到不能再少；它把“填空”“充满”的机会留给他者，留给读者、赏者……

在此，我们必须区别两种“无”，一是那枯寂的、幽闭的、自封的“无”，它是“排他性”的“无”，是漠然的“无”，是绝望的“独体”；二是那生动的、开放的、向他的“无”，它是“容他性”的“无”，是热情的“无”，是希望的“无”。第二种“无”，是更值得肯定的“无”，正如那餐前空无一物的饭桌，是为了丰盛的菜肴的铺排；正如那空空如也的田地，是为了新的种子的撒播。这样，“无”就是欢迎他者到来的“礼让”，“空”是让他者莅临的“留白”。

“三十辐共一毂，当其无，有车之用。”正如“毂”以自身的“空”来实现“辐”的“共聚”，“无”是主动地让他者聚在身边的这种“共在”的创造力，最终，自身与他者的共在是“无”的根本意义。然而，令人遗憾的是，在后人的接受过程中，老子的“无”却往往偏向于“枯寂”的“无”，为了强调“无”而有意贬低了“有”。

“有之以为利，无之以为用。”这是讲“有”与“无”相辅相成的肯定关系，两者之间不是对立的否定关系，“无”的“用”就在于让“有”发挥其“利”。可

①海德格尔：《演讲与论文集》，孙周兴译，北京：生活·读书·新知三联书店，2005年版，第176页。

见，不能为了强调“无之以为用”而排斥“有之以为利”，不能因此制造两者的对立关系。关于这一点，苏辙就讲得极其高明：“中非有，则无无以致其用；非无，则有无以施其利。是以圣人常无以观其妙，常有以观其徼。知两者之为一而不可分，则至矣。”[①]“中非有，则无无以致其用”，这是讲“无”离不开“有”，若离了“有”，“无”就难以发挥其“用”；“非无，则有无以施其利”，这是讲“有”离不开“无”，若离了“无”，“有”也难以实现其“利”。要之，两者之间是密不可分、相反相成的。但是，很多人往往单单强调其“相反”而忽略了其“相成”。

理解本章的“有”与“无”的关系，关键还是放在“自身与他者”的存在论的高度上。“自身”的存在方式、实现过程与“他者”的存在方式、实现目的并不是绝对的对立的；相反，二者是可以实现“双赢”“共存”的。老子用生活的实例讲出了一个朴素的道理：只有通过自身的主动牺牲，创造容许他者存在的空间，才能更好地实现自身的价值。这就好比那茶壶，它通过自身的空腹来实现茶水的充盈。黑格尔讲：“知识不仅知道自己，而且也知道它自身的否定，或自身的界限。知道自己的界限，就意味着知道牺牲自己。这种牺牲就是这样一种外在化过程，精神在这种过程中，以自由的、偶然的事件的形式，表现为它成为精神的变化过程，把它的纯粹的自我直观为在它外面的时间，把它的存在同样直观为空间。精神的这个最后过程，自然界，是它的活生生的直接的变化过程……”[②]这段貌似晦涩难懂的文字，其实讲的是：知识、精神必须懂得牺牲自己，通过外化活动（实质上是自我舍弃）创造出时间、空间，来召唤他者的到来；而精神的他者就是自然界，就是充满了偶然性的世界，它具有大量的不确定性。因此，牺牲自我是要冒风险的，问题在于能否冒风险为他者创造存在的场域（黑格尔的“时间”与“空间”，老子的“无”）。这正如那旅店敞开了大门，迎来的不一定就是贵客，而可能是强盗；这又如那茶壶敞开了壶口，迎来的不一定就是名茶，而可能是恶作剧的小便。但是，是因此而关闭面向他者的大门而孤守空寂呢，还是百折不回地毅然敞开自我，宁愿忐忑不安、宁愿艰难困苦，展开与他者的面

---

①苏辙：《老子解》，《三苏全书》（第5册），曾枣庄、舒大刚主编，北京：语文出版社，2001年版，第412页。

②黑格尔：《精神现象学》（下卷），贺麟、王玖兴译，北京：商务印书馆，1979年版（2012年重印本），第310页。

对面的相遇或者碰撞呢？这需要的就不仅是博大的胸襟与包容他者的气度，更需要一种直面危险的勇气，承受那无边的、不可预测的偶然性。因此，既然创造了“无”，就意味着各种“有”的扑面而至。这正如文学创造，文本一旦脱手，就要欢迎各种各样的声音，无论是夸赞，还是批评，甚至谩骂，无论是正解，还是误解，甚至是歪解。

十二章　感官的否定

五色令人目盲，五音令人耳聋，五味令人口爽，驰骋田猎[①]令人心发狂，难得之货令人行妨。

是以圣人之治也[②]，为腹不为目。故去彼取此。

本章的基本观点就是“为腹不为目”，“去彼取此”。“为腹”与“为目”显然是两种不同的价值追求，老子持“去彼取此”的态度，这就把两种追求对立起来了，变成了两种取一而弃另一。这是否也是片面的呢？或者说，两者之间本来应该是相互补充的、相辅相成的呢？“为腹”是什么？这个“腹”当然是主于“内”，主于“虚”，也就是偏于“在己性”。而“为目”则是偏于“外”，偏于“向他性”。王弼解释说：“为腹者以物养己，为目者以物役己，故圣人不为目也。”[③]苏辙说：“圣人为腹，而众人为目，目贪而不能受，腹受而未尝贪故也。彼物之自外至者也，此性之凝于内者也。”[④]

但是，“腹”与“目”不都是“人自身”的一种吗？因此，“为腹”与“为目”都是“人自身”的自我区别、自我分裂的产物。“腹”与“目”本应是“合”而为“人自身”的，但现在它们是分裂的、对立的关系了。马斯洛讲“需求层次说”，实际上就是把“人自身”的追求“异阶化”，把它区别为高低不一的价值等级，这当然有其合理性；但是，“人自身”竟然分别出这么多的高低等级出来，不恰恰是“人自身”的自我分裂吗？老子的“为腹不为目”也堪称最早的“需求层次说”，近乎当代经常讲的“身心分裂”。但马斯洛的“需求层次说”在讲各个层次的关系时，并不取“去彼取此”的态度，一方面各个层次之间

---

①“田猎”，通行本亦作“畋猎”。见杨丙安：《老子古本合校》，杨雯整理，北京：中华书局，2014 年版，第 47 页。

②“圣人之治也”，通行本无“之治也”三字，帛书本则有此三字。见杨丙安：《老子古本合校》，杨雯整理，北京：中华书局，2014 年版，第 47 页。

③王弼：《老子道德经注》，楼宇烈校释，北京：中华书局，2011 年版，第 31 页。

④苏辙：《老子解》，《三苏全书》(第 5 册)，曾枣庄、舒大刚主编，北京：语文出版社，2001 年版，第 412 页。

的确有相互排斥、相互干扰的一面，但高级需求与低级需求之间亦有相互协同的一面，高级需求以低级需求的满足为基础[①]。在不同的需求之间，是否更应该重视其相互促进的一面而尽量避免相互干扰的一面呢？一方面，我们的确有必要强调人的追求的多元性、丰富性；另一方面，又的确有必要强调人的追求的向上一路，有必要适当控制人的肉体欲望。但是，一味贬低肉体欲望，一味将之归属于“低层次”，又确实蹈袭了“灵与肉”的冲突模式，陷入“重心轻身”的窠臼。

马克思主张：“人以一种全面的方式，就是说，作为一个总体的人，占有自己的全面的本质。人对世界的任何一种人的关系——视觉、听觉、嗅觉、味觉、触觉、思维、直观、情感、愿望、活动、爱，总之，他的个体的一切器官……是人的现实的实现(因此，正像人的本质规定和活动是多种多样的一样，人的现实也是多种多样的)，是人的能动和人的受动，因为按照人的方式来理解受动，是人的一种自我享受。”[②]因此，我们不应该把人的各种感官机能贬低为“动物本能”，因为它们都是“人的现实的实现”，应该“按照人的方式来理解受动”。因此，我们不应该压抑感性需求与否定感官机能，相反，应该期待“人的一切感觉和特性的彻底解放……正是因为这些感觉和特性无论在主体上还是在客体上都成为人的。眼睛成为人的眼睛，正像眼睛的对象成为社会的、人的、由人创造出来的对象一样。因此，感觉在自己的实践中直接成为理论家”[③]。马克思强调：“只是由于人的本质客观地展开的丰富性，主体的、人的感性的丰富性，如有音乐感的耳朵、能感受形式美的眼睛，总之，那些能成为人的享受的感觉，即确证自己是人的本质力量的感觉，才一部分发展起来，一部分产生出来。”[④]

出于当代视域的考量，我们应该按“一种全面的方式”来理解人的各种机能，不管是眼耳鼻舌身的各种感觉，还是爱、友谊、尊重这样的正面情感，以及知识、精神、道德的境界提升，都应该正面肯定其存在与发展的意义，保证其实现的可能性，而不应该简单地否定与抛弃任何一方面的价值。当然，作为现实的个体的人，其生命是有限的，其发展的方向是有限的，这样

①马斯洛：《动机与人格》(西学经典影印本)，北京：中国社会科学出版社，1999年版，第98—104页。
②马克思：《1844年经济学哲学手稿》，北京：人民出版社，2000年版，第85页。
③马克思：《1844年经济学哲学手稿》，北京：人民出版社，2000年版，第85—86页。
④马克思：《1844年经济学哲学手稿》，北京：人民出版社，2000年版，第87页。

在各种机能与追求上就要有主次有侧重。这样，我们既要树立“人类全面发展”的期待目标，又要在此基础上强调“个体偏至发展”的必然性与必要性。作为单个人，不可能全面发展自己的方方面面，不可能既是体育健将，又是音乐家、哲学家、政治家，等等，总是只能择其一端而发挥到极致。这就是说，在“全”与“偏”之间总是需要有所平衡，强调其一而忽略另一都是不可取的。

因此，一方面我们应该警惕着老子讲的“五色令人目盲，五音令人耳聋，五味令人口爽，驰骋田猎令人心发狂，难得之货令人行妨”，但是，不能因此就否定“目”“耳”“味”等方面的存在意义与其需要，而应该像马克思那样正面肯定之，提倡“人的感性的丰富性”。联系现实，我们确实看到世俗人生的种种缺陷，看到陷于物欲挣扎的现代人的种种恶行，看到种种私欲膨胀的丑陋现象。对此，老子的话就是一种警告与训诫。但反过来，不应该把老子的话绝对化，不应该简单地“去彼取此”，而应该主张“此”与“彼”的相互结合、相互促进、协同发展。费尔巴哈乃至说：“没有了肉体，自然也成了无。只有肉体，才是那种否定、制限、集约、紧缩的力，而没有了这种力，就不能设想任何人格性。从你的人格性那里取掉其肉体，那你就等于从它那里取掉其聚合物。肉体是人格性之根据、主词。只有借肉体，现实的人格才得以跟幽灵之被想象的人格性区分开来。”①

①费尔巴哈：《基督教的本质》，荣震华译，北京：商务印书馆，1984年版，第135—136页。

十三章 “宠辱若惊”两不妙

宠辱若惊，贵大患若身。

何谓宠辱若惊？宠为下[①]，得之若惊，失之若惊，是谓宠辱若惊。何谓贵大患若身？吾所以有大患者，为吾有身，及吾无身，吾有何患？

故贵以身为天下，若可寄天下；爱以身为天下，若可托天下。

这一章涉及两对对立面的关系：首先是“宠”与“辱”的辩证法，其次是“有身”与“无身”的辩证法。但核心问题是面对利害关系如何处世，这里有一种处世哲学。

“宠”与“辱”，按照常人的追求，当然应当选择“宠”而避开“辱”，以为“宠”为“利”而“辱”为“害”。但是，这里有反常识的讲法。“宠辱若惊”，即是说，两者都是不好的[②]，“惊”是一种戒惧的心理。“宠为下”，是说“宠”是一种低下的事情，是不值得提倡推崇的事情。苏辙解此句说：“古之达人，惊宠如惊辱，知宠之为辱先也。”又说：“所谓宠辱，非两物也。辱生于宠，而世不悟，以宠为上而以辱为下者，皆是也。若知辱生于宠，则宠固为下矣。故古之达人，得宠若惊，失宠若惊，未尝安宠而惊辱也。”[③]这就是说，“宠”和“辱”都是应当警惕的事情。而且，“宠”是“辱”之母，它反而是产生“辱”的根源。

质言之，“宠”的背后是一种不正常的人际关系与不正当的利益分配机制。“宠”的施与者与接受者是上下、长幼级别的关系。从“宠”的施与方

---

①“宠为下”句有三种不同的理解。一种理解为“宠，为下得之若惊，失之若惊”，这是王弼的理解；一种理解为此三字应当删去，保持上下语脉的流畅性；还有一种是理解为“宠为下，得之若惊，失之若惊”。我们持第三种理解。见杨丙安：《老子古本合校》，杨雯整理，北京：中华书局，2014年版，第50—51页。

②王弼说：“宠必有辱，荣必有患，宠辱等，荣患同也。”见王弼：《老子道德经注》，北京：中华书局，2011年版，第32页。

③苏辙：《老子解》，《三苏全书》（第5册），曾枣庄、舒大刚主编，北京：语文出版社，2001年版，第412—413页。

说，他对待下级或晚辈的态度是不平均的，是有所偏私的。故从接收方来说，有宠必有辱，有人受宠，必有人受辱。而由于受宠者总是少数，而受辱者就占了绝大多数。这样一来，无论是“施宠”还是“受宠”者，都把自身置于不利之地，绝大多数人就有可能群起而攻之，导致自身遭辱。可见，“宠辱”的背后，是人际关系的破坏，它打破了均衡，导致少数人与多数人之间的矛盾。这就是“大患”。从竞争机制讲，它是恶性竞争机制，多数人之间争风吃醋，只是“取媚邀宠”于个别人。而为什么要“取媚邀宠”呢？说到底，就是利益分配的不公平。

从利益分配机制而言，“得宠”就意味着“得好处”，获得权力或物质待遇。“得宠”的对立面严格来说，不仅是“失宠”，而主要是“无宠”，大多数人就因此而“无利可图”，进而心生怨恨，群起而“辱”之。不仅是“辱”人，而且是“辱”这个机制，严重者就会造反或革命，导致“一辱到底”。

“宠辱若惊”的根源就是专制，少数人把持着权力与利益分配机制，对多数人搞亲疏之别，按照关系远近来进行权力与利益的再分配，从而结成“利益集团”。少数人结成“利益集团”，由少数人垄断了权力与利益，看上去是好处多多，其实不然。因为这样一来，他们就已经把自身置于大多数人的对立面，这大多数人一旦觉醒就是愤怒与反抗的洪流，就会把这些少数人置于死地。这一点，王弼认识很到位：“大患，荣宠之属也。生之厚必入死之地，故谓之大患也。”①少数人搞利益的不正常分配，本身就从道义上失去了合法性，即使多数人漠然无以应，也是一件可耻的事情，从道德上讲也是一种“辱”。任何一种不正当的利益获取，总是伴随着一种道德上的损失。儒家讲“见利思义”，是有道理的。可见，“宠”是缰绳与枷锁，“受宠者”必然被捆绑于利益链条上，这就如入“樊笼”或“彀中”，必有所制于人而不得自由，乃至处处仰人鼻息为人驱使，虽得小惠而大德已亏。

进一步讲，由人之“受宠”联系到物之“受宠”，即所谓“宠物”之豢养。这些“宠物”都在“接受豢养”的同时，已经遭受重大的损失，即自由的丧失。诚如欧阳修《画眉鸟》云：“百啭千声随意移，山花红紫树高低。始知锁向金笼听，不及林间自在啼。”那些“宠物”的豢养者表面上对于“宠物”百般疼爱，实则这种疼爱更多的是一种伤害，是少数人把自私贪婪的占有欲美化

① 王弼：《老子道德经注》，楼宇烈校释，北京：中华书局，2011年版，第32页。

为一种爱的慷慨！

由“宠辱”的辩证法，进一步讲，就是“无身”与“有身”的关系。“何谓贵大患若身？吾所以有大患者，为吾有身，及吾无身，吾有何患？”这一对比，就自然明白，“患”之有无源于“身”之有无。这个“身”字面上就是“身体”，实际上它是指“自身利益”。关键还是如何看待“自身利益”。“贵以身为天下，若可寄天下；爱以身为天下，若可托天下”，这句话有不同的解释。大抵来说，是讲“身”与“天下”的关系孰轻孰重。有的人以为这是老子的“贵身”哲学，即是说，“身贵于天下”，必须把宠辱与天下都视为身外之物，由此才会摆脱外在的执着而获得自身的保全。[①] 有的认为这是讲以天下为重而以自身为轻，“以身为天下”就是“无私无欲而把自身奉献给天下之人”[②]。我们认为，老子此章的归结点是基于“无身”与“有身”的关系，从根本上，是强调“无身”的。因为，所谓“宠辱”从根源上讲就是“有身”在作怪。这个根源既然找准了，则解决的办法就是“无身”。因此，理解为“贵身”就与“无身”构成了矛盾。我们理解此处是不是“贵身”，还是首先要尊重本章的小语境。

实际上，这里老子主张“无身”并不是真的就讲把“身”给“无”了，他是针对“有身”的执着而讲的，为了更好地保全自身必须学会“无我”。这也就是说，“无身”只是手段，最终还是如何“存身”的问题。这一点《七章》讲得很清楚：“外其身而身存”。因此，此章所谓“以身为天下”，就是要求统治者暂时把“自身”看得轻一点，把眼光放得长远一些，先要考虑绝大多数人的诉求，否则必然激起众怒与民愤，这样的局面就真的是“大患”，这就叫“欲速则不达”或“偷鸡不成蚀把米”，甚至最后把身家性命也葬送于民情激愤的起义之中。

因此，本章的核心词就是“宠辱”、“大患”、“无身”。“宠辱”会导致“大患”，而“大患”源于“有身”，故必须学会“无身”。否则，统治者就会自取其辱自取灭亡，《十七》章就讲到统治者被人民“侮之”的情况。因此，“宠”由自起，终为己“辱”，这就是自作自受！这层意思孟子也讲过：“孟子曰：‘仁则荣，不仁则辱；今恶辱而居不仁，是犹恶湿而居下也。如恶之，莫如贵德

①陈鼓应：《老子注译及评介》，北京：中华书局，1984年版，第111—112页。

②辛战军：《老子译注》，北京：中华书局，2008年版，第51页。

而尊士，贤者在位，能者在职；国家闲暇，及是时，明其政刑。虽大国，必畏之矣。《诗》云：'迨天之未阴雨，彻彼桑土，绸缪牖户。今此下民，或敢侮予？'孔子曰：'为此诗者，其知道乎！能治其国家，谁敢侮之？'今国家闲暇，及是时，般乐怠敖，是自求祸也。祸福无不自己求之者。诗云：'永言配命，自求多福。'《太甲》曰：'天作孽，犹可违；自作孽，不可活。'此之谓也。"[①]孟子这一段的核心意思就是讲统治者如何避免"辱"或"侮之"的问题。此处所谓"仁"也就是建立良好的人才竞争机制与利益分配机制，即"贵德而尊士，贤者在位，能者在职"；而老子此章的"宠"则显然违背了这一原则，是任人唯亲，靠关系亲疏来取舍；其下场是难逃"辱"或"侮之"的，即使其暂时得势、获得苟安，但绝大多数人亦必在背后戳其脊梁骨，唾骂其无德，苟如此，则已然"辱"随己身矣！

①杨伯峻：《孟子译注》(上册)，北京：中华书局，1984 年版，第 75 页。

十四章　超感官之域

视之不见，名曰夷；听之不闻，名曰希；搏之不得，名曰微。此三者不可致诘，故混而为一。

一者[①]，其上不皦，其下不昧，绳绳不可名，复归于无物。是谓无状之状，无物之象。是谓惚恍。迎之不见其首，随之不见其后。

执古之道，以御今之有。能知古始，是谓道纪。

法国哲学家梅洛—庞蒂曾经这样提问："首先，一个'世界'是什么？最后，如果有世界，那么可见的世界和不可见的世界之间的联系会是什么样的？"[②]阅读老子本章，让我们紧紧抓住"可见的世界和不可见的世界之间的联系会是什么样的？"这个问题。倘若从康德的视域讲，这个问题或许就是"是否可能存在与我们感性的直观完全脱离的对象"[③]？

老子本章的表述是典型的"否定式"："不见""不闻""不得""不可致诘""不皦""不昧""不可名"……通过这些层见迭出的"否定词"，老子传达了什么是"古始""道纪"。这些"否定词"之所指向的，恰恰是"视""听""搏"等感官，由此，老子所讲的东西就是超感性的东西，是感官不可及的所在，属于"不可见的世界"。那么，至少从老子的表述中，我们可以得出"可见的世界和不可见的世界之间的联系会是什么样的？"这个问题的真实答案，即，两者之间的联系是"否定式"的。雅斯贝尔斯说："如若要谈论道，那必然要用否定的陈述形式……如果想要肯定地说出其存在的话，这就意味着只是暂时的、有限的描述。"[④]老子正是通过否定感性的东西，而达到那个超感性的世界，这恰恰表明：感性世界是超感性世界得以实现、传达的媒介，是通

①王弼本无此"一者"两字，但其他本子有，据帛书有之为佳。见杨丙安：《老子古本合校》，杨雯整理，北京：中华书局，2014年版，第57页。

②梅洛—庞蒂：《可见的与不可见的》，罗国祥译，北京：商务印书馆，2008年版，第40页。

③康德：《纯粹理性批判》，李秋零译注，北京：中国人民大学出版社，2011年版，第241页。

④雅斯贝尔斯：《大哲学家》，李雪涛主译，北京：社会科学文献出版社，2005年版，第817页。

过否定的方式来实现它自身的。

那个“混而为一”者，作为“一”恰恰是“视”“听”“搏”之所及的对立面。“三者”与“一者”，不就是“多”与“一”的关系吗？那个“一”，是通过否定“多”来表现其自身的：“是谓无状之状，无物之象。”但是，它本身既然超越于感官的机能，那么，它通过人的什么机能来实现呢？这种“无状之状，无物之象”，难道不应该通过思维、想象的方式来到达吗？因此，老子本章的价值诉求，就是超越物象之表，就是强调精神作用的力量。或许这里适合用黑格尔的话来表述超感性世界的实现过程。“对意识而言，听和看等行为已经消逝在感性确定性的辩证运动里面，意识作为知觉活动获得了一些思想，尽管它只有通过一个无条件的普遍者才能把这些思想合并起来。这个无条件者，假若被当作是一个静止的和单纯的本质，与某个非本质相对立，那么它就别无选择，只得出现在自为存在的这一端。”①而“道纪”作为“无条件者”，确实把那些感性事物“混而为一”了，只不过，这种“混而为一”的过程，正是老子的思维力、想象力发挥作用的过程。

当然，有的人会反对我们这样讲。他们或许会认为老子是凭借着某种神秘的直觉、直观的能力来达到对于“道”的领悟。但是，这种“惚恍”的东西，毕竟有其清晰的获得脉络，那就是通过“否定感性”来确证的。因此，这种绝对肯定性的东西、无条件者，正是依赖着“感性”的存在的。因为，当否定某物时，必然已经与之建立否定关系，必然已经构成了其对立面，也就是说必然使得自身成为两相对立的关系项之一端了。这个高踞于上者，通过“否定感性”，反而让自己跌落下来了。“迎之不见其首，随之不见其后”，这里通过“迎”与“随”的扑空，通过其在感性世界的缺席、离场的过程，反而证明了它的缺席、离场正是它的现身、在场的特殊方式。

通过“否定感性”，老子敞开了、照亮了一个新世界，一个观念性的世界，一个“无物”的世界。这是老子的卓越伟大之处。这是一个超越于实物的存在，这是一个超越直接性的存在，它的存在的抵达必然要求人们启动自己的精神、想象。这就是“超以象外”的诉求。但是，这也一定程度上，暴露出老子的思维局限性；因为他很容易遭到来自康德的质疑，即“这种体系

---

①黑格尔：《精神现象学》，先刚译，北京：人民出版社，2013 年版，第 84 页。

在没有感官参与的情况下就去规定自己的对象”[①]。老子对于两者的联系的“否定式表述”还是误导了很多人，很多人太执着于“不可名”而不能认识到：“不可名”即是一种“名”。

老子要求“执古之道，以御今之有”，这就设定了一个古今关系的异阶模式：古高于今，今统于古，乃至愈古愈好，愈新愈劣，去古愈远，愈损于道。可以说，老子本章正是“厚古薄今”的倾向之披露。但是，“古之道”的到来，恰恰离不开“今之有”。通过本章，老子与我们当今这些读者，展开了隔空对话。但是，首先是我们这些读者主动地走向了老子的“否定式”的话语，是我们在阅读思考着它们，因此，我们这些“今之有”并不是被动的、无足轻重的存在，仿佛单等着“古之道”来“御”似的。这也正表明，老子的所言所论都是“向着我们”“为着我们”的存在，它并不是绝对缺席、离场的存在，相反，它通过老子的所言所论，已经与我们共聚一堂。从这个角度讲，“不可致诘”“不可名”亦是不正确的讲法。

顺便指出的是，当代人谈老子的“象”，往往以为就是“形象”“意象”，这是一种严重的误解。老子的“象”是“无物之象”，既然它“无物”，就是超越物表的，而“形象”“意象”只不过是等而下之者而已。用“形象”“意象”来误解老子的“象”，就是用低阶存在物来理解老子所言的高阶存在，相差何其悬殊！

最后，关于本章的内容，黑格尔也有过论述：“‘夷’‘希’‘微’三个字，或I-H-W还被用以表示一种绝对的空虚和‘无’。什么是至高无上的和一切事物的起源就是虚，无，惚恍不定（抽象的普遍）。这也就名为‘道’或理。当希腊人说绝对是一，或当近代人说绝对是最高的本质的时候，一切的规定都被取消了。在纯粹抽象的本质中，除了只在一个肯定的形式下表示那同一的否定外，即毫无表示。假若哲学不能超出上面那样的表现，哲学仍是停在初级的阶段。”[②]可见，黑格尔的立场是，必须走向具体的规定才能导向进一步的发展，那种“毫无表示”的东西只是“纯粹抽象”。

①康德：《纯粹理性批判》，李秋零译注，北京：中国人民大学出版社，2011年版，第237页。

②黑格尔：《哲学史讲演录》（第1卷），贺麟、王太庆译，北京：商务印书馆，1959年版，第129页。

十五章　“显微有间”而“归显于密”

古之善为士[①]者，微妙玄通，深不可识；夫唯不可识，故强为之容曰[②]：豫兮其若冬涉川，犹兮其若畏四邻，俨兮其若客，涣兮其若冰释，敦兮其若朴，旷兮其若谷，混兮其若浊。孰能浊以静之徐清？孰能安以动之徐生？

保此道者不欲盈，夫唯不盈，故能敝[③]而不成。

本章核心是描述“善为士者”。其基本特征就是“深不可识”，也就是善于“隐藏”而避免“曝光”，这就是保持一种“不可见性”。但是，这种“不可见性”如何被认识到呢？所以，这里呈示了“隐”与“显”的矛盾关系。老子意识到了这一矛盾，特意用了“强”这个字，“强为之容”就是勉强地、勉为其难地去描述其状貌。但一旦要描述其具体状貌，就已经落入“可见性”，就有“失真”的风险。“不可见性”与“可见性”之间的“异”[④]如何化解呢？老子没有去具体讲，他只是采用类似西方现象学的直观描述方法。这恰恰已经表明了，“不可见性”最终还是要通过“可见性”来实现自身，这种“降格以求”乃是其不得已而为之。

从现象学的立场讲，一切关键在于“现象的显现”。萨特讲：“近代思想

---

①“为士”，其他版本亦作“为道”。但在老子的语境中，“为士”从根本上与“为道”是一致的，乃至说，“为士”就是“为道”。“道”是“士”的最高的行为准则。所以，对于“善为士者”的描述，也就是对于“道”的描述。因此，从义理上而言，实无必要过多纠结于此一字之差。当然，从具体内容讲，本章的重点是主体修养的种种精神状态的，故“为士”更优。

②通行版本多无“曰”字，此据帛书改。见杨丙安：《老子古本合校》，杨雯整理，北京：中华书局，2014年版，第63页。

③“敝”字亦作“蔽”，此句其他版本亦作“敝而新成”“蔽不新成”。“敝”与“成”是对立关系，“敝”是“破败不完”，“成”是“完善周全”，若作“敝而新成”，则文义是强调由“敝”而向其反面的转化运动；若作“敝而不成”，则文义是强调守住此“敝”而避免向其反面运动，这个意思与上文“不欲盈”在文义上是连贯的，故取“敝而不成”较妥帖。

④苏辙就“混兮其若浊”说：“和其光，同其尘，不与物异也。”这从反面证明了它恰恰与“物”是有“异”的。见苏辙：《老子解》，《三苏全书》（第5册），曾枣庄、舒大刚主编，北京：语文出版社，2001年版，第416页。

把存在物还原为一系列显露存在物的显象，这是一个很大的进步。”[①]这样一来，一系列的对立关系（“内部和外表”“潜能与活动”“显象和本质”）貌似都可以化解了。但是，萨特也说：“这是不是说，把存在物还原为它的各种显露，我们就成功地消灭了一切二元论呢？看来倒不如说我们把一切二元论都转化为一种新的二元论：有限和无限的二元论。事实上，存在物不可能还原为显露的一个有限系列，因为任何显露都是对一个处在经常变动之中的主体的关系……我们应懂得，事实上，我们的现象理论以现象的客观性取代了事物的实在性，并且是求助于无限性来建立这种客观性的。”[②]这些意思用萨特的更为直接明晰的话来讲：“我们曾经把事物还原为由它们的显象结合而成的整体，然后我们证实了这些显象要求一个本身不再是显象的存在。‘被感知物’使我们回溯到一个‘感知者’，对我们来说他的存在表现为意识。于是，我们达到了认识的本体论基础，达到了所有其他显象都对之显现的第一存在，那个绝对——对它而言一切现象都是相对的。”[③]这里，萨特实质上自身陷入了一个“恶循环”：事物的实在性——现象的显现性——主体的感知性——感知的相对性——事物的实在性之不可见性。萨特讲：“现象的存在不能是它的被感知。意识的超现象存在不能为现象的超现象存在奠定基础。”[④]萨特的解决之道只能是诉诸一种否定性的表述：“对象与意识所以有区别就应该是由于它的不在场，而不是由于它的在场，应该由于它的虚无，而不是由于它的充实……对象的存在是纯粹的非存在。它被定义为一种欠缺。这是一种会自己回避、原则上不会被给出、以不断流逝的形象显示出来的东西。”[⑤]

老子本章的运作方式呈现了类似萨特的那种矛盾，一方面是不信任“显现”，但另一方面又不断诉诸“显现的系列”。老子的“强为之容”暴露了这样的暧昧态度。所以，他还是最终通过“容”（现象）来指向那“不可见者”。“豫兮其若冬涉川，犹兮其若畏四邻……”，由“若”字领起的一系列形象化摹状，不正是“现象学”意义上的存在吗？通过这些形象化的揭示方

①萨特：《存在与虚无》，陈宣良等译，北京：生活·读书·新知三联书店，2012年版，第1页。
②萨特：《存在与虚无》，陈宣良等译，北京：生活·读书·新知三联书店，2012年版，第3页。
③萨特：《存在与虚无》，陈宣良等译，北京：生活·读书·新知三联书店，2012年版，第14—15页。
④萨特：《存在与虚无》，陈宣良等译，北京：生活·读书·新知三联书店，2012年版，第18页。
⑤萨特：《存在与虚无》，陈宣良等译，北京：生活·读书·新知三联书店，2012年版，第19—20页。

式，我们读者是否能够惬意呢？但不管各个读者的反应如何，老子最终还是通过自己的语言实践活动来传达那“深不可识”的存在。这就表明，他除此之外，并无别的更高明的法门。

按照辩证法，本章集中反映了现象与本质的对立关系。现象世界就是那“可见世界”，是通过感觉直观可以直接把握的，是表象性的存在；本质世界就是那“深不可识”的世界，就是那不可径达而只能间接接近者。抵达这个世界的存在，就是“善为士者”的修养目标，但是，既然这个目标的达到是存疑的，甚至是根本不需要达到的（“不欲盈”），那么，这就是一种永远在途中的努力过程。对此，黑格尔是不满的，他认为：“意识并没有严肃对待道德完满，这一点直接体现在意识的如下做法里：它颠倒了道德完满，把它推移到无限远的地方，也就是说，它主张道德完满永远都不会实现。”①

关于现象与本质，黑格尔说：“本质必定要表现出来。本质的映现于自身内是扬弃其自身而成为一种直接性的过程。此种直接性，就其为自身反映而言，为持存、为质料，就其为反映他物，自己扬弃其持存而言为形式。显现或映现是本质之所以是本质而不是存在的特性。发展了的映现就是现象。因此本质不在现象之后，或现象之外，而即由于本质是实际存在的东西，实际存在就是现象。”②这就是说，本质与现象并不是割裂或对立的关系，现象本身就是本质之显现。“我们可以说哲学与普通意识的区别，就在于哲学能把普通意识以为是独立自存之物，看出来仅是现象。问题在于我们必须正确地理解现象的意义，以免陷于错误。譬如，当我们说某物只是现象时，也许会被误解为，与单纯的现象比较，那直接的或存在着的东西，好像要高一级似的。事实上恰与此相反，现象较之于当前的存在反而要高一级。现象是存在的真理，是比存在更为丰富的范畴，因为现象包括自身反映和反映他物两方面在内，反之，存在或直接性只是片面的没有联系的，并且似乎只是单纯地依靠自身。”③这就把现象的地位大大地提升了，强调了向着现象转化的必要性。

在现象与本体的关系上，儒家相对于老子是更为可取的。程颐说：“至

①黑格尔：《精神现象学》，先刚译，北京：人民出版社，2013年版，第383页。

②黑格尔：《小逻辑》，贺麟译，北京：商务印书馆，1980年版，第275页。

③黑格尔：《小逻辑》，贺麟译，北京：商务印书馆，1980年版，第276页。

微者理也，至著者象也。体用一源，显微无间。”[①]这就把“理”与“象”、“微”与“显”打通了。“须是合内外之道，一天人，齐上下，下学而上达，极高明而道中庸。”[②]这话可用以对治老子哲学之弊端。也就是说，老子只有“上达”而无“下学”，只有“高明”而欠“中庸”。“既得后，便须放开，不然，只是守。”[③]老子之弊，即在于“只是守”。老子达不到“体用一源，显微无间”的认识，他仍难免于“显微有间”，做不到“合内外”，而倾向于牟宗三所言的“归显于密”[④]。老子看不到“显”的积极意义，不能把“体”转化为“用”。若对照熊十力的“翕辟成变”[⑤]的讲法，老子恰恰是倾向于“翕”（内敛）而不能“辟”（外化）。“克就大用而言，辟是健动、升进、开发之势，所谓精神是也；翕是凝敛、摄聚、而有趋于固闭之势，所谓物质是也。翕便分化，辟便浑一，遍运乎一切物质中，无定在而无不在。大用有此两方面，所以相反相成，此乃法尔道理也。”[⑥]熊十力这段话当然也大有问题，把物质与精神的关系倒着讲了，这里且不管它，但大致意思还是值得注意的，即是说，他强调了“翕”与“辟”的两方面的运动，这两种“相反相成”的运动是缺一不可的。以之对比老子，可以看出，老子是只强调了单一方向的运动，而缺乏那种扩展开来的功夫。熊十力说：“圣人刚健以尽生之道，成己成物，而发扬物我同体之德性。”[⑦]这话与老子哲学亦形成对比。老子恰恰是“柔弱以尽生之道”，更偏于“成己”而对于“成物”有所忽略。所以，老子“只是守”，只是退回到那神秘不可方物的所在。换言之，老子达不到熊十力讲的“体用不二”[⑧]的认识，他不能把“体”与其发挥出来的“用”相统一，乃至于那个“体”根本就开展不出来“用”。熊十力说：“用失而体自废，终非立本之道也。”[⑨]此乃针砭其弊的话。

---

①程颢、程颐：《二程集》（下册），北京：中华书局，1981年版，第689页。
②程颢、程颐：《二程集》（上册），北京：中华书局，1981年版，第59页。
③程颢、程颐：《二程集》（上册），北京：中华书局，1981年版，第59页。
④牟宗三：《从陆象山到刘蕺山》，上海：上海古籍出版社，2001年版，第316—320页。
⑤熊十力：《体用论》，北京：中华书局，1994年版，第52—58页。
⑥熊十力：《体用论》，北京：中华书局，1994年版，第121—122页。
⑦熊十力：《体用论》，北京：中华书局，1994年版，第123页。
⑧熊十力：《体用论》，北京：中华书局，1994年版，第176页。
⑨熊十力：《体用论》，北京：中华书局，1994年版，第178页。

十六章　“复”的“返本”功夫

致虚极，守静笃，万物并作，吾以观其复。

夫物芸芸，各复归其根。归根曰静，静曰复命。复命曰常。

知常曰明；不知常，妄作，凶。知常容，容乃公，公乃王，王乃天，天乃道，道乃久，没身不殆。

这一章与第十五章意思上有紧密联系，都讲到精神修养，但本章的核心内容实际是“观复”，精神修养是其准备阶段。这一章的内容层次性分明：(1)“观复”的预备涵养阶段，即“致虚极，守静笃”[①]；(2)“观复”的具体流程，归结为“复命曰常”；(3)“观复”的客观效果，即“知常曰明……没身不殆”。本章可以看作是一篇“观”的方法论，但实质在于“复”这个核心范畴的理解上。《周易·复》：“出入无疾，朋来无咎；反复其道，七日来复。”故“复卦象征回复”[②]。陆德明说：“复，音服，反也，还也。”[③]“复，其见天地之心乎？”王弼对此解释说：“复者，反本之谓也。天地以本为心者也。凡动息则静，静非对动者也；语息则默，默非对语者也。然则天地虽大，富有万物，雷动风行，运化万变，寂然至无是其本矣。故动息地中，乃天地之心见也。”[④]王弼的解释中渗透着老庄哲学的意味。老子本章讲“复”亦重在“回复”之义，主要是返回事物发生的本源、追溯事物发展的根据，即“各复归其根”与“复命曰常”。《周易·说卦》：“穷理，尽性，以至于命。”这个“命”与老

---

①“致虚极，守静笃”作为准备条件，实质上是对于认知主体的欲望躁动的克制与消除。这一方面，老子是不同于黑格尔的。黑格尔讲“从事纯粹思维”时，也提到认知主体的前提条件，但它是以欲望(需要)的满足为条件的。简言之，老子主张“欲”之取消，黑格尔主张“欲”之实现。“事实上，从事纯粹思维的需要，是以人类精神必先经过一段遥远的路程为前提的；可以说，这是一种必须的需要已经满足之后的需要，是人类精神一定会达到的无所需要的需要，是一种抽掉直观、想象等等的质料的需要，亦即抽掉欲望、冲动、意愿的具体利害之情的需要……”见黑格尔：《逻辑学》(上卷)，杨一之译，商务印书馆，1966年版，第10页。

②黄寿祺、张善文：《周易译注》，上海：上海古籍出版社，2001年版，第204页。

③《周易注疏》，王弼、韩康伯注，孔颖达疏，陆德明音义，北京：中央编译出版社，2013年版，第152页。

④王弼：《王弼集校释》(上册)，楼宇烈校释，北京：中华书局，1980年版，第336—337页。

子讲的“命”都是要紧的范畴,“命”就是那决定着事物发展总趋势的规律。在底层民众的心目中,“命”与“运”往往是神秘性的不可掌握的东西,而“命”决定着一个人的“运”,故合称“命运”[①]。当然从老子的立场讲,“复命曰常”,“常”也就是“永恒性的规律”,也就是“道”之所在。

“观复”就是“回溯法”,就是从纷纭万象追溯到一个总依据[②]。“观复”是一种远离现象而趋近本原的路子,这是由“多”而返回“一”的路子。佛教视纷纭万象为“虚妄境界”,故亦强调“远离诸幻”的功夫:“善男子,一切菩萨及末世众生,应当远离一切幻化虚妄境界。由坚执持远离心故。心如幻者,亦复远离。远离为幻,亦复远离。离远离幻,亦复远离。得无所离,即除诸幻。譬如钻火,两木相因,火出木尽,灰飞烟灭。以幻修幻,亦复如是。诸幻虽尽,不入断灭。善男子,知幻即离,不作方便。离幻即觉,亦无渐次。一切菩萨及末世众生,依此修行,如是乃能永离诸幻。”[③]这个路子实际上是抛弃人的感官执着而发挥人的抽象概括能力,因为把万物的发生发展归结于“一”,这个“一”的产生是基于人的综合把握能力,这也就是思维的统一性问题。康德讲知识学最看重的就是人的这个综合能力,齐良骥说:“康德在探索知性的认识活动时,发现并抓住了其中最根本的活动:综合活动。对综合活动的阐发是康德在知识学方面关于思维的能动性的重大的富于创造性的贡献之一。综合作用,一般地了解,就是把一些不同的表象互相结合,从而把它们总起来掌握在一起成为知识的活动。”[④]康德说:“知性本身无非是先天地进行联结并把被给予的表象的杂多置于统觉的同一性之下的能力,这一原理乃是全部人类知识中的至上原理。”[⑤]不管是佛教还是老子,尽管都有着反对俗知的倾向,尤其老子,简直是“反知识论者”,但是,只要他们远离杂多而求真,就实质上离不开这种齐良骥所谓的“把它们总起来掌握在一起”的活动,就离不开康德所谓的“把被给予的表象的杂多置于统觉的同一性之下的能力”。

---

①相对而言,“命”侧重于指人的限定性、必然性,“运”侧重于指人的动态性、偶然性。

②黑格尔:“前进就是回溯到根据,回溯到原始的和真正的东西;被用作开端的东西就依靠这种根据,并且实际上将是由根据产生的。”见黑格尔:《逻辑学》(上卷),杨一之译,商务印书馆,1966年版,第55页。

③《圆觉经》,徐敏译注,北京:中华书局,2010年版,第17页。

④齐良骥:《康德的知识学》,北京:商务印书馆,2011年版,第172页。

⑤康德:《纯粹理性批判》,李秋零译注,北京:中国人民大学出版社,2011年版,第109页。

从“万物并作”的杂多现象而达到“知常”，最终归结到永恒的“道”，就是由万变者而获得不变者。这个不变者也就是西方哲学里讲的“实体”，“实体”就是始终如一者，就是绝对的自身一致性，它永是“一”故得以不变，而一旦变了就意味着“不一”了。黑格尔认为，在这种“一”中，实质上贯穿着抽象的力量。“至于一个实存的持存或实体，乃是一种自身一致性。假若它与自身不一致，早就已经消亡了。但自身一致性是一种纯粹的抽象，而纯粹的抽象是一种思维。”①黑格尔又把这个意思重复地讲：“实存的持存是一种自身一致性或纯粹的抽象，既然如此，实存就是一种自身抽象，换言之，实存自己就与自己不一致，实存本身就是一个消亡瓦解的过程。”②很多人也知道黑格尔是唯心主义者，但并不明白其根本。黑格尔讲“存在即思维”，实际上就是讲“存在即抽象”，而所谓“抽象”就是这种“自身一致性”。人类认识事物的过程，就是获得它的“质”的过程，也就是获得“一个单纯的规定性”，这个“规定性”必然是“自身一致性”，所以这个“自身一致性”的获得过程就是知识的运动过程，也就是思维的运动过程。黑格尔认为，恰恰这个“自身一致性”导致了事物的自身消亡，即是说，它自以为守着“一”就能持存，但恰恰相反，它走向了它自己的对立面里去了。“自身一致性同样也是否定性，正因如此，那个固定的实存才走向消亡。”③

因此，在本章里，老子由“万物并作”而达到“道乃久，没身不殆”的过程，就是由万变而至不变，由杂多而至唯一的思维运动。恰恰在这个运动中，矛盾显示出来了，“道”作为至高无上、永恒不变的“一”是通过否定、远离万物现象的“多”而实现自身的，这种“一”的获得过程，在黑格尔的理解中，就是思维运动的过程。从而，老子的“道”，就近乎西方哲学里的“理念”。“实存是一种质，是一种自身一致的规定性或特定的单纯性，一个特定的思想，这就是实存的知性。正是在这个意义上，阿那克萨戈拉最先认识到，知性亦即努斯是以本质为对象。他的后继者们以更确切的方式把实存的本性理解为相（eidos）或理念（idea），理解为一种特定的普遍性，亦即种。”④老子的“道”的探求，也是类似黑格尔讲的“以本质为对象”，它就是

①黑格尔：《精神现象学》，先刚译，北京：人民出版社，2013年版，第34页。
②黑格尔：《精神现象学》，先刚译，北京：人民出版社，2013年版，第35页。
③黑格尔：《精神现象学》，先刚译，北京：人民出版社，2013年版，第36页。
④黑格尔：《精神现象学》，先刚译，北京：人民出版社，2013年版，第35页。

“实存的本性”，正是通过它的“不变性”而对比出万物的“消亡性”。因此，倘若按照黑格尔的立场讲，“万物并作”与“道乃久”的对立关系，就是源自一种思维的抽象运动，因为对于事物的本性的把握就是对于一种“单纯性”的探究。“这些情形恰恰取决于思维本身的那种单纯性。因为单纯性是一个自己推动着自己、对自己作出区分的思想，是一种固有的内在性，亦即一个纯粹的概念。就此而言，合乎知性是一个转变过程，而作为这样一个转变过程，合乎知性就意味着合乎理性。”[①]回到老子的原文看，所谓“致虚极，守静笃”的治思功夫，正是一种返回“固有的内在性”的“转变过程”，正是在这个过程中，“道”出现了。因此，“道”的产生过程，就是“一分为二”的思想运动：把“万物并作”区别于“道乃久”，把“芸芸”区别于“根”，整个区别过程从最高统一者的角度讲就是一种“自身分裂”，因此“一分为二”就意味着“二”源于“一”的“自身分裂”。

①黑格尔：《精神现象学》，先刚译，北京：人民出版社，2013年版，第36页。

十七章　坏政权的垮塌

太上，下[①]知有之。其次，亲而誉之。其次，畏之。其次，侮之。

信不足焉，有不信焉[②]。

犹[③]兮其贵言。功成事遂，百姓皆谓我自然。

本章实际上有三个层次的意思。

第一层意思是讲统治阶级的垮台过程。这是统治者逐步丧失民心的过程，由此导致其政权合法性一步步陷入危机当中。这里从"太上"阶段过渡到"其次"，共四个等级，就好比统治者的民心系数的一个降级列表。按照老子的观点，这是一个统治者从"无为"到"有为"的堕落过程，是统治者盲目地增强其现实存在感的危机爆发的过程。简言之，统治者越是不自信，越是竭力在人民生活中制造混乱与动荡，越是竭力炫耀其存在感，越是丧失百姓的信任与支持。在四个统治阶段里，后两个阶段就是从暴力恐怖("畏之")到被人民推翻的垮台过程。"侮之"，这表明老百姓对于统治者是毫无尊重与爱戴的，必然将之踏翻在地而羞辱之。

第二层意思是揭示根源。"信不足焉，有不信焉"，这就是讲民心丧失的根源。统治者没有自信，不仅对于自己的政权合法性没有自信，对于自己的政权稳固性也没有自信，他们对于人民也没有信任感与安全感。"信"也可以理解为"诚信"，统治者的"诚信"已经透支了，老百姓也就不信任他们了。总之，统治者与人民之间已经是对立关系了，双方是互不信任的，维系政权的手段就必然只剩下暴力镇压了，这就是政权最终颠覆的根源。

关于坏政权的垮台，黑格尔也有过批判，认为其必亡性在于不能反映"普遍意志"(近似于"民意")。黑格尔说："政府一方面把别的个体从它的

---

①"下"亦作"不"。见陈鼓应：《老子注译及评介》，北京：中华书局，1984 年版，第 130—131 页。

②此句亦有版本做"信不足，焉有不信"。见杨丙安：《老子古本合校》，杨雯整理，北京：中华书局，2014 年版，第 72 页。

③"犹"亦作"悠"。见杨丙安：《老子古本合校》，杨雯整理，北京：中华书局，2014 年版，第 73 页。

行为里面排除出去，另一方面又以这种方式把自己建构为一个具有特殊意志的、与普遍意志相对立的政府。正因如此，政府完全别无他法，只能呈现为小集团。只有那个获胜的小集团才叫作政府，而且正因为它是小集团，所以它的必然灭亡也是直接注定的。”①“一个坏的政府，一个有病的身体，也许老是在那里存在着。但这些东西却是不真的，因为它们的概念和它们的实在彼此不相符合。”②倘若把黑格尔的“普遍意志”理解为老子的“民心”，把黑格尔的“概念”理解为老子的“道”，那么两者的主张在这个问题上就是大体一致的，近乎中国常讲的“得道多助，失道寡助”的意思。即是说，不得民心、不能普遍反映民意的政府是必然灭亡的，即使它一时存在着，它也具有虚假性，最终也是要倒掉的。

第三层意思是从正面讲合理的统治之道。所以这篇文字是典型的正反对比式的写法。有前面的反面教材做铺垫，则正面讲起来就显得比较有说服力。什么才是合理的统治呢？那就是统治者要“犹兮其贵言”，“犹”就是第十五章“犹兮若畏四邻”的“犹”，就是戒惧谨慎的意思，“贵言”就是制定政策、颁布法规条例尽量持重严肃，尽量不要扰民滋事。统治者不通过干扰老百姓的生活来找自身的存在感，不是朝令夕改地胡折腾，不是法令条文多如牛毛，那么老百姓就有了喘息的机会，就有了自由发展的空间，天下自然就安定下来了。“功成事遂，百姓皆谓我自然”，是指统治阶级不贪天之功以为己有，人民大众也没必要对之感恩戴德，更没必要依赖政府，而是自食其力、自由实现。

因此，本章主旨仍是“无为而治”。这个“无为而治”的理想实际上反映了广大人民的心声，那就是希望统治阶级学会收手、不再滋扰百姓。这种呼声在柳宗元的《种树郭橐驼传》里很清楚地表达了出来：“旦暮吏来而呼曰：‘官命促尔耕，勖尔植，督尔获，早缫而绪，早织而缕，字而幼孩，遂而鸡豚。’鸣鼓而聚之，击木而召之。吾小人辍飧饔以劳吏者，且不得暇，又何以蕃吾生而安吾性耶？故病且怠。”做官的诸多行为，无非是证明自己的存在感，生怕老百姓忘记了，甚至渴望获得老百姓的感恩戴德，而实际上无非是一种贪婪自私的心理罢了，无非是扰民滋事罢了。

---

①黑格尔：《精神现象学》，先刚译，北京：人民出版社，2013年版，第365页。

②黑格尔：《小逻辑》，贺麟译，北京：商务印书馆，1980年版，第282页。

总之，本章所讲的内容仍符合辩证法的基本精神，渗透着一种关于国家政权的“颠倒律”：统治者越是追求在百姓生活中“存在”，越是导致它的最终“不存在”，即被推翻；反之，统治者越是在百姓生活中“不存在”，懂得自我约束，百姓生活越是繁荣，统治越是能够“存在”下去。

十八章 “大道废”的后果

大道废，有仁义；智慧[①]出，有大伪；六亲不和，有孝慈；国家昏乱，有忠臣[②]。

这一章又是一篇辩证法，堪为社会学、政治学的辩证法。“大道废”，这是根源，导致了一切对立关系。但是，这也说明“大道废”具有必然性，否则，即是“大道兴”矣。老子对于人类的文明进程是持怀疑否定态度的。他反对“智慧”，认为这是一切矛盾的根源，这既是对的，又是错的。矛盾源于人类的分辨心、区别心、比较心，这是矛盾对立的根源。所谓“对立”，必须得有“两”，而此“两”必须基于人类的认识心、分别智[③]。所以，从这个角度讲，老子是对的。包括佛教，也是把解决人生矛盾痛苦的根源归结为差别心、分别心上，所开的药方也无非是消灭此心的分别、分辨的认识功能。世亲《唯识三十论》云：“是诸识转变，分别、所分别。由此彼皆无，故一切唯识。由一切种识，如是如是变，以展转力故，彼彼分别生。”[④]

但是，倘若连“大道”也无法阻止人类的分别心，无法阻止这个“废”的趋势，则说明人类社会的力量是强大的，也是需要正视的。所以，从这个角度讲，老子的观点又是有局限的。

具体讲来，这一章讲的是人间世界的一对对的矛盾关系，但是，这些矛盾关系需要再做反思。

一、“大道”与“仁义”。这显然有批判儒家学说的意图。据说孔子是向老子请教过问题的，算是学生，但是孔子的学说显然是不入老子法眼的。“大道废，有仁义”，这说明“仁义”的产生有其必然性，我们反过来应该肯定

---

①王弼本作“慧智”，但据注文“故智慧出则大伪生也”，可知乃是颠倒字。见王弼：《老子道德经注》，楼宇烈校释，北京：中华书局，2011 年版，第 46 页。

②“忠臣”亦作“正臣”或“贞臣”。

③黑格尔说：“精神必然是这种内在的区分活动。”“那个来自于直接性的最初反映是主体的一种自身区分活动。”见黑格尔：《精神现象学》，先刚译，北京：人民出版社，2013 年版，第 498、500 页。

④韩廷杰：《成唯识论校释》，北京：中华书局，1998 年版，第 724 页。

其积极意义。“仁义”作为人类的产物，是后起的，这在老子看来是“废”，而从社会发展的角度看来，实质上是“进”。“仁义”当然是“大道”的他者，但是，倘若“大道”果真是普遍周至、无所不在的话，“仁义”就不仅不是他者，反而是“大道”的自身变化的结果，是“大道”自身的特殊环节。即是说，“大道”自身中就包含着自身的否定物，即“仁义”。“仁义”的存在不应当理解为“大道”的不存在，反而应当理解为“大道”的特殊存在形式，这样一来，怎么能说是“大道废”呢？可见，老子眼中，“大道”与“仁义”尚是外在的对立关系，而不能从内在的自身关系来解释。

二、“智慧”与“大伪”。“大伪”就涉及到欺诈与矫饰，涉及到虚假性与真实性的对立关系。老子把“智慧”与“大伪”理解为内在的一体关系，但是，只是为了贬低“智慧”的作用。倘若“大伪”是“智慧”的产物，则“智慧”必能驾驭之、识别之。“伪”与“假”都是从外在的他者的视角来看问题，无非是他者被蒙蔽而已。但是，那造假者、作伪者自身是不是能够鉴别呢？因此，尚需从内在视角、自身视角看其实质，“伪”与“假”都只是“智慧”之伎俩而已，故恰是“智慧”的运用与体现。事实上，揭穿“伪”与“假”的也是“智慧”的体现。老子关于“智慧”的否定立场，与西方的关于人类吃禁果而堕落的“原罪”神话是可联系起来看的。在这个问题上，黑格尔就站在老子的对立面说：“精神生活在其素朴的本能的阶段，表现为无邪的天真和淳朴的信赖。但精神的本质在于扬弃这种素朴的状态，因为精神生活之所以异于自然生活，特别是异于禽兽的生活，即在于其不停留在它的自在存在的阶段，而力求达到自为存在。但这种分裂境地，同样也须加以扬弃，而精神总是要通过自力以返回它原来的统一。这样赢得的统一乃是精神的统一。而导致返回这种统一的根本动力，即在于思维本身。这就是‘击伤的是他的手，医伤的也是他的手’的意思。”①“只有由于人认识到自己是一个思想者，他才能区别善恶；只有在思维中，才有善恶的源泉：但是，在思维中也有医治罪恶的源泉，这种罪恶本来也是思维带来的。”②实质上，作为思考者的老子，不正是通过他自己的思维活动在批判“智慧”之“大伪”吗？

三、“不和”与“孝慈”。老子认为，正是由于“六亲不和”才导致了“孝

①黑格尔：《小逻辑》，贺麟译，北京：商务印书馆，1980 年版，第 89 页。

②黑格尔：《哲学史讲演录》(第 3 卷)，贺麟、王太庆译，北京：商务印书馆，1959 年版，第 238 页。

慈”,“孝慈”是通过恶劣的亲属关系比较出来的,没有对立面作衬托,就突出不了“孝慈”。这一方面是对的,但是,也不能因此就否定“孝慈”的积极性。“孝慈”在“六亲不和”的恶劣形势下对于凝聚人心的作用不应该全盘否定。

四、“昏乱”与“忠臣”。老子一方面看出了“忠臣”的产生根源是最高统治者的不作为或胡作非为,是最高统治者的“昏乱”导致了恶劣的政治局面,导致了国家政权的危机,这是非常有批判力的。因此,“国家昏乱”的罪责应该由最高统治者来承担。“疾风知劲草,板荡识诚臣”,问题就倒转过来了,正可由后者的显现来看出危机的根源。所以,“忠臣”的出现恰恰对应着“庸主”的在位。当然,“忠臣”本就是拯救危机的,既然“昏君”靠不住,只能靠“忠臣”来扶大厦之将倾,尽管这也往往只是收效于一时。

总之,本章既有强烈的批判性,但是也暴露了一定的思维局限性。我们阅读本章时,还是要从辩证法的高度,既善于把“反”的“正”过来,也要善于把“反”与“正”相结合,同时,不能全盘否定一切而走向历史虚无主义。但不管怎么说,思想范畴的矛盾对立关系是现实生活的矛盾尖锐化的产物。在一对对的矛盾范畴背后,是老子对恶化的社会局势与人际关系的高度关注与担忧,在一定程度上也反映了人民渴望安定幸福的良好愿望。

苏辙说:“六亲方和,孰非孝慈?国家方治,孰非忠臣?尧非不孝也,而独称舜,无瞽叟也。伊尹周公,非不忠也,而独称龙逢、比干,无桀纣也。涸泽之鱼,相煦以沫,相濡以湿,不如相忘于江湖。”[①]这就是说,良好的生存环境才是第一位的。恶劣环境之下的互帮互助远不如良好环境下的彼此相忘。

①苏辙:《老子解》,《三苏全书》(第5册),曾枣庄、舒大刚主编,北京:语文出版社,2001年版,第421页。

十九章　弃绝的立场

绝圣弃智，民利百倍；绝仁弃义[①]，民复孝慈；绝巧弃利，盗贼无有。此三者以为文不足，故令有所属[②]：见素抱朴，少私寡欲，绝学无忧。

老子这一章非常著名，因为这里他直截了当地表明了所谓“反智主义”（“绝圣弃智”，带有明显的反对“民智启蒙”的思想）甚至是“反德主义”（“绝仁弃义，民复孝慈”，显然有针对儒家道德学说的价值立场）或“反利主义”（“绝巧弃利”，带有反功利的倾向）。“绝”与“弃”两字的反复强化，把这一立场倾向表明得斩钉截铁。

但是，老子的这一立场本身又是悖谬性的。他反对世俗观念的出发点恰恰是基于“民利百倍”“民复孝慈”“盗贼无有”这样的效用的，这是不是也从某种程度上体现了老子的“功利观”呢？问题的实质在于，“绝圣弃智”“绝仁弃义”“绝巧弃利”的主张是否真的可行？的确，所谓“圣智”“仁义”“巧利”实际上带有极大的弊病；但是，它们是否真的一无是处呢？更重要的是，人类几千年来从未有过“绝”与“弃”这些方面的实践活动，因此，所谓“民利百倍”的诸种好处就始终只能是近乎想象力的虚构，这就使得其立场的说服力要大打折扣了。而且吊诡的是，千百年来，老子自己也被历史与民众当作“圣智”的典型了。这就再次表明，“绝圣弃智”是可行性几乎为零的事情。

当然，老子之批判反思“圣智”“仁义”“巧利”的思想也有积极作用。他逼着我们去反思批判人类文明进程中的严重恶果与弊端。但是，这种盲目反对一切“圣智”的思想毕竟是有危险性的，倘若“民利百倍”（何况这只是

---

①“绝仁弃义”，一作“绝伪弃诈”。见陈鼓应：《老子今注今译》，北京：商务印书馆，2003 年版，第 147 页。

②“属”，一理解为上文“不足”的对立面，即“足”；一理解为“归属”。见王弼：《老子道德经注》，楼宇烈校释，北京：中华书局，2011 年版，第 48 页；陈鼓应：《老子今注今译》，北京：商务印书馆，2003 年版，第 148 页。

未经事实检验的假想)真的要以“绝圣弃智”为前提,那么,这是不是绝大多数的“庸众”实行对于少数“精英”的压迫呢?实质上,民众往往易冲动、易受所谓“领袖”的操控与引领而充当了实现其个人野心的工具[①]。尼采甚至说:“所有时代里弱者和平庸者的基本倾向就是使强者变弱,把强者扯下来:主要手段就是道德判断。”[②]而“多数人对少数人的斗争,平常者对稀罕者的斗争,弱者对强者的斗争”可能会产生一种奇妙的效应,即“出类拔萃者、高贵者、高品位者以弱者样子出现”[③]。在这方面,国人的“低调做人”“夹起尾巴做人”的处世哲学堪称一绝;所谓“木秀于林,风必摧之”“枪打出头鸟”的警告是不绝于耳的。

“此三者以为文不足”,就是讲“圣智”“仁义”“巧利”的局限性。针对这种局限性,老子提出了对治之方:“见素抱朴,少私寡欲,绝学无忧。”其中,“素朴”思想对于中国美学传统有着极大的影响,包括诗书画在内,都把“素朴”作为极高的境界。这个方面,诗歌领域的突出代表就是陶渊明。但是,老子这里讲的实际上是做人之道。简单地说,就是减少欲望冲动,少接触外界的诱惑。“少私寡欲”的主张深刻地影响了中国传统人格的塑造与养成。中国儒道释三家在反对“私欲”方面是一致的。倘若要穷究中国传统社会为何发展不出西方资本主义制度,是不是应该从这个源远流长的“反私主义”传统立足呢?

西方哲学讲民智开启,讲私权保护,讲欲望的正当性,这方面黑格尔是一个代表。就民智开启,黑格尔的《精神现象学》就是一条教化之路,他说:“引导着个体从其未经教化的立场走向知识,我们必须在一种普遍的意义上来理解。同时我们也必须在教化的过程中观察一个普遍的个体,亦即那个具有自我意识的精神。”“科学的目标是让精神洞察到知识的本质。”[④]所谓“具有自我意识的精神”,就是做一个大写的“我”,具有强烈的主体精神与自觉意识,从而个体不再一味贬低自己,而是积极有为。关于私权保护,黑格尔是从“人格权”与“物权”的关系来讲的。“惟有人格才能给予对物的

①可参考勒庞《乌合之众》的《群体意见的直接因素》《群体领袖及其说服的手法》等内容。见古斯塔夫·勒庞:《乌合之众:大众心理研究》,冯克利译,北京:中央编译出版社,2004年版,第81—116页。

②尼采:《权力意志》(上卷),孙周兴译,北京:商务印书馆,2007年版,第178—179页。

③尼采:《权力意志》(上卷),孙周兴译,北京:商务印书馆,2007年版,第179页。

④黑格尔:《精神现象学》,先刚译,北京:人民出版社,2013年版,第18—19页。

权利,所以人格权本质上就是物权。这里所谓物是指其一般意义的,即一般对自由来说是外在的那些东西,甚至包括我的身体生命在内。这种物权就是人格本身的权利。”[①]黑格尔认为,“人”不是抽象的,他的本质力量必须实现出来,必须外化为客观存在,这就必须体现为“物权”。“所有权所以合乎理性不在于满足需要,而在于扬弃人格的纯粹主观性。人唯有在所有权中才是作为理性而存在的。”[②]我们往往把黑格尔视为唯心主义哲学家,但是,在讲到“人”时,恰恰是黑格尔最重视把“人”落实到“物”,甚至说,黑格尔反而更“唯物”。不幸的是,很多国人言必称唯物主义,但是恰恰把“人”字抽象化了,把“人”字视为纯精神性的抽象了,甚至完全忽略了“人权”的根本在于“物权”了!讲私人欲望的合理性,黑格尔说:“假如主角方面没有利害关系,什么事情都不能成功。假如把这种对利害关系的关心称为热情——这指全部个性忽略了其他一切已有的或者可能的关心和追求,而把它的整个意志倾注于一个对象,集中它的一切欲望和力量于这个对象,——我们简直可以断然声称,假如没有热情,世界上一切伟大的事业都不会成功。”“我现在所想表示的热情这个名词,意思是指从私人的利益,特殊的目的,或者简直可以说是利己的企图而产生的人类活动,——是人类全神贯注,以求这类目的的实现,人类为了这类目的,居然肯牺牲其他本身可以成为目的的东西,或者简直可以说其他一切的东西。这种特殊的内容和人类意志息息相通,决定了它全部的特性而和它不可分离。”[③]黑格尔的意思是,恰恰是个人利害关系,甚至说,恰恰是个人私欲,是推动历史前进的原动力。“那个使它们行动,给它们决定的存在的原动力,便是人类的需要、本能、兴趣和热情。我要把什么东西实行起来,成为事实,乃是我的热烈的愿望:我必须参加在里边,我愿意从它的实施而得到满足。假如我要为任何目的而活动,它无论如何必须是我的目的。我必须同时在这种参加中,贯彻我的目的,得到满足。虽然我为它活动的那个目的,有很多不是我关心的方面。使自身满足于自己的活动和劳动,这是个人生存的无限的权利。”[④]

①黑格尔:《法哲学原理》,范扬、张企泰译,北京:商务印书馆,1961年版,第48—49页。

②黑格尔:《法哲学原理》,范扬、张企泰译,北京:商务印书馆,1961年版,第50页。

③黑格尔:《历史哲学》,王造时译,上海:上海书店出版社,2006年版,第21—22页。

④黑格尔:《历史哲学》,王造时译,上海:上海书店出版社,2006年版,第20页。

从黑格尔的立场讲,“见素抱朴”的弊端是取消自我意识,是把人抽象化,变成一个失去具体人格的观念物;“少私寡欲”的弊端是忽略了个人的生存要求,否定了个人欲望的积极推动力量;“绝学无忧”的弊端是为了避免矛盾痛苦而失去了人之为人的意义。“人就是意识到他的纯自为存在的那种自由的单一性……然而作为这样一个人,我完全是被规定的东西,例如我有这点年龄,身材这样高大,在这个地点,以及其他一切可以视为特异性的东西。所以人既是高贵的东西又是完全低微的东西。他包含着无限的东西和完全有限的东西的统一、一定界限和完全无界限的统一。人的高贵处就在于能保持这个矛盾,而这种矛盾是任何自然东西在自身中所没有的也不是它所能忍受的。”①

老子本章的思想观点,可以用黑格尔的半句话来概括:“有一种思想,认为自然状态是纯洁的,未开化民族的风俗是淳厚质朴的,根据这种思想,教育就被看成只是某种外在的东西和腐蚀性的东西……”②

①黑格尔:《法哲学原理》,范扬、张企泰译,北京:商务印书馆,1961年版,第46页。
②黑格尔:《法哲学原理》,范扬、张企泰译,北京:商务印书馆,1961年版,第201页。

二十章 “我独异于人”的自我贞认

唯之与诃[①]，相去几何？美[②]之与恶，相去何若[③]？人之所畏，亦不可以不畏人[④]。荒兮，其未央哉！

众人熙熙，如享太牢，如春登台；我独泊兮其未兆，如婴儿之未孩，儽儽兮若无所归。众人皆有余，而我独若遗。我愚人之心也哉，沌沌兮！俗人昭昭，我独昏昏；俗人察察，我独闷闷。惚兮其若海，恍兮若无止[⑤]。众人皆有以，我独顽似鄙。我欲[⑥]独异于人，而贵食母。

本章是极其重要的一章，因为此章简直就是老子的自画像或自供状。历史上关于老子的个人传记资料的记载是十分混乱的，扑朔迷离，简直是“神龙不见首尾”。这恰恰符合老子“隐”的主张。老子有意地淡化自己的在场性，有意地保持一种神秘性，因为他是效法于“道”的，期待一种“视之不见”“听之不闻”“搏之不得”的效果。可以说，关于老子的种种传说与争议，正印证了他所说的“迎之不见其首，随之不见其后”。在这个意义上说，老子自身之为人处世，是践行了其学说宗旨的，堪称理论与实践的统一。但是，本章在内容上却一定程度上对于“隐”有所背离，违背了“和光同尘”

①按王弼本，此句前尚有“绝学无忧”四字。“诃”字，通行本作“阿”，唯帛书或作“诃”或作“呵”，即“呵责”“谴责”之义，恰与“唯”字构成一组反义词。见杨丙安：《老子古本合校》，杨雯整理，北京：中华书局，2014 年版，第 80 页。

②“美”字，亦作“善”，据楚简、帛书本作“美”为佳。见杨丙安：《老子古本合校》，杨雯整理，北京：中华书局，2014 年版，第 80 页。

③“何若”，王弼本作“若何”，此是依从楚简、帛书本。见杨丙安：《老子古本合校》，杨雯整理，北京：中华书局，2014 年版，第 80 页。

④王弼本作“人之所畏，不可不畏”，意思是“一般人畏惧的东西，自己也当畏惧”；楚简本、帛书本作“人之所畏，亦不可以不畏人”，意思是“众人所畏惧者，即君王，反过来亦畏惧众人”，似乎较贴切。见杨丙安：《老子古本合校》，杨雯整理，北京：中华书局，2014 年版，第 80—81 页。

⑤此句王弼本作“澹兮其若海，飂兮若无止”，此从帛书本改。见杨丙安：《老子古本合校》，杨雯整理，北京：中华书局，2014 年版，第 86—87 页。

⑥王弼本无“欲”字，但帛书本则有之。加此“欲”字，更能见出老子“独异于人”的态度之坚决。见杨丙安：《老子古本合校》，杨雯整理，北京：中华书局，2014 年版，第 88 页。

的处世原则，而主动站出来展示了一个另类者的形象。本章的主要内容俨然就是老子的自述状，根本意思就是“我欲独异于人，而贵食母”①。全章主干是对比的写法，采用“众人……，我独……”的排比句式，强化了其自身的“独异性”特征。甚至说，老子通过本章宣告了其生存的基本姿态：“我异，故我在。”②克尔凯郭尔说过：“天才犹如暴风雨：他们顶风而行，令人生畏，使空气清洁。”③在“与社会的统治力量及其教育体制相对抗”方面，这样的话也非常适合于老子。尼采则说：“迄今为止，一切超逾常规的、人们称之为哲学家的人类促进者，很少自己觉得自己是智慧的朋友，而毋宁觉得自己是让人难受的傻子，是危险的问号——并且发现，做他们所在时代的坏良心是他们的使命，他们无意得之又无可回避的严酷使命，他们的任务的伟大之处最终竟在于此。”④这一段话更堪称老子的知己之言。

全章具体内容可以分两大部分，这两部分整个是对比的写法，第一部分是矛盾对立的现实，第二部分则是超越于矛盾斗争的“局外人”形象。第一部分，从开头至“荒兮，其未央哉”，是总体描述一个矛盾丛生、冲突激烈的社会现状。此一时唯唯诺诺、点头哈腰，彼一时大声呵斥、前恭后倨；有的貌似美，有的貌似恶，但并无什么本质性的差别；百姓畏惧君王的威权，但君王也担心百姓造反，彼此之间惶惶然相互畏惧而没有安全感：这样的世道何时才是尽头啊？第二部分，以“众人……，我独……”为对比，主要讲面对乱世老子自身的人生选择。从老子的自况，我们可以看到他生逢乱世之秋，选择的是做一个社会的“孑遗人”，是主动退出世俗世界的名缰利锁羁绊中的各种恶性竞争，是做一个“独异者”。

在第二部分，老子对众人与自我进行了“反讽式”的写法，把众人的价值追求与自我的人生选择进行了一番“似褒而贬，似贬而傲”的具体描述。

---

①我历来讲《道德经》都首先讲老子其人，必由本章切入讲老子的“夫子自道”，这是老子自己讲自己，因此这是老子最本真的自我形象，或者说，这是老子的自我设定。由“我欲独异于人，而贵食母”展开来，就可知老子的思维方式是反常规的思维方式，他的言说方式也总是反世俗的言说方式。因此，整部《道德经》都要以“异于人”的反向思维来理解，可以说，“我欲独异于人，而贵食母”是打开老子思想宝库的第一把钥匙。

②“我异，故我在”也是笔者“异在论”关于人生价值意义的一个基本命题。此处只是预先呈告，有待于将来具体论述之。

③转引自尼尔斯·扬·凯普仑：《天才释放出尖利的闪电——克尔凯郭尔简介》，见克尔凯郭尔：《非此即彼》，京不特译，北京：中国社会科学出版社，2009年版，第1页。

④尼采：《善恶的彼岸》，赵千帆译，孙周兴校，北京：商务印书馆，2015年版，第182页。

首先，是众人与自我的精神欲求方面的对比。众人都是欢快的样子，享受着各种感性娱乐，吃着美味，游着美景；而我则是神情淡泊，好像婴儿还不会笑。这暗藏着众人“笑”（“熙熙”）而己“不笑”的对比。老子是冷静的、克制的，他思考着种种社会的险恶，哪里还笑得出来呢？而众人则是得过且过，只求眼前一时之欢，哪管日后地动山颠呢？其次，是众人的财富状况与自身的财富状况的对比。“众人皆有余，而我独若遗。”众人都是热衷于财富积累，越多越好（河上公说：“众人余财以为奢，余智以为诈。”①）；而老子则有“多藏必厚亡”（第四十四章）的危机感，哪里还会追求“有余”呢？然后，是众人机关算尽与自我难得糊涂的对比。“俗人昭昭，我独昏昏；俗人察察，我独闷闷。”一方面，俗人都想做个明白人，遇事精打细算、斤斤计较；另一方面，自己则是糊里糊涂，状如浑浑噩噩。最后，是人生价值定位的对比。“众人皆有以，我独顽似鄙。”众人都竭力展示其“有用性”，争做有用之人，以废物无用为耻；而自己则甘做无用之人，自认是废物。苏辙说：“人各有能，故世皆得而用之；圣人才全德备，若无所施，故疑于顽鄙。”②苏辙的前半句话是深刻的，后半句话则有误。“人各有能，故世皆得而用之”，这就是说，凡是有能者，最终也无非是被利用罢了，不过是充当了他人实现目的的手段而已，这就难免处处受制于人而泯灭自己的本性。“圣人才全德备，若无所施，故疑于顽鄙”，则误解了老子的意思，老子根本就不指望自己“才全德备”，而且是自己评定自己为“顽鄙”，并非“疑于顽鄙”。

本章的主旨句：“我欲独异于人，而贵食母。”“异”字是全章之文眼，是老子的自我定位，他明确无疑地把自己放在了众人的对立面。老子在本章开头列举了“唯”与“诃”、“美”与“恶”、“君”与“民”的种种矛盾对立关系，看到了这些尖锐的矛盾冲突中的荒谬性，乃至说认识到了人生的无意义性或虚无性。按理说，他应该采取“混世主义”，既然世道颠倒，何必当真呢？浑水摸鱼，于乱世中寻欢作乐，只管自己高兴，何必在意他人死活，更何必在意什么是非呢？有必要把自己搞得很清醒，处处与世俗作对吗？但是，老子本章恰恰是处处与世俗对着干，他看穿了矛盾，但是他偏执于“独异于人”，他不愿意同流合污，他宁愿把“愚”与“顽”进行到底。让那些寻欢作乐

---

①河上公：《老子道德经河上公章句》，王卡点校，北京：中华书局，1993年版，第80页。

②苏辙：《老子解》，《三苏全书》（第5册），曾枣庄、舒大刚主编，北京：语文出版社，2001年版，第425页。

者去追求刺激好了，让那些追逐利益者去积累财富得了，让他们精明算计、锱铢必较、毫厘必争去吧，让他们都逞能施展其用吧！在老子的本章文字中，我看到了一个“另类”，一个大写的“独异者”。这并不是那种老谋深算、圆滑世故的智者、老者形象，而是一个如同婴儿一般清白的自甘寂寞者。这样的老子，恰恰是值得击节赞叹的。他明明智慧超群，但偏偏没有让聪明智慧沦为“工具理性”“实用理性”，他坚持的是“价值理性”“无用理性”，他耻于做一个“精致的利己主义者”。因此，老子把自己的全部聪明智慧用于“道”的探究，而不是用于为自己捞取实惠好处。

老子的“独异于人”的追求，与屈原的“众人皆醉我独醒，举世皆浊我独清”形成一个很好的参照系。屈原是诗人，在“恃才扬己”方面是直接表白的、毫不掩饰的；对于世俗追求他痛恨，他耻与为伍，因此他宁死不屈。屈原是一个性情暴烈的人，是一个决绝不苟的自杀者，对于世人他骂得痛快，对于自己他赞得坦然，是一个毫无心机、毫无保留的人。《离骚》就是一篇遍贬众人而独褒自身的战斗性的文字。但老子则不然，老子也耻于与众人为伍，但是，他是隐忍的含蓄的人，他性格温润，他冷静克制，他把夸奖的好文字都用到众人而把贬义词留给了自己，他反讽而非嘲讽，他自贬而不自吹。屈原是火，熊熊燃烧，以烧伤众人为快，但最终烧焦了自己，他冲动尖锐，他一意孤行。老子是水，漫无目的，行止随意，曲折不定，迂回自环，他把惊涛骇浪隐藏在随物赋形的过程中。实质上，老子与屈原都是“独异者”，但是性格不同，决定了两个人的选择之迥异。实际上，老子与屈原都在拥有超凡智慧、罕见才华的同时，又都有所坚持，甚至有所愚执。正是这种“愚执”造就了两个惊才绝艳的天才、奇才，留下来绝妙难求的名言佳构。而当年那些把全部身心与所有的聪明才智全部用于牟利的人呢？他们积累的财富到了哪里，他们的身体享乐又持续了几时？

因此，通过本章文字，笔者想要向世人展示一个近乎“愚执”的“独异者”形象。这种“愚执”，恰恰是一种难得的认真与严肃。世间聪明人如恒河之沙，他们也知书明理，但在看穿一切世相之后就失去了一份难得的认真与严肃。他们油滑，他们处处沾光，为了利益无所不用其极。既然所谓是与非、善与恶，“反正都一样”，我又何必执着呢？于是自然而然的，他们随波逐流，得过且过。老子也看到了“美之与恶，相去何若”，但是他仍然选择了坚持自己，选择了一条众人皆不愿意走的孤僻的道路。很多人说“人生如戏”，于是就天天秀演技而忘记了认真与严肃，只会逢场作戏而不敢以真面目示人。

通过本章文字，笔者还想说，作为深谙辩证法的高手，老子没有让辩证法充当现实生活的牟利工具的“变戏法”。这使他区别于柏拉图所抨击的智者。“智者的技艺是制造矛盾的技艺，来自一种不诚实的恣意的模仿，属于制造相似的东西那个种类，派生于制造形象的技艺。作为一个部分他不是神的生产，而是人的生产，表现为玩弄词藻。”[①]老子深谙“变戏法”但落实于人生实践，他偏偏不“变戏”，在角色定位上他既不糊弄人更不糊弄自己。黑格尔也是如此，作为辩证法大师，他深谙“颠倒律”，但是他仍然强调“否定性的严肃、痛苦、容忍和劳作”，甚至于反对“一种超凡脱俗的心态”。黑格尔认为，作为精神（实质也就是作为人），必须承受一番“陷落”与“降格”的痛苦，这也就是黑格尔所谓的“严肃地看待他者存在和异化”[②]。老子的甘愿“独异于人”，不也是选择“异化”的道路而自居为脱落于众人的“他者存在”吗？

最后，让我们提一个问题：哲学家、智者应该如何自处其身？他是该把智慧用于思考大道呢，还是该用于追求世俗的成功呢？雅斯贝尔斯言及“智者在此世间的生活究竟是怎样”时，恰恰引用了本章的文字。他的一番评论也颇值得注意：“当集体的世界颠倒为由强权和法律构成的秩序之时，便使那些真正保持自己本真存在的人产生了孤独感。这并不是因为他是一个遁世的怪物的缘故，只因为集体和统治不真，也就是说没有追寻于道；并不是因为他是一个怪癖的例外，而是因为众人的兴趣和快乐，目的和动力都走上了背离道的歧途。老子便是那些早期孤独者中的一员，他之所以如此是出于不得已，并非自己的意愿，正如耶来米亚和赫拉克利特一样。”[③]

---

①柏拉图：《柏拉图全集》（第3卷），王晓朝译，北京：人民出版社，2003年版，第82页。

②黑格尔：《精神现象学》，先刚译，北京：人民出版社，2013年版，第12页。

③雅斯贝尔斯：《大哲学家》，李雪涛主译，北京：社会科学文献出版社，2005年版，第831页。

二十一章　总不肯“定”下来

孔德之容，唯道是从。道之为物，唯恍唯惚。惚兮恍兮，其中有象；恍兮惚兮，其中有物。窈兮冥兮，其中有情；其情甚真，其中有信。

自今及古，其名不去，以阅众甫。吾何以知众甫之然哉？以此。

本章集中于“道之为物”的描述。“孔德之容，唯道是从”，这就是要求一切以“道”为行动的指南，“孔德”就在于“从道”。但是，既然有了这么一个要求，就需要具体化，否则，“从”就无所措足，无从入手。按理说，这一章应该讲出来一个具体的“行动准则”，应该显示其可操作性。但恰恰在这个问题上，老子卖起了关子，他虚晃一枪，他竭力讲“道”的模糊性、不确定性。“道之为物”，这个表达值得思考。按老子的立场，“道”不是“物”，“道”是高阶存在，“物”是低阶存在，两者之间差一格，因此，“道”一旦“为物”就非其所是，就离其本性。然而，这一章开头就讲“孔德之容”，讲“容”就要求必须落实到现象层面，就必须面临着“道”的“降格”或“失格”。我们古人讲“羚羊挂角，无迹可求”，但是，这里恰恰要求“有迹可循”。这就是老子所面临的矛盾。老子怎么办呢？他只有采取一种似有似无的讲法，也就是梁漱溟所讲的“暧昧而不明爽……令人特有‘看不清楚’‘疑莫能明’之感”[①]。

“惚兮恍兮，其中有象；恍兮惚兮，其中有物。”这里讲“象”与“物”，都不是常人理解的那种直接作用于感官的存在，因为通常的感性事物是明晰的，是直观的，是可感可触的。但这里，“象”与“物”首要的特点就是“恍惚”；这肯定就超越于一般感知的范围，这就加强了它的神秘意味。“窈兮冥兮，其中有情；其情甚真，其中有信。”但是，这里有一种什么样的“情”与“信”？老子没有展开，没有具体化。这就带来了极大的不确定性。从好的方面讲，这是保持着读者理解的开放性与意义的生成性，一千个读者就有一千种“情”与“信”，反而各取所得。但是，从坏的方面讲，就难以避免理解

---

①梁漱溟：《中国文化要义》，上海：上海人民出版社，2003 年版，第 334 页。

的任性、随意性，每个人都诉诸自悟，这样就带来沟通性的障碍。这样的东西就是一种纯内在性的东西，甚至就是一种纯主观性的东西，各逞私意，各信所悟，甚至拒绝交流而坚持一种幽闭性。这样一来，它的存在就沦为一种“私密性”，可以以“秘而不宣”为借口，拒绝他人的质疑与求证[①]。而按照黑格尔的要求：“问题的关键在于，我们不应当把最好的东西隐藏在内心里，而是应当促使它突破封锁，走向光明。”[②]当然，老子肯定不赞同黑格尔的这一要求，老子就是要“把最好的东西隐藏在内心里”。但这样来说，“容”就只能成为一种“暧昧性”。“道之为物，唯恍唯惚”，这“唯恍唯惚”实质上就是一种摇摆不定，在“道”与“物”之间徘徊，也就是在对立面之间的左右运动，反复交替，不肯长驻，就有可能发展为一种庄子的“两可”（“方可方不可，方不可方可”[③]）或“两行”（“圣人和之以是非而休乎天钧，是之谓两行”[④]）。老庄哲学看到一旦“为物”就陷入胶固，因此，为了保持其空灵性而只能“游无定止”，就总是不肯“坐实”，宁为天马行空而不肯循规蹈矩。这也正是老庄哲学带有“反知识”倾向的根本原因。

但是，黑格尔不这样想。黑格尔认为，作为普遍性的存在，必须着落于个体性。高高在上的存在要想实现自身，必须有一番“降格”的外化活动。这即是说，老子的“道”必须向着“物”，向着他者运动。“那个纯粹永恒的或抽象意义上的精神转变为一个他者，换言之，精神进入实存，而且是直接地进入一个直接的实存。它创造出一个世界。”[⑤]如果说，从其神圣性的存在向着微贱之物的运动是一种“堕落”，那么，这一种磨难是必经之路。“绝对本质作为一个现实的自我意识实存着，它看似已经脱离了它的永恒的单纯性，降低了身份，但却恰恰因此才达到了它的最高本质。”[⑥]黑格尔认为，类似“上帝”这样的“神圣本质”，必须“肉身化”，必须落实到尘世生活之中，也就是“上帝”必须以耶稣基督的形象出现。对于老子来说，“道”的“肉身化”

---

①有人讲中国儒道释都有的“体知”方式“并不是一般理解的经验之知，而是自知自证”。实质上，这是一种“独知孤证”，缺乏向着他者敞开的维度，一向拒绝他者的检验与确证。见杜维明：《东亚价值与多元现代性》，北京：中国社会科学出版社，2001 年版，第 52 页。

②黑格尔：《精神现象学》，先刚译，北京：人民出版社，2013 年版，第 44 页。

③庄子：《齐物论》，郭象、成玄英：《庄子注疏》，北京：中华书局，2011 年版，第 35 页。

④庄子：《齐物论》，郭象、成玄英：《庄子注疏》，北京：中华书局，2011 年版，第 40 页。

⑤黑格尔：《精神现象学》，先刚译，北京：人民出版社，2013 年版，第 474 页。

⑥黑格尔：《精神现象学》，先刚译，北京：人民出版社，2013 年版，第 468 页。

首先就体现为老子这个活人，“道”首先被老子这个人意识到，成为老子的对象。没有这个外化、客观化的过程，那种“神生本质”就是纯粹的抽象性。因此，严格来讲，“道之为物”的过程，必须先经过“道之为老子”这个中介环节，正如“上帝”之经过耶稣基督这样的中介者。因此，“圣”之为“凡”的道路，就是“道之为物”的必经之路，这是必须严肃承受的尘世痛苦，正如耶稣基督必须死一样，甚至“连上帝自己都死了”[①]。耶稣基督的死、万物的死，乃至上帝之死，都不能仅仅消极地去理解，而应该从积极的方面去理解。耶稣的死、万物的死，恰恰是返回到上帝那里去，是上帝存在的确证；反之，上帝之死，恰恰证明了“神圣本质的抽象性的死亡”[②]，证明上帝也必须完成向着世俗世界过渡的任务，连上帝自身也必须来到尘世经历一番痛苦，否则它就只是抽象性。

再用《红楼梦》为例，从中国传统理解讲，通灵宝玉之游历一番宝玉、黛玉的悲欢离合，好像只是证明了一首《好了歌》的观念，好像一切俗世生活都没有意义，只是印证“白茫茫大地真干净”的“空”。但是，倘若不经历这番遭遇，这个“空”从何讲？这个“空”的印证靠的正是几个活人的“死”来实现出来的。但是，要想让人“死”，就必须先要从太虚幻境化为凡胎俗骨的“活”入手。所以，“空”的实现与印证过程，是通过落实为活人的生与死的过程来达到的。而老子本章之所以没有真正实现“道之为物”，而仅仅止步于“恍惚”，就是因为他看不到“堕落为物”的积极意义，于是陷入一种两间徘徊的犹疑不决状态。黑格尔说：“最低级的同时也是最高级的；那完全启示于表面上的东西，恰恰因此是最深刻的东西。当最高本质作为一个存在着的自我意识被看到和听到，这实际上意味着它的概念达到了完满。”[③]因此，“道”作为最高本质、最高级的存在也必须经历“被看到和听到”的过程。从“道无所不在”的立场讲，这也是不难理解的。因为它既然“周行而不殆”（第二十五章），就不必“逃物”，这就是庄子讲的“道在屎溺”[④]的道理。真正说来，“道”与“物”之间，应当彻上彻下，只是趋上而不及下，就是凌空而不落实。倘若懂得彻下就是彻上，虽在屎溺之中亦何须逃避？

---

①黑格尔：《精神现象学》，先刚译，北京：人民出版社，2013年版，第483页。

②黑格尔：《精神现象学》，先刚译，北京：人民出版社，2013年版，第483页。

③黑格尔：《精神现象学》，先刚译，北京：人民出版社，2013年版，第468页。

④庄子：《知北游》，郭象、成玄英：《庄子注疏》，北京：中华书局，2011年版，第399页。

总之,“定”下来也不尽是坏事,否则,那种总是“不定”的存在就容易让人不知所云。黑格尔说:“一个志在有大成就的人,他必须,如歌德所说,知道限制自己。反之,那些什么事都想做的人,其实什么事都不能做,而终归于失败。”[①]“知道限制自己”,就是抛弃虚无缥缈的幻想,勇于从漫无边际的“无限”降落到质实可靠的“有限”之中,成为一种“定在”[②]。费尔巴哈甚至说:“无规定的东西,就不会对我起作用,而不起作用的东西,对我来说,就也是不存在的。将一切规定都抛弃掉,就等于将存在者本身也抛弃掉。无规定的存在者,就是非客观的存在者,而非客观的存在者,就是虚无的存在者。”[③]

---

①黑格尔:《小逻辑》,贺麟译,北京:商务印书馆,1980年版,第174页。

②黑格尔:《小逻辑》,贺麟译,北京:商务印书馆,1980年版,第202页。

③费尔巴哈:《基督教的本质》,荣震华译,北京:商务印书馆,1984年版,第45页。

二十二章　自我实现的迂回之路

曲则全，枉则正，洼则盈，敝则新，少则得，多则惑。是以圣人抱一为天下式。

不自见，故明；不自是，故彰；不自伐，故有功；不自矜，故长。

夫唯不争，故天下莫能与之争。古之所谓曲则全者，岂虚言哉？诚全而归之。

在本章中，老子的主旨是强调自我实现的过程的迂回性与间接性。第一句话的句式样式可抽象为：非 A 则 A，或者说，欲 A 先非 A。这就是对立面的转化关系与其过程。按照辩证法，事物的发展运动必然呈现为一组对立面之间的展开与对立以及相互过渡的过程。我们经常讲事物由小到大、由弱到强，就是这样的实际例子。老子在诸如“曲”与“全”、“枉”与“正”（又作“直”）的对立关系中，更为强调的是对立面之中的那较为弱势的一方，一般就是世俗价值观所认为的不好的方面，是应当受到贬抑的方面。老子看到了事物发展的曲折性或者说颠倒性，即是说，由反面颠倒为正面，由暗面颠倒为明面，由隐忍颠倒为崛起，老子认为这是必然的，甚至是不可逆的运动。但是，既然事物的发展是对立面之间的颠倒与交换，则由强而弱、由大而小也是必然的趋势，而这一趋势也是不可避免的，但这相对于前者的那一路线是衰败的、灭亡的运势。所以，老子为了保持永远的上升运势就选择了对立面之中的不好的方面，宁愿以此为起点。所谓“圣人抱一为天下式”，就是想要守住这一向上运动的趋势而避免那向下堕落的颓势，这样运动的起点问题就非常关键，就必然采取以“曲”、“枉”等方面为起点的反向取径。

但是，倘若我们综合兴盛过程与衰败过程两个方面，那么事物的运动轨迹就是循环的、圆圈式的：非 A——A——非 A——A……这样一来，采取哪一方面为运动的起点其实都是一样的，因为它总是发生反转，总是由一方颠倒为另一方，每一方都不是绝对的、永恒的，也就都是守不住的。因此，与其固执于“抱一”，不如通变于“二”，看到“二”之间的转化必然性，这样于“二”之中任取其“一”都是合理的，因此“二”中之“一”的选择问题就不必过于看重，更无须焦虑。但这恰恰与萨特的观点相对立，萨特是强调选择的：“说不管我们怎样选择都没有关系，这是不对的。在某种意义上，选择是可能的，但是不选择却是不可能的，我是总能够选择的，但是我必须懂得如果我们不选择，那也仍旧是一种选择。”①萨特还说：“人是自己造就的，他不是做现成的；他通过自己的道德选择造就自己，而且他不能不作出一种道德选择，这就是环境对他的压力。”②但是，萨特强调选择的不可避免性实际上是与其主张的“自由”相矛盾，也就是说，从“自由”的立场出发，所谓“道德选择”是无意义的。既然“存在先于本质”，既然“人除了自己认为的那样以外，什么都不是”③，那么，所谓选择就可以“任意选择”、“率性选择”，而不必执着于“选择”哪一种。倘若认为人的存在取决于自由意志，那么这种自由意志就体现在他可以“任选其一”。回到老子本章的内容上来，那么任选“曲”与“全”的哪一方为起点都是合理的。自由意志是针对“决定论”的，想要把命运攥在自己的掌控之中，实质就是想要把“客观决定论”反转为“主观决定论”或“自我做主”，但无论哪种“决定”都因为是一种“决定”而是有限的，就要承担其相应的后果。这就仍然逃不出某种意义上的“宿命论”。

老子本章接着讲了“曲则全”的依据。“不自见，故明；不自是，故彰；不自伐，故有功；不自矜，故长。”这一句式可抽象为“不自……，则……”，老子反对的显然是“自……”。“自……”的做法，显然包含着萨特所主张的自由抉择、自由担责的内容。在老子看来，愈是“自……”，则愈是背离自己的目标。为了实现自我的目标，必须否定掉这一“自……”，这就要求必须去突破、超越“自”的局限性，必须承认“他”的合理性，必须“向他”“为他”而存在。倘若我们结合黑格尔的“异化”理论，或许问题就看得更为清楚。所谓“异化”，就是“外化”，实质上就是“他者化”，就是突破自我的封闭性而向着他者运动，就是必须转化为“为他存在”。“实存其实是一种颠转，即每一个

---

①萨特：《存在主义是一种人道主义》，周煦良、汤永宽译，上海：上海译文出版社，2005年版，第24页。
②萨特：《存在主义是一种人道主义》，周煦良、汤永宽译，上海：上海译文出版社，2005年版，第26页。
③萨特：《存在主义是一种人道主义》，周煦良、汤永宽译，上海：上海译文出版社，2005年版，第5—6页。

规定性都转变为相反的规定性，而且只有这种异化才是整体的本质和保全手段。”[①]按照这种讲法，“为己存在”必须“颠转”为“为他存在”，为了实现自我必须先“丧我”，承受一番“丧我”而“为我”的曲折历程。“由于自我意识自觉地放弃了自身，所以它在它的外化活动中保留下来，仍然是实体的主体，但作为这样一个已经发生外化的东西，它同时也具有一个以实体为对象的意识。”[②]所谓“实体”，就是那“非我”的存在，所谓“主体”就是“自我”的存在，两者必须相互结合、相互渗透，也就是把“为他存在”与“为己存在”相结合，在“他者存在”那里见证“自我存在”的意义。老子的反对“自……”的观念，是否可以置入这样的哲学视域中来审视呢？这就是一个颇富争议性的话题了。但无论如何，“自……”的对立面必然就是“他……”，既然否定“自……”，就必然意味着承认“他……”的合理性。

无论如何，本章的核心问题仍然是自我实现的取径问题。具体说来，每一个人该如何实现自己的价值，如何获得人生的成功呢？所谓“人生成败”，是“任选其一”呢，还是“慎选其一”呢？或者索性放弃选择，听之任之呢？相信每个人都有自己的判断吧。

---

①黑格尔：《精神现象学》，先刚译，北京：人民出版社，2013年版，第305页。
②黑格尔：《精神现象学》，先刚译，北京：人民出版社，2013年版，第461页。

二十三章　短暂与永恒

希言自然。

飘风不终朝，骤雨不终日。孰为此者？天地。天地尚不能久，而况于人乎？

故从事于道者，同于道，德者同于德，失者同于失。同于德者，道亦得之，同于失者，道亦失之。信不足焉，有不信焉。

这一章起首的"希言自然"首先是一个问题。当代常见的理解是把"希言"作为一个词来理解，意思是"少言"。但是这实际上未必贴切。倘若按照王弼的理解，"希言自然"的"希"同于"听之不闻名曰希"的"希"①，则"希"字就应该独立地讲，就应该当作描述"自然"的一个独立的哲学范畴。在该句的理解方面，苏辙的认识表现了一定的模糊性。一方面，他把"希言"视为一个范畴，指"道"的超越感知层面的状态："言出于自然则简而中，非其自然而强言之，则烦而难信矣。故曰'道之出口，淡乎其无味，视之不足见，听之不足闻，用之不可既'，此之所谓希言矣。"②但另一方面，他又把"希"视为一个独立的范畴："古之圣人言出于希，行出于夷，皆因其自然，故久而不穷。"③由"言出于希，行出于夷"④，可知"希"与"夷"是"言"与"行"的价值依据，两者都是独立于"言"与"行"之上的高阶范畴。苏辙之所以有这样的模棱两可的意识，是由于他还是局限于通常把"言"视为名词的成见。倘若哲学意识足够明晰，认识到"希"与"自然"都是独立的哲学范畴，则一

①此句王弼注曰："听之不闻名曰希。"可见，"希"在王弼看来是独立的范畴。见王弼：《老子道德经注》，楼宇烈校释，北京：中华书局，2011年版，第60页。

②苏辙：《老子解》，见曾枣庄、舒大刚主编：《三苏全书》（第5册），北京：语文出版社，2001年版，第428页。

③苏辙：《老子解》，见曾枣庄、舒大刚主编：《三苏全书》（第5册），北京：语文出版社，2001年版，第428页。

④苏辙大概又由"视之不见，名曰夷；听之不闻，名曰希；搏之不得，名曰微"（第十四章）而意识到"希""夷""微"都是专有的名词，故此处把"希""夷"并列而论。

望可知“希言自然”本是“主谓宾”结构，这里的“言”并不是名词，而是动词，意即“述谓”“表述”。由此，“希言自然”的意思就是：“希”这一范畴传达了“自然”的意味。这样看来，所谓“自然”就是超越性的存在，就是“希”这样的存在，即“视之不见，名曰夷；听之不闻，名曰希；搏之不得，名曰微”（第十四章）这样的东西。只有这样的超越于现象层面的东西，才是永恒性的存在。因此，下句就讲了现象性事物的短暂性。“飘风不终朝，骤雨不终日。孰为此者？天地。天地尚不能久，而况于人乎？”这里，“飘风”“骤雨”都是短暂易逝之物，连其主导者“天地”也难以使其长久，更何况是人为性的东西呢？

本章下面讲的就是保持着与“自然”之“道”合一的处世原则。也就是不要陷落于具体的事务性之中，保持着一种超越性。但这样的追求既有其合理性，又有其问题。从超越性的存在，如何实现其自身呢？这个问题在黑格尔那里，具体到《逻辑学》里，就是由“有”（Sein）而进入“实有”（Dasein）[①]的过程。这就是说，必须经历一个“限定”的过程，这样才能从漫无边际的“不定”之“变”而落实下来，这才是“实存”（Existenz）。“这个以实存着的事物为其总和的、表现得花样繁多的世界里，一切都显得只是相对的，既制约他物，同时又为他物所制约，没有什么地方可以寻得一个固定不移的安息之所。”[②]那么，这个降落为相对性、短暂性的过程，虽然是必须超越的，但是首先必须经历的。所以，黑格尔认为，尽管“有限性”必然伴随着“否定性”，却应该看到“否定性”之中的积极意义。“一个人想要成为真正的人，他必须是一个特定的存在，为达此目的，他必须限制他自己。凡是厌烦有限的人，决不能达到现实，而只是沉溺于抽象之中，消沉暗淡，以终其身。”[③]

像“飘风不终朝，骤雨不终日”，当然突出了现实事物的有限性，但过于强调了其消极意义。黑格尔说：“事物有限性的思想带来了悲伤，因为有限性是推到极端的质的否定，在这样规定的单纯性中，也就再没有留下和它走向没落的规定相区别的肯定的有了。否定的这种质的单纯性，是回到无、消灭与有之间的抽象对立去了，有限性正是因为这种单纯性，成了知性

①黑格尔：《逻辑学》（上卷），杨一之译，北京：商务印书馆，1966年版，第101页。

②黑格尔：《小逻辑》，贺麟译，北京：商务印书馆，1980年版，第266页。

③黑格尔：《小逻辑》，贺麟译，北京：商务印书馆，1980年版，第204—205页。

最顽强的范畴。”[①]黑格尔认为，不能因为事物的“可消灭性”而永远停留在一种消极性的状态里。应该把“可消灭性和消灭也要消灭”[②]，这就是由“有限”而“无限”。而老子所谓的“道”就是“无限”，但却是脱离于“有限”的“无限”，它不肯“有限化”，它固执地坚持其“无限性”而绝对地否定“飘风”“骤雨”等“有限物”的存在意义，因而它只能停滞在一种抽象的“无”中。真正说来，“有限”与“无限”之间不是割裂的，不是互相脱节的对立关系，而是可以相互转化、相互渗透的。“无限”恰恰在其“有限化”的具体运动中见证了“可消灭性”的威力，这个消灭了有限物的威力恰恰是其自身本质力量的确证；反过来，有限物之被消灭，源于它自身之中就渗透着这种否定性的威力，这个威力不是外加的，而是它自身就有的，因此它的被否定实质上源于它的自我否定，它是它自身的他者，是它自身否定了它自己。因此，不能光在否定之中看到事物的虚无性，而应当肯定其实现其自身的难得的历程。

黑格尔更认为，是有限物自身可以超越其有限性而走向“无限”。“在限制以外的有和超出限制的行动，都由存在物自身来完成。植物超出限制为种子，又超出限制为花、为果、为叶；种子发芽，花朵凋谢等等。饥渴等限制的感受，就是要超出限制的冲动，并且完成这个超出。——感受者也会感到痛，而且感到痛是有感觉的自然物的特权；感受者是在自身中的一个否定，而否定则在感受者的情绪中被规定为一个限制，这正因为感受者有自身的情绪，这种情绪就是超出那种规定性的整体。假如感受者不是超出那种规定性以外，他就不会感到那是他的否定，也不会有痛苦。”[③]这就是说，在“痛苦”的感受中，就已经蕴藏着“超出”于“限制”的冲动，那么这种情绪就不仅仅是负面的东西，而是鼓舞其振作起来、奋发图强的力量，这是一种积极进取的主动精神，是渴望实现自我的内在动力。

总结这一章的讨论，我们既要肯定老子论述的合理性的一面，但又要揭示其局限性。我们认为，“无限”必须“有限化”，承受其下降为“可消灭性”的代价，乃至承受被否定的“痛苦”；另一方面，“有限”必须“无限化”，在自身的被否定的感受之中，提振自己，激发出一种不屈不挠的抗争力量，而生命的意义就凭借着此抗争不甘的“情绪”而彰显迸发出来。回到老子的

---

①黑格尔：《逻辑学》（上卷），杨一之译，北京：商务印书馆，1966年版，第126页。
②黑格尔：《逻辑学》（上卷），杨一之译，北京：商务印书馆，1966年版，第127页。
③黑格尔：《逻辑学》（上卷），杨一之译，北京：商务印书馆，1966年版，第132页。

原文，在“天地尚不能久”的感喟忧伤之情绪中，就已经预示着、事实上也已经期待着那“久”的到来。那种“久”的意识，那种以“久”为对象的自觉性就迸发出来了，就通过“不能久”的对比关系而呈现于眼前了。

二十四章　“自……”的否定

企者不立，跨者不行，自见者不明，自是者不彰，自伐者无功，自矜者不长。其在道也，曰余食赘行①，物或恶之，故有道者②不处。

本章与第八章似乎有矛盾之处。本章曰：“物或恶之，故有道者不处”，而第八章则曰：“处众人之所恶，故几于道。”这一章的“自见者不明，自是者不彰，自伐者无功，自矜者不长”与第二十二章“不自见，故明；不自是，故彰；不自伐，故有功；不自矜，故长”语义亦重复。本章的核心就是否定诸如此类的“余食赘行”。

关于诸多的“余食赘行”，苏辙解释说：“人未有不能立且行者也，苟以立为未足，而加之以跂，以行为未足，而加之以跨，未有不丧失其行立者。彼其自见自是、自矜自伐者，亦若是矣。譬如饮食，适饱则已，有余则病。譬如四体，适完则已，有赘则累。”③苟如此解，则此章似乎在警告一种附加的人为性。老子一向反对过多的人为干预，主张尊重事物本来的发展轨道。

但问题的本质是，当强调不人为造作、外加干预时，有没有一个具体的“度”？或者说，什么才是苏辙所谓的“适”？所谓的“适”，以及与之相反，所谓的“物或恶之”，都难免于一种主观性，这种主观性恰恰因人而异，带有强烈的偏向性而不可普遍化。作为“道”的存在，必然是普遍性的存在，如何摆脱主观随意性而客观化？老子反对的“自……”，都是自我的、主观的认定，而是客观化的对立面。主观的自以为是，与客观的是其所是，这两者不是一回事。“自见者不明，自是者不彰，自伐者无功，自矜者不长”，是因为

---

①“行”，或理解为通“形”，“赘形”即身体无故多出的部分，比如瘤子之类。

②“有道者”帛书作“有欲者”，似乎与“无欲”的主张相悖。见杨丙安：《老子古本合校》，杨雯整理，北京：中华书局，2014年版，第108页。

③苏辙：《老子解》，《三苏全书》（第5册），曾枣庄、舒大刚主编，北京：语文出版社，2001年版，第429页。

受主观性的遮蔽，蔽于己见而不能如实显现。我们于此当问：什么才是事物的真相？或者说，如何才能得见事物的真相？按照老子第二十二章的讲法，解决方案就是否定掉这些主观性的遮蔽。但是，正如我们所揭示的，老子仍然难逃离另一种主观性的陷阱，即“物或恶之”的情绪化状态，所谓“余食赘行”的评判标准也不是单靠“道”就能客观可行的。

进一步说，反对“自……”是否也应当有个“度”？为了避免“自……”的遮蔽，是否也容易受他者的蒙蔽？换言之，“自……”要不得，“他……”要得吗？通过他者的承认与许可，这种间接迂回的实现路径是否就绝对没有问题？他者的非议或认定是否就没有问题？我们是否依从物议而行事？实际上，海德格尔就警告过源自他者议论的危险性。海德格尔论述过“闲言”的弊端。“人们对所谈及的存在者不甚了了，而已经只在听闻话语之所云本身。所云得到领会，所及则只是浮皮潦草的差不离。人们的意思总是同样的，那是因为人们共同地在同样的平均性中领会所说的事情。”[①]这种“闲言”的弊端就在于它不具有本真的、源始的基础。“开始就已立足不稳，经过鹦鹉学舌、人云亦云，就变本加厉，全然失去了根基。闲言就在这类鹦鹉学舌、人云亦云之中组建起来。”[②]

我们经常说，要倾听自己内心的声音。但是，这种源自内心的声音如何避免成为一种“自是”呢？太迷于自我确认，是否会导致刚愎自用的自欺呢？可见，“师心自用”是不靠谱的。但是，太求证于他人，总是被众议、舆论左右，是否也导致自我的迷失呢？按照老子的讲法，让我们求证于“道”吧。但是，“道”是源自自我内心的确认呢还是依赖于他人的议论呢？这就难免于“两可”的模棱性。“道”作为一种被言说的对象，被意识的对象，这个他者存在如何着落于自身存在呢？倘若把一切“自……”斩落净尽，那么所剩下的存在是怎么样的？这种斩落、解除的过程，这种向着“道”的逼近过程，是否就绝对的可靠？

让我们把问题挑明吧！“道”的存在既然无处不在，既然它所在皆是，那么，何必非要有所拣择呢？“拣尽寒枝不肯栖，寂寞沙洲冷。”这种“寂寞

①海德格尔：《存在与时间》，陈嘉映、王庆节译，北京：生活・读书・新知三联书店，2012年版，第196页。

②海德格尔：《存在与时间》，陈嘉映、王庆节译，北京：生活・读书・新知三联书店，2012年版，第196页。

沙洲冷”的无处可居性，这种流浪漂泊感，难道不是执着于“拣”而不肯留驻逗留造成的？倘若处处寒枝之所在都必然与道共在，乃至说，每一枝即道，那么每一枝都可栖止。那么，我们何须因为“物或恶之”而“不处”？问题的根本在于不要怕犯错，不要怕承担后果。不合于“道”又如何？在失于“道”的跌落之中，是否就已经埋藏着“合于道”的因子？

总之，由本章深入下去，就必然涉及“自”与“他”的矛盾关系。“自”，或者说事物的本性，它的自身之本然，靠什么来检验？倘若“道”的本质就是事物的“本来如此”，所谓“自然”就是事物的“本身之是”，那么，这靠什么来实现或体现出来呢？答案或许就在于“自”与“他”的矛盾之解除中。那么，自身存在终究需要遭遇他者存在，承受他者的不断考验甚至折磨。因此，“自……”之被否定的背后，是源自他者之痛。人类生活的痛苦之源，或许就在于“自以为是”的被否定。甚至所谓“理想”、“信念”、“正义”、“大道”，这类宏大的概念字眼，在具体的理解、谈论的过程中，在现实利益纠结中的单个人的诉求之中，是不是也被赋予了太多的主观色彩而成为一定程度的“自以为是”呢？面对着这类的“自见”、“自是”、“自伐”、“自矜”，人们是否保持了足够高的警惕？这就又涉及到个别性与普遍性的矛盾，单个人（哪怕是所谓圣人、天才、英雄）的理解，如何获得众人的支持、拥护、崇拜？这是一回事。而所谓万众一致的支持、拥护、崇拜，是不是就代表了正义、真理？这是另一回事。因此，不管是“物或恶之”还是“物或爱之”，面对普通庸众的喧嚣之声，是不是还是要强调一种源自独立思考的“自以为是”？比如屈原，“众女嫉余之蛾眉兮，谣诼谓余以善淫”，他就坚持了一种“自是”，反而赢得了后人的尊崇。在这个意义上，“自……”就不能被否定，而应当获得足够的肯定。

二十五章 “域中有四大”

有物混成，先天地生。寂兮寥兮，独立而不改，周行而不殆，可以为天地母。

吾不知其名，字之曰道，强为之名曰大。大曰逝，逝曰远，远曰反。故道大，天大，地大，王亦大。

域中有四大，而王居其一焉。人法地，地法天，天法道，道法自然。

本章内容层次上有三：(1)“有物混成”至“为天地母”，此是“道”之提出；(2)“吾不知”至“王亦大”，此是讲“道”之“大”及其推扩关系；(3)“域中有四大”至结束，此是讲“四大”之本。

第一层意思，首先涉及的就是“道”的存在问题。“有物混成，先天地生”，这里值得注意的首先就是“混成”两字，这个“混成”无非就是强调其整体性、非分裂性，或者说无区别性。宋徽宗注：“‘气形质具而未相离，曰浑沦’，合于浑沦则其成不亏，《易》所谓太极者是也。”章安解义说：“是道之为物也，混然冥一，成焉不亏，道体之全，生天生地，天地之所本也。”[①]但是，由于其无区别性，就导致它无可规定，因此也就是具有“不可规定性”或“不可言说性”。按照维特根斯坦的讲法：“对于不可说的东西我们必须沉默。”[②]但是，真的如此吗？问题的实质在于，是谁规定其“不可说的”？既然该对象已经预先被规定为“不可说”，那么它当然就“不可说”，因此，这个论断等于是同语反复。

其次，“先天地生”的“先”如何讲？这个“先”必然不是单纯的时间性的“先”。单纯的时间性的“先”是经验层面的，是可以验证的，比如“老子先于孔子而生”，只要找个适当的时间坐标点，是可以论证的。但是，“先天地生”是超越于任何人的存在的，是超越于任何人的经验的，现实的人必然是

---

①赵佶、章安：《宋徽宗道德真经解义》，万曼璐点校，上海：华东师范大学出版社，2017年版，第87页。
②维特根斯坦：《逻辑哲学论》，贺绍甲译，北京：商务印书馆，1996年版，第105页。

“后天地生”，因此就无法经验地确证“先天地生”的情况。这就表明，这里的“先”是抽象的、纯思维推断的概念性存在。这样的存在，由于其超越了一切人（包括老子自己）的经验，实际上它也就不具有可验证性。这就是康德为何强调经验关联性的原因。“一切概念，从而还有一切原理，无论它们如何是先天可能的，都仍然与经验直观、从而与可能经验的材料相关。没有这种相关，它们根本没有任何客观有效性，而是一种纯然的游戏，是想象力或者知性各自用自己的表象所做的游戏。”[①]换个讲法，就是说一切范畴必须着落于经验层面，必须下降到具体的感性，才有可言说性。康德讲：“一切范畴以及由它们构成的原理，情形亦复如是，这一点也可以从以下所说来得知：不立刻使我们下降到感性的条件，从而下降到范畴必须当做自己的惟一对象而限制在其上的显象的形式，我们就甚至不能实在地对任何一个范畴作出定义，也就是说，使范畴的客体的可能性成为可理解的，因为如果人们去掉这一条件，一切含义亦即与客体的一切关系就都取消了，人们就不能借助任何实例使自己理解，在诸如此类的概念中究竟本来指的是什么东西。”[②]因此，由老子的这第一层意思，我们可以确定，“道”这一范畴肯定是“不可定义的”，它甚至也是“不可理解的”，因为它远离了人们的感性条件，远离了人类的经验范围。根本来讲，“道”是纯粹思维的产物，是纯粹的观念，因为它源自老子这个人的抽象力的创建，所以它就必然极其抽象。倘若从抽象到具体，这就要求进入到感性领域，这就要与人的经验建立起相关性，但这一点恰恰是老子自己所反对的。总之，“道”是“先天地生”的存在，是“混成”的存在，这一讲法就直接导致了它是脱离于经验的、感性的，因此就必然是不可言说、不可确证的。

第二句话，进一步规定“道”的本质。“寂兮寥兮，独立而不改”，这样说来，“道”就是那高于万物而实则游离于万物之外的“独体”或“寂体”，因为它缺乏与之相伴随的存在，它必然就是寂寞的、空寂的、幽独的。王维的很多诗恰恰就是描述此境界的，比如“木末芙蓉花，山中发红萼；涧户寂无人，纷纷开且落”，因为它处于“无人”之境，当然就是“独开落”而不为旁人知晓，事实上，世间至少有一个人知晓，即王维自己。“独立而不改”，也就是

---

①康德：《纯粹理性批判》，李秋零译，北京：中国人民大学出版社，2004年版，第199页。
②康德：《纯粹理性批判》，李秋零译，北京：中国人民大学出版社，2004年版，第199页。

甘愿孤独空寂，不求人知而自行其是，这表现为一种独立人格是很伟大的，就是孤行到底而不求闻达，这正如王维的“芙蓉花”自开自落。这种独立不倚的操守正如苏辙的解释：“独立无匹，而未尝变行于群。”[①]中国的很多古诗都表现这一人格追求与道德操守，这是隐逸诗派的传统。所以说，不能单纯否定其精神价值。但是，另一方面，它的缺陷也不容忽略。“周行而不殆”，这里的“周行”如何解？有两种讲法，一种是“无所不至”，一种是“循环往复”[②]。倘若解为“无所不至”，也就是说，“道”具有普遍有效性，则它当然可以落实为感性事物，也就是可以下降为经验之物，这样就与上文所讲的第一句意思相对立。可见，这样讲不通。那么，倘若解为“循环往复”，倒是可以说得通，与下文讲“大曰逝，逝曰远，远曰反”相衔接。但是，还可以解作“自环运动”，就是说，它以自身本性为轴心、进行自绕运动，好比是恒星的自绕运动，可以摆脱外物的牵引与限制，这就与“独立不改”联系得更紧密。我们以为，这种讲法也可以成立。“可以为天地母”，这就是讲“道”为“天地”之本根，“道”为“源”而“天地”为“流”，那么，通过“天地”而追溯到“道”的思路正是反向思考的历程，正是把具体物蒸发为抽象物的过程，这个过程也就是马克思所讲的“把直观和表象加工成概念这一过程”，因此，“道”的存在就是马克思表述的：“整体，当它在头脑中作为思想整体而出现时，是思维着的头脑的产物，这个头脑用它所专有的方式掌握世界，而这种方式是不同于对于世界的艺术精神的，宗教精神的，实践精神的掌握的。”[③]

第二层意思，表述上首先就呈现出背反性。“吾不知其名，字之曰道，强为之名曰大。”既然“不知其名”而“强为之名曰大”，这种做法就“不自然”，就带有人为造作性，就显得刻意，因此也就带有虚假性。因为“不知”，则后面的“强为之”是不是“不知而强以为知”？或者说，明知自己不知而强以为知，这种运作是逆其道而行之。这就与孔子的“知其不可而为之”相类似了，明知是失效或无济于事的，偏偏还要努力去践行它。“大曰逝，逝曰远，远曰反”，“大”是什么意思？“逝”、“远”、“反”何解？苏辙说：“自大而求

①苏辙：《老子解》，《三苏全书》（第5册），曾枣庄、舒大刚主编，北京：语文出版社，2001年版，第430页。

②陈鼓应：《老子今注今译》，北京：商务印书馆，2003年版，第170页。

③马克思、恩格斯：《马克思恩格斯全集》（第30卷），北京：人民出版社，1995年版，第42—43页。

之，则逝而往矣。自往而求之，则远不及矣。虽逝虽远，然反而求之一心足矣。"[①]这也讲得通。"大"者，言其无所不包，即作为"天地母"的总根据的性质。"逝"，是"消逝"，是变化不定，强调其不可固定，但实质上"变"的是万物，"道"本身应当是"不改"的，经历万物的变化而始终不变，这就是坚守自己，也就是"远"而"反"。"远"，是针对"道"而言的，是讲万物之存在，由万物之幻灭而复返其本身，"反"既是向着万物之根的返回，故与万物之存在相反。倘若把"大曰逝，逝曰远，远曰反"的过程理解为"道"——"万物"——"道"的历程，则上文"周行而不殆"的"周行"就是"循环往复"之义。通过这个历程，正好见证了"道"作为世界总根源的"大"之价值。所以，这里的核心词仍是"大"。

第三层意思，则是讲"四大"何为本。这里又有两个意思：(1)"王"作为现实的统治者并非至高无上者，它只是其中之一"大"，但仍有高于其上者。这就批判了"王"的终极价值性，即是说，"王"仍有其局限性，仍有待于进一步发展。"王"最终是属于"逝"的领域的，它的统治不是永恒不变的，而是可被推翻的。因此，老子这样讲是具有革命性、批判性的。(2)"人法地，地法天，天法道，道法自然"，这等于说在"四大"之外，另立一至高者，即"自然"。但冯友兰不这样讲，他把"自然"解作形容词[②]。但是，根据这一句语法排比的现象，"自然"显然是名词，显然是一个范畴。从语式之层层推演讲，显然是递推出一个绝对者。苟如此，则"四大"之外，仍有一最终根据。倘若把"道"解作就是"自然"或者"自然"就是"道"之本性，则"道法自然"就是纯同语反复，而且与"人法地，地法天，天法道"的低阶依赖于高阶的次序不合。因此，老子的"自然"显然是高于"四大"的，这虽然与老子的前文有矛盾，但只能说老子自己表述不周严。这个"自然"怎么解？能否解作"自己如此"[③]？倘若解作"自己如此"或"本性如此"，我们就要进一步问：是否万物皆有其"自己"或"本性"？倘若万物皆有其"自己如此"的权能，则万物皆可自以为"大"！万事万物皆以其自身的本性、真性为大，则何须另立凌驾于其上的"四大"？万物皆遵从其本性行事，皆依照其本性运动发展，则

①苏辙：《老子解》，《三苏全书》(第5册)，曾枣庄、舒大刚主编，北京：语文出版社，2001年版，第430页。

②陈鼓应：《老子今注今译》，北京：商务印书馆，2003年版，第173页。

③刘笑敢：《老子古今》(上卷)，北京：中国社会科学出版社，2006年版，第319页。

万物皆自主,不须依附于任何他者。这样讲,更是与“四大”的讲法不合。总之,这里因为老子表述的模糊性,意思上有待于进一步讨论,而难以一锤定音。

把话题延伸远一点,老子讲“域中有四大”,是否可以与海德格尔讲“天、地、人、神”的“四方”[①]相比较呢?但显然,海德格尔讲“四方”是不分高下的:“大地与天空、诸神和终有一死者,这四方从自身而来统一起来,出于统一的四重整体的纯一性而共属一体。四方中的每一方都以它自己的方式映射着其余三方的现身本质。同时,每一方又都以它自己的方式映射自身,进入它在四方的纯一性之内的本己之中。”[②]而与之相比,老子的“四大”不是并列关系,而是由低而高的次序,实际上最终是“独大”或“一大”。因此,海德格尔的“四方”带有多元论的意味,而老子的“四大”实则归结于一元论。

而根据笔者的思想立场,讲世界存在与运动的根本,何必言“大”,更何必言“四大”?万物各大其“本性”,各以其“本性”为大,或者说,万物各自做主,各主其大,各行其大,这不就是“自然”的真精神吗?这样一来,并没有高高在上的“四大”,也无须另讲“四方”,万物之共聚共处,由此群力群策,共同推举其“大”,此“大”乃各得参与之“大”,而非某一独裁专断之“大”。简言之,“大”不远“物”,“大”即“物”之自由发展、自我实现的价值意义。这样讲,所谓“大”并非脱离万物自身之外的存在,而是植根于万物自身之内的本性规定,所谓“大”只是万物之“自运动”而已。苟如此,老子的“道法自然”的“自然”就不妨解作“自性如此”或“本性如此”[③]。万物皆有其自身的本性,就是说,皆遵从其规定性,这个思想正是黑格尔的“概念”之本来意义所在。“规定性本身……是一种自身运动,而这些情形恰恰取决于思维本身的那种单纯性。因为单纯性是一个自己推动自己、对自己作出区分的思想,是一种固有的内在性,亦即一个纯粹的概念。”[④]抛去老子的神秘性表

①海德格尔:《演讲与论文集》,孙周兴译,北京:生活·读书·新知三联书店,2005年版,第186—192页。

②海德格尔:《演讲与论文集》,孙周兴译,北京:生活·读书·新知三联书店,2005年版,第187页。

③郭沂从考释“自”的本义入手,得出结论说:“我认为老子‘自然’的本义为初始的样子、本来的样子、本然。”此说亦可参考。见郭沂:《郭店竹简与先秦学术思想》,上海:上海教育出版社,2001年版,第53页。

④黑格尔:《精神现象学》,先刚译,北京:人民出版社,2013年版,第36页。

述，抛去黑格尔的晦涩性言说，不管是“自然”还是“概念”，都是事物之“本性”“自性”的意思，都是强调事物的“自运动”，都是把运动的根本动力、运动的主导者归结于事物的“自主性”而非外部推动，这恰恰可以发挥出一种积极的思想出来。

二十六章　对立关系中的偏向

重为轻根，静为躁君。

是以君子终日行，不离辎重。虽有荣观，燕处超然。奈何万乘之主而以身轻天下？

轻则失本，躁则失君。

本章的核心内容是“轻”与“重”、“静”与“躁”的关系。在这样的对立关系中，老子偏于选择“重”与“静”，而避免“轻”与“躁”。而按照辩证法，对立的双方是相依相成的，没有“轻”，则“重”就失去了根据；没有“躁”，则“静”亦失去了对比。

在“轻”与“重”、“静”与“躁”关系的背后，实际上涉及的是人与外物的关系。老子的意思是，应当以人自身为“重”，应当以外物为“轻”。这就是“虽有荣观，燕处超然”的态度，虽及物而不滞于物，以我为主而不受物牵绊。因此，即使是“天下”，相比于自身而言，亦是“轻”的，不必执着于其中。这就是懂得珍惜自我而以自身为本，而非陷入逐物逐利而丧己丧本的不归之路。从这个角度上讲，老子颇有人本主义的思想萌芽。在人与物的关系上，康德更是提出过“人是目的”的伟大命题。“在全部被造物之中，人所愿欲的和他能够支配的一切东西都只能被用作手段；唯有人，以及与他一起，每一个理性的创造物，才是目的本身。”①

然而，在强调“以人为本”的同时，也不应当走向极端，而陷入“人类中心主义”。我们认为，自身与他者是双向并建的关系，既要建立自身的存在，但也不能任性地否定物的存在的意义，而是也要重视物的建立过程，这就是“成己”而兼“成物”。物，也不应当仅仅充当人的手段，仅仅供人消耗。人一方面要利用外物以利于自身的生存发展，另一方面，也要积极地创造有利于外物的生存条件与发展环境，促进人与自然的和谐共处。从这个意

①康德：《实践理性批判》，韩水法译，北京：商务印书馆，1999年版，第95页。

义上讲,“天下”也不可“轻”。

既然人类生存在这个世界上,他就要积极地与世间万物打交道,与万物发生各种各样的关系。因此,单纯地强调“静”而贬低“躁”就显得片面了。在与万物打交道的过程中,人类就要承受一番艰辛痛苦,连想要一劳永逸也是痴心妄想。黑格尔讲:“质[①]在自己的否定性中(在它的痛苦中),从他物建立并巩固了自己,总之,那是它自身的骚动不宁,就这种不宁静而言,质只有在斗争中才会发生并保持自己。”[②]“精神不是一个静止的东西,而宁可是绝对不静止的东西、纯粹的活动、一切不变的知性规定的否定或观念性;不是抽象单纯的,而是在其单纯性中自己与自己本身相区别的活动……”[③]按照黑格尔的意思,“躁”是必不可少的生命环节,它恰是生命实现自己的内在冲动。而按照海德格尔的讲法,人之在世就在于:“和某种东西打交道,制作某种东西,安排照顾某种东西,利用某种东西,放弃或浪费某种东西,从事、贯彻、探查、询问、考察、谈论、规定,诸如此类。”[④]“无论在存在者层次上还是在存在论上,以操劳方式在世界之中存在都具有优先地位。”[⑤]相比而言,尼采的观点就最为极端:“哲学界的人希望自己内心动荡不安,这也许恰恰是他们更高生产性涌出来的状态。如果他们完全心平气和,那么,他们很可能已经将他们最优秀的工作连根铲除,从而使自己变得无用和多余。”[⑥]“所有伟人之所以伟大,都是由于情感冲动的强烈。如果健康经受不住、甚至不需要巨大的情感冲动,那么,这种健康是没有用的。伟大的情感冲动集中力量并使之处在紧张状态。它们无疑常常是人们走向毁灭的原因——但总体上这不能成为反对其有利影响的理由。”[⑦]

当然,老子强调“静”是针对着统治者的轻举妄动、胡作非为的“躁动”而言的,这样一来,主张“静为躁君”就带有强烈的批判性与现实性。因此,透过老子的“静为躁君”的命题,我们应当看到它在一定程度上是百姓对于

---

①“质”,就是事物的自身规定性。

②黑格尔:《逻辑学》(上卷),杨一之译,北京:商务印书馆,1966 年版,第 108 页。

③黑格尔:《精神哲学》,杨祖陶译,北京:人民出版社,2006 年版,第 4 页。

④海德格尔:《存在与时间》,陈嘉映、王庆节译,北京:生活·读书·新知三联书店,2012 年版,第 66 页。

⑤海德格尔:《存在与时间》,陈嘉映、王庆节译,北京:生活·读书·新知三联书店,2012 年版,第 68 页。

⑥尼采:《重估一切价值》(上卷),林笳译,上海:华东师范大学出版社,2013 年版,第 69 页。

⑦尼采:《重估一切价值》(下卷),林笳译,上海:华东师范大学出版社,2013 年版,第 978 页。

安定生活的向往。统治者越是折腾，越是妄动，老百姓越是无所适从，朝不虑夕。从历史上也可看出，统治者的“躁”是民不堪命、社会动荡不已的根源。因此，我们必须从这个角度上，来理解老子提倡“静”的根本用心，而不应当忽略这个历史基础而盲目地夸大“静”而否定一切“动”。

二十七章　人为性的祛除

善行无辙迹，善言无瑕谪，善数不用筹策，善闭无关楗而不可开，善结无绳约而不可解。

是以圣人常善救人，故无弃人；常善救物，故无弃物。是谓袭明。

故善人[①]，不善人之师；不善人，善人之资。不贵其师，不爱其资，虽智大迷，是谓要妙。

老子本章带有强烈的反对人为造作的倾向。“辙迹”“瑕谪”“筹策”等等，都是人为性的东西或其必然的伴随物。所谓“无辙迹”的“善行”，“无瑕谪”的“善言”，乃至“无绳约”的“善结”，这些都是老子理想化的、超越于人为施设范围的事情。老子显然也认为人的主观行为总是有局限性的，总是有“辙迹”“瑕谪”的，因此，最好的方案就是抛弃这些人为造作的因素。王弼注释此数语说：“顺自然而行，不造不施，故物得至，而无辙迹也。顺物之性，不别不析，故无瑕谪可得其门也。因物之数，不假形也。因物自然，不设不施，故不用关楗、绳约而不可解也。此五者，皆言不造不施，因物之性，不以形制物也。”[②]可见，老子有一种强烈的“去人化”的倾向，即主张泯灭掉人为性的痕迹。这方面，卢梭可谓老子的同路人。卢梭曾这样描述了其名著《论人类不平等的起源和基础》的构思过程：“每天其余的时间，我就钻进树林深处，在那里寻找并且找到了原始时代的景象，我勇敢地描写了原始时代的历史。我扫尽人们所说的种种谎言，放胆把他们的自然本性赤裸裸地揭露出来，把时代的推移和歪曲人的本性的诸事物的进展都原原本本地叙述出来；然后，我拿人为的人和自然的人对比，向他们指出，人的苦难

①“善人”与“不善人”，通行本多有“者”字，此据帛书本。见杨丙安：《老子古本合校》，杨雯整理，北京：中华书局，2014年版，第122页。刘笑敢先生亦以为帛书本无“者”为佳。见刘笑敢：《老子古今》（上卷），北京：中国社会科学出版社，2006年版，第336页。

②王弼：《老子道德经注》，楼宇烈校释，北京：中华书局，2011年版，第72页。

的真正根源就在于人的所谓进化。”①

但老子这一思想与黑格尔的强调“人化”的思想正相对立。正是出于“人化”这一思想，黑格尔高度评价了奴隶的劳动价值，人为奴隶正是通过对于外物的“塑造活动”而实现了自我②。受黑格尔的影响，马克思也非常重视劳动，认为正是劳动活动实现了人的本质力量的确证。“随着对象性的现实在社会中对人来说到处成为人的本质力量的现实，成为人的现实，因而成为人自己的本质力量的现实，一切对象对他来说也就成为他自身的对象化，成为确证和实现他的个性的对象，成为他的对象，这就是说，对象成为他自身。”③对于马克思来说，自然界总是“人化”的自然界，处处打上人的印记。“在人类历史中即在人类社会的形成过程中生成的自然界，是人的现实的自然界；因此，通过工业——尽管以异化的形式——形成的自然界，是真正的、人本学的自然界。”④海德格尔讲“世界之为世界”也是从工具性的“锤子”的“锤”入手，认为正是通过人的在世劳作的指涉关联性，建立了一种“关系系统”，此即“世界之为世界的组建因素”⑤。这些就表明，西方文化总是倾向于人为施设，总是力图以人类为中心去理解世界的意蕴。相反，老子哲学恰恰在质疑人为性的价值，认为人为的因素常常扭曲了自然，常常干预了事物的发展，常常遮蔽了事物的本性。处身于21世纪，人类的实践活动所带来的恶果已经彻底显现无遗了，自然界的确是彻底的“人化”的了，不要说珠穆朗玛峰，连月球也不断地打上人的足迹了；但是，人类活动的无处不在，乃至无法无天，也实实在在地恶化了生态环境，进而加剧了自身生存状态的恶化程度。在这个意义上，老子的“去人化”思想是有积极意义的。事实上，诸如“退耕还林”“退牧还草”等工程就已经是人类自觉地从事“去人化”了，人类越来越主动地退出来、撤回来自身的本质力量，而尊重大自然的存在意义。这样来看，老子的反对人为造作就带有不可估量的先知先觉意味了。

“是以圣人常善救人，故无弃人；常善救物，故无弃物。是谓袭明。”所

①卢梭：《忏悔录》（第二部），黎星译，北京：商务印书馆，1986年版，第480页。
②黑格尔：《精神现象学》，先刚译，北京：人民出版社，2013年版，第125页。
③马克思：《1844年经济学哲学手稿》，北京：人民出版社，2000年版，第86页。
④马克思：《1844年经济学哲学手稿》，北京：人民出版社，2000年版，第89页。
⑤海德格尔：《存在与时间》，陈嘉映、王庆节译，北京：生活·读书·新知三联书店，2012年版，第97—103页。

谓“袭明”即“因循事物本性之明”，就是遵从事物本性而不强行干预的智慧。世间任何人皆有其存在的意义，只要让其各行其志、各展其能，当然就“无弃人”。世间万物也是如此，所谓“有用之物”或“无用之物”都是从人的工具理性出发而进行的价值区分，真正说来，物皆有其本性，各自有其运动、变化的依据，当然就无所谓“弃物”。

“善人，不善人之师；不善人，善人之资。”这里老子还是从世俗的角度对人进行了两分法，但认为各有其存在的价值，不应当厚此薄彼。也就是说，从价值学讲，“善人”与“不善人”不是对立的关系，不应以取此弃彼的态度来看待两者，相反，两者是相互依存的关系，双方相互补充、相资为用。“不贵其师，不爱其资，虽智大迷，是谓要妙。”这是对“善人”与“不善人”双方都加以提醒的忠告。意思就是说，“不善人”要向“善人”学习，尊重其价值；同样，“善人”也要尊重“不善人”的作为“资”的意义；否则，双方都是“虽智大迷”。老子这里把辩证法思想中矛盾双方的相互依存关系讲得比较明白清楚，认为两者缺一不可。

二十八章 “知”其“两”而“守”其“一”

知其雄，守其雌，为天下溪[1]。为天下溪，常德[2]不离。常德不离，复归于婴儿。

知其白，守其黑，为天下式。为天下式，常德不忒，复归于无极。

知其荣，守其辱，为天下谷。为天下谷，常德乃足，复归于朴。

朴散则为器，圣人用之则为官长，故大制无割[3]。

这一章涉及到一组组的矛盾对立关系的范畴。但是，老子在列举一对对的关系式时，有意地反传统、反常态。雄雌、白黑、荣辱，这在一般人那里是取此去彼的关系，常取前者而弃后者。老子在此做了一个“价值颠倒”，偏偏取常人之所弃而弃常人之所取。这当然是极有意味的。老子所取喻的，比如“溪”“谷”，亦是卑下之地，宁为“低”而不居“高”。当然，老子的根本价值标准是“无极”、“朴”，是“无割”的。这样，我们可以整理一下老子的基本逻辑运作是：(1)“大全”的阶段，即“无割”的浑然一体状态，这是老子最推崇的至高境界；(2)“割裂”为对立关系的阶段，比如“雌雄”、“黑白”、“荣辱”，但实际上常人心目中这些个对子之间有一个价值高下的抑扬关系，比如“雄”高于“雌”，“荣”高于“辱”；(3)老子颠倒了常人的价值关系，而甘愿取一般人所不屑的矛盾关系中的弱势一方。

这里正需要认真辨析。倘若从“大全”的立场讲，后两者（老子与常人）都是片面地取其一而弃另一，显然都不符合辩证法所谓的两面兼顾；而且，从“复归于无极”“复归于朴”这样的返回价值原点的角度看，这更应该消泯掉对立面之间的价值区别，也就是说，“雌雄”、“黑白”、“荣辱”本是一体的，是同源共根的关系，或者说，从本原讲都“同出一门”。因此，按照这个最高

---

①“溪”，一作“豁”。杨丙安：《老子古本合校》，杨雯整理，北京：中华书局，2014年版，第124页。

②“常德”又作“恒德”。杨丙安：《老子古本合校》，杨雯整理，北京：中华书局，2014年版，第126页。

③“无割”，王弼本作“不割”。杨丙安：《老子古本合校》，杨雯整理，北京：中华书局，2014年版，第127页。

价值标准讲，老子与常人的对立关系，也应该取消掉才对。这样一来，老子的相对于常人的批判立场就只能抹除掉才对。

显然，老子这一章暴露出来了其思路的破绽。第一，老子明知对立面都应取消掉而"复归"于"无割"；第二，老子偏偏与常人的立场相对立，居于矛盾关系的另一弱侧。用"同""异"关系讲，一切本来应该是"玄同"的浑然不分的，但是，老子实际上仍然坚持了"一分为二"的方法论，这就在事实上，坚持认为矛盾关系中的对立面是"异"的，尽管是"雌"胜于"雄"、"辱"胜于"荣"。这样，老子就陷入了既要"无割"而实则"分割"的两难处境。老子讲的"无极""朴"，类似于黑格尔讲的"无限性"："它本身就是全部差别，同时又扬弃了这些差别，所以它虽然在自身内波动着，但并不运动，虽然在自身内颤动着，但并没有脱离静止状态。它是自身一致的，因为各种差别都是处于循环往复之中，因为这是一些并非差别的差别。"[①]但是，老子尚不能明确认识到，矛盾对立面的"差别"皆源于"大全"，皆是"无别"。老子更不能明确地提问："差别或他者是如何从这个纯粹的本质那里产生出来的？"[②]倘若坚持此"无别"，则对立面的"差别"何必再固执呢，更何必再强分高下，而取其一（比如"黑"）而舍另一（比如"白"）呢？

我们更进一步，更可看出老子语言表述中暴露的自身矛盾。从"知其白，守其黑"与"知其荣，守其辱"，可见出老子在"知"与"行"之间明显是错位的。也就是说，老子一方面从思想上认识到了对立面的存在，但是另一方面，他偏不承认其价值意义。我们假如按照一般辩证法的立场讲，矛盾对立面是缺一不可的，或者说，两者都有存在的合理性，又各有不足，因此，只有两者相结合才能实现较好的解决。黑格尔评价康德的"二律背反"说："只要对理性的二律背反的性质，或者更正确地说，辩证的性质，深入观察一下，就会看出每一个概念一般都是对立环节的统一，所以这些环节都可以有主张二律背反的形式。""二律背反的真正解决，只能在于两种规定在各自的片面性都不能有效，而只是在它们被扬弃了，在它们的概念的统一中才有真理，因为它们是对立的，并且对一个而且是同一个概念，都是必要的。"[③]那么，按照这样的讲法，老子的立场与常人的立场，都只是坚持对立

①黑格尔：《精神现象学》，先刚译，北京：人民出版社，2013年版，第104页。

②黑格尔：《精神现象学》，先刚译，北京：人民出版社，2013年版，第104页。

③黑格尔：《逻辑学》（上卷），杨一之译，北京：商务印书馆，1966年版，第200—201页。

面的其中一方面而已，都只是看到了某一方面的合理性而忽略了另一方面的必要性。

老子主张“无割”，试图返回到原始性的浑然一体状态，这是不可能做到的。因为他自己就违背了这一条要求。“知其白，守其黑”，明知“黑白”是相反相成的（参照《道德经》第二章“有无相生，难易相成，长短相较”等），偏偏“守”其一，这不是自陷于片面性吗？这样的“守”不就是“一隅之守”吗？

同时，老子反对“割”与“散”，只看到了其局限性，而忽略了其积极意义。倘若没有“朴散则为器”，那么何来世界万物共同发展的繁荣局面呢？那个所谓的“大全”，正是因为“器”的存在，才构成了“器”的统一体，没有了“器”之“散”，“大全”就无所谓“大全”。一方面，老子反对“碎片化”的存在有其价值合理性；但是，另一方面，正是因为“碎片化”的存在才激发了“整体化”的返回冲动。萨特说：“辩证法是整体化的活动。它们没有其他的规律，只有由正在进行的整体化产生的规律，这些规律显然涉及统一和被统一者的关系，这就是说，它是整体化过程在被整体化的各个部分中的有效显示模式。”[①]这就说明，“整体”（“朴”）与“部分”（“器”）是相互依存的关系，整体恰恰只是部分的对待关系，两者互为条件。黑格尔说：“整体是从部分组成的；以致没有部分，它便什么也不是。所以它是整个对比和独立的总体；但正是由于同样的理由，它只是一个相对的东西，因为把它造成是总体的东西，毕竟是它的他物，即部分；它不是在本身、而是在它的他物中，有其组成。”[②]

总结本章，我们既要看到老子思想的合理性，又要看到他在“割”（“散为器”，分裂为诸如“黑白”这样的对立面）与“无割”之间的矛盾心态。我们应当看到“差别”的积极意义，在“差别”的对立中，看到相互之间的依存关系。并且，从整体与部分的辩证关系出发，来重新思考“朴散则为器”的积极意义。

---

①萨特：《辩证理性批判》，林骧华等译，合肥：安徽文艺出版社，1998年版，第181—182页。

②黑格尔：《逻辑学》，杨一之译，北京：商务印书馆，1976年版，第159页。

二十九章　“取”与“去”的辩证法

将欲取天下而为之，吾见其不得已。天下神器，不可为也，不可执也；为者败之，执者失之。

夫物或行或随，或歔或吹，或强或羸，或培或隳。是以圣人去甚，去奢，去泰。

本章于纯哲学思想或无可生发之处，然于政治哲学、历史哲学或有一番道理。本章之语句表述，否定式为主，“不得已”“不可……”“去……”，皆是从否定的立场讲，皆是从消解人为干预、主观刻意讲。“取天下”“天下神器”，这是本章的主题，即所谓掌握国家政权的问题。“将欲取天下而为之，吾见其不得已。”此“不得已”三字是关键词。《道德经》言“不得已”尚有两条，皆是讲“兵”（见第三十章、三十一章）。所谓“不得已”，就是强调非主观促成的，而是客观时势使然的。言之历史，即是讲大势之力而非一人之力。黑格尔讲：“我们必须确信，按照真相的本性，它会在适当的时候渗透一切，而且只在适当的时候显现，所以它绝不会过早地出现，也不会遭遇一群不成熟的公众。”[①]这样讲来，就不是英雄造时势，而是英雄顺时势。黑格尔讲：“我们要从构成各个人的利益和感情的那些共同的因素，来观察这般历史人物。他们之所以为伟大的人物，正因为他们主持了和完成了某种伟大的东西。不仅仅是一个单纯的幻想、一种单纯的意向，而是对症下药适应了时代需要的东西。”[②]苏辙说：“圣人之有天下，非取之也，万物归之，不得已而受之。其治天下，非为之也，因万物之自然而除其害耳。若欲取而为之，则不可得矣。”[③]他强调“因万物之自然而除其害”颇与黑格尔的“对症下药适应了时代需要”相一致。老子接着讲：“天下神器，不可为也，不可执

---

①黑格尔：《精神现象学》，先刚译，北京：人民出版社，2013 年版，第 45 页。

②黑格尔：《历史哲学》，王造时译，上海：上海书店出版社，2006 年版，第 29 页。

③苏辙：《老子解》，《三苏全书》（第 5 册），曾枣庄、舒大刚主编，北京：语文出版社，2001 年版，第 433 页。

也；为者败之，执者失之。”也是强调历史大趋势的不以个人意志而转移，想要阻挡历史潮流或者想要超越时代而强行蛮干，就难逃失败的命运。

“夫物或行或随，或歔或吹，或强或羸，或培或隳。”这就是讲矛盾的对立性，这种矛盾的对立性以及其转化性，是不由某个人的意志所左右的。苏辙说：“阴阳相荡，高下相倾，大小相使，或行于前，或随于后，或呴而暖之，或吹而寒之，或益而强之，或损而羸之，或载而成之，或隳而毁之，皆物之自然，而势之不免者也。然世之愚人，私己而务得，乃拒而违之，其祸不覆则折。唯圣人则知其不可逆，顺以待之，去其甚，去其奢，去其泰，使不至于过而伤物，而天下无患矣。”[①]苏辙强调“世之愚人，私己而务得”，就是警告那些出于个人私利而逞其个人意志试图改变历史运动的大趋势的做法，偶尔虽有所逞有所得，但只是历史长河中的个别泡沫而已。“圣人去甚，去奢，去泰”，实际上在一定程度上并不完全是“无为”，而是有所补救，也就是苏辙所讲的“使不至于过而伤物”。这种补救措施，恰恰是针对过度性的、滥行无忌的现实政治而言的，本身带有一定的批判性。

总结本章，老子的政治思想也就是主张顺应潮流而不强行干预。《周易》里面更是有“时”的观念，强调“待时而动”（《系辞下传》）。所谓“待时而动”就是等待时机成熟而非强行催熟。我们当代有人爱讲“没有条件也要创造条件”，这种讲法是不是比古人的“待时而动”就更有意义呢？按照古人的智慧，按照黑格尔的思想，历史条件的成熟不是随随便便就能催熟的，单凭某些人某一时的“创造条件”也许能够得意于一时，但是，很难说就能经受历史大时段长效机制的检验。而这种主观臆造的“条件”，凭借着个人意志而妄为的东西，恰恰是老子所批判的“甚”“奢”“泰”，是要“去”的东西。

---

①苏辙：《老子解》，《三苏全书》（第5册），曾枣庄、舒大刚主编，北京：语文出版社，2001年版，第434页。

三十章　战争的批判

以道佐人主者，不以兵强于天下，其事好还。师之所处，荆棘生焉。

善者，果而已，不以取强焉。果而勿骄，果而勿矜，果而勿伐，果而不得已，是谓果而勿强。

物壮则老，是谓不道，不道早已。

本章与第三十一章语义相连，皆是言兵事。本章核心意思就是反对穷兵黩武，反对滥用武力。从反面讲，老子强调“其事好还”[①]，也就是军事行动会带来恶性后果，即“师之所处，荆棘生焉”，导致农田荒芜、民不聊生。从正面讲，老子主张“果而已，不以取强焉”，也就是说，收到一定的成效就适可而止，而不应该逞强好战。老子进而警告，“物壮则老”，也就是盛极必衰，迟早完蛋。事实上，黑格尔也说过类似的话：“任何事物所能达到的最高成熟状态或阶段，就是它在其中开始没落的那个状态或阶段。”[②]

中国哲学乃至中国传统文化，从来不是好战的，从来是主张“生”而反对“杀”的。“天地之大德曰生”（《系辞下传》），就是主张好生之德。儒家讲“仁”，多是重这种好生之德。朱熹与其门人讲“生底意思是仁”“仁是天地之生气”[③]，都是重化育生命、珍惜生命的意味。老子哲学与这种重“生”的思想是一致的。从老子的整个立场看，老子反对“争”，而军事行动则是“争”的极端化，当然在反对之列。

---

①此处“还”字有两种歧解，一是理解为“还报”，另一是理解为“返、复之谓”（黄克剑：《老子疏解》，北京：中华书局，2017 年版，第 303—304 页）。这就涉及“其事”的理解。本章的主题无疑就是战争，战争之事会带来恶果（下文“师之所处，荆棘生焉”），因此“还”理解为“还报”更为顺畅。但“还报”的理解容易庸俗化为常言讲的“因果报应”或“一报还一报”（“杀人之父，人亦杀其父；杀人之兄，人亦杀其兄，是谓好还。”见焦竑：《老子翼》，黄曙辉点校，上海：华东师范大学出版社，2011 年版，第 78 页。），故应该与之相区别而理解为“反作用”或许更准确，正好呼应下文的“物壮则老”。憨山说：“凡以兵强者，过甚之事也。势极则反，故其事好还。”见憨山：《老子道德经解》，梅愚点校，武汉：崇文书局，2015 年版，第 66 页

②黑格尔：《逻辑学》（下卷），杨一之译，北京：商务印书馆，1976 年版，第 280 页。

③黎靖德：《朱子语类》（第 1 册），北京：中华书局，1986 年版，第 107 页。

在战争问题上，老子与黑格尔立场不同。黑格尔主张“斗争”的积极意义，所谓“质只有在斗争中才会发生并保持自己”[①]。黑格尔主张矛盾越是尖锐化越能激发事物的本性，所谓“多样性的东西，只有相互被推到矛盾的尖端，才是活泼生动的，才会在矛盾中获得否定性，而否定性则是自己运动和生命力的内在脉搏”[②]。所以，黑格尔对战争并不反感，当年拿破仑的军队攻入黑格尔的住地，他反而赞美拿破仑为“马背上的世界精神”。黑格尔认为：“精神在自由中是无限否定的自我相关，同样，在本质上它是自为的存在，这种自为的存在把现存的差别纳入自身中，从而它是排他性的。”[③]这种“排他性”必然表现为对外的占有征服欲，其极端形式就是战争。在一定程度上，黑格尔是好战分子，鼓吹战争的合理性。“战争不应看成一种绝对的罪恶和纯粹外在的偶然性……战争是严肃对待尘世财产和事物的虚无性的一种状态。”[④]黑格尔甚至认为，“战争还具有更崇高的意义”，因为它能够激活民族精神，“这好比风的吹动防止湖水腐臭一样”[⑤]。黑格尔还认为：“幸运的战争防止了内部的骚动，并巩固了国家内部的权力。”[⑥]“为了不让这些系统继续孤立下去，以至于整体分崩离析、精神涣散，政府必须时不时地通过战争在这些系统的内部制造动荡，并以这种方式来破坏和扰乱它们的已经合法化的秩序和独立权。”[⑦]由此可见，黑格尔对于战争多持肯定立场，他认为必要的牺牲是难以避免的，公民就应该为国家而英勇献身。老子所批判的“师之所处，荆棘生焉”的现象，在黑格尔眼中只是必要的牺牲而已。“这种行为当然要招来道德上的非难。但是这样魁伟的身材，在他迈步前进的途中，不免要践踏许多无辜的花草，蹂躏好些东西。”[⑧]说出这样的话是足够称得上铁石心肠或者冷血无情的。老子认为，战争要节制，不可扩大化。而黑格尔则认为，战争可以全民为战：“如果国家本身，它的独立自主，陷于危殆，它的全体公民就有义务响应号召，以捍卫自己的

---

①黑格尔：《逻辑学》（上卷），杨一之译，北京：商务印书馆，1966年版，第108页。
②黑格尔：《逻辑学》（下卷），杨一之译，北京：商务印书馆，1976年版，第69页。
③黑格尔：《法哲学原理》，范扬、张企泰译，北京：商务印书馆，1961年版，第338页。
④黑格尔：《法哲学原理》，范扬、张企泰译，北京：商务印书馆，1961年版，第341页。
⑤黑格尔：《法哲学原理》，范扬、张企泰译，北京：商务印书馆，1961年版，第341页。
⑥黑格尔：《法哲学原理》，范扬、张企泰译，北京：商务印书馆，1961年版，第341页。
⑦黑格尔：《精神现象学》，先刚译，北京：人民出版社，2013年版，第278页。
⑧黑格尔：《历史哲学》，王造时译，上海：上海书店出版社，2006年版，第30页。

国家。如果在这种情况下，动员全国力量，放弃本身内部生活而全力对外作战，防御战就转化为征服战。”①

通过对于战争的不同立场，也可以看出，黑格尔的辩证法思想与老子的辩证法思想具有极其严重的分歧，因此，讨论辩证法思想不能忽略中西文化的基本差异，更不能把老子的辩证法与黑格尔的辩证法混为一谈。在进行老子与黑格尔的比较时，既要注意其共同点，更不能忽略其基本的差异乃至对立。

①黑格尔：《法哲学原理》，范扬、张企泰译，北京：商务印书馆，1961年版，第343页。

三十一章　止杀在于“恬淡”

夫兵者，不祥之器，物或恶之，故有道者不处。

君子居则贵左，用兵则贵右。兵者不祥之器，非君子之器；不得已而用之，恬淡为上。勿美也；而美之者，是乐杀人也①。夫乐杀人者，则不可以得志于天下矣。

吉事尚左，丧事尚右。偏将军居左，上将军居右，言以丧礼处之。杀人众，以悲哀莅之；战胜，以丧礼处之。

本章是关于战争的专论，其主旨即“兵者，不祥之器”，透露出强烈的反对战争而维护和平的立场。战争是国际竞争的恶化形式，是矛盾不可调和的产物，是围绕着国家利益、民族利益、而实则是统治集团的政权利益而展开的，有计划、有组织的暴力行动。中国传统文化是反对暴力、反对战争的，可以说，中华民族从民族文化本性上讲，是倾向于和平而非侵略的，因为作为大陆居民，其整体上是偏于保守而非外拓的。求诸史，可知中国传统的国家政权多是被动应战的，鲜有主动出击的，汉族为政的王朝主“和亲”“议和”者往往是主流声音，“和”而不得方“战”。这与其是传统的农业大国有关，重耕而休战亦是情理之中的选择。老子之反战思想与此民族传统亦可谓高度吻合。

老子关于战争的论述，从战争本身的角度讲，就具有“非战”“反战”的“自否定”特点，甚至说，它是违背战争的本性的。比如讲到战争领导者的心志修养是“恬淡为上”，但“多欲”“诡诈”“贪利”方是好战分子的特点。《孙子兵法》讲：“兵以诈立，以利动，以分合为变者也。”②即使是采取军事行动，而主张“不乐杀人”，这也是与“杀人众”的战争本性相悖。这一点，甚至连《孙子兵法》也不例外：“凡用兵之法，全国为上，破国次之；全军为上，

---

①此处与通行本不一，姑且择其一。见杨丙安：《老子古本合校》，杨雯整理，北京：中华书局，2014年版，第141页。

②孙武、曹操等：《十一家注孙子校理》，北京：中华书局，1999年版，第142页。

破军次之；全卒为上，破伍次之。”[①]但战争就是以破坏、消灭、摧毁为主的暴力形式，孙子主张“全”为上而以“破”为下，实际上也只是一种美好愿望的体现。验以事实，往往是血的教训。比如商纣王之待周文王、吴夫差之待越勾践、项羽之待刘邦，就是由于不能在敌人强大之前彻底消灭之，最后酿成大患。“不战而屈人之兵”固然好，但是，谁知敌人的“屈”是真还是假，是暂时还是长久？所以，从老子、孙子的论述中，总是偏于“软心肠”，偏于“慈悲为怀”。

战争的根本就是暴力，就是冷酷无情，以“保全”为主而不乐“消灭”，这从道义上讲是毫无问题的，但是用于战争方面则是与之对立的，因为战争作为矛盾冲突的最高形态就是“你死我活”。战争的本质是对于生命的否定，谁敢于否定，敢于牺牲，谁才最有可能获胜。这一点，黑格尔在论述主奴关系时就讲到，主人之所以能够战胜对方而为主人，就在于敢于拼命[②]。同理，在论述“德行和世界进程”的关系时，黑格尔也认为重于“德行”的必败无疑。“善的各种实存及其不可撼动的关系全都是这样一些环节，为了它们的缘故，德行本应毅然作出牺牲。就此而言，德行的斗争只能动摇在保全与牺牲之间，或更确切地说，德行既不能牺牲自己，也不能伤害对方。德行好比这样一位战士，他在战斗中的唯一要务是保持宝剑的光亮，不仅如此，他之所以已经投身到战斗中，其实是为了保全武器。德行不仅不能使用它自己的武器，而且必须确保敌人的武器也毫发无损，确保自己不会破坏那些武器，因为所有的武器都是善的高贵部分，而德行是为了善才进行斗争的。”[③]反过来，对手则是敢于拼命的硬心肠，足以保证其获胜。“德行的敌人……它的能力是一个否定的原则，不承认任何持存的和神圣的东西，而是敢于并且能够承受得起任何东西的损失。这样一来，不论是通过它自己，还是通过那困扰着它的敌手的矛盾，它的胜利都是确凿无疑的。”[④]

因此，在讲到战争这个问题时，我们既要看到中华民族爱好和平、反对战争的优秀品质，但也要反思历史，汲取中国对外战争方面的血的教训，尤其是近代以来的屡战屡败的耻辱史更值得深刻反思。笔者之大量引用黑

---

①孙武、曹操等：《十一家注孙子校理》，北京：中华书局，1999年版，第44—45页。

②黑格尔：《精神现象学》，先刚译，北京：人民出版社，2013年版，第120—121页。

③黑格尔：《精神现象学》，先刚译，北京：人民出版社，2013年版，第236页。

④黑格尔：《精神现象学》，先刚译，北京：人民出版社，2013年版，第236页。

格尔的论述，并不是为了批驳老子的反战思想，而是觉得老子的良好愿望不一定符合战争的本质。总而言之，作为辩证法理论，运用于讨论战争问题，就应该正视矛盾斗争的残酷性，因为到了需要战争才能解决问题的时候，矛盾斗争已经是不可调和、不容犹豫的了，已经是必须敢于承受牺牲与损失的时候了，这方面的任何仁慈都是不管用的。这里，不妨引用克劳塞维茨的一段话作为总结：“有些仁慈的人可能容易认为，一定会有一种巧妙的方法，不必造成太大的伤亡就能解除敌人的武装或者打垮敌人，并且认为这是军事艺术发展的真正方向。这种看法不管多么美妙，却是一种必须消除的错误思想，因为在像战争这样危险的事情中，从仁慈产生的这种错误思想正是最为有害的。物质暴力的充分使用决不排斥智慧同时发挥作用，所以，不顾一切、不惜流血地使用暴力的一方，在对方不同样做的时候，就必然会取得优势。”①

①克劳塞维茨：《战争论》（第1册），中国人民解放军军事科学院译，北京：商务印书馆，1978年版，第24页。

三十二章　“道”与万物的“自性”

道常无名，朴。虽小，天下莫敢臣。侯王若能守之，万物将自宾。天地相合，以降甘露，民莫之令而自均。

始制有名，名亦既有，夫亦将知止，知止所以不殆。

譬道之在天下，犹川谷之与江海也。

“道”的特点是什么？“道”的效用如何？本章重点就在于此。第一句讲“道”的特点，“道常无名，朴”。第二句讲其效用，“天下莫敢臣”。下面是具体展开讲其效用，即“万物将自宾”与“民莫之令而自均”。

这里的“自宾”“自均”的“自……”造词法值得注意。这个“自”怎么讲？当然，按照通常的理解，“自”常常解为“自然”。但是，这个“自然”是很模糊的讲法。因此，这里需要逼问：是“自身使然”还是“他者使然”？倘若认为是“自身使然”，则和谐的秩序的获得与实现就不是靠着外力的、人为干预的，而是基于事物的自身本性，是由事物自身决定的。这里，就可以进而提一个很大的问题：世界和平、万物和谐的实现条件是什么？或者说，如何才能实现“天下大治”？通常中国传统的解决方案无非是“无我”“无欲”，或者是强调“仁”“良知”等道德功夫。倘若如此，则每一个人的自身是什么？每一个事物的自身是什么？难道必须靠把每一个体的存在给否定掉，才能达到“大同”“大治”吗？中国传统为了实现一个“大同世界”“玄同之境”，往往是对于个体性、私人性采取彻底否定的立场。但是，把每一个具体存在给否定掉，剩下的又是什么？不恰恰是无血无肉、麻木不仁的千篇一律的存在吗？倘若“万物将自宾”的威力不是源于外在于万物自身的力量，而是每一事物的自身主动力量，则必须首先允诺每一个事物的存在前提性。这就是说，每一个别事物的存在、自觉是“自宾”的前提条件。倘若允诺万物皆有主动自觉精神，皆是出于自身的选择而“宾”，则必须保障其作为个别性存在的真实性与绝对性，进而必须保障其行动的“自由”。换言之，“自宾”是源于“自由”，“自由”是“自宾”的基础。正是在这个意义上，黑格尔说：

“只有承认‘个性’在‘神圣的存在’里有积极的和真实的生存，才有‘自由’可言。”[①]“我们必须知道什么是本质的东西。而这个——就一般世界历史来说——便是‘自由的意识’以及这种意识在发展中各种的特性。”[②]

因此，倘若从尊重万物存在的立场讲，“道”与万物的关系就不是外在的、相互割裂的；相反，“道”的存在是植根于万物的“自”的，乃至说，孤立于万物的“自”的“道”就是空洞的抽象。倘若按照这种理解，“道”就不是“无名”，“道”就是万物的“自性”，即万物的各自的本性。物物皆有其独特的本性，因此物物皆有其独一无二之“道”。这样讲，“道”与其说是“无名”，不如说是“无常名”或“无定名”，即是说，“道”因物而“异名”，随物之所在而具有其所是。这样，“道”就并非脱离于万物存在的高高在上者，而是深入于、渗透于万物之中的存在，相当于万物的灵魂。严格来说，“天地相合，以降甘露，民莫之令而自均”，这样的讲法并不准确。这是因为，“以降甘露”与“民”的关系是外在的关系，是高高在上者与低微居下者的关系；真正说来，“民”的幸福与否并不应当依靠某种神秘的“恩典”，“民”之幸福与否靠的是自己的辛苦劳动。由此可表明，老子并没能自觉地从内在关系出发来理解“道”与“民”，两者的关系不是同一关系，而是异阶关系，“道”并不是“民”之自身努力的结果，而是高踞于其上的神圣本质。

“始制有名，名亦既有，夫亦将知止，知止所以不殆。”这与“道”的效能形成强烈的对比。“始制有名”，也就是法令制度的建立阶段，代表着人类政治活动的源始。老子认为这些东西是有限的，“止”就是“终止”，事物之终止的地方就是事物之有限性显现的地方。老子讲人类制度、政治制度的有限性，有其积极意义，等于否定了制度的永恒性、天然合法性。但是，老子更多是借此突出“道”的无限性，“道常无名”，故无限；“始制有名”，故有限。

“譬道之在天下，犹川谷之与江海也。”这是比喻的讲法，“道”与“天下”的关系是“江海”与“川谷”的关系，是总体与局部的关系。但是，所谓总体不应该是孤立于局部的存在，正如“江海”本是“川谷”之所共聚。通常讲到整体与部分的关系时，常常强调前者的绝对性、前提性，而忽略了后者的存

---

①黑格尔：《历史哲学》，王造时译，上海：上海书店出版社，2006年版，第46页。

②黑格尔：《历史哲学》，王造时译，上海：上海书店出版社，2006年版，第60页。

在价值。真正讲来，离开了部分去讲整体，所谓的整体就是抽象的存在；真正说来，是部分的共在关系构成了整体，或者说，整体的存在靠的是部分的共同抬举。老子把“道”与“天下”的关系理解为整体与局部、无限与有限的关系，更多是强调“道”的绝对性、无条件性，更多是强调“天下”相对于“道”的依存性、有条件性，这就有可能贬低了“天下”的存在价值而独崇“道”的神圣性、至高性。

总之，本章亦可以看作是“道本身”与“万物”的关系的集中表述。老子偏于“道本身”的本体论意义，而似乎忽略了“万物”的存在者价值。这个问题在海德格尔那里就暴露出很大的弊端，海德格尔严格划分“存在与存在者之区别”①，就导致了常常脱离于存在者而孤悬了、或者说架空了“存在”，这就导致他后期越谈越玄，甚至近乎呓语。老子的“道”也是如此，倘若脱离了“万物”的存在意义而独崇之，则其本身的存在就只能是“无名”的存在，它对“有名”的态度就陷入片面的否定性，而不是把“有名”理解为“道”的自身显现与实在化，从而肯定其价值。

①海德格尔：《现象学之基本问题》，丁耘译，上海：上海译文出版社，2008年版，第455页。

三十三章　与自己角力

知人者智，自知者明。胜人者有力，自胜者强。知足者富，强行者有志。不失其所者久，死而不亡者寿。

这一章毫无疑问是强调“自……”，由此出发本可以生发出一种独立自主、积极进取的精神。本章具体来说，是几组基本问题：(1)知己与知人的关系，强调“自知”的重要性；(2)胜己与胜人的关系，强调“自胜”的意义；(3)知与行的关系，尤其是行与志的关系；(4)死亡与永恒的关系，强调“死而不亡”的价值。

从强调“自知”而言，倘若沿着老子的思路继续走下去，站在现代哲学的基础上，就应当深入思考“自知”的基本精神。“知人”“知物”，这是意识的基本形态，也就是常说的对象意识，是以外在于己的事物为对象，是离己而逐外，是把思想意识建立于他者那里，这种意识的弊端就是驰逐于外而不能内返自照。反之，“自知”则是反思精神的体现，由此必然重“内省”，这是一条“内在化”的道路。人之内省、自省，是人类的思想飞跃，是从外在性、他者性而回归内在性、自身性，是摆脱外在依附性而追求独立自足性。黑格尔说：“反思是本质在自身中的映现。本质，作为无限的自身回归，不是直接的，而是否定的单纯性；它是通过有区别的环节的运动，是绝对的自身中介。”[①]这就是说，“反思”是偏于自身关系、内在关系的，不同于一般意识之偏于他者关系、外部关系，它是间接的而非直接的，但其本质特点就是“绝对的自身中介”，实际上就是“自我对象化”，即自己以自己为观照对象。这种反思精神，必须是基于自我意识的觉醒，严格来说，反思就是自我意识的运动。反思精神因此就是自觉精神，是自己认识自己，是自己了解自己的本性，这样就实现了能知与所知合一或者说摆脱了认识与对象的分离、对立关系。从通常的用法讲，“反思”往往意味着自我批判、自我否定。比

①黑格尔：《逻辑学》(下卷)，杨一之译，北京：商务印书馆，1976年版，第27页。

如家长对做错事的孩子说:“你好好反思一下!”因此,伴随着“反思”的,往往是对自己的局限性、虚假性的发现,往往伴随着全面性、真实性的产生过程。因此,“反思”的过程实际上是自我扬弃、自我提高的过程。黑格尔说:“在精神方面,最高的成就便是自知。这个最高的成就,它必须而且注定要去完成。”[①]但值得注意的是,尽管中国儒道释都有源远流长的“内省”功夫,但其根本着力点,是否定自我、否定私欲,其缺点就在于片面地否定自我的独立价值,片面地否定了私欲的合理性。与之相反,黑格尔是把自我否定发展为自我扬弃,是更好地肯定自我、实现自我价值。因此,虽然同样重反思精神,中西之间的区别是显而易见的。简言之,中国传统的反省精神,更偏于“否己性”,就是把“我”给解构掉乃至取消掉,导致的后果是自我的泯灭,而片面地追求与万物齐同。而黑格尔之讲反思,更注重其“扬己性”,是通过这一过程达到对自我本性的认识,从而发展自我、实现自我。

从“自胜”讲,中国讲“自胜”多是讲对于私欲、情感的克服[②],换一个讲法,就是“克己”。但是,其弊端在于,通过这种功夫往往导致自束手脚,只是盲目地否定掉欲望、情感等等,而看不到其积极意义。黑格尔则反之,认为个人的欲望、情感等等正是历史的源始推动力,个人的情欲冲动反而是历史实现其最终目的的手段。黑格尔说:“那个使它们(笔者按:“原则”“公理”“理想”等等)行动,给它们决定的存在的原动力,便是人类的需要、本能、兴趣和热情。我要把什么东西实行起来,成为事实,乃是我的强烈的愿望:我必须参加在里边,我愿意从它的实施而得到满足……使自身满足于自己的活动和劳动,这是个人生存的无限的权利。假如人们要使他们自己对一件事关心起来,他们就必须把它们的生存灌输到这件事情里面去,而从它的完成得到满足。”[③]这就是说,个人的追求、自私的欲望、自我的满足反而是推动历史前进的基本动力。进而,恰恰是每一存在者的自私本性导致了其相反的效果,即是说,“私欲”反转为“公理”。“各种元素这样依照它们的本性而被利用着,共同致力于一种产物,又为这种产物所限制。人类的各种热情也是这样得到满足的,它们依照它们天然的趋向,来发展它们

---

①黑格尔:《历史哲学》,王造时译,上海:上海书店出版社,2006年版,第66页。

②河上公注:“人能自胜己情欲,则天下无有能与己争者,故为强也。”见河上公:《老子道德经河上公章句》,王卡点校,北京:中华书局,1993年版,第134页。

③黑格尔:《历史哲学》,王造时译,上海:上海书店出版社,2006年版,第20页。

自己和它们的目的，并且造成了人类社会这个建筑物，这样却给‘公理’和‘秩序’造成了力量来对付它们自己。”[①]从这种中西比较中，我们可以得出一个延伸得或许较远的结论，即为什么西方能够发展出资本主义制度而中国传统社会发育不出：西方文化重个体，重私利，中国文化轻个体，轻私欲。

就行与志的关系而言，老子讲“强行者有志”是极有价值的。“志”在中国养成教育中是一个极其关键的范畴，“立志”往往是一个人的立身之始。但是，“志”必须见诸行动才有意义，否则，单纯的“志”就仅仅是空洞的夸夸其谈与白日做梦。这就是说，衡估“志”的价值的唯一标准就是“行”。老子讲“强行者有志”，言外之意就是，“弱行者无志”，意志薄弱的空谈家是不配言“志”的。在这个问题上，黑格尔与老子倒是难得一致。黑格尔认为，评价其人其志必须验诸行动、见诸实效，这就是“内外统一原则”。黑格尔说：“我们必须明白肯定地说，如果历史上的英雄仅单凭一些主观的形式的兴趣支配行为，那么他们将不会完成他们所完成的伟大事业。如果我们重视内外统一的根本原则，那我们就不得不承认伟大人物曾志其所行，亦曾行其所志。”[②]因此，我们从这里应当强调“志行合一原则”，离“行”之“志”无非是空相而已。

关于“死而不亡者寿”。我们这里提一个问题：如何才能做到“死而不亡”？这里的核心问题就是“死亡”，那么如何战胜它？黑格尔当年也讲过这个话题：“如果我们愿意把那种非现实性称作死亡，那么它是最可怕的东西，只有一种无比强大的力量才能够控制死亡。有一种软弱无力的美，它憎恨知性，因为知性要求它去做它无能为力的事情。但是精神的生命不是表现为害怕死亡，与荒芜保持绝对的距离，而是表现为承受死亡，并在死亡中保存自身。只有当精神在一种绝对的支离破碎状态下重新找到自己，它才赢得它的真理。精神作为这样一种力量，作为一种肯定的事物，并没有逃避否定的事物。”[③]黑格尔认为，战胜死亡的根本力量就是精神，换言之，超越死亡的根本道路就是走向普遍性，作为普遍性而存在。“死亡从它的直接意义，从这一个个别的人的非存在，升华为精神的普遍性。”[④]

①黑格尔：《历史哲学》，王造时译，上海：上海书店出版社，2006 年版，第 25 页。
②黑格尔：《小逻辑》，贺麟译，北京：商务印书馆，1980 年版，第 294 页。
③黑格尔：《精神现象学》，先刚译，北京：人民出版社，2013 年版，第 21 页。
④黑格尔：《精神现象学》，先刚译，北京：人民出版社，2013 年版，第 482 页。

回到老子的语境中,那么,战胜死亡的出路是什么?答案几乎是众所周知的,那就是“与道合一”。“道”是存在者之家,是真正的永恒存在。“不失其所者久”,这里的“所”是什么?难道不是事物的本性所在吗?存在者一旦失去了自家面目,失去了自性,不就等于不存在了吗?“有的人死了,他还活着”,这种“活着”的东西难道不就是精神性的东西吗,不就是最本真的自性吗?倘若老子的“道”就是事物的“自性”、“真面目”,则所谓战胜死亡就不是脱离各个事物的空谈与悬想,而是说,找到自己的真性,守住自己的真性,这样的永生之路就是“自知”之路。在这一点上,黑格尔与老子或许可以一定程度上有话可对。“真理不仅自在地与确定性完全一致,而且包含着自身确定性的形态,换言之,真理作为一个实存,在‘自我认知’这一形式之下成为精神的认知对象。”“精神有自知之明,它不会提前存在,也不会出现在别的什么地方,除非它已经完成了以下工作,即克服它的不完满的形态分化,使它的意识具有它的本质的形态,并且通过这种方式使它的自我意识与它的意识达到平衡一致。”①

①黑格尔:《精神现象学》,先刚译,北京:人民出版社,2013年版,第496页。

三十四章　“分”的必然性

大道氾兮，其可左右。成功遂事而不名有[1]，万物归焉而不为主[2]。常无欲，可名于小；万物归焉而不为主，可名于大。

是以圣人之能成大也，以其不为大也，故能成其大。

本章主讲“大道”之品性以及其与万物的关系。欲讲“大道”之品性如何，必须通过他者存在来作为中介，此他者存在即万物存在。

“大道氾兮，其可左右。”“氾”，即“泛”，即普遍周至。值得注意的是，就此章而言，“大道”虽“泛”但不“滥”[3]，不是漫无边际的茫然无绪，而是展开为对立面的关系。“其可左右”，“左”与“右”就是二分法的体现，“其可左右”就是“可左可右”[4]。据此，“大道”不仅“一分为二”，而且“二”之间可以

---

①本句通行本作“万物恃之以生而不辞，功成不名有”，此据帛书。见杨丙安：《老子古本合校》，杨雯整理，北京：中华书局，2014年版，第153页。

②此句通行本作“衣养万物而不为主”，此据帛书。见杨丙安：《老子古本合校》，杨雯整理，北京：中华书局，2014年版，第154页。

③“氾”，通常解为“泛滥”。如高明讲：“言道氾滥无所不适，可左，可右，可上，可下……”见高明：《帛书老子校注》，北京：中华书局，1996年版，第407页。刘笑敢则说：“这是强调道对万物没有主宰式的、严格的、不可移易的限定作用，换言之，道作为万物总根源和总根据，对万物的决定性作用是弹性的、间接地、柔性的或曰弱性的。”见刘笑敢：《老子古今》(上卷)，北京：中国社会科学出版社，2006年版，第384页。高明先生的讲法不为无理，但老子只言“左右”而未言“上下”。刘笑敢先生的讲法具有启发性，但亦有可商榷处，“道作为万物总根源和总根据”对于“万物”终究有“决定性作用”，因此，讲“道对万物没有主宰式的、严格的、不可移易的限定作用”就难免有矛盾之处。事实上，老子本人就讲过“道者，万物之奥”(第六十二章)，且高明、刘笑敢二先生皆对于“‘奥’犹‘主’也”的旧注并无异议。因此，倘若把“氾”解为泛滥无归而无主则有理论的矛盾。严格来讲，“道”之作用于“万物”，只是不强加施为、横加干预，它只是不追求世俗之功名；但不等于说，它就对于“万物”没有“主宰”之用。质言之，“道”对于“万物”只是不务“主宰”之虚名，而行其实际的“主宰”力量，此即刘笑敢先生所谓的“决定性作用”。故下文的“万物归焉而不为主”一句应当结合本句，理解为“不为刻意造作之主”。总之，从功能作用讲，“道”就是“万物之主”，言其“作为万物总根源和总根据”即表明了这一点；但是，它之作为“万物之主”又区别于世间之“主”，因为世间之“主”有“定名”(诸如“王”“帝”)，有“定位”(有其限定的统治范围)，而它则不拘泥于“定名”，不局限于“方隅”。

④王叔岷：“虽可左可右，已有左、右之别矣。”见王叔岷：《庄子校诠》(上册)，北京：中华书局，2007年版，第73—74页。

转化过渡，两者之间是交互轮转的关系[①]。就此而言，老子讲“大道”是富有辩证法思想的。中国爱讲“天人合一”，重“合”而反对“分”；但是，“天人”毕竟有别，岂不已经是“分”？因此，“分”是不容回避的问题。就老子此句而言，“其可左右”是否已经“分”？后文讲“万物”“圣人”，与“大道”是否已经是“三”？这之间是否有“分”？

“大道”本“一”，但它分为“二”，这就是自身分裂。就此而言，老子的“大道”近乎黑格尔讲的“实体”，但这种“实体”必须视为“主体”，即是说，它必须“自运动”而非另有推动力，它主动地分裂为类似“左右”这样的对立关系。黑格尔说：“实体是一个自己设定自己的运动，或者说一个以自身为中介而转变为另一个东西的活动。实体作为主体是一个纯粹的单纯否定性，正因如此，实体是一个单纯事物的分裂活动。”[②]因此，讲老子的“道”同样不能忽视其分裂的必然性。

“成功遂事而不名有，万物归焉而不为主。”这样的“大道”实际上只有实际效能而无实际位置，即是说，即用而显之，但不能坐实之。中国讲哲学本体，常常只是“虚位”以设之[③]，反对把那“虚位”具体化。其优点是空灵，其缺点是模棱，人人可言其所得，难以定论。这个“无主之位”的存在，作为至高者恰恰隐藏其形迹，拒绝抛头露面。这与西方的上帝观念不同，西方的上帝特别是基督教的上帝，必须肉身化而为基督，这就是落实为具体的某个人子，而且上帝还要处处显示、甚至是刻意宣示自己的威力，有时甚至到了冷酷无情的程度。陈鼓应说：“道生长万物，养育万物，使万物各得所需，各适其性，而丝毫不加以主宰……反观基督教耶和华的作风则大不相同，耶和华创造万物之后，长而宰之，视若囊中之物。”[④]老子的“道”只是为了促成万物的顺利实现而不居功自傲，而基督教的上帝则生怕世人忘记了其威力。当然，上帝还是有“仁德”的。黑格尔讲：“在自然界，我们可以认识到，上帝的仁德在于对一切不同种类的动物和植物，凡为了保持其存在，

---

①庄子《齐物论》：“夫道未始有封，言未始有常，为是而有畛也。请言其畛：有左有右，有伦有义，有分有辩，有竞有争，此之谓八德。”这里就论述了从“无分”到“二分”为四对关系的过程。《齐物论》还讲：“其分也，成也；其成也，毁也。凡物无成与毁，复通为一……圣人和之以是非而休乎天钧，是之谓两行。”这就是欲化解“二元对立”，认为二者之间是相对的、可以转化的。

②黑格尔：《精神现象学》，先刚译，北京：人民出版社，2013年版，第12页。

③田义勇：《论本体范畴的“不定”原则》，《山西师大学报》（社会科学版）2011年第2期。

④陈鼓应：《老子今注今译》，北京：商务印书馆，2003年版，第204页。

增进其生活所必需的一切东西,皆一律供应。对于人类,上帝也一视同仁。”①只不过,上帝还是刻意地向人类展示其“仁德”,以追求人类对其威力的顶礼膜拜。而老子的“道”显然是不会以造物主自居的,更不会要求人类的崇拜。

“常无欲,可名于小;万物归焉而不为主,可名于大。”这里又涉及了一对矛盾,即“大”与“小”。这里的“大”与“小”怎么讲?刘笑敢说:“道之‘大’在于万物归之,而并不自认为是万物之主;道之‘小’在于没有占有欲,若有若无,与人无争。”“道之‘大’名其功能、作用、贡献,道之‘小’名其姿态、表现、特性。”②实际上,刘笑敢理解的“大”与“小”都是价值学范畴,都带有强烈的中国道德伦理色彩,无论是“大”还是“小”都是对于“道”的赞誉词,美其“功成而弗居”之德。“大”与“小”的确是“道”的两个侧面的讲法,“大”是从“道”之趋向于“万物”的作用力而言,“小”是从其在“万物”中的存在感而言。“小”是侧重于讲“道”之隐晦自身而“无欲”(没有视万物如己出的占有欲)讲,“大”是侧重于“道”之发挥威力促进万物之实现讲。但严格来讲,“道”是可“大”可“小”,甚至说,“小”即是“大”,或者说,“小”导向“大”。“以其不为大也,故能成其大。”这就是由“小”而“大”,“大”始于“小”。“图难于其易,为大于其细。天下难事必作于易,天下大事必作于细。是以圣人终不为大,故能成其大。”(第六十三章)

---

①黑格尔:《小逻辑》,贺麟译,北京:商务印书馆,1980年版,第174页。

②刘笑敢:《老子古今》(上卷),北京:中国社会科学出版社,2006年版,第384页。

三十五章　感性与超感性

执大象，天下往；往而不害，安平太[①]。

乐与饵，过客止。

道之出言，淡乎其无味。视之不足见，听之不足闻，用之不可既[②]。

“大象”即“道”。本章的主旨是讲“道”的品性，简言之，超越感性。“道”之所在，是超越于感性欲望、感官领域的。因此，老子就设定了一个基本区别，进而表现为感性领域与超感性领域的对立关系。两者的关系严格来讲，不是A与非A这样的平阶关系，不是并列的割裂开来的两样东西，好像切西瓜这样子的两瓣；两者之间是异阶关系，好比是笼屉的上下两层，有一个价值等级的高下划分。

“乐与饵，过客止。”这就是否定感性领域的存在价值，“乐与饵”就是音乐与美食，它引诱着人失去了自主力，被控制着停下来了。但是，“过客”之为之“止”亦只是暂时的。匆匆过客与道之天长地久，正是有限性与无限性的对比关系。王弼说：“人闻道之言，乃更不如乐与饵，应时感悦人心也。乐与饵则能令过客止，而道之出言淡然无味。视之不足见，则不足以悦其目；听之不足闻，则不足以娱其耳。若无所中然，乃用之不可穷极也。”[③]王弼的解释亦正是突出了这一对比关系。按照老子的思想，人怎么能被感官欲望的东西支配呢？

老子这样子就又对人类的自身存在进行了一个基本区分，即感性欲望的层面与超感性欲望的层面，老子认为人应该追求后者。“道之出言，淡乎其无味。”这就是讲对于感性欲望的超越性，“淡乎其无味”的对立面就是“饵”所代表的“有味”。所以，老子的理论区判是很严格的，他肯定超感性这一方面，就否定超感性的另一方面。从对立统一关系讲，老子倾向于两

---

①“太”通“泰”，平安之义。

②亦作“不足既”，“既”，穷尽之义。

③王弼：《老子道德经注》，楼宇烈校释，北京：中华书局，2011年版，第91页。

者之间的对立关系，而不能达到对于两者的统一。实质上讲，老子的视域里，世界因此就是二分化了，人自身也二分化了，感性存在与超感性存在之间就处于紧张的冲突之中了。“视之不足见，听之不足闻，用之不可既。”这都是讲感性的局限性的，“视”“听”“用”都是“不……”的，这就是讲感性活动的否定性，或者说，是站在“道”的立场上对之进行绝对否定。但是，否定感性正是为了肯定超感性，这样一来，否定就是肯定，是通过否定他者（这里就是感性）来肯定自身（这里就是“道”）。

因此，老子的通过否定感性存在来肯定超感性的思路恰恰在一定程度上符合黑格尔的“否定之否定”。但是，这种相似只是表面性的，实质上老子与黑格尔的区别非常大。老子的“道”虽然通过否定感性而复归于它自身，但是，它并不能克服感性的纠缠，感性存在事实上仍然以异己者的形态存在于外，“道”只是对之采取“排除法”将之驱逐，而不是采取“含摄法”将之占有。“意识在它的直观本身中，一般说来，在它与自己的否定物，即与他物的纠缠中，仍然是在自己那里。自为之有对于进行划界限的他物是争论的、否定的态度，并且由于否定他物，它便是自身反思的，尽管如此，在意识回归到自身和对象的观念性之外，对象的实在也还仍然保持，因为对象同时是作为一个外在的实有而被认识的。”①

老子本章的内容引发一个很大的话题，即如何对待人的自身异在？即那异于人的理性精神的自然属性、本能欲望？人把自我一分为二，撕裂为感性存在与超感性存在，或者说撕裂为灵与肉、心与身的冲突，这个问题至今仍无彻底解决的方案，反而日益尖锐化了。就黑格尔来讲，他用“异化”与“异化”的“扬弃”来对待感性存在。一方面，感性存在是源于自我意识的“异化”（“外化”），其本身是没有本质性的，这一点与老子的贬低感性存在有点类似；但是，黑格尔更主张“异化”的“扬弃”，这个“扬弃”不是把感性存在抛弃于外，而是更好地吸收进来，内化于己，这是与老子的不同之处。“扬弃是把外化收回到自身的、对象性的运动——这是在异化之内表现出来的关于通过扬弃对象性本质的异化来占有对象性本质的见解；这是异化的见解，它主张人的实现的对象化，主张人通过消灭对象世界的异化的规定、通过在对象世界的异化存在中扬弃对象世界而现实地占有自己的对象

①黑格尔：《逻辑学》（上卷），杨一之译，北京：商务印书馆，1966年版，第159页。

性本质……"[①]马克思的理解是准确的，黑格尔的"扬弃"从根本上，是"占有自己的对象性本质"，是弘扬人的主体精神，但主要是抽象的观念性。实质上，在黑格尔那里，感性存在仅仅是自我意识的一面镜子，"它在自己的异在本身中就是在自身"[②]，它通过对象的存在见证的是自身的真理性。费尔巴哈也说："没有了对象，人就成了无。""人由对象而意识到自己：对于对象的意识，就是人的自我意识。你由对象而认识人；人的本质在对象中显现出来：对象是他的公开的本质，是他的真正的、客观的'我'。"[③]

从青年马克思的立场讲，感性存在不仅不应该否定，反而才是人的本质性力量之所在。"人直接地是自然存在物。人作为自然存在物，而且作为有生命的自然存在物，一方面具有自然力、生命力，是能动的自然存在物；这些力量作为天赋和才能、作为欲望存在于人身上；另一方面，人作为自然的、肉体的、感性的、对象性的存在物，同动植物一样，是受动的、受制约的和受限制的存在物，就是说，他的欲望的对象是作为不依赖于他的对象而存在于他之外的；但是，这些对象是他的需要的对象；是表现和确证他的本质力量所不可缺少的、重要的对象。说人是肉体的、有自然力的、有生命的、现实的、感性的、对象性的存在物，这就等于说，人有现实的、感性的对象作为自己本质的即自己生命表现的对象；或者说，人只有凭借现实的、感性的对象才能表现自己的生命。说一个东西是对象性的、自然的、感性的、又说，在这个东西自身之外有对象、自然界、感觉，或者说，它自身对于第三者来说是对象、自然界、感觉，这都是同一个意思。"[④]在这里，马克思认为人是一种"二重性"的存在，一方面作为感性生命他必须接受外在之物的限制，这导致其被动性的一面；另一方面，恰恰因为他的感性力量使得他可以实现自己的本质力量，这就是其主动性的一面。因此，马克思对于感性存在是充分肯定的。进而，在肯定人的感性存在、人的自然属性的基础上，马克思呼吁"激情"。"人作为对象性的、感性的存在物，是一个受动的存在物；因为它感到自己是受动的，所以是一个有激情的存在物。激情、热

①马克思：《1844年经济学哲学手稿》，北京：人民出版社，2000年版，第112页。

②马克思：《1844年经济学哲学手稿》，北京：人民出版社，2000年版，第112页。

③费尔巴哈：《基督教的本质》，荣震华译，北京：商务印书馆，1984年版，第32、33页。

④马克思：《1844年经济学哲学手稿》，北京：人民出版社，2000年版，第105—106页。

情是人强烈追求自己的对象的本质力量。”[1]这话里充满了励志的力量，反映了一种不甘被动的激情反抗精神，这是与老子的那种远离激情欲望的“淡乎其无味”截然相反的主张，是火与冰的对比。在一定程度上，青年马克思的主张简直可谓西方非理性主义的先声。马克思对“人的感觉、激情”持有“本体论的肯定”，甚至主张“人的激情的本体论”[2]。这种主张无论是对于老子来说，还是对于黑格尔来讲，都是振聋发聩之音。从青年马克思的角度讲，与其像老子那样“淡乎其无味”，不如热烈地激情四射，去浓到化不开。“视之不足见，听之不足闻，用之不可既”又能如何？人面对此有限性、受动性，并不是无动于衷的，他会充分地调动自己的热情冲动去奋斗、抗争，哪怕是短暂的一瞬，但毕竟燃烧过、闪耀过！这就是与老子的人生观截然不同的另一种选择。

---

①马克思：《1844年经济学哲学手稿》，北京：人民出版社，2000年版，第107页。

②马克思：《1844年经济学哲学手稿》，北京：人民出版社，2000年版，第140页。

三十六章　“微明”的辩证法意蕴

将欲歙[1]之，必固张之；将欲弱之，必固强之；将欲废之，必固兴之[2]；将欲夺之，必固与[3]之。是谓微明。柔弱胜刚强。

鱼不可脱于渊，国之利器不可以示人。

此一章皆围绕“微明”而言之，故“微明”为核心范畴。什么是“微明”？王弼说：“因物之性，令其自戮，不假刑为大，以除将物也，故曰‘微明’也。”[4]按照王弼的理解，则所谓“微明”只是遵循事物的本性，不采取外力干预之，任其自取灭亡而已。此说法虽有理，然与此章之论不尽贴合。简言之，此章所谓“微明”，乃是主“颠倒机制”而言。“欲……，必……”，这是目的与手段的“颠倒运动”，四对“欲”与“必”之所随，皆是矛盾的对立关系，“歙”对“张”、“弱”对“强”、“废”对“兴”、“夺”对“与”，前者是目的，而后者是手段。这一“颠倒机制”，亦是合目的性与反目的性的对立关系。从有限者的立场讲，“强”与“兴”才是目的，能够达到“强”与“兴”，就是合目的性；但从无限者的“道”而言，“强”与“兴”反而只是“弱”与“废”的实现手段，“弱”与“废”才是合目的性。因此，就有限事物来说，表面上的、暂时的“强”与“兴”，貌似合目的性，而实质上却是反目的性，这不就是“颠倒机制”吗？发展的轨道最终背离了其初衷，而只是符合了“道”的目的，而有限者的一切暂时的努力与成功皆只是充当了其手段而已。

老子讲的“微明”，用黑格尔的讲法，就是“理性的狡计”(the cunning of reason)。黑格尔讲“理性的狡计”(亦翻译为“机巧”)，是从世界发展的普遍目的与参与世界进程的单个人的有限目的的对立关系讲的。单个人热衷追求其个人目的，无所不用其极，但于其无意之中，恰恰充当了普遍目的

---

①“歙”字，亦作“翕”。

②此句亦作“将欲废之，必固举之”。

③“与”字亦作“予”。

④王弼：《老子道德经注》，楼宇烈校释，北京：中华书局，2011年版，第93页。

实现之具。黑格尔说:“热情的特殊利益,和一个普遍原则的活泼发展,所以是不可分离的:因为‘普遍的东西’是从那特殊的、决定的东西和它的否定所生的结果。特殊的东西同特殊的东西相互斗争,终于大家都有些损失。那个普遍的观念并不卷入对峙和斗争当中,卷入是有危险的。它始终留在后方,在背景里,不受骚扰,也不受侵犯。它驱使热情去为它自己工作,热情从这种推动里发展了它的存在,因而热情受了损失,遭到祸殃——这可以叫做‘理性的狡计’。”[①]从个体性的实践活动讲,其实践具有合目的性与反目的性的二重性,其实践活动是为了实现自身的意图的,但最终背离了其初衷,这就是反目的性。黑格尔讲“理性的狡计”实际上就近似中国历史上的“君驭臣”之“权术”,那高高在上的君隐藏于大内之中,任由群臣各自相斗,实则终究为己所用。

“柔弱胜刚强。”这也是“颠倒机制”的体现。那表面、暂时的“柔弱”,最终战胜那表面、暂时的“刚强”。得计于一时者,一时“刚强”而已,反而最终沦为“柔弱”。这里的“柔弱胜刚强”颇有励志的鼓舞力量,令那些现实生活中的失败者、弱者有了继续奋斗的盼头,以期最终能够“刚强”起来。但是,老子的本意实际上不在此。“柔弱”与“刚强”,不是并列关系,不是同阶的、等价的,实质上,“柔弱”高于“刚强”。“胜”,一般理解为“战胜”。但是,此“胜”字如果理解为“战胜”,则老子亦陷入“胜负心”而已。从“道”的立场讲,它岂甘于沦为与一般有限之物的同阶地位,而陷己于“争斗场”?“柔弱胜刚强”,“柔弱”是“道”之自性,“刚强”是“物”之一时状态,这里是上下阶的关系,故“胜”非“战胜”而是“高于”的意思。“柔弱胜刚强”,是从价值地位的角度讲,而非从斗争获利的角度讲[②]。

“鱼不可脱于渊,国之利器不可以示人。”此句方是讲人事,讲治国。一字以当之,“隐”。“鱼不可脱于渊”,“渊”是不可见者,是背景,“鱼”藏于暗处,方得逍遥适意,一旦“露”于“渊”外,则危险随至矣!“国之利器不可以

---

①黑格尔:《历史哲学》,王造时译,上海:上海书店出版社,2006年版,第30页。

②当然,仅从斗争获利的角度讲,“柔弱胜刚强”也有几分道理。比如猎狗追逐兔子,兔子作为弱者必须拼命奔跑,而猎狗则不须奋力一搏,因为兔子输了就一命呜呼,而猎狗输了不过一顿美餐而已。那些成功者、在位者,名利皆收者,其志易满而往往竞争性渐衰;那些失败者,身处逆境者,往往因被逼到绝境而迸发出光芒万丈,其志、其力皆暴涨到最高峰;此优劣之处境,反激发出生命力强弱不同之能量。所谓“柔弱胜刚强”,源自此情势之倒逼,促成“柔弱”与“刚强”之换位,诚所谓此一时“柔弱”之势逼出其“刚强”之意志,则彼一时“刚强”之事实亦可期待矣。

示人”,“示人”就是暴露实力,就陷入被动。倘若从此句来推断“柔弱胜刚强”,则老子或许也始终摆脱不了“胜负心”吗？倘如此,“胜”之为“胜”,亦不妨理解为“战胜”。但是,“道”之本身,岂乐意如此“跌份”？“鱼”之与“渔”,“国”之与“敌”,仍只是平阶的对立之局而已。一旦处于此局中,一旦纡尊降贵为其中之一,则想要保持其高贵性必然适得其反,因为,它也难逃那“颠倒机制”!

三十七章　“无名之朴”要“镇”什么

道恒无名[①]**，侯王若能守之，万物将自化。**

化而欲作，吾将镇之以无名之朴。镇之以无名之朴，夫亦将不欲。不欲以静，天地将自正。

本章的核心词就是“无名”。首句通行本作“道常无为而无不为”，不如帛书本“道恒无名”，由此，本章“无名”凡三见，语势连贯，密匝周至。

“无名”的对立面即“有名”，于此当问“名”的根本是什么？成语讲“名缰利锁”，“名利”两字如影随形，争“名”的实质常是争“利”。“利”的根本是什么？人生而需要维持身体性的欲望、需要，“利”之根本是生存条件的保障。但是，人生除了生存条件的满足，还有更高的追求，但倘若视“利”为仅仅局限于物质生活的满足，就显得狭隘。“利”不仅仅只是物质性的利益、好处，“利”还常常体现为精神性的享受、满足。因此，“利”既有高级的，也有低级的，不应该一味地否定“利”。“名”也不能仅仅蔑视为“虚名”“微名”，“名”的本质是社会认可程度，是社会存在感的实现，且不管其“实”如何，“名”本身就有其可追求的价值。然而，老子之反对“名”，实际上是反对人为强行干预。社会性的“名”，本身是人际关系的产物，甚至说，本身就是人际干预性的产物。很多人的价值，尤其是行政官员的价值，就在于掌控别人的命运、改变事物运动的轨迹，以此为乐亦有其必然性。但是，强行干预的后果亦是显而易见的，早晚是要跌落到现实之中的。倘若真正“无名”，则没有人为性的强行改变事物的运动轨迹，一切都由事物自身去发挥其本性，让其自行其所当行，这样的状态就是“自化”与“自正”。

老子讲“侯王若能守之”，这本身是悖论。“侯王”已经是“有名者”，是在位者，是国家政权的把持者，是现实利益分配的主导者，简言之，是名利之辐辏者。其价值的实现，其地位的维持，都需要通过行政手段来达到，指

---

①通行本作“道常无为而无不为”，此从帛书本。

望他们“无名之朴”，等于劝告老虎不要吃肉。不仅是“侯王”如此，那些怀抱“王侯将相，宁有种乎”的异志的人，也是要力争为“侯王”的，也是力图改变现状的人，要求他们“无名”，实际上无异于压抑他们自我实现的冲动，灭掉他们改天换日的雄心壮志。因此，无论是对于霸占着权势地位而绝不会主动放弃其优越性的“侯王”，还是对于那些芸芸之中的“无名之辈”，讲“镇之以无名之朴”都显得迂阔而不合时宜。

人间社会就是名利竞争的圈子，我们无论怎么批判其弊端，无论怎么向往那种没有竞争机制的原始社会，都是无法逆转的。鲍照《登大雷岸与妹书》云：“栖波之鸟，水化之虫，智吞愚，强捕小，号噪惊聒，纷牣其中。”此寥寥数笔，就勾勒出一幅惊心动魄的竞争世界。问题就在于：是由事物本身逞其自力、展其本性，而彼此之间进行对等的竞争，还是加入外力、援以帮手，强行介入干预此竞争之局？从这个角度讲，老子之主“无名”，亦是要求缩回那只外在之手，而尊重世界之内的存在者之良性运动。

真正值得批判的是，那些强行干预者，那些试图改变事情的自身运行轨道的人，往往打着普遍性的“名”（普通百姓的利益代言之类）而逞其异志，行其私欲，获其私利。在这样的“名”的强行带动下，裹挟着复杂的民力，而导致一种“颠倒”：“公义”“民心”的幌子下倒装着私欲贪心。对此，老子之主张“道恒无名”就有很强的批判力。牟宗三说：“我常说，领导一个政治活动，大体不外两形态：一是英雄主义的路，一是概念的路。”[①]但实质上，英雄亦需假借“名号”（比如“伸大义于天下，拯人民于水火”）来发动群众以跟从之。此“名号”与“概念”实际上都是普遍性的代言符号，其推行与实现常常是难以摆脱其“颠倒性”的。比如说本章老子寄予厚望的“侯王”，其地位利益之所在必然是个体性的，必然是维护少数人的利益的，指望他们“守之”，那么其所遵行的就是空洞的“名号”或虚假的“概念”而已，甚至连所谓“大道”也不过是其实现个人目的的欺世之具！

黑格尔当年亦曾指出：“所谓的公共秩序也是这样一场普遍的斗争，每个人都尽可能地为自己捞取好处，一边指责别人的公正带有个别性，一边树立他自己的公正，但他的公正同样由于别人的指责而消失了。这个秩序就是世界进程，表面上风平浪静，但实际上仅仅是一个意谓中的普遍性，而

①牟宗三：《政道与治道》，长春：吉林出版集团有限责任公司，2010年版，第79页。

它的内容则是个别性在建立和瓦解之间的一场无关本质的游戏。”[①]拿这段话来对照一下中国历史的王朝更迭就挺有意思：所谓的农民起义与政权更迭，哪个不是出于“公共秩序”的追求，哪个不是打着“公正”的名号，哪个又不是“带有个别性”（背后携带着个人的利益），所谓王朝兴与亡又何尝不是“建立和瓦解之间的一场无关本质的游戏”？当此之时，一场普遍的骗局就出现了，人人打着建立“公共秩序”与实现“公正”的旗号，而行其意谓的私事，“兴，百姓苦；亡，百姓苦”，如此而已。用黑格尔的话说：“个体性之间的欺骗游戏就出现了，他们既欺骗自己也欺骗别人，既被自己欺骗也被别人欺骗。”[②]

①黑格尔：《精神现象学》，先刚译，北京：人民出版社，2013 年版，第 232 页。
②黑格尔：《精神现象学》，先刚译，北京：人民出版社，2013 年版，第 253 页。

三十八章 “非道德论者”

上德不德，是以有德；下德不失德，是以无德。

上德无为而无以为，上仁为之而无以为，上义为之而有以为。上礼为之而莫之应，则攘臂而扔之。故失道而后德，失德而后仁，失仁而后义，失义而后礼。

夫礼者，忠信之薄，而乱之首。前识者，道之华而愚之首[①]。

是以大丈夫居其厚，不居其薄；居[②]其实，不居其华。故去彼取此。

此章是评判“德”，即所谓“品德”“道德”，体现出老子的强烈的批判精神与思想锋芒，特别是提出了“上德不德”[③]的伟大命题，在一定程度上堪称尼采所说的“非道德论者”。老子推崇“上德”而贬斥“下德”，原因是“上德”不拘泥于“德”，而“下德”束缚于“德”。“上德不德，是以有德；下德不失德，是以无德。”这话是针对着循规蹈矩而拘束于道德教条而言的，“上德”之“有德”，这个“有德”恰恰与世俗的道德信条相悖，而是高于拘礼守德的一般“有德”[④]。憨山说：“上德者，谓上古圣人，与道冥一，与物同体。虽使物各遂生，不自有德，以无心于德，故德被群生……下德所以无德者，以德出有心，而又矜功恃为，故云‘有以为’。由是观之，道无真伪，而德则有真有伪矣。此世数淳薄之辨也。”[⑤]这就是说，所谓“德”，总是有相对性，它相比于“道无真伪”，是“有真有伪”的。从历史发展讲，一切“德”都难免于时

---

①“首”，通行本作“始”，依帛书本。

②“居”，通行本作“处”，依帛书本。

③“上德不德”有各种解释，笔者认为，本句最直接的意思就是“上德不道德”，这正是背反性的命题。老子看穿了所谓“道德”的虚伪性，因此提出“上德不德”命题以对抗之。“不德”，就是否定地对待“德”，不受“德”的束缚，更不利用“德”以伪装自己，因此“上德”就反而是卫道士眼中的“不道德”或“道德败坏”，所谓“正言若反”（《道德经》第七十八章）。从这样的理解出发，老子的“上德不德”命题或许就接近尼采讲的：“完美的道德学家必然是非道德的，身处善与恶的彼岸。”见尼采：《重估一切价值》（下卷），林笳译，上海：华东师范大学出版社，2013 年版，第 670 页。

④这个意思庄子亦曾在《齐物论》中用“大仁不仁”来揭示。

⑤憨山：《老子道德经解》，梅愚点校，武汉：崇文书局，2015 年版，第 79—80 页。

代的局限性，此一时之“德”可能就是彼一时之“不德”；从世界范围讲，一切“德”都难免于地域、民族的局限性，此一地之“德”可能彼一地视以为“不德”；从人性的变动性、复杂性讲，一切“德”又总是具有不确定性、不稳定性，表面上之“德”可能倒转为私底下之“不德”，此时、此地之冠冕堂皇，可能颠倒为彼时、彼地之男盗女娼。

“上德无为而无以为，上仁为之而无以为，上义为之而有以为。上礼为之而莫之应，则攘臂而扔之。”这是层递结构，是降阶而下，越往下价值越跌，这个降价的标准就是“为”的越来越严重。“上德无为而无以为”，这是最高阶的，一方面它“无为”，不去约束限制一般人的行动；另一方面，一般人也对它无所措足，“无以为”就是“不能为”，“无以”就是没有凭依，没有抓手，没有落脚处，一般人拿它一点办法也没有。但到了“上仁”就开始不一样了，它开始有所行动，但人们仍拿它没办法。到了“上义”，人们就能对它有所把握；到了“上礼”由于它越发对于人发挥其作用，导致一般人开始纠缠于繁文缛节了。所以，要想保持“上德”，就要用减法，去抛弃很多人为性的制约。尼采说：“谁思考一下通过什么方式能将人类提升到最昌盛最强大的程度，谁将会首先明白，他必须置身于道德之外；因为道德在本质上热衷于相反的情况，它阻止或消灭人类在进程中的蓬勃发展。”①

“夫礼者，忠信之薄，而乱之首。”这简直是对于伦理教条的最高音的痛斥。“礼”一旦失去了其内在实质而仅仅流于形式，就只是束缚人的东西。在一定程度上说，“礼”对于人类文明的发展进步是一种禁锢，因为它严重地具有滞后性，是前人约定俗成的行为规则，但显然后人并没有发言权而只能遵守，这样，后人之于“礼”，就是被动性的。社会要进步，后人要展示主动精神，就务必从“礼”的破除开始。《共产党宣言》曾讲到资产阶级相对于封建制度的进步时这样说：“一切固定的僵化的关系以及与之相适应的素被尊崇的观念和见解被消除了，一切新形成的关系等不到固定下来就陈旧了。一切等级的和固定的东西都烟消云散了，一切神圣的东西都被亵渎了。”②那么也可以说，社会的进步始于“礼”的“亵渎”。

“前识者，道之华而愚之首。”这是对于前人的那些教条的痛斥。“前

---

①尼采：《重估一切价值》(下卷)，林笳译，上海：华东师范大学出版社，2013 年版，第 978 页。

②《马克思恩格斯选集》(第 1 卷)，北京：人民出版社，1995 年版，第 275 页。

识”，字面意思就是前人的认识，具体来讲就是“礼”的这一套东西。这套东西无其“实”而流于形式。“大丈夫”应该敢于“去彼取此”，抛弃那些空有其“华”的东西。

老子本章的精神具有强烈的批判性，甚至说是革命性的。他揭示“下德”的虚假性与禁锢性，指出“礼”的浮于形式而遗漏实质，这对于突破旧秩序而建立新秩序来讲，可谓“明诏大号”，可谓变革的先声。

在批判道德信条方面，黑格尔也是毫不犹豫的。相比于滔滔不止的世界进程，那虚假的“德行”是必败无疑的。“这样一些理想的本质和目的归根到底不过是一些空话，它们诚然促使心地高尚，但也使得理性空疏，它们大张旗鼓，却毫无建树。这些富丽堂皇的言辞仅仅表达出一个特定的内容，也就是说，个体既然宣称自己是为了一些高贵的目的去行动，并且对此振振有辞，于是不免认为自己是一个卓越的本质。这种吹嘘虽然使自己和别人都变得头昏脑胀，但是再大的牛皮也只不过是一个空荡荡的气球而已。”[①]黑格尔的这些话正与老子的意思类似，都是在揭露一种只有其表而无内涵的东西。尼采抨击道德更是痛快琳琳，“道德乃不道德的产物”“道德乃谬误的产物”，甚至总结了“道德在哪些方面对生命造成危害：(1)不利于对生命的享受，对生命的感激，等等，(2)不利于使生命变得更美、更高贵，(3)不利于认识生命，(4)危害生命的发展，如果道德试图将生命的最高现象与自身割裂”[②]。尼采进一步认为“道德是关于人的等级制度的学说”[③]，“道德是撒谎意志的最恶毒的形式，是人类真正的女妖精……违背自然被当作道德，享有最高的荣誉，并被当作凌驾于人类之上的法则，这就是可怕的事实”[④]。

老子之批判“礼”，是因为它代表的是旧传统，是阻止了变革者的脚步的东西。在这一点上，尼采也曾经讲过类似的意思。尼采把用于变革的精神比喻为“狮子”，而把陈旧的障碍比喻为“巨龙”。“这条巨龙的名字叫做‘你应当’。可是狮子的精神却说‘我要’。‘你应当’挡在精神的去路上，金光闪闪，是有鳞动物，每一片鳞甲上都闪着金光灿烂的‘你应

①黑格尔：《精神现象学》，先刚译，北京：人民出版社，2013年版，第237页。

②尼采：《重估一切价值》(上卷)，林笳译，上海：华东师范大学出版社，2013年版，第177—178页。

③尼采：《重估一切价值》(下卷)，林笳译，上海：华东师范大学出版社，2013年版，第670页。

④尼采：《重估一切价值》(下卷)，林笳译，上海：华东师范大学出版社，2013年版，第681页。

当’。绵绵千年的各种价值闪耀在这些鳞片上，一切龙中最强大的龙如是说：‘事物的一切价值——闪耀在我的身上。’”[①]老子讲的“大丈夫”就类似尼采讲的“狮子”，而那些“前识”就相当于挡住去路的龙闪耀着鳞片而要求着“你应当”。

①尼采：《查拉图斯特拉如是说》，钱春绮译注，北京：生活·读书·新知三联书店，2012年版，第22页。

三十九章　“颠倒错位”的再颠倒

昔之得一者：天得一以清，地得一以宁，神得一以灵，谷得一以盈，万物得一以生，侯王得一以为天下正。

其致之也，天无以清，将恐裂；地无以宁，将恐发[①]；神无以灵，将恐歇；谷无以盈，将恐竭；万物无以生，将恐灭；侯王无以为正，将恐蹶。

故贵以贱为本，高以下为基。是以侯王自谓孤、寡、不穀，此非以贱为本邪？非乎？故致数誉无誉，是故不欲琭琭如玉，珞珞如石。

本章是文字相对较长的一章，但层次很清楚，就是通过“得一”与“失一”的对比，揭露“誉”的虚假性，主张“不欲琭琭如玉，珞珞如石”，也就是主张抛弃“誉”的浮华。但是，老子在贵其实而去浮名的问题上，举“侯王自谓孤、寡、不穀”为例，未必恰当。“孤、寡、不穀”，都仅仅是名号，早已失去了“贱”的意义，而是尊贵的名分，一般老百姓敢这样“自谓”吗？因此，“侯王自谓孤、寡、不穀”不能视为“以贱为本”，反而是其尊贵显耀的体现。

整体来说，由本章“失一”的内容，我们可以看到老子所处的是一个剧烈变动的时代。这是一个天翻地覆的大变革的时代。这就是“颠倒机制”的体现。“这一切只不过是一个颠倒。”[②]“天无以清，将恐裂……侯王无以为正，将恐蹶。”事实上，现实恰就是“裂”、“发”、“歇”……这是老子亲眼看到的，所以才能写得这么真实。这就是旧秩序推翻了，而新秩序尚未建立起来的混乱局面，因此，一切都是紊乱的，表现为价值上，就是“贵贱颠倒”了。老子之主张“贵以贱为本，高以下为基”是激于“数誉无誉”的善恶颠倒的事实的。我们讲“颠倒机制”，这个“颠倒”就是指黑的颠倒为白的、善的颠倒为恶的、贵的颠倒为贱的、高的颠倒为下的，这是名与实的颠倒。辩证法讲“颠倒机制”，是要从价值论上来进行批判的。老子批判“数誉无誉”，

---

①“发”，读如“废”，其义即“废”。

②黑格尔：《精神现象学》，先刚译，北京：人民出版社，2013 年版，第 388 页。

就是一种价值审判。因此，“贵以贱为本，高以下为基”不仅仅是在讲客观事实，而且是在讲“价值颠倒”。

一个大变革的时代，当它一切处于混乱的阶段时，其价值评判体系就是“颠倒错位”的，它把坏的评价为好的，把恶的评价为善的，把劣的评价为优的，反之，则把好的评价为坏的，把善的评价为恶的，把优的评价为劣的。这就是“逆淘汰”，就是“劣币驱逐良币”。《窦娥冤》里控诉“为善的受贫穷更命短，造恶的享富贵又寿延”，讲的也是这样的“颠倒错位”的评价体制。面对重浮华而无其实的评价机制，面对着它的“颠倒”，就必须再“颠倒”：把评价为“贱”的，颠倒为“贵”的，把评价为“下”的，颠倒为“高”的。这就是由“价值错位”纠正为“价值正位”。

老子讲“不欲琭琭如玉，珞珞如石”，就是在做“玉”与“石”的颠倒对比，看到了评价为“玉”的虚假性，而宁愿“珞珞如石”。通过这样的文字，我们看到的老子就不是一个超然的、无动于衷的，甚至是忘怀于一切世俗烦恼的世外高人，而是与寻常老百姓一样，愤激于黑白不分、好歹不明的罪恶满盈的评价体制，吐露出强烈的抗议的。读《道德经》，当透过字面看实质，看到老子的这副“古道热肠”而非“冷眼旁观”，看到他的强大的批判精神。辩证法的最宝贵的品格就是批判精神，倘若它变成了与世俗现实脱离的东西，变成了漠不相关的世外超然，那恰恰是走向了其反面了。面对着生活中的黑白不明的“颠倒错位”，倘若只顾超然于外，就简直无异于纵恶为患了。当此之际，就需要“严肃”与“认真”，而不能一味油滑或玩世不恭。老庄哲学之所以容易走向油滑与混世，就在于不够“严肃”与“认真”。

黑格尔讲“思辨的真理很容易在形式上表现为一种纯粹的超凡脱俗的东西”，但这是要不得的，“使哲学思考重新成为一项严肃的事业，这已经是一个刻不容缓的任务”[①]。讲辩证法，也要警惕着它沦为“纯粹的超凡脱俗的东西”。老庄哲学也是讲辩证法的，也是看清楚了现实生活的“颠倒错位”的，但是，很多人却在看清楚之后与之妥协了，甚至与之沆瀣一气了，这就失去了操守与坚持，这是世间一切混世主义、滑头的思想根源。因此，讲老庄哲学，也要警惕着它沦为消极的辩证法，而应当向本章的老子那样，保持着强烈的批判立场，这才是辩证法的本色。“不欲琭琭如玉，珞珞如石”，

---

①黑格尔：《精神现象学》，先刚译，北京：人民出版社，2013年版，第42页。

正是严肃认真的价值选择！

当然，老子的思想仍是有局限的。尽管他讲到了“价值颠倒”的现象，但认识还只是表面的。他对于“侯王”缺乏透彻的认识，竟然天真地仅凭“自谓孤、寡、不穀”的外在形式就得出“以贱为本”的结论。“侯王”之“贵”的得来，绝不是凭借“自谓”就能实现的；同样，“贱民”之“贱”的根源也绝不是因为“不自谓孤、寡、不穀”。老子认识不到：真正的“颠倒机制”的掌控者，恰恰就是“侯王”。世间种种“颠倒”，但是，真正能实现“颠倒”作用的就是三样事物：权力、金钱、革命。世间最强大的“颠倒力”就是权力，世间种种不公正、不平等的根源就是由于权力的“颠倒力”。仅凭《窦娥冤》里的血泪控诉就已经足以证明这一点。同时，金钱的“普遍颠倒”[①]也是十分强大的。但是，当以上两种事物的“颠倒力”达到顶峰时，那这个社会的动荡也就到来了，革命作为“颠倒力”也就登场了，开始把高高在上的“侯王”“颠倒”到地狱里去了，当然也会把少数的“贱民”“颠倒”为“侯王”。这种“贵颠倒为贱，贱颠倒为贵”的“颠倒力”老子还认识得不够到位。

---

①关于金钱的“颠倒力”，马克思引用过的莎士比亚《雅典的泰门》的话足以说明：“这东西，只这一点点，就可以使黑的变成白的，丑的变成美的；错的变成对的，卑贱的变成尊贵，老人变成少年，懦夫变成勇士。”见马克思：《1844 年经济学哲学手稿》，北京：人民出版社，2000 年版，第 141 页。

四十章 “反”是价值本原的“返”

反者道之动，弱者道之用。天下万物[①]生于有，有生于无。

理解本章的关键词就是“反者道之动”的“反”字。此“反”字，有的理解为“返回”的“返”，有的理解为“正反”的“反”。亦有理解为两义兼赅的，钱锺书即主此说[②]。刘笑敢则以为“反”可以包含“返”之义，而“返”则不可包含“反”，“‘反’更能全面反映《老子》的辩证思想。”[③]另外，高亨以为：“反，旋也，循环之义。”[④]

笔者认为，从辩证法的角度看，“反者道之动”理解为“道的运动是向着相反的方向发展”当然也算是不差的理解。但是，这里需要搞清楚，“正反关系”是平阶关系，是同一个层面上的运动变化，比如“强与弱”、“多与少”等等。换言之，这是属于存在者的层面，是具体的万物的层面，或者说，是“器”的层面。但是，老子讲辩证法显然超越于这个层面，他有一个高阶的价值规定，所谓“返”，是指由低阶存在，由“器”的层面，向着高阶存在，向着“道”的层面运动。老子认为，由“道”而“器”，是下堕的运动；必须由“器”重新返回“道”的层面。这就是说，“返”绝不是通常理解的那样，只是单纯地返回运动的原点，只是简单地“复”。相反，老子讲“返”是基于价值批判的立场，是针对着世俗价值立场的，正是由于世俗价值观局限于“器”，所以他才力主“道”的“返回”。因此，“返”的运动不是平面运动，不是一个层面的滑动，相反，它是高低异阶之间的运动。我觉得，通常的见解并不能区分平阶运动与异阶运动，甚至根本没有“异阶性”这个概念的意识。所谓“异阶性”是指不同层面的关系来说的，是指“道”与“器”、“形而上”与“形而下”的

---

①“天下万物”有版本亦作“天下之物”。见杨丙安：《老子古本合校》，北京：中华书局，2014 年版，第 185 页。

②钱锺书：《管锥编》(第 2 册)，北京：中华书局，1986 年版，第 445—449 页。

③刘笑敢：《老子古今》(上卷)，北京：中国社会科学出版社，2006 年版，第 449—450 页。

④高亨：《老子正诂》，北京：清华大学出版社，2011 年版，第 67 页。

划分而言的，这是从《道德经》第一章就要关注的问题。

再从全章语境而言，其下句“天下万物生于有，有生于无”，显然凸显出“万物”——“有”——“无”的阶段性、层级性，是“返”的运动态势。河上公注：“反，本也。”[①]王弼说：“高以下为基，贵以贱为本，有以无为用，此其反也。动皆知其所无，则物通矣。故曰‘反者道之动’也。”[②]王弼讲“基”与“本”，就表明他意识到了“反者道之动”是异阶关系，所谓“反”就是“返回”到“基”与“本”上来。苏辙解“反者道之动”说：“复性则静矣，然其寂然不动，感而遂通天下之故，则动之所自起也。”[③]可见，苏辙正是把“反”理解为“复”(这是“返”的相近义)。由此可见，把“反”理解为“返”就是更为合理的解释。熊十力说：“反犹还也，言还复于虚无也。”[④]可谓一语中的。最后，值得补充的是，从版本上说，楚简本文字使用的正是“返”字而不是“反”字，黄克剑据此解释说：“‘道’的运作在于返本复始或返本复朴，此为‘反也者，道之动也’之本意。”[⑤]陈徽也说：“此句义为：道之运行表现出‘复’‘归’的态势。”[⑥]

总之，理解本章需要注意两点。其一，必须具有价值论视野。其二，必须具有“异阶性”的范畴意识。而这两点实质上又是联系在一起的。所谓“正反”关系，无非是由于世俗之见而做的相对区分，从更高的层面而言，“正”与“反”之间无非是一种相对的“颠倒”之见。“正”之“颠倒”即为“反”，反之亦然，本质上，二者是一样的，仅仅是基于不同视域、立场的暂时划分。而老子则是在更高的立场上，来对世俗之见做一“价值颠倒”：世俗以为“弱”，以为耻而不居的，偏偏赋予其更高的价值意义。所谓“弱者道之用”，即是说，“道”恰恰是以“弱”的方式来实现其价值的。这样一来，超越一般性的“对立面”之“互转”“倒转”，而从价值论层面来理解，则“反者道之动”的“反”理解为“价值反转”“价值颠倒”是否更为深刻呢？所谓“返”，表面上

①河上公：《老子道德经河上公章句》，王卡点校，北京：中华书局，1993年版，第161页。

②王弼：《老子道德经注》，楼宇烈校释，北京：中华书局，2011年版，第113页。

③苏辙：《老子解》，《三苏全书》(第5册)，曾枣庄、舒大刚主编，北京：语文出版社，2001年版，第445页。

④熊十力：《体用论》，北京：中华书局，1994年版，第179页。

⑤黄克剑：《老子疏解》，北京：中华书局，2017年版，第406—407页。

⑥陈徽：《老子新校新释译——以新近出土诸简、帛本为基础》，上海：上海古籍出版社，2017年版，第235页。

是“返回原点”，但此“原点”实则是“价值原点”与“德性原点”，此恰恰是对于世俗价值观念的“价值倒转”。

其次，则涉及“有无”之关系。根据“天下万物生于有，有生于无”句，则“有无”关系必非同一层次的范畴，其间的派生等级是显然的。王弼说：“天下之物，皆以有为生。有之所始，以无为本。将欲全有，必反于无也。”[①]王弼这一解释，进一步表明了“反”是“返”的意思。同时，这里的“始”不能理解为现实运动的“开端”，而应该理解为“价值判断”的“出发点”，简言之，是“价值之始”而非“事实之始”。所谓“以无为本”，就是把“无”作为“价值本体”，此“本”并非是一般意义上的“本体”，而是价值论意义上的“本体”。因此，此“无”作为“否定词”，并非是一般性的“否定”，并非仅仅是作为“有”之对立面的“否定面”，而是高于“有”之上，是一种“绝对否定”而非“相对否定”。从老子的立场讲，“无”之作用，就是其价值论的“绝对否定”，就是据此以对“天下万物”进行价值重估与批判。

因此，阅读本章，我们必须基于价值批判立场来理解“反”与“弱”。“弱”字，从现实生活与世俗价值的眼光看，的确是“弱者”（当代所谓“输家”），是人人以为可耻的地位；但是，老子就是要“反转”这一价值规定，“弱”从价值实现的角度讲，反而是真正的赢家必经之路，反而是最终真正的“强者”。同样，“生”字不是一般性意义的“产生”，而是价值论意义的“原生”“创生”。这样，这一章所讲的实际意义就超越于一般理解的“客观规律”，而主要是一种“价值规律”，而所谓“返”就是把“万物”置于“无”这样的“价值天平”上以重估之。而刘笑敢先生把“有生于无”比附于所谓“科学”之“天体物理学”或“现代宇宙论”[②]则是相当离谱的事情，可谓“风马牛不相及”。至于钱锺书拿“反者道之动”五字以附会黑格尔的“否定之否定”[③]，则更只是“皮相之词”而已。因为黑格尔的“否定之否定”乃是指理念的曲折实现过程而言，其所谓辩证法运动轨迹之“圆圈”，并非一般常识性的“圆圈”。黑格尔更重的是“结果”，而最初的“开端”只是“抽象的”“片面”的，黑格尔的所谓“返”是超越于原初的直接性存在的，是向着更高的存在层面前进的：“前进就是回溯到根据，回溯到原始的和真正的东西；被用

①王弼：《老子道德经注》，楼宇烈校释，北京：中华书局，2011年版，第113页。
②刘笑敢：《老子古今》（上卷），北京：中国社会科学出版社，2006年版，第452—453页。
③钱锺书：《管锥编》（第2册），北京：中华书局，1986年版，第446页。

作开端的东西就依靠这种根据，并且实际上是由根据产生的。——这样，意识在它的道路上，便将从直接性出发，以直接性开始，追溯到绝对的知，作为它的最内在的真理。”[①]黑格尔讲“返”，是指意识发展为“绝对真理”后，倒转过来成为当初“开端”的“根据”，来“决意于一个世界的创造”，这与老子的“返”之意蕴根本不是一回事。这之中的关键点，就是黑格尔高度重视“自身反思”的主体性精神，“每一个别的支节，作为方法赋予了灵魂的东西，都是自身反思”[②]。这种现代意义上的主体性精神恰恰是老子哲学中尚未得到自觉阐发的部分。简言之，黑格尔的“圆圈”运动，乃是意识发展为“绝对真理”而后回到世间进行“现实世界”的创造之路。而老子则不仅无意于现实世界的创造，反而批判现实世界的“有意创造”(即以“无为”来批判“有为”)。两者之间的价值观恰恰是对立的。黑格尔讲：“真相是一个自身转变的过程，是这样一个圆圈，它预先把它的终点设定为目的，以之为开端，而且只有通过展开过程并到达终点之后，才成为一个现实的东西。”[③]对比老子，“道”显然缺乏这样明确的、自觉的“展开过程”，显然缺乏“把它的终点设定为目的”的主动性。黑格尔还说：“绝对者的本性恰恰在于，作为一个现实的东西、作为一个主体或一种自身转变活动而存在。”[④]而老子的“道”并不是这样的“主体”，也因而体现不出“自身转变活动”的主体性精神。

事实上，本章的“无”具有本体性的地位。关于此种的“无”，黑格尔也有针对性的论述，由此亦足见其与老子的立场之对立：“在道家以及中国的佛教徒看来，绝对的原则，一切事物的起源、最后者、最高者乃是‘无’，并可以说，他们否认世界的存在。而这本来不过是说，统一在这里是完全无规定的，是自在之有，因此表现在‘无’的方式里。这种‘无’并不是人们通常所说的无或无物，而乃是被认作远离一切观念、一切对象，——也就是单纯的、自身同一的、无规定的、抽象的统一。因此这‘无’同时也是肯定的，这就是我们所叫做的本质。”[⑤]显然，这里黑格尔的论述是有误解与偏见在里

①黑格尔：《逻辑学》(上卷)，北京：商务印书馆，1966年版，第54—56页。

②黑格尔：《逻辑学》(下卷)，北京：商务印书馆，1976年版，第551页。

③黑格尔：《精神现象学》，先刚译，北京：人民出版社，2013年版，第12页。

④黑格尔：《精神现象学》，先刚译，北京：人民出版社，2013年版，第13页。

⑤黑格尔：《哲学史讲演录》(第1卷)，贺麟、王太庆译，北京：商务印书馆，1959年版，第131页。

面的，但由此正可以看出他与老子观念上的区别性。黑格尔坚持认为，“无”必须由“无规定”走向“有规定”，即“扬弃一切规定”而非“排除了一切规定”，否则就没有意义。而老子则反之，恰恰坚持要由“万物”的具体性返回到那绝对无规定的“无”。两人所采取的，恰恰是相反的路线。这再次表明了，黑格尔的理论主张与老子的立场观念是绝然不可等同比附的。倘若再用马克思的话讲，黑格尔采用的是“从抽象上升到具体”[①]的路线；而老子显然是相反的路线，即从“比较具体的范畴”到“比较简单的范畴”[②]这样的追溯性的路线。

总结本章内容，理解老子的“反者道之动”应该明确：(1)返回价值本体是其基本倾向，应该从价值本体论的高度来理解“反”的意思，这样它作为“返回”的规定就可以确立下来；(2)通常所谓“正反”之“反”只是低一级别的问题，达不到价值本体论的高度；(3)老子的“反者道之动”命题是中国文化传统的产物，与西方哲学或科学的可比性就非常复杂，是否具有理论的可通约性就需要先行检验，而不能盲目求同。

---

①《马克思恩格斯全集》(第30卷)，北京：人民出版社，1995年版，第42页。
②《马克思恩格斯全集》(第30卷)，北京：人民出版社，1995年版，第43页。

四十一章　“道”的接受之维

上士闻道，勤而行之；中士闻道，若存若亡；下士闻道，大笑之，不笑，不足以为道。

故建言有之：明道若昧，进道若退，夷道若纇。上德若谷，大白若辱，广德若不足，建德若偷，质真若渝。大方无隅，大器免①成，大音希声，大象无形，道隐无名。夫唯道，善始②且善成。

这一章是讲“道”的推行困难，或者说，由“道”之普及难而讲“道”之可贵。这是从接受的维度间接地讲“道”。这也是“价值颠倒”的体现：越是宝贵的东西，越是不易普及；越是流行的东西，越是无价值的东西。在当代仍是这样，最流行的、最能挣钱的，就是各种“星”，但是能够成为“经典”吗？因此，阅读本章可以提一个问题：如何看待“经典”与“时兴”的关系？

老子首先把世人划分为三类，这三类人代表了三类对待“道”的态度。真正能够对于“道”有所体认的只有“上士”，这类人注定是极少数。这个意思引申开来，是不是可以说“真理掌握在少数人手里”或者“好东西只有少数人珍惜”？“中士”是持半信半疑的态度，“道”对于它也就是可有可无的东西。“下士”更过分，已经是大声嘲笑的了。这就是什么样的人看到什么样的东西。认识浅陋的人必然只能接受浅陋的东西，高级的东西必然被拉低到他能接受的程度，他的低水平的认识眼光限制了他的认识对象。

康德的《纯粹理性批判》就讲了类似的意思，即是说，对象、客体的存在是由主体的认知能力决定的，主体的认知能力如何是起前提性的作用的。“在先天知识中能够附加给客体的无非是思维主体从自己本身取出的东西。”③这个意思不要小看。这是具有革命性的意义的。康德的意思是，客

---

①“免”，通行本作“晚”，此从帛书本，楼宇烈论之甚详。见王弼：《老子道德经注》，楼宇烈校释，北京：中华书局，2011年版，第118页。

②“始”，通行本作“贷”，此从帛书本。

③康德：《纯粹理性批判》，李秋零译注，北京：中国人民大学出版社，2011年版，第17页。

体、对象，并不是“物自身”(事物的最本真存在)，而是人的认知能力的产物；人的认知机制是有“阈限”的，人只能认识“阈限”之内的东西。这就好比学生考试，学生平日只学习“大纲”以内的知识，出题太难了，就是“超纲”了，学生就认识不了、解答不了。老子讲的“道”，康德讲的“物自身”，相对于有限的认识能力，就属于“超纲”的东西。

因此，眼界低的人只能接受水平低的东西，高的东西他要么不接受，要么拉低到他能接受的层次。由此，我们就可以理解“劣币驱逐良币”的现象。倘若一个单位、集团的领导人的眼光太低，那么他作为“劣币”就只能接受“劣币”，“良币”对于他就是“超纲”了，怎能指望他理解认识到“良币”的价值呢？这就不单纯是“武大郎开店”的问题。“武大郎开店”，是属于道德“阈限”的问题，这是能力“阈限”的问题。

这样，“道”的传播与普及就困难重重。本章后半部分，讲的就是“道”的隐藏而不得普及的诸种情况。所谓“明道若昧”等等，都是讲它不被认识、接受的前景，所以到头来，就只能是“道隐无名”。它“明”不起来，就只能“昧”，它除了“隐”，除了“无名”，就毫无余地。所以，在“大器免成，大音希声，大象无形”的文字后，是苦涩的忧伤，是有“道”而不得推广的无奈。中国历史上，之所以很多不得志的文人雅士选择了“隐逸”，并不是其初衷就如此，而是“劣币”们驱逐的结果。

这种“逆淘汰”现象，尼采早就讲过，叫做“反达尔文”[①]。“在人类身上，由于不断变化的得宠与失宠，较高级的类型，也即进化的幸运儿，也是最容易走向毁灭的。”[②]“‘天才’是世上最高雅的机器，——所以也是最容易破碎的。”[③]就拿老子来说，从《道德经》可以断定，绝对是空前绝后的天才，但是他生前的遭遇如何呢？论起与之同时的那些名利双收之徒，论起那些王侯将相，他简直就是个失败者。最后，他都被“淘汰”到“出关”的程度了。当然，从身后看，他最终也成功了，但是，这种成功是建立在时代进步的基础上的，是建立在世人认识水平提高的基础上的。随着后世知识境界的提升，当年那些极少数的超越出同时代人的认知“阈限”的天才，逐渐地被接受了，被认可了。

---

①尼采：《权力意志》(下卷)，孙周兴译，北京：商务印书馆，2007年版，第1046页。

②尼采：《权力意志》(下卷)，孙周兴译，北京：商务印书馆，2007年版，第1049页。

③尼采：《权力意志》(下卷)，孙周兴译，北京：商务印书馆，2007年版，第1049页。

“千秋万岁名，寂寞身后事。”尼采所感喟的“退化”，也许从时代进步的角度讲，是可以避免的；但是，对于天才个人的命运来说，可能就无法避免了，因为他们太杰出、太超前了，他们对于所处的时代而言，是严重地“超纲”了！一个时代的大多数的人，只能接受他们普遍所能达到的“阈限”之内的对象，这是能力问题，还是不要过多地指责吧。“下士闻道，大笑之，不笑，不足以为道。”就宽恕这些“下士”一次吧。

四十二章 “损”与“益”的辩证法

道生一，一生二，二生三，三生万物。

万物负阴而抱阳，冲气以为和。

人之所恶，唯孤寡不谷，而王公以自称。故物或损之而益，或益之而损。人之所教，我亦以之教人。强梁者不得其死，吾将以为教父[①]。

这一章思路很清楚，分三层意思。第一句是讲总的宇宙生成机制。第二句是讲万物的构成机制。第三句及以下，是讲人间规律。这就是由世界观而推导出人生观、价值观，由观世界而观人生，老子的眼光气概是很恢弘的。

这里第一句话向来为人所重。但是也多是揣测之词，原因在于一、二、三的数字之意味。黑格尔说：“我们在科学史中，看到很早便用数来表示哲学问题。数构成用带着感性的东西来把握共相这种不完善的情况的最后阶段。数是处于感性的东西和思想的中间，古人对于这一点也曾经有过明确的意识。”[②]他对于用“数”来表达思想是颇不以为然的。“假如思维规定通过一、二、三、四便被称为概念的运动，好像概念只有通过这些数才成其为概念，那么，这将是对思维所要求的最困难的东西。思维将在它的对立物中，即在无关系中活动；它的事业将是一种发疯胡闹的工作。”[③]这可以说给了那些妄图通过此处的“一”、“二”、“三”来揣测老子本义的做法以当头棒喝。事实上，黑格尔关于本章也有过简单的论述，但着眼点仍在于指出老子思想表述的“不确定”[④]。

但是，不管怎么说，“道生一，一生二，二生三，三生万物”毕竟展示了一

---

①“教父”，一作“学父”。见杨丙安：《老子古本合校》，杨雯整理，北京：中华书局，2014 年版，第 195 页。

②黑格尔：《逻辑学》（上卷），北京：商务印书馆，1966 年版，第 227 页。

③黑格尔：《逻辑学》（上卷），北京：商务印书馆，1966 年版，第 229 页。

④黑格尔：《哲学史讲演录》（第 1 卷），贺麟、王太庆译，北京：商务印书馆，1959 年版，第 128 页。

个直线式的生成过程。从“一”到“万”，这是一个由简单而复杂，由抽象而具体，由空乏而充实的运动。什么是“一”？这当然是本原性的东西，是无关系性的东西，此时除了它自身什么还没有。黑格尔说：“一是无关系的东西，这就是说它在自己本身那里并不表现出规定，不由规定而过渡到它的对立物，反倒是绝对排除并拒绝这样的关系。”[①]什么是“二”？我们通常把它理解为矛盾的对立面。但什么是“三”？理解为对立面的统一体吗？这当然可以讲得通。但我们也可以看出来，老子的辩证法与黑格尔的辩证法是有很大区别的。能否把这里的思想附会于来自西方的所谓“对立统一规律”，这还是一个值得慎重反思的问题。因此，包括我们刚才对“一”的理解，也只能是一种推测之词，是很难最终确定真假的。

“万物负阴而抱阳，冲气以为和。”这里明确地讲到了万物的构成机制，是“阴”与“阳”的统一。此处的“阴”与“阳”当然可以联系到中国传统文化的阴阳观念，它是中国古人理解万物的一个认知图式。“万物负阴而抱阳”，说明万物离不开这两样对立性的基本元素。“冲气以为和”，这里又提到“气”这个范畴与“和”这个范畴，这两个又是中国哲学里最关键的范畴。什么是“冲”？蒋锡昌说：“按《说文》，冲，涌摇也。”[②]但“气”显然是沟通“阴”与“阳”而处于其间的中介物，这个“气”是“阴”与“阳”的哪一个产生的？是“阳气”吗？或者笼统地说：“‘气’是阴阳之精气而言。‘和’者，阴阳精气互相调和也。”[③]这样讲，“气”就是两者的共生物。这个“气”和后来的张载讲的“气”显然不同。“太虚无形，气之本体，其聚其散，变化之客形尔。”[④]“由太虚，有天之名；由气化，有道之名；合虚与气，有性之名；合性与知觉，有心之名。”[⑤]在张载的世界观里，“气”是仅次于“虚”的第二位的范畴。而在老子这里，“气”的地位要相对低一些。但张载的确也讲“阴阳之气”：“阴阳之精互藏其宅，则各得其所安，故日月之形，万古不变。若阴阳之气，则循环迭至，聚散相荡，升降相求，絪缊相揉，盖相兼相制，欲一之而不能，此其所以屈伸无方，运行不息，莫或使之，不曰性命之理，谓之何

---

①黑格尔：《逻辑学》(上卷)，北京：商务印书馆，1966年版，第229页。

②辛战军：《老子译注》，北京：中华书局，2008年版，第173页。

③辛战军：《老子译注》，北京：中华书局，2008年版，第173页。

④张载：《张载集》，北京：中华书局，1978年版，第7页。

⑤张载：《张载集》，北京：中华书局，1978年版，第9页。

哉？”[①]这段话倒是颇近乎是对“万物负阴而抱阳，冲气以为和”的具体阐发了。那么，所谓“和”就是“阴”与“阳”两者之相互结合并相互制约（“相兼相制”）的平衡状态了。

“人之所恶，唯孤寡不谷，而王公以自称。故物或损之而益，或益之而损。”这就是讲人间规律。“自损”者，反而受益。“孤寡不谷”是常人不用的“贬义词”，而“王公以自称”，这就是“自损”。但是，这里老子显然是搞错了因果关系。“王公”之为“王公”而成为“利益集团”，是因为这种“自损”就能实现的吗？显然不是。因此，老子在此失去了判断力，失去了其批判精神。老子由极少数的“王公”的自称“孤寡不谷”这一特殊行为模式，而推导出一种普遍的处事法则，进而得出“损之而益”的结论显然是不能服人的，乃至是很荒谬的事情。而且，很多“王公”虽然自称“孤寡不谷”，但实质上不等于真的就谦虚自抑，相反，多是飞扬跋扈、作威作福之徒。这就是只看其官面的矫饰作态，而不见其背后男盗女娼的肮脏勾当。直到今天，很多“大人物”貌似公共场合甚至私底下都颇为“低调”的，但是，这其中也多是面对着根本不构成对等地位的“下民”而摆出的姿态；实质上，一旦遭遇构成威胁的对立面，其冷血獠牙就必然是要亮出来的。

“谦受益，满招损。”这是中国人的处世之道。但是，真到了利益攸关的关键时刻，到底有多少人真的“谦”呢？倘若真的“谦”，又怎么翻开《二十四史》满是“白刀子进红刀子出”的场面呢？

因此，我们必须讨论下“德”与“福报”的关系问题。到底“德”能不能换来“益”？今人经常讲“实力为王”，倘如此，这显然就是讲“力”才是带来“益”的根本因素。只有有了“硬实力”，“打铁还靠自身硬”，才有“谦”的资本，才有“德”的修养。这样一来，后者就仅仅是锦上添花的东西，是胜利者的附加属性而非本质属性。老实巴交的康德经过一番思辨之后，煞有介事地说：“依照世界中单纯的自然进程，与德性价值精确切合的幸福是无法期待的，是被看作不可能的，于是这一方面的至善性只有在设定一个道德的世界创造者时才能够得到承认。”[②]这就是说，最终指望“德”换来“福”是不靠谱的事情。

---

①张载：《张载集》，北京：中华书局，1978年版，第12页。

②康德：《实践理性批判》，韩水法译，北京：商务印书馆，1999年版，第158页。

“物或损之而益，或益之而损”，这当然是一种“损”与“益”的辩证法。或者说，这是“损益颠倒律”。但是，到底是表面上装样子的“损”还是实质上的物质利益的“损”？“益”到底是实实在在的物质利益还是口惠实不至的虚名？一部人类史，就是一部人类围绕着物质利益而展开竞争乃至冲突的历史。所谓统治阶级，就是物质利益的垄断阶级，就是“利益集团”，真的能做到“自损”吗？若如此，则革命就不会发生，王朝就不会更迭！

“强梁者不得其死，吾将以为教父。”“强梁者不得其死”，这就是近乎赤裸裸的警告了。按说，这章的主旨最终是讲处世“自损”之道的。按照“阴阳冲和”原理，则贵在两间平衡，“强梁者不得其死”或许就在于打破了平衡吧。但是，什么样的人是“强梁者”？肯定不是“王公”吧，因为他们很“低调”的，那么显然就是一些不服管教的“下贱之民”。至于为什么“强梁”，或者说是什么导致的“强梁”，老子不讲，但我们可以大体上推测，难道不正是由于其自身的利益受损吗？可见，最终应该是“谦谦君子”的“王公”损害了“强梁者”，并且最终把他们镇压了。“不得其死”的背后是血腥的历史事实。这恰恰是“谦受益”的莫大讽刺吧！

四十三章　“利他”才能“利己”

天下之至柔，驰骋于天下之至坚。无有入于无间[①]，吾是以知无为之有益。

不言之教，无为之益，天下希及之。

本章内容主旨是讲“无为之益”。从上文看，这个论证当然并不严密。“天下之至柔，驰骋于天下之至坚。”在这“至柔”与“至坚”的尖锐对比关系中，“至柔”胜过于“至坚”。但是，如何“胜过”的？老子没有讲。后人强为之解释：水滴石穿，绳锯木断。当然，这种解释有一定的合理性。然而，毕竟只是类比。或许有人会说，这是比喻宽柔政治胜过强权政治[②]。但是，这样的例子尽管可以举很多，但从哲学论证的角度讲，也难称严谨。

倘若“至坚”真的是比喻强权，比喻铁血政治的话，最好的例子就是秦朝暴政了。但是，秦朝的被推翻，恰恰不是靠“至柔”，而是靠同样的“铁血手腕”，靠陈胜吴广起义的带头，进而靠项羽、刘邦的军队。再就拿项羽与刘邦而言，刘邦之战胜项羽，其直接的手段仍然是靠着韩信的军事才干与垓下之战的肉搏。“至柔”的作用，只能是间接的，而不是直接的，是长期的，而不是速效的。问题在于，“间接作用”与“长期效应”就很难说清楚。

也许，老子讲“天下之至柔，驰骋于天下之至坚”真的如后人解读的那样，是警告暴政的，甚至是要求统治者对老百姓放手一些，别把绳子捆得太紧。这对于被暴政压得喘不过气来的老百姓而言，堪称“福音”。但是，其根本目的仍是维系其统治而已。马克思早就讲过：“批判的武器当然不能代替武器的批判，物质力量只能用物质力量来摧毁；但是理论一经掌握群众，也会变成物质力量。”[③]这就是说，对付“至坚”的手段仍然要靠“至坚”，

---

①一作“出于无有，入于无间”。但结合本章语境，“无有入于无间”显然意思较胜。

②刘笑敢：《老子古今》（上卷），北京：中国社会科学出版社，2006 年版，第 477 页。

③马克思：《〈黑格尔法哲学批判〉导言》，《马克思恩格斯选集》（第 1 卷），北京：人民出版社，1995 年版，第 9 页。

即“物质力量”。

老子讲“不言之教，无为之益”，从老百姓的角度讲当然是好事情，统治者之“不言”，等于省却了很多瞒与骗的宣传与强与横的律令；统治者之“无为”，等于让统治者放开老百姓的手脚，给老百姓足够的劳动实践的空间，不去干扰老百姓的具体生产。但是，这是不可能的。统治者之统治百姓的根本目的，就是通过“言”与“为”来占有享受其豪奢的物质财富的。而且，“言”本来就是“柔”的手段之一。“不言之教”？显然不切实际。

从辩证法的规律讲，“柔”与“坚”，“不言”与“言”，“无为”与“为”，都是对立关系，因此也就是相互补充的关系，不存在着绝对的单一方面的真理性。“无为而治”，恰恰是“有为过度”的反拨。比如汉初的“休养生息”政策，恰恰基于秦朝暴政的过于“有为”。而从国家政权的本质讲，“无为而治”的主张真要实现到底的话，简直是要求统治者放弃政权。汉初虽讲“休养生息”，但是执政之初，最首要的仍然是法律的完善，哪怕“萧规曹随”，也毕竟少不了“规”。

从根本上说，问题不在于“言”或“为”之有无，而在于统治者是否尊重他者（百姓）的需求。倘若是有利于百姓的“言”与“为”，何必“无”之？当“言”而“不言”，当“为”而“无为”，就要么是滑头，要么是荒政。因此，应当消除的只是危害百姓的“言”与“为”。讲到“言”，最有效用的莫过于公共舆论了，这就要善于区分哪些是有利于百姓的，哪些是有害于百姓的，哪些是引领时代的，哪些是背离时代的。黑格尔说：“谁道出了他那个时代的意志，把它告诉他那个时代并使之实现，他就是那个时代的伟大人物。他所做的是时代的内心东西和本质，他使时代现实化。”①

从“为己”与“为他”的关系讲，一切“言”都有着“为己而言”还是“为他而言”的选择性，一切“为”也都有着“为己而为”还是“为他而为”的可能性。从初衷上讲，“为己”常常是首要的，乃至是主要的，这就常常导致了“为己”与“为他”的对立，“为己”常常以“损他”为基础。因此，就统治者而言，维护其自身利益就是首要的选择，当其自身利益与百姓利益相背离之时，其“言”与“为”就会出现问题。其“言”就会出现虚假性与欺骗性，其“为”就会产生“损民”的效应。而且，越是其“为”的“损民”程度加剧，其“言”的欺骗

①黑格尔：《法哲学原理》，范扬、张企泰译，北京：商务印书馆，1961年版，第334页。

程度就相应加剧。这样，“为己”与“为民”的对立关系，就扭曲成这样：越是“为己”的，越是伪装打扮成“为民”的。统治者越自私自利，越是冒充普遍利益，“为了达到自己的目的不得不把自己的利益说成是社会全体成员的利益，就是说，这在观念上的表达就是：赋予自己的思想以普遍性的形式，把它们描绘成唯一合乎理性的、有普遍意义的思想”①。

我更愿意相信，老子之提倡“不言之教，无为之益”，也许是认清了当时统治者的“言”与“为”的“损民”的本质，这种“言”与“为”越是多一些，老百姓的利益就越是少一些；因此，越是少一分此类“言”与“为”，越是多一些老百姓的好处。从这样的理解讲，主张“不言之教，无为之益”就等于是为民请命的呼吁。

---

①马克思：《〈黑格尔法哲学批判〉导言》，《马克思恩格斯选集》(第1卷)，北京：人民出版社，1995年版，第100页。

四十四章　生命价值的“颠倒律”

名与身，孰亲？身与货，孰多？得与亡，孰病？

是故，甚爱必大费，多藏必厚亡。

知足不辱，知止不殆，可以长久。

本章意在警世，实则是劝统治者收手。物质的荣华并不是多多益善的，多到一定程度反而会害己。这就是辩证法的“颠倒律”：“甚爱必大费，多藏必厚亡”，其意思就是贪多必失，占有越多失去越多。此亦可谓“物极必反”，正面颠倒为反面，“得”颠倒为“失”。

这里当问一个问题：如何才是有利于己，或者说，什么才是更好的“为己”？因为，“名”“身”“货”的存在，最终还是围绕“为己”的问题。“名”“身”“货”的问题，涉及到人生价值选择问题，或者说，哪一种才对“己”最有价值？对于有的人而言，“身”最重要，其他皆“身外之物”；但是对于爱财之人，“货”最要紧，“名”与“身”皆不在乎；而对于好名之人，“身”可舍，“货”可弃，古来很多舍身忘家、杀人成仁的烈士，即在此列。贾谊《鹏鸟赋》云：“贪夫殉财兮，烈士殉名，夸者死权兮，品庶每生。”这就是各取所需，各执所欲，谁也说服不了谁，道理千千万，路靠自己走。熊十力则说：“任何私欲皆与财有关，且多为贪财之变相，如名誉欲、权力欲，其本质与贪财无甚异也。贪财是一切私欲之根，是与身躯或小己密切固结、不可解脱者。”①

从生命价值而言，当然“身”最重要；“名”与“货”，一虚一实，如鸟之两翼，皆是辅助之具。从维持生命存在的物质条件讲，达到衣食无忧的程度仅需要一定量的“货”即可。这就是说，“货”到了一定的量，对于“身”就等于无效积累了，再多无益。而且，“货”的负面效应也很明显，就是更容易把人的欲望激发出来了，“货”有了“余”，就想着满足基本需要之外的其他需要。从维持生计讲，“货”有“必要积累”，即维持生活的基本积累的量；但

---

①熊十力：《体用论》，北京：中华书局，1994年版，第215页。

是，超出此，就是“剩余积累”，这个“剩余积累”倘若不好好处理就大有问题。老子讲“甚爱必大费，多藏必厚亡”，就是讲“剩余积累”之后的弊端问题。因此，于此就应当提问：“货”的“剩余积累”有没有必要，或者，如何处理“剩余积累”？

既然我们对于“货”做了“必要积累”与“剩余积累”的区别，相应的，人的欲望也有“必要欲望”与“剩余欲望”的区别。比如，人一顿饭的量是有限的，他只想吃这个饭量，这时他的食欲就是“必要欲望”；但是，可能由于饭很好吃，他超过了这个定量还想吃，这时他的食欲就是“剩余欲望”。这个“剩余欲望”，持续下去，就是要了还想要，永不嫌多，只会嫌少。所谓“欲壑难填”，就是“剩余欲望”的单调延续。

“知足不辱，知止不殆，可以长久。”老子提出的方案是“知足”与“知止”。这个“足”与“止”，倘若从“身”的维持讲，是定量的，也就是达到“必要积累”与实现“必要欲望”就行了。但是，尽管老子的话早就国人皆知，但是，为什么众多国人做不到呢？这就不仅要从“知”上追究，更应该从价值选择上去思考。从价值学讲，“货”不仅仅是具有维持生命的使用价值，而更重要的是，它代表着社会价值。“货”的积累量代表着社会价值的实现程度，谁的“货”多，谁就越能获得社会的认可。这个秘密马克思称之为“商品的拜物教”：“商品形式的奥秘不过在于：商品形式在人们面前把人们本身劳动的社会性质反映成劳动产品本身的物的性质，反映成这些物的天然的社会属性，从而把生产者同总劳动的社会关系反映成存在于生产者之外的物与物之间的社会关系。由于这种转换，劳动产品成了商品，成了可感觉而又超感觉的物或社会的物……商品形式和它借以得到表现的劳动产品的价值关系，是同劳动产品的物理性质以及由此产生的物的关系完全无关的。这只是人们自己的一定的社会关系，但它在人们面前采取了物与物的虚幻形式。因此，要找一个比喻，我们就得逃到宗教世界的幻境中去。在那里，人脑的产物表现为赋有生命的、彼此发生关系并同人发生关系的独立存在的东西。在商品世界里，人手的产物也是这样。我把这叫作拜物教。劳动产品一旦作为商品来生产，就带上拜物教性质，因此拜物教是同商品生产分不开的。”[①]这就是说，商品的性质发生了变化，已经从使用价

---

①马克思：《资本论》（第1卷），北京：人民出版社，2004年版，第89—90页。

值向着社会价值转变了，它不再仅仅服务于基本需要、基本欲望了，而是服务于社会价值，代表着社会关系了。这样，它就摆脱了其实用性、物质属性而具有一定的虚幻性、精神迷醉的可能性。这正是世间贪财好货之人拼命积聚它的根本原因，所谓"拜物教性质"就是它所具有的类似宗教狂信的精神麻醉性质。

至于说到"名"，它虽然虚，但它更是社会关系的反映。谁有"名"，谁就意味着广泛的社会关系，就意味着广泛的社会影响力，这是其价值实现程度的标志。说到这里，"名"与"货"就一致起来了，两者在社会影响力的标志方面，是一样的。"货"的虚拟化，正如"名"一样，都代表着实实在在的社会承认程度，代表着一个人的社会存在感。

这样一来，"身"的层次就与"货"和"名"相比显得低下了。"身"仅仅代表着人的自然生命的基本维系，而"货"与"名"才代表着一个人的社会价值，前者仅仅是生物学意义上的，后者才是社会学、价值学意义上的。这样，老子的提问："名与身，孰亲？身与货，孰多？得与亡，孰病？"的答案就不那么好说了。人生在世，并不仅仅是出于实用目的，并不仅仅停步于肉体生命的满足，他还要追求那虚幻化的价值，那类似精神麻醉剂一样的东西，那种广泛的社会认可，那种众人的赞美与羡慕，而"名"与"货"恰恰可以带来这样的效应。这样一来，老子的"知足""知止"反而显得落后了，因为"身"仅仅代表比较低层次的追求了。由此，我们就发现了另一种奇妙的"价值颠倒"：物质财富的东西颠倒为精神价值性的东西，本来受到推崇的必要欲望的满足颠倒为比较落后的追求。讲到这里，"可以长久"的东西也就发生了颠倒了，"身"早晚要"灭"，并不"长久"，而"名"与"货"的效应或许更持续。

总之，我们讲本章内容，既要肯定老子的劝诫之目的，但也要反思其中的问题。当今社会是个价值多元的时代，倘若取之有道，面对"身""名""货"的选择，也许就不该千篇一律地肯定其一而反对其余，而应当尊重各个不同的追求。

进而，从辩证法的高度讲，"身与货"的关系就不应当是对立的、相互割裂的关系，更不应该是相互损害的关系；相反，"货"本身就应该是利于"身"的，而且，它本身就源于"身"的劳作。在这方面，黑格尔就把两者视为统一的。按照黑格尔的"异化"理论，精神为了实现自身，必须外化其自身，也就是必须“物化”。所以,“货”的占有不仅不是消极的,而是有其积极意义的。“人有权把他的意志体现在任何物中,因而使该物成为我的东西;人具有这种权利作为他的实体性的目的,因为物在其自身中不具有这种目的,而是从我意志中获得它的规定和灵魂的。这就是人对一切物据为己有的绝对权利。”[①]倘若按照黑格尔的观点,老子的“身与货,孰多?”就会被认为提错了问题,因为“身”与“货”应该是统一关系,“身”之实现即是“货”的占有,“货”之所在即“身”之“所有”。所以,黑格尔是主张个人必须要有私人财产,必须要有所有权的保障。“在对外在事物的关系上,合理的方面乃是我占有财产。”[②]黑格尔认为,人格的自我实现就在于物权的实现,否则就沦为空洞的存在,只有这样才是从主观到客观、由内在而外在的转化过程。“人把他的意志体现于物内,这就是所有权的概念……我把某物变成我的,这时我就给该物加上了‘我的’这一定语,这一定语必须对该物以外在的形式表示出来,而不单单停留于我的内部意志之中。”[③]

①黑格尔:《法哲学原理》,范扬、张企泰译,北京:商务印书馆,1961年版,第52页。
②黑格尔:《法哲学原理》,范扬、张企泰译,北京:商务印书馆,1961年版,第57页。
③黑格尔:《法哲学原理》,范扬、张企泰译,北京:商务印书馆,1961年版,第59页。

四十五章　把对立面包进来

大成若缺，其用不敝①。大盈若盅②，其用不穷。大直若屈，大巧若拙，大辩若讷。

躁胜寒，静胜热，清静为天下正。

本章颇多辩证语，其显著者，是“大A若非A”的表述，这就是把对立面结合在一起了。“大成若缺”，“成”与“缺”之间是对立面的关系，但是两者不是绝对的割裂关系，而是具有转化、过渡向对立面的可能性。“大成若缺”，即是说，“大成”具有“缺”的特点，这就把“缺”包含于自身了。在此，必须辨明“大成”与“成”或“缺”的异阶关系。即是说，“成”与“缺”相当于低阶存在的对立关系，而“大成”则是两者的统一体，是高阶存在。

这个意思，黑格尔也讲。“任何对立面都是一个与它的对立面相反的东西，换言之，任何对立面在其自身内就直接包含着一个他者。诚然，我可以把对立的一方放在这边，把相反的他者放到那边，也就是说，把对立的一方当作一个自在且自为存在着的、摆脱了他者的东西。但是正因为我在这里把对立的一方当作一个自在且自为存在着的东西，它就转变为它自己的对立面，换言之，对立的一方实际上在其自身内就直接包含着一个他者。”③这就是说，在A自身内部直接就有非A，A同时统摄着非A。把对立面内包于自身的讲法，用张载的讲法，就是：“阴阳之精互藏其宅。”④“互藏其宅”的意思就是“你中有我，我中有你”，A中有非A的存身之所，非A亦有A的存身之地，这就是互相在其对方之中有其存在的位置，互相在自身之内允诺对方的存在之位置。

---

①“敝”，或有版本作“弊”，乃是“敝”之假。

②“盅”，诸本多为“冲”，此处当为“盅”，取其中空之义。见杨丙安：《老子古本合校》，杨雯整理，北京：中华书局，2014年版，第201—202页。

③黑格尔：《精神现象学》，先刚译，北京：人民出版社，2013年版，第103页。

④张载：《张载集》，北京：中华书局，1978年版，第12页。

但是,也有反对意见。列维纳斯就反对"把其对象主题化并将之含括在内的统握"[①],认为把对方"统握"进来的做法等于把对方的独立存在取消掉了,最终是对于他者的"同一化"。所以,从他者的立场讲,列维纳斯反对这种"内在性",而主张"存在是外在性"[②]。那非A相对于A来讲,作为他者是绝对在外的,不能被A"内化"进来。"超越者,就是那不会被包含者。"[③]反之,一旦允诺"互藏其宅",两者就有互相转化的可能性,就有同一性,最终就是一元论或玄同化,万物就被归结为"一"而失去了"异"。而列维纳斯恰恰主张"异"是不能被抹杀的。"在创造中,被肯定的不仅有存在者之间的亲属关系,而且有它们之间的根本异质性以及它们虚无的彼此外在性。"[④]

在辩证法的对立统一的理解方面,黑格尔与老子有可以对话的地方。但是,具体讲到"大成"的理解上,两者就有很大的区别了。虽然两者都主张"大成"与"缺"的内在关联性,但是,黑格尔认为"缺"最终必须被克服,否则,真理就等于还没有达到,就只是处于途中的东西。"它不过是在有限物中唤起无限物,在无限物中唤起有限物,可以说是开动无限进展的发条而已。这个进展是那个统一的外在的东西,表象就停留在那里;在同一交替的那个长久重复里,在超越界限前进到无限那种空虚的不平静里,前进在这个无限物中又发现了新的界限,不论在这个新界限或无限物中,前进都无法停止。这个无限物有一个彼岸的固定规定,那个彼岸是不能达到的,因为那个彼岸是不应该达到的,因为那个彼岸脱离不了彼岸的规定性,脱离不了有的否定。"[⑤]

在黑格尔的理解中,真正的"大成"不能有"缺"流于"外",有"缺"的"大成"就不叫"大成","缺"一旦被"大成"克服掉了,就发生了根本性的变化,就不再是"缺",而是作为"否定性"成为"大成"的内部环节,而不再具有其外在性。真正有意留"缺"的哲学家是康德与费希特,康德预设的"缺"就是"物自身",这个"物自身"永远抵达不了,人类的认知只能永远在路上;费希

---

①列维纳斯:《总体与无限:论外在性》,朱刚译,北京:北京大学出版社,2016年版,第54页。
②列维纳斯:《总体与无限:论外在性》,朱刚译,北京:北京大学出版社,2016年版,第281页。
③列维纳斯:《总体与无限:论外在性》,朱刚译,北京:北京大学出版社,2016年版,第284页。
④列维纳斯:《总体与无限:论外在性》,朱刚译,北京:北京大学出版社,2016年版,第285页。
⑤黑格尔:《逻辑学》(上卷),杨一之译,北京:商务印书馆,1966年版,第141页。

特预设的“缺”就是“非我”，它与“自我”永恒地“交互”，自我只能永远保持着对它的“渴望”①。“在知识学看来，一切现实的最终根据，对自我而言，乃是自我之外的某种东西之间的一种原始交互作用。至于这种东西，当然除了说它必定与自我完全相反之外，再也不能有什么可说的。在这种交互作用中，没有什么东西被带进自我，没有任何异己的东西被输送进去。直至无限为止，凡是在它那里发展出来的东西都仅仅是按照它自己的规律从它本身发展起来的。自我仅仅是被这种相反的东西推入运动，以便有所作为，而如果没有在它之外的这样一种最初的推动者，它将永远不会有所行动。而且由于它的现实完全寄托于它的行为，所以它也将永远不会有所存在。然而对于这个推动者，除了说它是一个推动者，一种本身也只是感觉到对立的力量之外，再也没有其他什么可说了。”②在费希特的理解里，“自我”总是遭遇“非我”的阻力，由此推动“自我”前进，但是对这个“推动者”却不能“内括进来”，它永恒地“是自我之外的某种东西”。黑格尔对费希特评论说：“从实践的范围看来，终极的东西在于自我的活动是一种仰望、努力，——这与康德所谓‘应当’是同样的东西。”“自我并没有把握住那无穷的阻力、非我。自我决定非我，但非我老是一个彼岸，——这个作为非我的彼岸，自我意识并不懂得如何把它与自己合而为一。”③“在费希特那里永远存在着自我应当如何克服非我的困难。在这里并没有达到这两个方面的真正的统一；这个统一永远只是一个应当存在的统一，因为原来就确立了这个虚假的前提：自我和非我在其分离性中、在其有限性中都是某种绝对的东西。”④

我们还是回到老子本章的内容上来。“大直若屈，大巧若拙，大辩若讷。”这就是说，每一卓越之存在皆吸收了其异己者的特性，从而使自己变得全面。但是，下文明显有一掉转。“躁胜寒，静胜热。”按照对立面应当吸收对方的思路，“躁”与“静”，“寒”与“热”就都有合理性，因为只有对立面有值得吸收的特性，有其合理性，上文的主张才能成立。但老子这里却着一“胜”字，这就因强化其中一方的优越性而否定掉另一方面的值得吸收的优

①费希特：《全部知识学的基础》，王玖兴译，北京：商务印书馆，1986年版，第233页。
②费希特：《全部知识学的基础》，王玖兴译，北京：商务印书馆，1986年版，第203页。
③黑格尔：《哲学史讲演录》(第4卷)，贺麟、王太庆译，北京：商务印书馆，1978年版，第328—329页。
④黑格尔：《精神哲学》，杨祖陶译，北京：人民出版社，2006年版，第208—209页。

点。“清静为天下正”的结论的得出是与前文有所背离的。按照“大 A 若非 A”的连贯性，就应该是“清静若躁热”，真正的“清静”不应该是与“躁热”远离的，反倒应该是吸收“躁热”的特性以为己有的。

四十六章　战争之罪

天下有道，却走马以粪；天下无道，戎马生于郊。

罪莫大于可欲，祸莫大于不知足，咎莫憯[①]于欲得。故知足之足，常足矣。

本章主题是战争，内容分两部分。第一部分是对比性的描述：一边是和平生活，马忙于农耕；一边是战争频繁，马驹产于荒野。这种对比通过"马"来描述而不及人，但由"马"的不同遭遇更能曲折传达战争之人的痛苦，笔法含蓄而力透纸背。第二部分则是追究战争的根源。发动战争的原因是什么？老子认为是贪欲。因此，消灭战患的方案在于"知足"。这是老子关于战争的思考。老子关于战争的观点反映了百姓的渴望和平、反对战争的心声，有其积极意义。但是，他对战争的理解仍然处于朴素的思维阶段，还显得不够深入与全面。

首先，发动战争的根本原因是什么？黑格尔说："战争不应看成一种绝对罪恶和纯粹外在的偶然性，从而说它本身具有偶然的根据，不论其为当权者或民族的激情，不公正的事由，或任何其他不应有的事都好。"[②]这就是说，战争不能仅仅归结于一种偶然性因素。

通常把战争的原因归结为"欲望"。"任何战争的驱动力都是欲望，群体的欲望或野心家的欲望，征服的欲望或占有的欲望，权利的欲望或领土的欲望，青史留名的欲望或荣华富贵的欲望。"[③]但这就等于说，把战争"主观化"了，或者说，把战争的起源追溯为主观性。但是，战争是诉诸物质力量的，战争真要发动起来，首先就要有"能战"的物质条件，仅仅凭借着"欲望"是打不起来的。真正能够打起来的根本条件，首先必然是拥有战斗能

---

①"憯"亦作"大"，依楚简、帛书等作"憯"为优，通"惨"。辛战军：《老子译注》，北京：中华书局，2008年版，第185页。

②黑格尔：《法哲学原理》，范扬、张企泰译，北京：商务印书馆，1961年版，第340页。

③刘笑敢：《老子古今》(上卷)，北京：中国社会科学出版社，2006年版，第497页。

力。这就已经表明,“欲望”顶多是战争的引燃点或催化剂,而不是战争发动的根本原因。

从辩证法的角度讲,战争是矛盾斗争的尖锐化、极端化的实践方式,战争的根本目的就是消灭异己,战争是否定他者存在的具体行动,是保存自己、壮大自己而消灭他者、削弱他者的暴力活动。从根本上说,自身与他者的“异在性”是战争的最终根源。由于自身与他者的“异”,这种“异”激化为“对立”,然后才为了“存己性”而展开“否他性”。对于他者存在的否定与占有,这是战争的本质。“国家作为个别的个体对其他同样一些个体是排他性的……这种独立性使得它们之间的争执成为一种暴力关系,即一种战争状态……”①

战争区分为国内战争与国际战争两种。国内战争从根本上来说,是围绕着国家政权的占有而发动起来的暴力行为,其终极目的与理想结果就是颠覆政权。从国内战争讲,战争是统治阶级之间或统治阶级与被统治阶级之间的矛盾不可调和的产物。从国际战争讲,战争是不同国家民族之间的利益冲突不可调和的产物,是由统治者主导的而广大被统治者被领导支配的暴力行动。但不管是国内战争还是国际战争,都是围绕着物质利益的掠夺与占有而展开的。为着物质利益,诉诸物质手段,消灭异己,壮大自己,这是战争的基本规定。

战争是“否他性”的极端形式。因此,战争的基本表现就是摧毁、消灭,其所经过之处,是以生命与财富的消逝性为代价的。黑格尔说:“战争是严肃对待尘世财产和事物的虚无性的一种状态。”②所谓“虚无性”,就是“可消灭性”,就是死亡的必然性。因此,战争总是伴随着大量的死亡,大量的物质消耗,大量的农田的摧毁……在战争面前,生命是渺小脆弱的,财富是转瞬即逝的,眼泪是用于哀伤毁灭的。

制止战争的根本在于,认识到“否他性”的局限性,认识到为了“存己性”而“否他性”是片面的。必须尊重他者的利益,必须学会妥协与退让,从而在自身与他者之间寻求和解。但是,消灭战争的根本是消灭“战斗力”,是消灭发动战争的物质力量。倘若没有物质保障,单纯的“欲望”就是空

①黑格尔:《精神哲学》,杨祖陶译,北京:人民出版社,2006年版,第353—354页。

②黑格尔:《法哲学原理》,范扬、张企泰译,北京:商务印书馆,1961年版,第340—341页。

想。因此,消除战争的物质条件是实现和平的终极保障。

但是,从制止对方发动战争的角度讲,实现和平的最好的手段就是发展壮大自己,不让自身具有"可消灭性"。在自身与他者之间的力量对比相对均衡时,战争是很难发动起来的,或者说,即使发动起来,敌人也是很难实现其意图的。当然,影响战争的因素各种各样,人的意志力,激情,理想,知识,都会改变战争的走向。因此,单靠其中任何一种因素,是很难实现对于战争的掌控的。

最后,我们可以联系下当今世界的核力量。很多人只看到核武器的大规模的摧毁性力量,只看到了其恐怖性;但是,却忽视了其重要的维护和平的作用。正是由于大国之间的核力量的相互制约,才极大地提高了发动世界大战的难度。核武器的存在反而因极大地提高了敌方的"可消灭性"而极大地提高了自身的"不可消灭性"。在各国都不可消灭而只能相互妥协的时候,世界和平就顺理成章地实现了。这样一来,"存己性"与"存他性"就统一起来了,而不再偏执于"否他性"。"战争状态是拿国家的独立自主来冒险,但是就一个方面来看是导致各自由民族个体的相互承认,并借助于据认为应当永久持续的和平协约而把这种普遍的承认以及各民族彼此相对的特殊权限确定了下来。"[①]

因此,讲老子的战争观,我们既要看到其反对战争的可贵的方面,但也要进一步开动脑筋,提升对于战争的认识,摆脱对于战争的理解上的种种误区。总之,战争不是单纯起源于主观的"欲望",仅仅靠"知足"是解决不了问题的。而且,战争既有非正义战争,也有正义战争,"以战止战"的战争不应该也连带被否定。我们需要对于战争进行充分全面地认识,而非盲目地否定一切战争。尽管不那么入耳,但黑格尔的话作为警世之语还是值得听取的:"当事物的本性要求时,战争还是会发生的;种籽又一次发芽了,在严肃的历史重演面前,饶舌空谈终于哑口无言。"[②]

---

①黑格尔:《精神哲学》,杨祖陶译,北京:人民出版社,2006 年版,第 354 页。

②黑格尔:《法哲学原理》,范扬、张企泰译,北京:商务印书馆,1961 年版,第 342 页。

四十七章 “外”的拒斥

不出户,知[①]天下;不窥牖,知天道。其出弥远,其知弥少。

是以圣人不行而知,不见而名[②],不为而成。

本章体现了老子关于主体修养的要求:返己自求而非逐外旁求。苏辙解释说:“世之人为物所蔽,性分于耳目,内为身心之所纷乱,外为山河之所障塞。见不出视,闻不出听,户牖之微,能蔽而绝之。不知圣人复性而足,乃欲出而求之,是以弥远而弥少也。”[③]此处“复性而足”就是内求而无待于外的意思。

中国传统皆有重内省的倾向,警惕驰逐于外而广积见闻,主张内省自见而涵养德性,这就是“道问学”与“尊德性”之争。中国哲学史上著名的朱熹与陆九渊之争,所争也就在此。“鹅湖之会,论及教人。元晦之意,欲令人泛观博览,而后归之约。二陆之意,欲先发明人之本心,而后使之博览。朱以陆之教人为太简,陆以朱之教人为支离,此颇不合。”[④]朱熹主张由广见闻入手,博观而后约取,陆九渊兄弟则主张发明本心为先,由内而外地扩展。从陆九渊的立场讲,本心不明如何去了解外物呢,只会陷入支离琐屑罢了;从朱熹的立场讲,见闻不广,所得只是空疏。陆九渊尚有一诗:“墟墓兴哀宗庙钦,斯人千古不磨心。涓流积至沧溟水,拳石崇成泰华岑。易简工夫终久大,支离事业竟浮沉。欲知自下升高处,真伪先须辨只今。”[⑤]从这首诗,可见出陆九渊强调“自明性”为第一位而贬斥“支离事业”的态度。

老子主张“不出户”“不窥牖”,这就是杜绝了外在的见闻之知,杜绝了耳目外感的知识来源。老子认为,这些外来的材料不能让人得以领会人的

---

①“知”,亦作“见”,此据帛书本。

②“名”,通“明”。

③苏辙:《老子解》,《三苏全书》(第5册),曾枣庄、舒大刚主编,北京:语文出版社,2001年版,第451页。

④陆九渊:《陆九渊集》,北京:中华书局,1980年版,第491页。

⑤陆九渊:《陆九渊集》,北京:中华书局,1980年版,第301页。

自身本性。“其出弥远，其知弥少”，这就是否定外在性的认知，认为越是积累外在的东西，越是迷失自我。在这里，实际上就暴露出来认识他者与认识自身的对立关系。“知识越多越反动”，这是一句至今颇令国人忌惮的话，但它有中国传统的基础。从老子的立场讲，外部知识越多越是不利于内心的自省觉悟；真正的知不是了解他者，而是了解自身，重在内观而非外观。“不行而知，不见而名，不为而成”，这是反实践的主张。我们经常讲“实践出真知”，但是，老子不这么看。从中国传统立场讲，就应当追问：实践能出良知吗？“实践出真知”，这个“真知”顶多是了解世界、征服世界的东西，它不属于了解自我、战胜自我的方面。所以，这里是两种截然不同的认识活动：(1)主于外部事物的，以异于己的存在为对象的，目的是获得他者的本性真相，乃至于是占有征服他者存在的；(2)主于自身内部的，以自我内心为对象的，目的是获得自身的真实情况，乃至于战胜自我的局限，获得自我的提升。

熊十力曾经指责当代哲学说：“今世之为玄学者，弃智而任慧。故其谈体也，直以为思议所行境界，为离自心外在境界。易言之，即一往向外求理，如观物然，而不悟此理唯在反求，只堪自识，遂乃构画抟量，虚妄安立。以是驰逞戏论，至于没齿而不知反。”[①]可见，在熊十力心目中，偏于“外”而不知“反”，是当代玄学的弊端。

实际上，西方哲学也有重视发明本心、弘扬德性的传统，甚至古希腊德尔菲神庙上早就有“认识你自己”的神谕。法国哲学家福柯还详细区分了“认识自己”与“关心自己”，这里姑且提一下他关于“关心自己”的一条解释：“‘关心自己’也是某种注意、看的方式。关心自己包含有改变他的注意力的意思，而且把注意力由外转向‘内’……关心自己意味着监督我们的所思和所想的方式。”[②]这种“关心自己”、返照内求的探索可以以奥古斯丁的《忏悔录》为典型。比如：“我爱你已经太晚了，你是万古常新的美善，我爱你已经太晚了！你在我身内，我驰骛于外。我在身外找寻你；丑恶不堪的我，奔向着你所创造的炫目的事物。你和我在一起，我却不和你相谐。这些事物如不在你里面便不能存在，但它们抓住我使我远离你。”[③]在这里，

---

①熊十力：《新唯识论》，北京：中华书局，1985年版，第44—45页。

②福柯：《主体解释学》，佘碧平译，上海：上海人民出版社，2005年版，第12页。

③奥古斯丁：《忏悔录》，周士良译，北京：商务印书馆，1963年版，第209页。

就明显地表现出对于自身向外驰骛的忏悔,而竭力地想要回到自身之内。

黑格尔的《精神现象学》的主题就是从对象的外在性那里达到向着自我意识的复归。这在一定程度上也是“反身而诚”的路线。在黑格尔看来,外在的事物应当被理解为自我意识的产物,即“正是自我意识的外化活动设定了物性”,这就是说,外在之物并不具有独立性,而源自自我意识的外化活动。但既然这样,就应当回归到自我意识,即“又把它们收回到自身之内,因此自我意识在它的严格意义上的他者存在那里也是保持在自身内”①。可见,黑格尔哲学也是由物而返己的追求。但是,与老子不同的是,老子是反对“外化”的,“不行而知,不见而名,不为而成”的主张正是与黑格尔相对立的立场。黑格尔认为,为了自我实现,必须外化出去,去经历一番欲望、劳动,乃至死亡的完整历程然后才能真正地实现自我认识。就整个知识历程而言,黑格尔讲:“精神是自主体的这样一个运动:自主体一方面脱离自身发生外化,沉浸在它的实体之中,另一方面又作为主体摆脱实体,并返回到自身之内,把实体当作对象和内容,因为它扬弃了客观性与内容之间的差别。”②这就是三段式的运动:自——外——自。老子则干脆省略掉了“外”这个环节。熊十力说:“古哲对于内心的体察,纯用返观法,而忽视内心与其躯体及外物之联系,实于无意中将心灵看作是无对的独立体。”③此言颇中其弊。

①黑格尔:《精神现象学》,先刚译,北京:人民出版社,2013年版,第489页。

②黑格尔:《精神现象学》,先刚译,北京:人民出版社,2013年版,第500页。

③熊十力:《体用论》,北京:中华书局,1994年版,第220页。

四十八章　加法与减法

为学者日益，为道者日损[①]；损之又损，以至于无为。无为而无不为。取天下者常以无事；及其有事[②]，又不足以取天下矣。

这一章主要讲两种相互对立的价值追求，而非通常所理解的仅仅是两种认知方式的对比。倘若仅仅从知识学的角度理解本章，就陷入认识论的窠臼；更应该从人生价值追求的角度，从人生自我实现的最高价值目标的角度，来理解“取天下”的内涵实质。

“为学者”用加法，“为道者”用减法，这只是表面的区别，其实质上的差别尚有待于揭示[③]。若与上一章内容相结合，“为道者”的方法就是“不出户”“不窥牖”的“内敛法”，就是竭力从他者存在的纠缠中摆脱出来，返归到独立自主的自我存在。因此，“损之又损”的实质是不断切断自身与他者的联系，不断减少外界对自己的束缚，不断降低自身对他者的依赖性。而与之相反，“为学者”则是不断向外扩展，不断建立与外界的关联性，不断地接受外界的影响，这样就不断增加了自己对他者的依赖性。这样，“为学者”代表着不断离己而向外、渐行渐远的方向，“为道者”代表着不断离他而向内，回归自我的方向。因此，“益”与“损”的内容，并不是通常所理解的“知识”或“见闻”，而是指与他者、外界的关系。在上一章中，由于不断地倾向内敛，故结论是“不为而成”；此一章亦如此，由于它不断斩断与外物的关联性，最后就纯由自我做主，自然就得出“无为而无不为”的结论。“不为而

---

①此句亦有“为学日益，为道日损”而无“者”字的版本歧异情况。见杨丙安：《老子古本合校》，杨雯整理，北京：中华书局，2014 年版，第 211 页。

②王弼本无“有”字，据他本补。见杨丙安：《老子古本合校》，杨雯整理，北京：中华书局，2014 年版，第 212—213 页。

③熊十力说：“老子平章学术，有日益、日损之分。”熊氏对于此两者有详细的论述，但也指出老子的弊端之处，比如“道家去知，殆将黜耳目、遗视听以绝物，此大悖孔子之道也”，又说“道家言去欲，而于欲无所简别，便一切去尽”。见熊十力：《体用论》，北京：中华书局，1994 年版，第 179、202、203 页。

成”与“无为而无不为”的意思是基本一致的。

因此，阅读本章必须以自身与他者的关联为主轴，来理解“损”与“益”的本质。从自身与他者的关联性讲，“为学者”就是不断地“结缘”，在老子看来，就会导致自我越陷越深地束缚在关系网之中；“为道者”就是不断地“绝缘”，不让自我受他者的束缚，让自我彻底自由，达到独立自足。《庄子·大宗师》里详细描述了这种“以损之为益也”的情形：“颜回曰：‘回益矣。’仲尼曰：‘何谓也？’曰：‘回忘仁义矣。’曰：‘可矣，犹未也。’他日复见，曰：‘回益矣。’曰：‘何谓也？’曰：‘回忘礼乐矣！’曰：‘可矣，犹未也。’他日复见，曰：‘回益矣。’曰：‘何谓也？’曰：‘回坐忘矣。’仲尼蹴然曰：‘何谓坐忘？’颜回曰：‘隳肢体，黜聪明，离形去知，同于大通，此谓坐忘。’仲尼曰：‘同则无好也，化则无常也。而果其贤乎！丘也请从而后也。’”①这里，从“忘仁义”“忘礼乐”到“坐忘”的过程，就是不断抛弃外在的道德教条束缚与个人的感官欲望束缚、知识成见束缚的过程，在庄子看来，达到“坐忘”的阶段，就是减至无可再减的人生最高境界。

“取天下者常以无事”，这里的“取天下”是否是“取得国家政权”或“掌握统治权”的意思？或者把“取”理解为“治”②，“取天下”即“治天下”的意思？不管怎么理解，“取天下”好像都是“占据最高地位”的意思。而人之为人，“最高地位”的实质是什么？倘若仅仅限于虚名，虽名为“王”而处处受制于人，也就只是傀儡而已。因此，取其实质，真正达到人的“最高地位”，就在于实现高度的自主性，不再受他者的牵绊掣肘，一切自我做主。这样，“无为”的实质就是不去与他者打交道，不受制于人，从而不必操心担忧自己的生存，一切都独立自足，所谓“无不为”就是彻底地由己做主，就是绝对的自由。“有事”，就是有烦恼，有制约，不得自由，活得窝囊，这个“事”就是与他者发生关联性，容易陷入与他者的纠缠之中。“及其有事，又不足以取天下矣”，一旦这么受他人的掣肘，让自己的生活不得自由，这样的“天下”不要也罢！

这样，我们理解“无为而无不为”就不是单纯的“君人南面之术”，而是人生自我实现的最高境界，就是绝对自由的获得。“取天下”就不是指单纯

①郭象、成玄英：《庄子注疏》，曹础基、黄兰发点校，北京：中华书局，2011年版，第155—156页。
②河上公：《老子道德经河上公章句》，王卡点校，北京：中华书局，1993年版，第186页。

地拥有最高统治权这么简单，而是指拥有个人的最高自由，掌握最高的生存权，从此不再受制于任何人，不再屈从于任何外界的干扰，实现极大的自我做主。简言之，生命不再是听令于他人指使而做这做那乃至当牛做马，而是我做我自己，彻底是我所是。

与老子的本章相对比，我们可以举海德格尔的“操持”范畴为例。“操持表明自身是此在的这样一种存在建构：按照操持的种种不同的可能性，这种存在建构既与此在的向着操劳所及的世界的存在相关联，同样也与向着此在本身的本真存在相关联。”①但是“相关联”就意味着自身向着外界的开放性。“世界不仅把上手事物作为世内照面的存在者开放了，而且把此在和他人也都在他们的共同存在中开放了。”②这样一来，“此在”（即“人”）就很容易进入他者的包围圈，就容易迷失自我了。所以，海德格尔后面就描述了自我与他人共处的庸碌现状：“共在包含庸庸碌碌，这又是说：此在作为日常共处的存在，就处于他人可以号令的范围之中。不是他自己存在，他人从他身上把存在拿去了。他人高兴怎样，就怎样拥有此在这各种日常的存在可能性。”③这也就是说，自我受他人的摆布，他人掌控了自己的命运，自己则不由自主地沉沦平庸下去了。“这样的共处同在把本己的此在完全消解在‘他人的’存在方式中，而各具差别和突出之处的他人则更其消失不见了。在这种不触目而又不能定局的情况下，常人展开了他的真正独裁。常人怎样享乐，我们就怎样享乐；常人对文学艺术怎样阅读怎样判断，我们就怎样阅读怎样判断；竟至常人怎样从‘大众’抽身，我们也就怎样抽身；常人对什么东西愤怒，我们就对什么东西‘愤怒’。这个常人不是任何确定的人，一切人——却不是作为总和——倒都是这个常人。就是这个常人指定着日常生活的存在方式。”④这就是生存的身不由己，一切都是“常人”说了算，自己的人格个性全部丧失了，生活化解为一种“平均状态”，一种与他人毫无差别的混同。这种生活值得追求吗？回想历史上的那些君王，他们真的实现了“高度自由”吗？他们的言行举止、婚姻家庭，哪一样不是处于公众的目光之中呢，哪一样不是由他人代劳操办（甚则受权

①海德格尔：《存在与时间》，陈嘉映、王庆节译，北京：三联书店，2012年版，第142页。
②海德格尔：《存在与时间》，陈嘉映、王庆节译，北京：三联书店，2012年版，第142页。
③海德格尔：《存在与时间》，陈嘉映、王庆节译，北京：三联书店，2012年版，第147页。
④海德格尔：《存在与时间》，陈嘉映、王庆节译，北京：三联书店，2012年版，第147页。

臣胁迫)的呢？从名义上，他是“举国之主”；但从实质上，他是“自身之主”吗？

回到本章内容上来，让我们提出一个问题：人生的最高价值是什么？人生的最高成功标准是什么？是拥有王国最高的统治权，还是拥有自身最高的自主权？“取天下”是取得“王”的名义，还是取得“王”的实质？是名为“国王”而实际不得自由好呢，还是自己做自己的“王”，自由管理内心的“天下”好呢？古代那些隐士们，他们放弃权力追逐与荣华富贵，难道不就是想要高度的“自主”吗？因此，所谓“无为而无不为”，实则又是生命价值的颠倒机制在发挥威力，“无为”之倒转为“无不为”并不是从单纯外在的层面讲的，“无为”抛弃的恰是外在浮华，“无不为”实现的恰是内在的空前自由，这是生命的外—内两个层面的转化关系。也因此，“取天下”的“天下”这个概念的内涵也就不当局限于通常所理解的那种外部世界，从老子本义的角度看，它更多地指示着超越于外部世界的内心世界、价值世界。

四十九章　圣人与百姓

圣人无常心[①]，以百姓之心为心[②]。

善者，吾善之；不善者，吾亦善之，得善矣。信者，吾信之，不信者，吾亦信之，得信矣。

圣人之在天下，歙歙焉；为天下，浑心焉[③]。百姓皆注其耳目，圣人皆孩之。

本章基本内容就是讲"圣人"与"百姓"的关系，但落脚点在于"心"。"圣人"的"心"并非是现成固定的，而是生成变化的，随顺百姓的具体情况而变化。范仲淹《用百姓心为心赋》："政必顺民，荡荡洽大同之化；礼皆从俗，熙熙无不获之人……于是审民之好恶，察政之否臧。有疾苦必为之去，有灾害必为之防。苟诚意从乎亿姓，则风化行乎八荒。如天听卑兮惟大，若水善下兮孰当。彼惧烦苛，我则崇简易之道；彼患穷夭，我则修富寿之方。"[④]这是从政治角度对于"以百姓之心为心"的详细解读。苏辙说："虚空无形，因万物之形以为形。在方为方，在圆为圆，如使空自有形，则何以形万物哉！是以圣人无心，因百姓之心以为心。"[⑤]因此，"圣人心"的本性是符合辩证法的，是"变动不居"的，它针对不同的现状做出不同的调整。它并不死守着"善"与"信"而盲目地排斥、否定那"不善"与"不信"，它在矛盾的对立关系中保持着强大的适应能力，是能够顺应矛盾而非固执于其中一方的。苏辙说："天下善恶信伪，各方自是，以相非相贼，不知所定。圣人

---

①"无常心"亦作"常无心"。

②"以百姓之心为心"有人认为就是《庄子·在宥》讲的"因众"，即"顺应人民之意而行"。见贺昌群：《魏晋清谈思想初论》，北京：商务印书馆，2011年版，第98—99页。

③亦作"为天下浑其心"，但以此为佳。见杨丙安：《老子古本合校》，杨雯整理，北京：中华书局，2014年版，第217页。

④范仲淹：《范仲淹全集》，李勇先、王蓉贵校点，成都：四川大学出版社，2007年版，第20—21页。

⑤苏辙：《老子解》，《三苏全书》(第5册)，曾枣庄、舒大刚主编，北京：语文出版社，2001年版，第452页。

忧之，故惵惵为天下浑其心。无善恶，无信伪，皆一以待之。彼方注其耳目，以观圣人之与夺，而吾一以婴儿遇之。于善无所喜，于恶无所嫉，夫是以善者不矜，恶者不愠，释然皆化，而天下始定矣。”[①]由此可见，从全局而言，“天下善恶信伪，各方自是”，所谓对立之中的任何一方都是片面的，都各自坚持其自身的立场正确而已，“圣人”的态度必须是超然于所有者之上的，不偏私于任何一方，由此天下方得太平。

从版本上讲，“为天下，浑心焉”不同于“为天下浑其心”，这里的关键是，“浑心”是针对着谁讲的？“浑”的是“圣人心”还是“百姓心”？其实，结合上文，“浑”这里是“浑然全体”“浑然不分”的意思。“百姓心”是千差万别的，是“善恶信伪，各方自是”，因此都是分割开来的，甚至是相互对立的。这样“圣人心”与“百姓心”就是整体与局部的关系。“百姓皆注其耳目”，这就是说，“百姓”只关注其“耳目”之所及，因此都是方隅之见。对待“百姓心”，既要看到其合理性的一面，又要看到其不足之处，“圣人”是全面地看问题，能够一视同仁地护佑百姓，所谓“圣人皆孩之”就是这个意思。对此，苏辙解释为“一以婴儿遇之”是相对准确的[②]。憨山说：“‘百姓皆注其耳目’者，谓注目而视，倾耳而听，司其是非之昭昭。圣人示之以不识不知，无是无非，浑然不见有善恶之迹，一皆以醇厚之德而遇之，若婴孩而已，故曰‘皆孩之’。”[③]这是从“分别智”的消解讲的，言说亦浅易明白。

总结起来，本章对于“圣人心”的论述是富有辩证法思想的。(1)如何看待矛盾对立关系？必须超越对立之中各方的任一方面，而非陷入局中。黑格尔针对康德的“二律背反”问题(实质上就是对立关系的命题)说：“二律背反的真正解决，只能在于两种规定在各自的片面性都不能有效，而只是在它们被扬弃了，在它们的概念的统一中才有真理，因为它们是对立的，并且对一个而且是同一个的概念，都是必要的。”[④]就“善恶”关系而言，两者并不是绝对的，既没有绝对的“善”，也没有绝对的“恶”；实质上，“善恶”是相对的，只是基于不同立场的产物，而且，善恶之间也是互相转化的，此

---

①苏辙：《老子解》，《三苏全书》(第5册)，曾枣庄、舒大刚主编，北京：语文出版社，2001年版，第453页。

②关于“圣人皆孩之”，亦有其他理解，“孩”字解为使动词，亦即“使其浑朴如孩童”。见黄克剑：《老子疏解》，北京：中华书局，2017年版，第471页。

③憨山：《老子道德经解》，梅愚点校，武汉：崇文书局，2015年版，第96页。

④黑格尔：《逻辑学》(上卷)，杨一之译，北京：商务印书馆，1966年版，第200—201页。

一时之善彼一时之恶。因此,不能绝对地赞同其一而反对另一,不能于对立的两端之中挑选战线。黑格尔针对哲学界的非真即假,要么赞同、要么反对的立场之争,这样讲过:“人们愈是执着于真与假的对立,就愈是习惯性地期待着要么去赞同,要么去反对一个呈现于眼前的哲学体系,并且在关于这个体系的说明那里要么看到的全是赞成,要么看到的全是反对……然而真实的情况是,它们的流动本性使得它们同时成为一个有机统一体的不同环节,在这个统一体里面,各个环节不仅彼此不矛盾,而且每一个都是同样必然的,正是这个相同的必然性方才构成了整体的生命。”①黑格尔这段话与老子的话结合起来看,是可以相通的,都是反对那种如同儿童看戏搞“好人坏人”僵化二分法的幼稚之举。(2)如何处理全体与局部的关系?面对着“百姓皆注其耳目”的局部之争,就应该胸有全局,充分尊重各自的合理性,但又要了解各自的局限性,这种全面看问题的意识就是“浑心”,简言之,就是具有“大全意识”。

---

①黑格尔:《精神现象学》,先刚译,北京:人民出版社,2013年版,第2页。

五十章　生死之际

出生，入死。生之徒十有三，死之徒十有三；而民生生①，动皆之死地，亦十有三。夫何故？以其生生之厚。

盖闻善摄生者，陵②行不遇兕虎，入军不被甲兵。兕无所投其角，虎无所措其爪，兵无所容其刃。夫何故？以其无死地。

此章讲生死关系，而实际是讲人生自由的境界。人之常情，莫不贪生惧死，无非是为肉体所累，所谓“出生，入死”就是指这个肉体凡胎的局限性。而能够超越生死之际，达到“无死地”的境界，才是生命的自由境界，老子本章的重点实际上在讲这一层意思。

“生之徒十有三，死之徒十有三；而民生生，动皆之死地，亦十有三。”对此，苏辙解释说：“用物取精以自滋养者，生之徒也；声色臭味以自戕贼者，死之徒也。二者既分，生死之道矣。吾又知作而不知休，知言而不知默，知思而不知忘，以趣于尽，则所谓动而之死地者也。生死之道，以十言之，三者各居其三矣，岂非生死之道九，而不生不死之道一而已矣。不生不死，则《易》所谓‘寂然不动’者也。老子言其九不言其一，使人自得之，以寄无思无为之妙也。”③按照苏辙的理解，常人的生命状态占十分之九，注意保养长生的占十分之三，相反，纵情声色、加剧生命灭亡的也占十分之三，而于两者之外不能合理调节矛盾关系的又有十分之三。这三者，就是日常的生命状态。唯有那十分之一的极少数人，能够超凡脱俗，达到“不生不死”的境界。

为什么常人达不到“不生不死”的境界呢？“夫何故？以其生生之厚。”

---

①亦作“人之生”，此从帛书本。见杨丙安：《老子古本合校》，杨雯整理，北京：中华书局，2014 年版，第 220 页。

②通行本作“陆”，此从帛书本。见杨丙安：《老子古本合校》，杨雯整理，北京：中华书局，2014 年版，第 222 页。

③苏辙：《老子解》，《三苏全书》（第 5 册），曾枣庄、舒大刚主编，北京：语文出版社，2001 年版，第 453—454 页。

这就是答案。按照辩证法，事物总是向相反的方向发展，“生生之厚”的做法反而导致了“生生之薄”，这就是走向了对立面了。苏辙说：“人之所赖于生者厚，则死之道常十九。”[①]越是倾向于“生”，越是造成“死”的大概率的可能性（“死之道常十九”即“死之道常十之八九”）。在生活中，有的人过于讲究卫生，百般禁忌，什么都不敢吃不敢碰，反而可能一身毛病；有的人百无禁忌，什么都不在乎，反而“不干不净，吃了没病”。这不正是生活的辩证法吗？

老子为区别于常人，特意讲了“善摄生者”，这些人才是真正达到了生命自由的境界。“陵行不遇兕虎，入军不被甲兵。兕无所投其角，虎无所措其爪，兵无所容其刃。”这种人并不刻意地珍惜生命，甚至敢于冒险，实际上是置生死于度外的，反而“无死地”。这类人是摆脱了肉体的重负的，是达到了精神解脱的，是从有限进入无限的。“兕无所投其角，虎无所措其爪，兵无所容其刃”，并不是由于他刀枪不入、金刚不坏之身，而是他已经摆脱了肉体的限制，从而这些肉体上的攻击对他就已经不起作用了，因为他的精神境界早就超越身体的损坏计较的层次了。

因此，本章讲生死问题实质上是讲生命的境界，是讲如何超越身体的局限性，如何从感性的、肉体的层面摆脱出来。关于生命，黑格尔讲：“生命是这样的内在东西，它并不始终是一个抽象的内在东西，而是完全进入到它的表现中；生命是通过对直接东西、外在东西的否定而来的间接的东西……”[②]尽管黑格尔的主张与老子并不完全一致，但在超越“直接东西、外在东西”的态度上，两者是有共同点的。

这就要问：生命的价值是什么？是肉体属性方面，还是精神本质方面？毫无疑问，老子是偏重于精神方面的，是有意地超越其肉体欲望的。黑格尔也一样。“对我们来说，精神以自然为它的前提，而精神则是自然的真理，因而是自然的绝对第一性的东西。”[③]这句话通常可能会引起“唯心主义”还是“唯物主义”之争，但是，黑格尔的真实意思并不在于此。“精神以自然为它的前提”，这不是在承认“自然”的在先性吗？黑格尔并不否认常

---

①苏辙：《老子解》，《三苏全书》（第5册），曾枣庄、舒大刚主编，北京：语文出版社，2001年版，第454页。

②黑格尔：《精神哲学》，杨祖陶译，北京：人民出版社，2006年版，第218—219页。

③黑格尔：《精神哲学》，杨祖陶译，北京：人民出版社，2006年版，第10页。

识性的东西。黑格尔实质上更主要是从价值学的立场讲。因此,“精神则是自然的真理,因而是自然的绝对第一性的东西”,这句话应该从价值学的意义上来理解,这就是说,人的生命应该比自然性的东西有更高的境界追求。“哲学在某种程度上只需注视:自然本身是怎样扬弃它的外在性,怎样把在自己本身外的东西纳回到理念的中心,或者说,怎样使这个中心在外在东西里显露出来,怎样把隐藏在自然里的概念从外在性的覆盖下解放出来并因而克服外在必然性的。”①这就是说,不能停留于自然存在的阶段,不能止步于外在必然性,而应该由此更上层楼。从事实上讲,自然是在先的,精神是在后的;但从价值学讲,精神反而是第一位的。“精神从自然产生不能了解为,好像自然是绝对直接的东西,是第一位的东西,本源的设定者,而精神则相反地似乎只是一个为自然所设定的东西;其实自然是被精神设定的,而精神则是绝对第一性的东西。”②对于这样的话,不应该陷入“唯物主义”与“唯心主义”之争,而应该从价值学的立场,从人生追求的境界讲。

从精神价值讲,从人类共同体的传承讲,人的生命追求就应当超越于个体的肉体性,超越于纯粹的身体追求。“生命的理念因而不仅必须从任何一个特殊的直接的个体性里解放出来,而且必须从这个最初的一般的直接性里解放出来。这样,它才能达到它的自己本身,它的真理性。从而,它就能进到作为自由的族类为自己本身而实存。那仅仅直接的个体生命的死亡就是精神的前进。”③我们经常讲“死且不朽”,所谓“死且不朽”就指超越于单个的肉体存在的生命意义,这种价值意义往往是通过“死”才彰显出来的。黑格尔讲:“那种单纯直接的、个别的生命力的死亡是精神的诞生,那么这种诞生不能从肉体上、而只能从精神上来了解,不能了解为一种自然的诞生,而只能了解为概念的一种发展:概念把没有达到类的恰当的实现、反而在死亡里表明自己是与这种实现相违背的否定力量的那种类的片面性和与之相反的、束缚在个别性之上的那种动物定在的片面性,都扬弃在自在自为普遍的个别性里或者——这是一样的——扬弃在以普遍的方

①黑格尔:《精神哲学》,杨祖陶译,北京:人民出版社,2006年版,第18页。
②黑格尔:《精神哲学》,杨祖陶译,北京:人民出版社,2006年版,第18页。
③黑格尔:《小逻辑》,贺麟译,北京:商务印书馆,1980年版,第409页。

式自为地存在着的普遍东西里，这个普遍东西就是精神。”[①]这就是说，“死”只是个别肉体的片面性的体现，从而表明了只有超越单个人的“动物定在”(即身体)，人的价值才能通过“类”(人类共同体)的方式得以延续。这仔细想来就不难理解，个体的生命是注定消亡的，妄图通过肉体形式来永恒持存是不可能的，唯一的可能只能是寄托于全人类共同体的不断绵延。质言之，人的生命意义不在于区区一己的寿夭，而在于为人类共同体而奋斗。因此，能够从个别性达到普遍性，让单个人的利益与人类共同体的利益相一致，这才是应该追求的生命目的。

康德说：“自然似乎不曾关心让人生活安逸，而是关心让人如此努力，以便使自己通过自己的所作所为配享生活和福祉。在这里始终令人惊讶的是：先前的世代似乎只是为了后来的世代而从事其艰辛的工作，也就是说，为了给他们准备一个阶段，让他们能够从这里出发把自然当做自己意图的那幢建筑增高；然而，惟有最后的世代才应当有幸住在这座大厦中，而他们的一长列祖先为这座大厦工作过(固然是无意地)，本身却不能分享自己所准备的幸福。然而，无论这多么令人困惑不解，它毕竟同时是必然的，只要人们假定：一个动物的类应当具有理性，并且作为有理性的存在者的等级，这些有理性的存在者全都将死亡，其类却是不死的，仍将达到其禀赋之发展的完备性。”[②]这段话揭示了生命个体与人类共同体之间的矛盾关系，也呈现了康德自己的思想之矛盾：每一世代都必然要艰辛劳作以赢获其生活福利，但每一世代又都只是在为下一代做准备，都注定不能坐享全人类之最终成果。在讲这个必然性时，康德是不乏一种悲壮不甘的心情的。然而他同样充满豪情地认识到：尽管作为个体，每一世代的人终将死去，但作为一个共同体是可以不朽的；尽管作为个体生命总是有着不尽其才而夭亡的遗憾，但是作为生命共同体是可以充分地发展完善的。总之，让一滴水永不干涸的最好的方式，就是放之于大海之中；让一个人死且不朽的最好方式，是融入全人类的生生不息的创造进程。

再回到老子本章上来。什么才是“善摄生者”？如何才是更长久的“生”而不是“死”？答案就是，任何局限于身体性的、感官肉体的保养呵护

①黑格尔：《精神哲学》，杨祖陶译，北京：人民出版社，2006年版，第19页。

②康德：《康德历史哲学文集》，李秋零译，北京：中国人民大学出版社，2016年版，第5页。

都是短暂的，甚至是徒劳的，只有那些看淡生死，把自己的所有精力用于为全人类谋事业的人才是“无死地”的。这种依托于全人类生命绵延的精神价值追求才是真正的“兕无所投其角，虎无所措其爪，兵无所容其刃”的强大力量。相反，谁斤斤计较一己之得失，谁斤斤计较一发之脱落，谁全副精力仅仅限于自己的肉体性保养，则往往适得其反，“生生之厚”者往往“死之道常十九”，徒增一些“世间好物不坚牢，彩云易散琉璃脆”的叹惋而已。

五十一章　上下两层的异阶关系

道生之，德畜之，物形之，器[①]成之。是以万物莫不尊道而贵德。道之尊，德之贵，夫莫之命而常自然。

故道生之，畜之[②]，长之，育之，亭之，毒之，养之，覆之。生而不有，为而不恃，长而不宰，是谓玄德。

本章涉及的主要是异阶关系。“道”与“德”是更高的层面，是本体层面；“物”与“器”是形而下层面，是存在者层面；前者是绝对的、无限的，后者是相对的、有限的。从辩证法的角度讲，两者是相互依存并相互转化的关系。但通常只强调后者对前者的依赖关系，强调前者的至高无上的地位，而对于后者的作用有所贬低。然而，只讲形而上层面，就流于抽象空洞，事实上，必须经历形而下的过渡，必须落实到具体的“物”与“器”，那抽象的、虚无的存在才能有所附丽。这就是说，绝对的东西必须有限化才有意义。黑格尔讲：“基督教说，神通过基督、他亲生的儿子显示自己……但是那个教条事实上倒是有这个意思——神显示出了：他的本性即在于有一个儿子，就是说，区别开自己，有限化自己，然而在它的区别里仍然在自己本身里，在儿子里直观自己本身和显示自己本身，并通过这个与儿子的统一，通过这个在他物里的自为存在而是绝对的精神；所以儿子并不是显示的单纯的工具，而本身即是显示的内容。”[③]这就说明，不应该贬低下阶存在者的意义，上阶存在事实上就落实于下阶存在者之中，下阶存在者本身就是上阶存在的显现，两者之间并不是割裂的、对立的关系，而是相互统一的关系。施韦泽说：“存在总体、绝对、世界精神，以及所有此类的术语，表达的

---

①“器”通行本作“势”，此从帛书本。见杨丙安：《老子古本合校》，杨雯整理，北京：中华书局，2014年版，第224页。

②通行本“畜”字前有“德”字，此从帛书本。见杨丙安：《老子古本合校》，杨雯整理，北京：中华书局，2014年版，第226页。

③黑格尔：《精神哲学》，杨祖陶译，北京：人民出版社，2006年版，第23页。

并不是什么现实的东西，而是一些在抽象中被思想的东西，从而也就是绝对不可想象的东西。只有出现在现象之中的存在才是现实的。”①

“道生之，德畜之，物形之，器成之。”这描述的就是由高阶存在向着低阶存在的转化运动，就是由抽象而具体的下降过程。既然“物”与“器”本身就是源于“道”与“德”的，就是由“一”而散为“万殊”的，那么，这些“万殊”的存在本身就是“道”与“德”的化身、变形，其意义与价值就不容低估。

但是，老子这里字面上似乎因强调“道之尊，德之贵”，就造成后人有意无意地在理解上带有贬低“万物”的意味。实质上，既然“万物”与“道”“德”的关系是统一的，那么相应的，“道之尊，德之贵”也就是“万物”之“尊”与“贵”。反之，贬低“万物”的价值意义就无异于贬低“道之尊，德之贵”。这就是说，从价值学讲，不应该搞高阶与低阶的等级划分。“道之尊，德之贵，夫莫之命而常自然”，这话是说，“道”与“德”之“尊贵”恰恰体现在它的尊重“万物”的独立性方面。“莫之命而常自然”，就是不去发号施令，而是任由“万物”去实现其本性，而不是外加干涉，这就是尊重“万物”的运动发展的主体地位，是让它们自己实现自己，自己决定自己。这样讲来，“道之尊，德之贵”的实现就在于以“万物本性”为“尊”为“贵”。这就是说，只有保障了低阶存在者的自由发展，尊重其主体地位，高阶存在才能体现出其“尊贵”。

“故道生之，畜之，长之，育之，亭之，毒之，养之，覆之。”所有这些“X之”，就是强调高阶存在对于低阶存在者的肯定、呵护的态度。作为“道”，它不是否定“万物”的存在意义，不是取消其存在的价值，而是竭力保障其存在的权力、发展的机会，是让它们按照自己的本性去发展自己，去实现自己。因为只有这样，“道”才能实现自己的价值意义。或者说，“道”必须通过让自身的他者得以顺利发展才能更好地显现自己的价值。“万物”的发展壮大就是“道”自身的力量之证明。

“生而不有，为而不恃，长而不宰，是谓玄德。”这句话在第十章里也有，但是意味不同。第十章的主词是“爱民治国者”，其“玄德”只是针对“域中四大”(第二十五章)之一的“王”而言的。本章的“玄德”是讲最高存在的“道”而言的，这个“玄德”是讲最高存在之面向着其余存在者(也包括“王”)的一种态度。“生而不有，为而不恃，长而不宰”，就是讲最高存在的品格就

①施韦泽：《文化哲学》，陈泽环译，上海：上海人民出版社，2013 年版，第 302 页。

在于处处成全他者、护佑他者，而不是主宰、占有他者，更不是任意支配他者，这就是全心全意的“为他性”而不是“为己性”。因为，一切他者（“万物”）都是它自身的变化，都是它自身的显现，它的“为他性”因此恰恰是“为己性”，让他者成功就是让自己成功。因此，所谓“玄德”就是“建立他者”“造就他者”“解放他者”而不是“占有他者”“支配他者”“主宰他者”的一种“博爱”精神。真正的伟大，真正的最高存在，从价值学上讲，就不是处处压抑、制约、统治一切异己者的暴力，而是处处体现出肯定、涵养、保护异己者的博大胸襟。

总之，今天讲本章，与其突出“道之尊，德之贵”，不如强调“物之尊，器之贵”，只有实现了“物之尊，器之贵”，“道之尊，德之贵”才能体现出来。质言之，“玄德”的本性就在于让“物之尊，器之贵”得以实现，也就是营造万物生长、世界繁荣的美好局面。进而言之，“道”的本性就在于取消掉一切高居“物”与“器”之上的“有”“恃”“宰”，而是让一切“物”与“器”能够“自有”“自恃”“自宰”，所谓“常自然”就是摆脱“他命”而实现“自命”，就是一切由己做主，就是在发展自己的道路上实现高度的“自由”，“就是说具有以自己的本质作为使命和目的的精神”①。

①黑格尔：《精神哲学》，杨祖陶译，北京：人民出版社，2006年版，第310页。

五十二章 “母”与“子”的辩证法

天下有始，以为天下母。既得其母，以知其子；既知其子，复守其母，没身不殆。

塞其兑，闭其门，终身不勤；开其兑，济其事，终身不救。

见小曰明，守柔曰强。用其光，复归其明，无遗身殃，是谓袭常①。

由“复守其母”“复归其明”“塞其兑，闭其门”等语句，可知本章主讲“内敛”“复归”的修养功夫。

黑格尔之讲“精神”，其宗旨也是“内敛”“复归”。“精神的一切活动都无非是外在东西回复到内在性的各种不同的方式，而这种内在性就是精神本身，并且只有通过这种回复，通过这种外在东西的观念化或同化，精神才成为而且是精神。”②但是，黑格尔讲“内敛”“复归”，是基于“外化”，是基于一番曲折，乃至是经历一番痛苦。“精神的活动指向一个自己本身能动的对象，即指向一个这样的对象，它本身经过艰苦努力达到了应当由精神的活动产生出来的东西，所以在活动中和在对象中存在着同一个内容。”③而老子则一味偏向于“内敛”“复归”，给人以不愿意向外拓展甚至反对行动的印象。施韦泽说：“按照老子和庄子那里的世界意义，生命的这种存在就是对激情和外在成就的内在摆脱。这种摆脱伴随着对一切活动倾向的轻视。”④而与之相反，黑格尔则重“激情和外在成就”。“热情在其规定中包含这么一点，就是它局限于意志决定的一种特殊性，个人的全部主观性都沉溺在这种特殊性里，而不管那个决定的内含是什么。而由于这种形式上的性质，热情就既不是好也不是坏；这种形式只表达出：一个主体把他的精

---

①王弼本作“是为习常”，此据帛书本。见杨丙安：《老子古本合校》，杨雯整理，北京：中华书局，2014年版，第230页。

②黑格尔：《精神哲学》，杨祖陶译，北京：人民出版社，2006年版，第14页。

③黑格尔：《精神哲学》，杨祖陶译，北京：人民出版社，2006年版，第17页。

④施韦泽：《文化哲学》，陈泽环译，上海：上海人民出版社，2013年版，第299页。

神、才能、性格、享受的全部生气勃勃的兴趣都投入到一个内容中去了。没有一件伟大的事情是没有热情而被完成的，它也不能没有热情而被完成。只有僵死的，甚至虚伪的道德才肆意非难热情的形式本身。”[①]“冲动和激情不是别的，而只是主体自己据以确立其目的和实现这个目的的活力。”[②]

“塞其兑，闭其门，终身不勤；开其兑，济其事，终身不救。”老子用对比的手法立场鲜明地反对向着外部存在敞开自己，而主张封闭接触外部存在的一切孔窍。黑格尔显然反对陷入这种的“幽闭”。“问题的关键在于，我们不应当把最好的东西隐藏在内心里，而是应当使它突破封锁，走向光明。”[③]“在人的内心里有一个本身并非外在的、而是内在的内容。但是，为了这个内容被感受到有两个东西是必要的：一方面是外在的机缘，另一方面是内在内容的形体化，因而就是内在内容的一种转化或联系，这种联系是外部感受提供的内容由于其象征性质而有的那种联系的对立物。正如外部感受象征化自己，即成为一个与精神的内心相联系一样，内部感受就必然外化自己，形体化自己，因为内部感受属于自然灵魂，因此是存在着的内部感受，所以必须获得一个直接的定在，灵魂就在这个定在里成为自为的。”[④]像老子设想的“塞其兑，闭其门”，就是关闭了外部感受的联系，就是让自身存在变成了“绝缘物”。这种设想用马克思的讲法，就是让自身成为“非对象化的存在物”：“非对象性的存在物，是一种非现实的、非感性的、只是思想上的即只是想象出来的存在物，是抽象的东西。说一个东西是感性的即现实的，这是说，它是感觉的对象，是感性的对象，从而在自身之外有感性的对象，有自己的感性的对象。”[⑤]

生命活动从根本上讲，就是异在关联活动，就是说，它自身必须积极地或消极地与其周遭的异己者打交道。“什么实有，什么便走出它的内在之有，进入联系和关系的普遍因素，进入否定的关系和现实的交互作用，那是个别物在他物中的继续，并因此是普遍性。”[⑥]因此，老子设想的“塞其兑，闭其门，终身不勤”，就只能是幻想的产物，是无法在现实生活中存在的东

①黑格尔：《精神哲学》，杨祖陶译，北京：人民出版社，2006年版，第305页。
②黑格尔：《精神哲学》，杨祖陶译，北京：人民出版社，2006年版，第307页。
③黑格尔：《精神现象学》，先刚译，北京：人民出版社，2013年版，第44页。
④黑格尔：《精神哲学》，杨祖陶译，北京：人民出版社，2006年版，第109页。
⑤马克思：《1844年经济学哲学手稿》，北京：人民出版社，2000年版，第107页。
⑥黑格尔：《逻辑学》（下卷），杨一之译，北京：商务印书馆，1976年版，第299页。

西。同样,老子讲“见小曰明,守柔曰强”也是片面的,“小”必须联系于“大”,“柔”必须联系于“刚”,只有进入这样的关联活动,它的“明”与“强”才能彰显出来。

为了强调“内敛”“复归”,老子讲“母”与“子”的关系作比喻。“天下有始,以为天下母。既得其母,以知其子;既知其子,复守其母,没身不殆。”本来,“母”是源,“子”是流,应当双向观照,不可偏于其一,但是,老子讲“复守其母”就是一种片面性的主张,他就忘记了“子”的独立价值与意义。真正讲来,既然“子”由“母”来,“子”的存在就有“母”的意义,是否也可以“既知其母,复守其子”? 老子显然偏于强调了“母”与“子”的差异性,过于夸大了“母”的本原性或原初性,认为“子”的存在相对于“母”而言总是一种流失或损真的过程。倘若按照黑格尔的辩证法,则“子”作为后来者,恰恰是对于“母”的扬弃,比前者还要更好。“普遍的东西在以后规定的每一阶段,都提高了它以前的全部内容,它不仅没有因为它的辩证的前进而丧失什么,丢下什么,而且还带着一切收获和自己一起,使自身更丰富、更密实。”[①]倘若“母”为开端,则“子”为终点,黑格尔恰恰认为终点才是更重要的结果,终点反而具有相对于开端的优先性。“绝对者在本质上是一个结果,它只有到达终点才成为它真正所是的东西。”[②]“空洞的开端只有到达终点才成为一种现实的东西。”[③]因此,虽然同样讲“复归”,黑格尔与老子的宗旨恰恰是相反的,老子更重于返回到开端这里,返回到作为运动始点的“母”而“守”着它;黑格尔则更重于返回到终点这里,返回到作为运动结果的“子”这里。真正来讲,黑格尔与老子在辩证法的运动轨迹上虽都重“圆圈”[④],但是,都不够通融灵活。既然是“圆圈”,则“圆圈”上任意一点都可以做开端,也可以做终点,处处皆可,何必偏执于开端或终点呢,又何必讲“复归”呢? 老子重“母”,与其“发展退化论”有关,从“子”不如“母”;而黑格尔重“子”,则是“发展进化论”的体现,“子”优于“母”。

倘若把“母”与“子”之辨进一步提升为一种思维方法,那就是历史与逻辑之争了。是应当注重自然发生的先后次序呢,还是更偏于内在实质的逻

---

①黑格尔:《逻辑学》(下卷),杨一之译,北京:商务印书馆,1976年版,第549页。
②黑格尔:《精神现象学》,先刚译,北京:人民出版社,2013年版,第13页。
③黑格尔:《精神现象学》,先刚译,北京:人民出版社,2013年版,第15页。
④参看《道德经》第四十章的论述。

辑进程呢？从自然时序讲，“母”当然先于“子”，因此很多人可能更在乎的是这种发生学意义上的原初本真性。但是，是否越是在先的就越是较好的，那时间最先的就是历史最好的呢？人类就总是偏于这种“童贞追忆”，认为最初的最值得缅怀。但是，黑格尔则认为老年才标志着成熟，那最初的只是雏形而已，一切都还只是萌芽罢了。“最初出现的仅仅是新事物的直接性，亦即事物的概念。正如一座大厦在奠基之后距离竣工还很遥远，同样，我们已经获得的关于整体的概念还不是整体本身。如果我们希望看到一棵身干粗壮、枝繁叶茂的橡树，而现在实际处于这个位置的却是一粒橡果，那么我们是不会满意的。同理，科学作为精神世界的王冠，在其开端处还谈不上完满。”①黑格尔著名的“密纳发的猫头鹰”的比喻所讲的就是强调结果之成熟的重要意义。“哲学作为有关世界的思想，要直到现实结束其形成过程并完成其自身之后，才会出现。概念所教导的也必然就是历史所呈示的。这就是说，直到现实成熟了，理想的东西才会对实在的东西显现出来，并在把握了这同一个实在世界的实体之后，才把它建成为一个理智王国的形态……密纳发的猫头鹰要等到黄昏到来，才会起飞。”②尽管马克思与黑格尔在很多问题上立场对立，但在思想方法方面，他继承了黑格尔的偏于“后来者”的思想。他说：“人体解剖对于猴体解剖是一把钥匙。反过来说，低等动物身上表露的高等动物的征兆，只有在高等动物本身已被认识之后才能理解。”③“人”的祖先是“猿猴”，按照老子的观点，“既知其子，复守其母”，就应该守着“猴体解剖”；但按照马克思的观点，不应按照这样的发生学顺序去研究，“把经济范畴按它们在历史上起决定作用的先后次序来排列是不行的，错误的”④。

“用其光，复归其明，无遗身殃，是谓袭常。”此处“光”与“明”倘若仅仅限于“道”自身就是“独照”“孤明”。因此，必须从它与外物的关联性讲。苏辙解释说：“世人开其所悦，以身徇物，往而不反。圣人塞而闭之，非绝物也，以神应物，用其光而已，身不与也。夫耳之能听，母之所见，鼻之能臭，口之能尝，身之能触，心之能思，皆所谓光也。盖光与物接，物有去而明无

①黑格尔：《精神现象学》，先刚译，北京：人民出版社，2013年版，第8页。

②黑格尔：《法哲学原理》，范扬、张企泰译，北京：商务印书馆，1961年版，第13—14页。

③《马克思恩格斯全集》(第30卷)，北京：人民出版社，1995年版，第47页。

④《马克思恩格斯全集》(第30卷)，北京：人民出版社，1995年版，第49页。

损，是以应万变而不穷，殃不及于其身。故其常性湛然，相袭而不绝矣。”①苏辙的解释是颇富创造性的，也很有启发性，但未必就是老子本义。按照苏辙的解释，则“光”与“明”各有所指，“光”是讲外在关联活动，“明”是讲返己独照，应当经由外在关联活动而复返己身，避免常人的“以身徇物，往而不反”之弊端。

值得注意的是，黑格尔也讲“光”与“折返”。但黑格尔讲“光”与老子讲的不同，老子反对通常的认识活动，黑格尔则反之。“因为认识活动并不是指光线的折射，而是指光线本身（它使我们得以接触真理），而一旦取消认识活动，摆在我们面前的就只能是一个纯粹的方向或一个空洞的场所。”②黑格尔讲“光”更多的是讲“反思”。“反映或反思这个词本来是用来讲光的，当光直线式地射出，碰在一个镜面上时，又从这个镜面上反射回来，便叫做反映。在这个现象里有两方面，第一方面是一个直接的存在，第二方面是同一存在作为一间接性的或设定起来的东西……因此这里我们所要认识的对象，不是它的直接性，而是它的间接的反映过来的现象。”③黑格尔所讲的，就是现象与本质的关系，人的反思作用就像“光”透过现象照亮本质，所谓“反射回来”就是经过直接性的现象而折返到间接性的本质。

此外，海德格尔也讲“光”。“我们在此碰到表象与发光两种事物。但此两种事物并非简单并列，而乃一种是另一种的变种。例如太阳只是因为它发光，亦即照亮与在光亮中出现，这就是说显露出来，它才能自有围绕地球转动的表象……”④海德格尔讲“光”是从现象学讲的，是为了讲“现象”的“显现”。“仔细看来我们就找得出表象的三种方式：1. 作为光辉与光亮的表象；2. 作为有什么东西出现与显露的表象与表现；3. 作为有什么东西作出来的外表与假象……表象的本质寓于出现中。这就是展示自身，陈现自身，露出，当前。”⑤显然，海德格尔讲“光”与“表象”也涉及直接性与间接性的关系，有显露于外者与显露者本身之划分。倘若老子的“道”换一个可以与海德格尔对话的表述，就是“真理”问题。但海德格尔讲：“真理属于在

①苏辙：《老子解》，《三苏全书》（第 5 册），曾枣庄、舒大刚主编，北京：语文出版社，2001 年版，第 456 页。

②黑格尔：《精神现象学》，先刚译，北京：人民出版社，2013 年版，第 48 页。

③黑格尔：《小逻辑》，贺麟译，北京：商务印书馆，1980 年版，第 242 页。

④海德格尔：《形而上学导论》，熊伟、王庆节译，北京：商务印书馆，1996 年版，第 100—101 页。

⑤海德格尔：《形而上学导论》，熊伟、王庆节译，北京：商务印书馆，1996 年版，第 101 页。

的本质。在者在——在这回事中有：显露出来，出现，站出来，把东西摆出来。反之不在的意思是说：从现象，从在场退出来。在现象的本质中有出现与退出，有真正指示意义之下的来与往。于是在就散落在形形色色的在者中。”①国内学界盛传海德格尔受老子的影响，认为他与老子思想如何有一致处，但是，仅就“真理”而言，两者的立场简直就是对立的。海德格尔主张“把东西摆出来”，而老子则是主张“把东西藏起来”。老子明显地有“含而不露”的倾向，而海德格尔则倾向于“敞开”或“绽出”。“让存在——即让存在者成其所是——意味着：参与到敞开域及其敞开状态中，每个仿佛与之俱来的存在者就置身于这种敞开状态中。”②由此可见，海德格尔思想代表了西方重开放、重外拓的倾向，而老子则代表了东方重含蓄、重内敛的倾向，这是非常鲜明的对比关系。这同时也表明，学界有人把老子思想与海德格尔思想作简单比附是肤浅粗疏的，而有意无意地忽略了或抹平了中西古今之间巨大的文化鸿沟。

总结本章，我们可以发现很多值得探讨的问题，老子的本章主张从当代视域来看，显得就不那么合乎时宜，但尽管是有这样那样的问题，都不妨其巨大的价值与重要的理论启示。

---

①海德格尔：《形而上学导论》，熊伟、王庆节译，北京：商务印书馆，1996 年版，第 103 页。

②海德格尔：《路标》，孙周兴译，北京：商务印书馆，2000 年版，第 217 页。

五十三章　“大道”与“非道”

使我介然有知，行于大道，唯施是畏。

大道甚夷，而民好径。朝甚除，田甚芜，仓甚虚。服文彩，带利剑，厌饮食，财货有余，是谓盗夸[①]。非道也哉！

本章是对比写法，突出描写了一幅“非道”的混乱世相。谁说老子只会一味地隐忍沉默呢？这一章简直就是在直截了当、痛快淋漓地骂世，而且抨击的对象直指最高统治者。本章层次是：(1)正面讲自己的主张，即“行于大道，唯施是畏”，不敢有所“施设建立”[②]，也就是坚持清静无为；(2)总写整体社会的风气则是相反的，“大道甚夷，而民好径”，“好径”就是喜欢走捷径[③]，好比当代人整天怀揣所谓“成功学”，妄想一步登天；(3)进一步写政治经济的糟糕状态，“朝甚除”是写政治黑暗一团，“田甚芜，仓甚虚”是写国民经济一片凋敝；(4)最后直指统治阶层的腐朽堕落的生活，“服文彩，带利剑，厌饮食[④]，财货有余，是谓盗夸”，指责他们就是强盗头子，“服文彩，带利剑，厌饮食，财货有余”的豪奢富足与“田甚芜，仓甚虚”的民生凋敝形成鲜明的对比，这是远早于杜甫的“朱门酒肉臭，路有冻死骨”的赤裸裸的批判；(5)总结

---

①关于“盗夸”有种种解释。韩非子谓之“盗竽”，即“盗魁”之义。见王先慎：《韩非子集解》，北京：中华书局，2013年版，第154页。但亦有另一种理解，认为“盗夸”即“诞夸”。而“服文彩，带利剑，厌饮食，财货有余”正符合“诞夸”的特点。此说更为合理。见朱谦之：《老子校释》，北京：中华书局，1984年版，第213—214页。

②苏辙：《老子解》，《三苏全书》(第5册)，曾枣庄、舒大刚主编，北京：语文出版社，2001年版，第456页。

③“径”从中国社会实际讲，就是追求因人成事，而不是纯粹地依靠自己的努力。中国长期以来，一直是人情社会，就是陈陈相因，一直是靠关系做成事，靠外在的因缘做成事，导致的后果是，每一个人都有了不拼尽全力的借口或依托。因此，“民好径”的本质是喜欢依仗外力而不是依仗自力，是依他的而不是依自的，达不到自性觉悟的程度，达不到自我实现的高度，更达不到自由精神的境界。

④“厌饮食”三字极其精妙。杜甫《丽人行》：“紫驼之峰出翠釜，水精之盘行素鳞。犀箸厌饫久未下，鸾刀缕切空纷纶。黄门飞鞚不动尘，御厨络绎送八珍。”此数语中“犀箸厌饫久未下”一句正是关于“厌饮食”情状的精妙细微的传神之笔。而整首《丽人行》正是关于“服文彩，带利剑，厌饮食，财货有余”的生动写照。

判定这一切都是“非道”的。所以，本章就是“大道”与“非道”的对比关系。

但值得注意的是，老子最后是把“非道”归结到统治阶层的，认为正是他们这些“盗夸”（大盗魁首）造成了这一切混乱的局面。因此，不应该把“服文彩，带利剑，厌饮食，财货有余”与前面的“朝甚除，田甚芜，仓甚虚”混为一谈，进而在断句上连在一起；更不应该把“服文彩，带利剑，厌饮食，财货有余”理解为多数的“人们的表现”[①]，而是指极少数的权贵们的穷奢极侈。作为广大的老百姓来说，既然“田甚芜，仓甚虚”，就只有食不果腹、衣不蔽体的份儿，哪有可能“服文彩，带利剑，厌饮食，财货有余”呢？

这里还要指出，“行于大道，唯施是畏”的“施”，有的理解为“邪道”，虽然在语义上通顺，但是并不是最好的解释。因为整章内容是批判“非道”的，所谓“非道”主要就是统治者为了满足个人利益而胡作非为，这种胡作非为正是“清静无为”的对立面。具体来讲，统治者的富饶的物质财富是通过苏辙所言的“施设建立”来实现的，也就是通过巧立名目的法令条文、苛捐杂税来实现的。“唯施是畏”的对立面就是毫无顾忌的“施设建立”。第五十七章讲：“夫天下多忌讳，而民弥贫；民多利器，国家滋昏；人多智巧，奇物滋起；法物滋彰，盗贼多有。”就是针对着这种任性的“施设建立”导致的种种恶果。正是由于统治者的法令条律多如牛毛，才造成“天下多忌讳，而民弥贫”。韩非子解“朝甚除”为“狱讼繁”[②]正是针对此现象。统治阶级的“财货有余”是通过对于广大人民的巧取豪夺来实现的，这种掠夺财富的过程是通过“合法化”的“施设建立”来完成的。“法的客观现实性，一方面对意识而存在，总之是被知道的，另一方面具有现实性所拥有的力量，并具有效力，从而也是被知道为普遍有效的东西。”[③]但是，“法”的“普遍有效”是带有欺骗性的，往往是通过伪装成代表普遍利益的东西。“它们是通过那些根据普遍的特殊化而继续个别化着的各等级代表们的作用和通过各个人的全部活动和私人操心而产生出来的。”[④]黑格尔尽管表述地还不够直接，但是，我们毕竟可以通过“普遍的特殊化而继续个别化”“私人操心”等字眼看到其普遍性之后的私利性，简言之，法是代表了统治阶级的私人利

---

①刘笑敢：《老子古今》（上卷），北京：中国社会科学出版社，2006 年版，第 550 页。

②王先慎：《韩非子集解》，北京：中华书局，2013 年版，第 153 页。

③黑格尔：《法哲学原理》，范扬、张企泰译，北京：商务印书馆，1961 年版，第 218 页。

④黑格尔：《精神哲学》，杨祖陶译，北京：人民出版社，2006 年版，第 342 页。

益的。对此，马克思就讲得更为尖锐：“在历史进程中，掠夺者都认为，最好是利用他们硬性规定的法律，使他们凭暴力得到的那些原始权利获得某种社会稳定性。”[①]在《精神现象学》里，黑格尔倒是也指出过：“政府本身无非是一个固守自身的点，或者说是一个个体化的普遍意志。政府，作为一种从某一个点出发的意愿和举动，同时也在意欲并实施一个特定的秩序和行为。在这种情况下，政府一方面把别的个体从它的行为里面排除出去[②]，另一方面又以这种方式把自己建构为一个具有特定意志的、与普遍意志相对立的政府。正因如此，政府完全别无他法，只能呈现为一个小集团。只有那个获胜的小集团才叫作政府，而且正因为它是一个小集团，所以它的必然灭亡也是直接注定的。”[③]这就相当痛快地揭示了代表“小集团”利益的政府的本质。

回到老子本章，我们可以看到在“非道”的背后是极少数人对于极大多数人进行财富的掠夺与占有的可耻行径。这里所涉及的是根本性的两件：“第一个本质是国家权力，第二个本质是财富。”[④]黑格尔说：“财富虽然是一种消极的或虚无缥缈的东西，但同样也是一种普遍的精神性本质，它既是所有的人的劳动和行动之持续转变着的结果，同样又消解在所有的人的享受之中。”[⑤]对于这句话，至少需要做这样的修改：“财富虽然是一种消极的或虚无缥缈的东西，但同样也是一种普遍的精神性本质，它既是绝大多数人的劳动和行动之持续转变着的结果，同样又消解在少数人的享受之中。”这样或许才符合老子讲的绝大多数“田甚芜，仓甚虚”而极少数“财货有余”的情况。由此，我们还可以知道，老子之讲“清静无为”是针对着统治者讲的，而不是对于普通劳动者讲的，所谓“清静”无非就是要求他们贪欲少一点，所谓“无为”也无非就是要求他们的“妄为”少一些。这样，“行于大道，唯施是畏”就是针对着统治者的良言苦口，反映了绝大多数人的希望减轻劳役与捐税的呼声。因此，老子本章的内容就具有强烈的政治吁求，带有鲜明的针对性与强大的批判力。由此亦可见，老子并不是全然两耳不闻窗外事的人，而是密切关注现实，利用自己的笔为民请命的人。

---

①《马克思恩格斯选集》(第3卷)，北京：人民出版社，1995年版，第127页。

②实质上，就是把大多数的被统治者排除出去。

③黑格尔：《精神现象学》，先刚译，北京：人民出版社，2013年版，第365页。

④黑格尔：《精神现象学》，先刚译，北京：人民出版社，2013年版，第306页。

⑤黑格尔：《精神现象学》，先刚译，北京：人民出版社，2013年版，第306—307页。

五十四章 “善建者”的进阶

善建者不拔，善抱者不脱，子孙以祭祀不辍①。

修之于身，其德乃真；修之于家，其德有余；修之于乡，其德乃长；修之于国，其德乃丰；修之于天下，其德乃普。

故以身观身，以家观家，以乡观乡，以国观国，以天下观天下。吾何以知天下之然哉？以此。

本章的内容是如何做一个“善建者”，这在老子的整个学说中，是很少见的，因为它是讲具体的政治功业之建立过程的，而且这一过程与儒家的修身、齐家、治国、平天下的顺序大体一致。王弼注曰：“以身及人也。修之身则真，修之家则有余，修之不废，所施转大。”②所谓“所施转大”，就是层层递进之义，不断放大其范围，由一己而及天下。有人以为本章“诠释之难”在于“以身观身，以家观家，以乡观乡，以国观国，以天下观天下”一段③。其实，“修”与“观”应该合起来看，两者对应的关系很明显。倘若我们把关于“修”的字眼对换成关于“观”的字眼，是否也可以成立？这就是：“观之于身，其观乃真；观之于家，其德有余；观之于乡，其德乃长；观之于国，其德乃丰；观之于天下，其德乃普。”反过来，则是：“以身修身，以家修家，以乡修乡，以国修国，以天下修天下。”“修”与“观”既然是紧密联系着

①对于此句，韩非子有详细的诠释：“人无愚智，莫不有趋舍。恬淡平安，莫不知祸福之所由来。得于好恶，怵于淫物，而后变乱。所以然者，引于外物，乱于玩好也。恬淡有趋舍之义，平安知祸福之计。而今也玩好变之，外物引之，引之而往，故曰‘拔’。至圣人则不然，一建其趋舍，虽见所好之物不能引，不能引之谓‘不拔’。一于其情，虽有可欲之类神不为动，神不为动之谓‘不脱’。为人子孙者，体此道以守宗庙不灭之谓‘祭祀不绝。’”这就是说，真正的“善建者”，其所“建”实质上是一种“内在的建立”，是不受外界干扰的，是即使遭遇外在影响而毫不动摇的。但《喻老》中又举孙叔敖之善谋封地为例，讲所谓“善建不拔……世世不辍”，与此解并不一致，因为封地毕竟是“外在的建立”。见王先慎：《韩非子集解》，钟哲点校，北京：中华书局，2013年版，第154、157—158页。

②王弼：《老子道德经注》，楼宇烈校释，北京：中华书局，2011年版，第147页。

③刘笑敢：《老子古今》(上卷)，北京：中国社会科学出版社，2006年版，第561页。

的，则这样的互换是否也能行得通？当然这只是我们的一种推断之词。但不管怎么说，“修”与“观”的对象与其效力是在不断扩大其范围与效力的，是从空间上进行递增的；其最终目的则是实现时间性的长期效应，即“子孙以祭祀不辍”。

伴随着自我对象的不断提升，是自我境界的不断提升。这样的运动过程与黑格尔《精神现象学》讲精神的发展历程有某种程度上的可比性。黑格尔讲：“任何个人都必须在内容上完整地经历那个普遍精神的各个教化阶段，同时又把它们当作精神已经蜕下的各种形态，当作一条已经被开辟和铺平的道路的各个阶段。”①那么，对照老子的进阶次序，我们是否可以问：由“身”而“家”“国”“天下”的整个链条能不能跳过其中的某个链环？比如说，对于绝大多数人而言，有必要经历“国”“天下”的环节吗？能够把“身”与“家”经营好，这对于绝大多数人而言，已经是足够的了吧？② 再或者，比如能不能跳过“家”的环节而飞跃到“国”的环节，这就是说，前者不一定就是后者的必要前提，“家”处理不好不一定就影响到“国”的治理吧。再联系黑格尔的讲法：“我们必须忍受这条道路的漫长，因为每一个环节都是必然的；其次，我们必须在每一个环节那里逗留，因为每一个环节本身都是一个个体，都是一个完整的形态，只能被绝对地观察，也就是说，把它的规定性作为一个完整的或具体的东西来观察，或在这个独特的规定下来观察整体。”③按照黑格尔这样的讲法，每一个环节都不仅不可省略，而且必须保证每一环节自身的完整性。那么，老子的“以身观身，以家观家，以乡观乡，以国观国，以天下观天下”是不是也在讲每一环节的完整性与相对自足性呢？这就是说，“身”的阶段就全副精力地用于“观身”而不是“身”之外的别的东西，这就是强调“观”的对象的专一性。

当然，黑格尔的逻辑进程不可能完全与老子一一对应。但黑格尔毕竟有一个“家”“市民社会”“国家”这样的三段式进程，这一点在《精神现象学》《精神哲学》《法哲学原理》中都有体现。但严格来讲，黑格尔的“家”偏于亲

---

①黑格尔：《精神现象学》，先刚译，北京：人民出版社，2013年版，第19页。

②严遵就认为，只要把“我”经营好，则万事大吉。他说：“可以知我者，无所不知；可以治我者，无所不治；便于我者，无所不可；利于我者，无所不宜。”见严遵：《老子指归》，王德有点校，北京：中华书局，1994年版，第54页。

③黑格尔：《精神现象学》，先刚译，北京：人民出版社，2013年版，第19页。

缘自然关系，“市民社会”偏于利益交换关系，“国家”偏于法律权力关系，各个环节的差异性是非常明显的；而老子仅仅是简单地罗列，并没有具体界定其各个环节的特殊性，故我们就无从得知其具体的区别性。这里我们不必一一比较，仅仅就“家”与“祭祀”的问题稍加发挥。老子本章第一句就讲到“祭祀”，“子孙以祭祀不辍”就是强调这种家族血缘关系的绵延性。黑格尔也论述到家庭的“私宅守护神”与家庙等的意义在于让死者免于毁灭。“家庭制止了那些无意识的欲望和抽象质料对于死者的侮辱活动，它把它的所有物亦即死去的亲人摆放整齐，托付给大地的怀抱，托付给这个基本的、永恒不变的个体性。家庭通过这种方式使死者成为共同体的一员，而共同体则牢牢地控制着个别质料的腐蚀力和各种低级生物，防止它们毫无忌惮地毁灭死者。”[①]问题在于，老子本身真的在乎这种“家庭祭祀”之类的仪式吗？不说别的，老子本人的家庭生活就简直是个谜，他最后出关不知所踪，是不是就等于放弃了“子孙以祭祀不辍”的享受呢？至于庄子，更是连妻子的死也要鼓盆而歌的，更谈何祭祀呢？凡此种种，我们也只能点到为止，毕竟这之中复杂的情形太多，而表露于老子本章的文字又太简略。

但从黑格尔的立场讲，这种以家族血缘关系为联系纽带的阶段是应该超越的，作为一个人，必须走向社会，进而谋取国家事务。“世代的延续和更替只有在一个民族之内才能持续下去。”[②]那么，老子的“国”“天下”的环节之设定，是否也有这样的理论意图？“吾何以知天下之然哉？以此。”这里的“此”是大可玩味的，它应该就是指“修”与“观”的整个历程而言的，这就超越了“身”与“家”的个人性而走向公共生活的场域，走向一个更为开阔的乃至无边无际的世界，因为最终的落脚处是“知天下之然”的。因此，老子与黑格尔或许在具体的环节上有不同的观念，但在追求不断超越个人局限性而提升其生命的境界、提升其范围效应方面，两人应该是可以对话的。

---

①黑格尔：《精神现象学》，先刚译，北京：人民出版社，2013年版，第277页。

②黑格尔：《精神现象学》，先刚译，北京：人民出版社，2013年版，第279页。

五十五章　“赤子”的哲学意味

含德之厚者[①]，比于赤子。蜂虿虺蛇不螫，攫鸟猛兽不搏。骨弱筋柔而握固，未知牝牡之合而朘怒[②]，精之至也。终日号而不嗄，和之至也。

和曰常[③]，知和曰明[④]。益生曰祥，心使气曰强；物壮则老，是谓不道，不道早已。

本章中心意思是讲“含德之厚”的“精之至”“和之至”的境界。首先是“精之至”：“蜂虿虺蛇不螫，攫鸟猛兽不搏。骨弱筋柔而握固，未知牝牡之合而朘怒，精之至也。”苏辙解释说：“道无形体，物莫得而见之也，况可得而伤之乎？人之所以至于有形者，由其有心也。故有心而后有形，有形而后有敌，敌立而伤之者至矣。无心之人，物无与敌者，而曷由伤之？夫赤子所以至此者，唯无心也。”[⑤]其次是“和之至”：“终日号而不嗄，和之至也。”苏辙解释说：“心动则气伤，气伤则号而哑。终日号而不哑，是以知其心不动，而气和也。”[⑥]但本章内容重点实际上集中于“和”范畴的论述，后文围绕着“和”范畴或正面言之，或反面言之。“和曰常，知和曰明”，此是正面讲；“益生曰祥，心使气曰强；物壮则老，是谓不道，不道早已”，此是反面讲，是针对俗见的反拨语，把俗人心中所谓的“祥”“强”“壮”等美好字眼推及到“不道”

---

①王弼本无“者”字，楚简、帛书有“者”字。

②通行本作“作”，从楚简、帛书改。见见杨丙安：《老子古本合校》，杨雯整理，北京：中华书局，2014年版，第242页。

③通行本作“知和曰常”，据楚简、帛书当为“和曰常”。杨丙安说：“据经义，当作‘和曰常’，言‘和’乃永恒不变之规律。此规律乃客观存在，岂在人之‘知’否？故当据楚简与帛书无‘知’字。”见杨丙安：《老子古本合校》，杨雯整理，北京：中华书局，2014年版，第243页。

④通行本作“知常曰明”，帛书甲本作“知和曰明”，帛书乙本作“知常曰明”，楚简本作“知和曰明”。本章宗旨是“和”，作“知和曰明”语义更连贯。见刘笑敢：《老子古今》（上卷），北京：中国社会科学出版社，2006年版，第568页。

⑤苏辙：《老子解》，《三苏全书》（第5册），曾枣庄、舒大刚主编，北京：语文出版社，2001年版，第458页。

⑥苏辙：《老子解》，《三苏全书》（第5册），曾枣庄、舒大刚主编，北京：语文出版社，2001年版，第458页。

的领域。通常往往把“祥”字解作“不祥”“妖”①，此是从老子的立场把正面意思反面解；但从世俗价值观的角度讲，“祥”并不是这样的坏字眼，因为一切“益生”的当然就是好的。“祥”“强”“壮”等字眼，从大众角度讲，一直到今天，都是褒义词；但老子从“含德之厚”的立场讲，认为这些都是人为造作的存在，不如婴儿那样天然状态，故都是不好的。

关于本章的理解又涉及到一个核心比喻“比于赤子”。苏辙说：“老子之言道德，每以婴儿况之者，皆言其体而已，未及其用也。夫婴儿泊然无欲，其体则至矣，然而物来而不知应，故未可以言用也。”②这里就涉及到对于老子的批判，认为老子还做不到体用合一。老子坚持那个“体”，不愿意扩及到“用”，只愿意守，不愿意外缘性地去接触世界，这就是“物来而不知应”。

老子讲辩证法，是消极性的、保守性的辩证法，他看到发展壮大的弊端（“物壮则老”），就宁可不发展壮大。从人的成长过程而言，很多人都怀念童年，因为童年意味着无忧无虑、天真快活。老子也是这样，他看到成人世界的各种利欲熏心、尔虞我诈的坏现象，就宁可保持着“赤子”的状态。李贽著有《童心说》，则与老子有同有异。老子言“赤子”，是既讲其身体性的健康，又讲精神性的健康，“精之至”与“和之至”分别讲了身心两方面。李贽则偏于精神方面讲“童心”与“童子”之别：“童子者，人之初也；童心者，心之初也。”“夫童心者，绝假纯真，最初一念之本心也。若失却童心，便失却真心，失却真心，便失却真人。人而非真，全不复有初矣。”③老子、李贽的共同点在于强调先天本真性，而反对后天熏染性。“夫既以闻见道理为心矣，则所言者皆闻见道理之言，非童心自出之言也。”④

在讲到婴儿与成年的问题上，黑格尔与老子显然是对立的。“孩子天生既不恶也不善，因为他开始既没有关于善的知识，也没有关于恶的知识。这种无知的天真也许会可笑地被认作理想并渴望回到这种状态去；这种天真是无价值的和短命的。很快在孩子那里就出现了固执和恶行。这种固

①见陈鼓应：《老子今注今译》，北京：中华书局，2003年版，第275页。

②苏辙：《老子解》，《三苏全书》（第5册），曾枣庄、舒大刚主编，北京：语文出版社，2001年版，第458页。

③李贽：《焚书·续焚书》，北京：中华书局，2009年版，第98页。

④李贽：《焚书·续焚书》，北京：中华书局，2009年版，第99页。

执和恶行的萌芽必须通过管教来打破和消灭。”①所以，黑格尔对于教育是非常看重的。“有一种思想，认为自然状态是纯洁的，未开化民族的风俗是淳厚质朴的，根据这种思想，教育就被看成只是某种外在的东西和腐蚀性的东西……理性的目的乃在于除去自然的质朴性，其中一部分是消极的无我性，另一部分是知识和意志的朴素性，即精神所潜在的直接性和单一性，而且首先使精神的这个外在性获得适合于它的合理性，即普遍的形式或理智性。”②“教育就是要把特殊性加以琢磨，使它的行径合乎事物的本性。创造事物的这种真正创造性要求真正的教育，至于假的创造性只采用无教养的人们头脑中所想出来的荒诞事物。”③

老子所坚持的“含德之厚”在黑格尔看来，顶多是原始的浑而不分状态。但黑格尔认为必须打破这种“浑而不分”，必须经历一番“分裂”与“对立”，“自我本身就是这个自己与自己相区别的行动”④，最后才达到统一与世界和解。关于人生历程，黑格尔这样讲：“从童年，即包藏在自身内的精神开始，——经过发展了的对立，即一种自身还是主观的普遍性，如理想、想象、应当、希望等等，与直接的个别性，就是说与现存的、同这些主观的普遍性不相适合的世界以及另一方面尚未独立的，本身尚未准备好的个体在其存有中对于这个世界所采取立场之间的紧张关系（青年），走向真实的关系，即对已经存在的、完成了的世界的客观必然性和合理性的承认，个体使自己的活动在这个世界自在自为地实现着自己的劳作上得到证实和他应得的份额，由于这样他才是有所成就，才具有真实的存在和客观的价值（成年），——直到与客观性的统一完成为止；这个统一，作为实在的，就过渡到使人麻木的习惯的无所事事，但作为观念的，则从有限的利益和外在时势的纠缠中得到解脱（老年）。”⑤

因此，老子推崇“赤子”状态，就必然反对后天教化，进而反对知识，这就像李贽一样，只倾向于批判“假人”“假事”“假言”等恶现象，两人都从根本上与现实俗众、理学道统是对立的关系，不肯承认现实虚假现象之中的

①黑格尔：《精神哲学》，杨祖陶译，北京：人民出版社，2006年版，第81页。
②黑格尔：《法哲学原理》，范扬、张企泰译，北京：商务印书馆，1961年版，第201—202页。
③黑格尔：《法哲学原理》，范扬、张企泰译，北京：商务印书馆，1961年版，第203页。
④黑格尔：《精神哲学》，杨祖陶译，北京：人民出版社，2006年版，第204页。
⑤黑格尔：《精神哲学》，杨祖陶译，北京：人民出版社，2006年版，第74页。

真实意义。而黑格尔则不同,他认为现象中就有真实,在世人虚伪之中就有合理性,解决之道就在于经历抗争之后的和解。因此,老子的辩证法是消极的辩证法,是只想保持着原始性的统一状态而不愿意走向分裂与对立的状态,而黑格尔则强调对立与分裂的必然性,强调人生经历痛苦的必然性,只有经历这样的磨难与历练,人生才有意义。老子强调"物壮则老"的必然性,由此不愿意经历由弱到强的阶段。黑格尔则宁可在这样的否定性结果中看到其积极意义,"物壮则老"既然是必然的,那么新一轮的发展也是必然的,因此,完整的认识应该是"物壮则老,已而复始",在"老"之中恰恰是新生的希望。所以,黑格尔在生命的死亡之中看到的是精神的新生。"死亡从它的直接意义,从这一个个别的人的非存在,升华为精神的普遍性。"[①]即使站在老子的立场上,"物壮则老"也是有积极意义的,既然"道"是最终的归宿,那么"老"不就是回归到"道"吗?因此,"物壮则老"恰恰是好事,是值得欣喜的,因为它不但不是"早已"的"非道",反而是更早地回复于"道"那里去。

在赞美婴儿方面,尼采倒是与老子有点一致。尼采借查拉图斯特拉之口说:"我要向你们列举精神的三段变化:精神怎样变为骆驼,骆驼怎样变为狮子,最后狮子怎样变为孩子。"[②]骆驼意味着背负传统之累,狮子意味着挑战传统价值,孩子意味着一切新生。"孩子是纯洁,是遗忘,是一个新的开始,一个游戏,一个自转的车轮,一个肇始的运动,一个神圣的肯定。"[③]老子之推崇"赤子"与尼采一样,都以批判传统价值观为出发点,都有针砭时弊的良苦用心。

总结本章,老子关于"和"范畴的思想在救治人为造作的泛滥过度方面是有积极价值的,"物壮则老……不道早已"就俨然是一种警告。但是,老子思想的消极性也有必要揭示,不能因为盛极必衰的规律就一意地逃避发展壮大的道路,妄图只守着那最初的萌芽状态肯定是不切实际的。现实事物运动发展的完整轨迹是,由弱而强,由强而衰,死而复始。因此,衰老、死亡都不是只有消极意义,俗语讲的"早死早托生"也就有了正面的价值。

---

①黑格尔:《精神现象学》,先刚译,北京:人民出版社,2013 年版,第 482—483 页。

②尼采:《查拉图斯特拉如是说》,钱春绮译注,北京:生活·读书·新知三联书店,2012 年版,第 21 页。

③尼采:《查拉图斯特拉如是说》,钱春绮译注,北京:生活·读书·新知三联书店,2012 年版,第 23 页。

五十六章 “知”与“言”之上

知者不言，言者不知[①]。

塞其兑，闭其门，挫其锐，解其纷，和其光，同其尘[②]，是谓玄同。

故不可得而亲，亦不可得而疏；不可得而利，亦不可得而害；不可得而贵，亦不可得而贱。故为天下贵。

通常而言，老子对于“知”与“言”持否定性态度。老子为什么反对“知”与“言”呢？这是由其基本立场决定的。老子重“不言之教”（第二章），强调“知不知”（第七十一章），显然是想要超越矛盾冲突的现实世界而另辟一个高居其上的价值世界、本体世界。老子本人意识到，现实世界总是充满了矛盾对立的，因此就要提出一个沉重的哲学问题：如何超越矛盾对立？而解决之道首先在于找出矛盾对立的根源，那么，根源在哪里呢？老子认为，根源就在于“知”。“知”就是分辨心，就是区别心，一切矛盾对立都应该视为由此而来。佛教讲超脱之道亦是从抛弃分别心讲起。“以一切法皆从心起妄念而生。一切分别，即分别自心，心不见心，无相可得。”[③]“作此思维，即应勇猛立大誓愿，愿令我心离分别故，遍于十方修行一切诸善功德。”[④]

---

①“不”字，帛书本、楚简本皆为“弗”，或更近乎老子原本。楚简本作“知之者弗言，言之者弗知”，把真知拒言与假知妄言的对比关系讲得更为明晰。

②关于“塞其兑，闭其门，挫其锐，解其纷，和其光，同其尘”，学界亦有争论。“塞其兑，闭其门”亦见于第五十二章；“挫其锐，解其纷，和其光，同其尘”亦见于第四章。我们综合这三章内容看，其思想宗旨是一致的，都是强调对于现实事物的超越性。第四章讲“挫其锐，解其纷，和其光，同其尘”，是基于“万物之宗”“象帝之先”的语境规定，显然是超越于现实世界之上的高阶存在；“塞其兑，闭其门”是基于“既知其子，复守其母，没身不殆”的语境规定，显然亦是超脱出现实矛盾的领域。本章此语则是基于后文言及的“亲疏”“利害”“贵贱”的矛盾对立关系，显然“玄同”也是更高的价值存在。因此，这三章内容主旨都是希图超越现实矛盾冲突的，表现出明显的立场连贯性。这样，就不需要把注意力放在其语句的重复性，而应当超越其语言现象，重视其文本思想上的系统性与逻辑一贯性。通过这个例子，正表明《道德经》一书的高度成熟与完整，是出于一人之手而非众笔杂凑。

③《大乘起信论校释》，真谛译，高振农校释，北京：中华书局，2016年版，第49页。

④《大乘起信论校释》，真谛译，高振农校释，北京：中华书局，2016年版，第147页。

因此，现实烦恼痛苦的根源、一切矛盾斗争的根源就被理解为“自心”的“分别”作用，把这个功能给否定掉了，就可以根治现实世界的所有问题。在这一点上，老子哲学与佛教哲学是相对一致的。但就本章而言，老子的“知者不言”的“知”显然又不同于一般性的“知”，这个“知”是高于一般性的“知”的，是“知”“道”的“知”，因此，这个“知”就对于“言”也是否定的关系。简言之，通常的“知”与“言”都属于世俗的层面，而老子的“知者不言”的“知”属于更高的层次。

否弃通常的“知”之分别心，就是本章主讲的方法论。“塞其兑，闭其门，挫其锐，解其纷，和其光，同其尘”，这就是要求消弭一切差异与对立，这就是高于分别心的、“玄同”的智慧。其实，儒家的“仁”的境界之追求，也是基于分别心的否弃，比如讲“天人合一”“万物一体”，这里面的“一”不都是针对着“分别”“对立”的否弃吗？牟宗三讲“无限智心”实际上就是这种重“一”而反对“分”的传统复活：“仁确是一无限的智心。仁者或大人即是能操存践履以天地万物为一体的人。”[①]只要处在这样的文化环境，继承了这种文化血脉，必然逃不脱反对“分”的思路。比如王国维《人间词话》讲“无我之境”恰恰是也基于反对物我之“隔”的，这正与牟宗三讲的儒家传统是一致的。针对程颢的“仁者浑然与物同体”，牟宗三解释说：“此言与天地万物一体，浑然无物我之分隔，便是仁底境界，亦就是仁底意义了。”[②]牟宗三进一步美之为“感通无隔，觉润无方”[③]。可见，老子之讲“玄同”，王国维之讲“无我之境”，牟宗三之讲“无限智心”是同一文化传统的产物，都是反对物我之辨的，都是试图取消物我之隔的。把握住这种“求同而泯异”的文化大语境，我们就不难理解陆九渊的话：“人共生乎天地之间，无非同气……安得有彼我之意？又安得有自为之意？”“宇宙不曾限隔人，人自限隔宇宙。”[④]“人自限隔宇宙”，讲的就是“分别”与“划界”，有了这种“分别”与“划界”，就有了矛盾纷争，搞敌我矛盾，讲立场站队，闹得鸡飞狗跳。

辩证法，从传统上讲，就是矛盾二分法。从狭隘化的认识论讲，就是正误辩论术（兴于苏格拉底，载于柏拉图）；从狭隘化的实践论讲，就是敌我斗

①牟宗三：《圆善论》，长春：吉林出版集团有限责任公司，2010 年版，第 202—203 页。
②牟宗三：《心体与性体》（中册），上海：上海古籍出版社，1999 年版，第 179—180 页。
③牟宗三：《心体与性体》（中册），上海：上海古籍出版社，1999 年版，第 180 页。
④陆九渊：《陆九渊集》，北京：中华书局，1980 年版，第 401 页。

争术(毛泽东在这方面堪称其最)。但从本体论讲,就是同异法。中西哲学之讲辩证法大抵上跳不出这个总框架。老子讲“玄同”,就是主“同”而反“异”(“分别”“限隔”等等)。康德之解决“辩证的幻相”,则是基于“存异”:作为相互对立的两方面,应该并行不悖、各守疆界。“如果我们为了一般实存的事物而必须设想某种必然的东西,但没有权限设想任何物自身是必然的,那么,由此不可避免地产生的就是:必然性和偶然性必定是不关涉事物自身,因为若不然,就会发生矛盾;因此,两种原理中没有一个是客观的,相反,它们充其量只能是理性的主观原则……”[①]康德认为,“二律背反”(相互对立的命题)的解决之道,就是守好自己的领地(经验领域),不要涉及“物自身”。“矛盾只是由人的理性的幻相带来的,只存在于理念之中,是由于理性企图跨越认识的界限(即现象界)而认识物自体才产生的。只要我们严格区分现象和物自体,把理性限制在其‘内在的使用’中,就不会有任何真正的矛盾,或者说矛盾就会显露出它只不过是幻相。”[②]可见,在康德与中国哲学传统之间,有一定的共同处,就是都把矛盾的根源归结于“心”,或者说,都是从人的主观认识功能的层面去找原因;但是,区别处在于,中国哲学传统是取消掉人的识别作用,这就是“求同”(儒家讲“合一”,道家讲“玄同”,佛家讲“离一切法差别之相”[③]),而康德则承认人的认识的有限性,但另一方面并不主张取消认识功能,而是主张人的认识与“物自身”两不相妨,这就是“存异”。倘若把人与世界的关系比作大海与岛屿,从中国传统哲学讲,应该取消岛屿(无我、物我两忘,否则就是“平地起土堆”[④])而与大海合一;而从康德的立场讲,则主张岛屿的归岛屿,大海的该大海,人只要守着自己的岛屿不乱跑,也能在岛上活得逍遥自在。“这片国土是一个岛屿,被自然本身包围在不可改变的疆界中。它是真理的国土(一个诱人的称号),周围是一片浩瀚无垠而又波涛汹涌的海洋,亦即幻相的驻地,其中一些雾堤和即将融化掉的冰山幻化出新的陆地,而且通过不断地以空幻的希望诱骗着四处追逐发现的航海家,而使他卷入永远不能放弃却也永

①康德:《纯粹理性批判》,李秋零译,北京:中国人民大学出版社,2004 年版,第 402 页。
②杨祖陶、邓晓芒:《康德〈纯粹理性批判〉指要》,北京:人民出版社,2001 年版,第 345 页。
③《大乘起信论校释》,真谛译,高振农校释,北京:中华书局,2016 年版,第 19 页。
④陆九渊:《陆九渊集》,北京:中华书局,1980 年版,第 400 页。

远不能达成的冒险。”①这就是康德的警告。“本体的概念纯然是一个界限概念,为的是限制感性的僭妄,所以只有消极的应用。”②

但是,黑格尔辩证法又与老子、康德不同。在老子、康德那里,辩证法都只“做消极的应用”,尽管一倾向于无我之境,一追求守我之境。而黑格尔则偏偏是“积极的应用”之,充分地肯定人的认识功能。比如,康德之讲现象与本体的二分,这个“二分”恰恰源于人的认识活动,换言之,人的认识活动就在于此“二分”;但认识活动既然能够“二分”,它就必然能够“合一”。从最终的追求讲,黑格尔与中国传统有“求同”的共同处,但是,中国基于“分”的取消,黑格尔则基于“分”的扬弃(不单纯是取消),“分”是其必不可少的积极环节。“精神能够从其抽象的自为存在着的普遍性、从其简单的自相联系里走出来,在它自身里建立起一个确定的、现实的区别,建立起一个不同于简单的自我的他物,因而建立起一个否定物;而这种与他物的联系对于精神不仅是可能的,而且是必要的……他物、否定、矛盾、分裂因而是属于精神的本性的。在这种分裂中包含着痛苦的可能性”③这就相当于说,人的本性就是矛盾、分裂、痛苦的,再直接一点说,人就是矛盾,矛盾就是人。这样,一切现实矛盾、理论矛盾都是人的本性的产物与表现,“解铃还须系铃人”,人既然能够创造矛盾,就应当能够克服矛盾。“这种分裂境地,同样也须加以扬弃,而精神总是要通过自力以返回它原来的统一。这样赢得的统一乃是精神的统一。而导致返回到这种统一的根本动力,即在于思维本身。这就是‘击伤的是他的手,医伤的也是他的手’的意思。”④这就是黑格尔式的乐观精神。

老子讲“知者不言,言者不知”,对于语言持否定态度,这一点也与黑格尔相对立。黑格尔说:“我们知道我们的思想,我们具有确定的、现实的思想,只是当我们给予它们以对象性的、与我们的内在性相区别的存在的形式,即给予它们以外在性的形状、更确切地说是一种这样的同时打上最高内在性印记的外在性形状的时候。一种这样内在的外在东西就只是清晰发音的声音,即词……但是,把思想受词的约束看作思想的缺陷和不幸,这

①康德:《纯粹理性批判》,李秋零译,北京:中国人民大学出版社,2004 年版,第 196—197 页。

②康德:《纯粹理性批判》,李秋零译,北京:中国人民大学出版社,2004 年版,第 205 页。

③黑格尔:《精神哲学》,杨祖陶译,北京:人民出版社,2006 年版,第 20 页。

④黑格尔:《小逻辑》,贺麟译,北京:商务印书馆,1980 年版,第 89 页。

的确是可笑的；因为，虽然通常认为不可说的东西恰好是最优越的东西，可是这种怀着自负的意见绝对没有任何根据，因为不可说的东西实际上是某种模糊不清的东西，某种发酵着的东西，这种东西只有当它能够用言语表达出来时才获得清晰性。因此，语词给予思想以其最相称的和最真实的定在。当然人们也可能不抓实质而纠缠于言词。但这不是词的过错，而是一种有缺陷的、暧昧的、无内容的思维的过错。正如真正的思想是事情一样，同样词也是如此，如果它为真正的思维所使用的话。因此，在理智用词来充满自己时，它就把事情的本性接受到自己之内。”①黑格尔的意思是，“知”（“思”）作为内在性的东西必须向其对立面转化才是真正的东西，不能达到外在化的东西就是不真的东西，因此，向着“言”转化就是其必由之路。尽管老子也认识到对立面之间的转化规律，但是对这个规律的理解并没有贯彻到“知”与“言”的关系，因此，从这个角度讲，老子的辩证法思想是有局限性的。

值得注意的是，费尔巴哈也是高度肯定语言的。他对语言大唱赞歌：“言语是世界之光。言语引入一切真理，解明一切秘密，使不可见的东西直观化，使过去的和遥远的东西显示于眼前，使无限的东西有限化，使暂时的东西永恒化。人亡故了，言语却仍旧存在；言语是生命和真理。言语威力无边：使盲人复明，使跛者行走，使病人痊愈，使死人复活，——言语行奇迹，并且，行唯一合乎理性的奇迹。言语是人类的福音、安慰者。”②他进而说：“说话是自由之行为；言语，本身就是自由。因此，完全有权利说，言语修养是修养之根本；言语有了修养，人类也必有修养。”③

作为现代哲学的代表，海德格尔对于语言与缄默的关系更有值得注意的论述。他说：“对某某事情滔滔不绝，这丝毫也不保证领会就因此更阔达。相反，漫无边际的清谈起着遮盖作用……哑巴不仅不曾证明他能够沉默，他甚至全无证明这种事情的可能。从不发话的人也就不可能在特定的时刻沉默。真正的沉默只能存在于真实的话语中。为了能沉默，此在必须有东西可说，也就是说，此在必须具有它本身的真正而丰富的展开状态可

①黑格尔：《精神哲学》，杨祖陶译，北京：人民出版社，2006年版，第288—289页。
②费尔巴哈：《基督教的本质》，荣震华译，北京：商务印书馆，1984年版，第121页。
③费尔巴哈：《基督教的本质》，荣震华译，北京：商务印书馆，1984年版，第122页。

供使用。”[①]这就是说，真正的沉默与言语并不是对立的关系，而是相互补充、相得益彰的。一方面，滔滔不绝的言说可能遮蔽了真知；但另一方面，总是沉默寡言也同样不能证明真知。质言之，适当可贵的沉默应当以真实的言说为前提和基础，倘若脱离语言而绝对化沉默的价值，乃至于贬低语言的意义而独彰沉默的谨重，就是片面的。当然，一味地强调言说而否定沉默，也是不对的。但总体而言，我们要揭示“知者不言”的片面性，警惕“沉默是金”的价值误区，尤其是对那种肚里没货而故作高深、谦虚的“沉默”，更有必要揭穿其伪装、欺诈的把戏。

最后，由“塞其兑”，亦可知老子思想与《周易》以及儒家之立场对立处。《周易》兑卦乃是专讲言语的。《象》曰：“丽泽，兑，君子以朋友讲习。”对此，王夫之解释说：“两泽并流，有相竞之势，而抑有同流之情。言迭出而不穷，道异趋而同归，朋友讲习，以此为得。”[②]这就是说，不能像老子那样闭口不语，而应该开口交流，乃至滔滔不绝，互相激励，相互启发，共同提高。《论语》开篇就说：“学而时习之，不亦说乎？有朋自远方来，不亦乐乎？人不知而不愠，不亦君子乎？”这里都涉及到语言的运用，特别是“有朋自远方来”更不是“闭其门”的姿态，而是打开大门迎接远客，是敢于交流，不怕误解，不因遭遇他人否定而沮丧或恼怒。因此，儒家这种开放性的姿态似乎更值得肯定。

总之，老子本章是强调超越于矛盾对立之上的“玄同”之境，这一境界的追求是通过消除分别心而达到的。从辩证法的理论讲，老子是反对“分”而主张“同”的，他提倡的“天下贵”的境界是超越于亲疏、利害、贵贱等“二元对立”之上的。但是，老子却意识不到，他在反对“分”的过程中，自己也已经在“分”，因为他毕竟区分了矛盾对立的世界与超矛盾对立的世界，本章的论述恰是基于这两重世界的划分的。他的“玄同”之境的设定，同样是基于两重世界的“异”的，也是基于矛盾之二元之间的“异”的。

---

①海德格尔：《存在与时间》，陈嘉映、王庆节译，北京：生活·读书·新知三联书店，2012年版，第192页。

②王夫之：《船山全书》（第1册），长沙：岳麓书社，1996年版，第731页。

五十七章　干预越多越糟糕

以正治①国，以奇用兵，以无事取天下。

吾何以知其然哉？夫天下多忌讳，而民弥贫；民多利器，国家滋昏；人多智②巧，奇物滋起；法令③滋彰，盗贼多有。

故圣人云：我无为而民自化，我好静而民自正，我无事而民自富，我欲不欲④而民自朴。

此章中心可用“以无事取天下”以概括之。本章主干是对比论证，以“多……，而……”的句式陈述了主观人为因素越多则国家、社会的弊端越严重的情况。这样就自然地对比出人为因素“少”到极致的“无……而……”的安定和谐之局势。由此对比，则老子的意思就很清楚，就是反对在治理国家方面过多地夹杂进去人为主观色彩。“法令滋彰，盗贼多有”，“法令”亦作“法物”，学界对此争议很大。但是从本章整体意思看，“法令”显然较“法物”为优，因为“法令”最能体现人为造作的因素；“令”之相较于“物”对国家、社会的影响力最大。本章还多用“自……”的组词格式⑤，突出强调了统治者的不干预政策的良性效应，那就是极大地解放了人民的束缚，极大地调动了百姓的积极性。“欲不欲”亦作“无欲”，但“欲不欲”的表述形式更奇崛，“无欲”则相对无此修辞效果。老子“……不……”的句式并非仅此一例，比如第六十三章“为无为，事无事，味无味”，第六十四章“欲不欲”，

---

①“治”，楚简、帛书作“之”。见杨丙安：《老子古本合校》，杨雯整理，北京：中华书局，2014 年版，第 249 页。

②“智”，亦作“伎”。见杨丙安：《老子古本合校》，杨雯整理，北京：中华书局，2014 年版，第 251 页。

③“法令”亦作“法物”，此一字之差导致对本章内容的理解有重大分歧，故学界争论很大，牵涉到老子是否反对法律制度的立场问题。郑良树则以为古本当有“法令”与“法物”两个源流。见郑良树：《老子新论》，上海：上海古籍出版社，2011 年版，第 214 页。

④“欲不欲”，通行本作“无欲”，而楚简、帛书作“欲不欲”。高明以为此非仅用语之别，亦兼语义有异。见高明：《帛书老子校注》，北京：中华书局，1996 年版，第 108 页。

⑤第三十二章有“万物将自宾”“民莫之令而自均”，第三十七章亦有“万物将自化”“天下将自定”的表述。

“学不学”，皆是奇崛特出的修辞形式，传达其矫正世俗过多的人为施设因素的良苦用心。

黑格尔也常用“自”为核心语素以组词，比如最著名的“自在”（an sich）、“自为”（für sich）、“自在自为”（an und für sich）三个核心范畴。实际上黑格尔也反对主观人为地干扰“自身运动”。黑格尔讲：“一切的关键在于，不仅把真相理解和表述为一个实体，而且同样也理解和表述为一个主体。”①强调“实体即主体”就是主张消除外部因素而突出其自身运动的积极性。连中介环节黑格尔也理解为一种“自身性”的作用。“中介活动不是别的，恰恰是一种自己推动自己的自身一致性，换句话说，它是一种自身反映，是‘自为存在着的自我’这一环节，是一种纯粹的否定性，或者在其纯粹抽象的层面上看，是一种单纯的转变过程。自我或一般意义上的转变过程，亦即这个中介活动，既然是单纯的，就恰恰是一个转变着的直接性，一个直接的事物。”②“科学的存在基于概念的自身运动……我们尝试着通过概念的自身运动而呈现出一个科学体系……”③

虽然老子与黑格尔都爱用“自”为核心语素，但老子并没有明确的主体性思想，他没有黑格尔式的哲学立场。老子讲“自……”，常常是从政治学意义上讲，是从减轻人民束缚与压力的愿望出发，更多是寄托于君王的自觉减少干预。黑格尔讲“自”，更多的是强调理性精神。

在法律制度方面，老子更多地是批判人为主观性的弊端，更多地是要求统治者少一些个人贪欲。但是，这种良好的愿望注定是要常常落空的。中国儒家、道家、佛家都有着强调个人精神修养、德性操持的悠久传统，都有一套关于“无我”“无私”“无欲”的美好设想与践履规则，但是，这种“效果史”究竟如何？两千多年来，在约束“侯王”的膨胀的贪欲、野心方面，起过什么样的作用？答案就不那么令人信服。也许确实会有个别的“圣人”“明君”，但这只能是偶然暂时性的有效，不是普遍持久性的效用。因此，单靠内在的约束机制、仅靠道德谴责是远远不够的。同样，另一方面，过于迷信法令制度，也是不行的。再多的法令，倘若缺乏有效的立法、执法监督机制，从根本上讲，倘若缺乏对于权力的有效制约机制，国法就会沦为“私

①黑格尔：《精神现象学》，先刚译，北京：人民出版社，2013年版，第11页。
②黑格尔：《精神现象学》，先刚译，北京：人民出版社，2013年版，第13页。
③黑格尔：《精神现象学》，先刚译，北京：人民出版社，2013年版，第45页。

法”，所有冠冕堂皇的法律就会沦为少数人的牟利工具。

相比而言，黑格尔关于法的思考则要深刻得很多。“法的基地一般地说来是精神的东西，它的确定的地位和出发点是意志。意志是自由的，所以自由就构成法的实体和规定性。至于法的体系是实现了的自由的王国，是从精神自身产生出来的、作为第二天性的那精神世界。”①如果说，老子考虑法律制度的问题更多是从道德欲望层面来讲，那么，黑格尔则是从意志自由的高度来讲。黑格尔认为，法的基本精神就是意志自由，但是这种自由必须基于规定，也就是限制。自由的对立面就是任性、冲动，而法则是为了限制这任性、冲动。任性冲动是无限制、无规定的存在，是“空虚的自由”，是“否定的意志”或“否定的自由”，只能是“破坏性的怒涛”或“狂热”②。因此必须走向具体的规定与限制，这就是法的建立过程。这个过程就是人类理性的自我规定、自我限制。所以，自由不是主观妄为的，而是意志的自我限制。相反，任性“自身没有尺度”，冲动只是“自然规定”，“所以必须把它们根除”③。黑格尔说：“如果说国家是本于一切人的任性而建立起来的，那是错误的。毋宁说，生存于国家中，对每个人说来是绝对必要的。现代国家的一大进步就在于所有公民都具有同一个目的，即始终以国家为绝对目的，而不得像中世纪那样就国家问题订立私人条款。”④这就是说，必须超越主观个别性而寻求普遍有效性，唯此才是国家制度的本性。

中国传统哲学的主流是“性善论”，是期待着依靠道德主体的自我完善而走向天下大治。这实质上就只是“冲动纯洁化”⑤的并不靠谱的诉求。而黑格尔则认为人性本恶要更高明。“人性本恶这一基督教的教义，比其他教义说人性本善要高明些，因此，应该依据这一教义的哲学上解释来把握它。人作为精神是一种自由的本质，他具有不受自然冲动所规定的地位。所以处于直接的无教养的状态中的人，是处于其所不应处的状态中，而且必须从这种状态解放出来。”⑥这就是说，所谓“自由”恰恰是对于“自然冲动”“直接的无教养的状态”的超越，是对本能冲动的扬弃。但是，老子

①黑格尔：《法哲学原理》，范扬、张企泰译，北京：商务印书馆，1961年版，第10页。
②黑格尔：《法哲学原理》，范扬、张企泰译，北京：商务印书馆，1961年版，第14—15页。
③黑格尔：《法哲学原理》，范扬、张企泰译，北京：商务印书馆，1961年版，第28页。
④黑格尔：《法哲学原理》，范扬、张企泰译，北京：商务印书馆，1961年版，第83页。
⑤黑格尔：《法哲学原理》，范扬、张企泰译，北京：商务印书馆，1961年版，第29页。
⑥黑格尔：《法哲学原理》，范扬、张企泰译，北京：商务印书馆，1961年版，第28—29页。

哲学恰恰在反对人为性方面走向极端，他的“自然”概念很容易滑落到“自然冲动”“原始本能”的层面，很容易导致把“任性”“冲动”当作“自由”。儒家哲学讲情感的“未发”之谓“中”与“发而中节”[①]，但很容易与“自然情欲”划不清界限，王阳明提倡“良知学”而其后学往往走向放纵情欲，就是历史的教训。

总结本章，我们应该超越老子的理论局限性，从中国现代化进程的大趋势入手，反思检讨中国传统哲学的弊端。如何把法的基本精神提高到意志自由的高度，如何通过精神的自我立法来限制人性的原始冲动，如何普遍扬弃“自然人”的任性妄为而走向“现代人”的自我约束、自我规定，这需要一个长期的制度建设与文化教育的过程。

①《中庸》：“喜怒哀乐之未发，谓之中；发而皆中节，谓之和。中也者，天下之大本也；和也者，天下之达道也。致中和，天地位焉，万物育焉。”朱熹注曰：“盖天地万物本吾一体，吾之心正，则天地之心亦正矣，吾之气顺，则天地之气亦顺矣。”这都是很迂阔的议论。讲“天地万物本吾一体”，就容易把人的本性混同于自然属性，导致理论夹杂，由此就遮蔽了法的基本精神，而纯任主观自修，但这种主观自修恰恰被两千多年来的中国历史检验为并不靠谱。见朱熹：《四书章句集注》，北京：中华书局，1983 年版，第 18 页。

五十八章　超越“两”之辗转交替

其政闷闷，其民淳淳；其政察察，其民缺缺。

祸兮，福之所倚；福兮，祸之所伏。孰知其极？其无正也。正复为奇，善复为妖。人之迷也，其日固久矣。

是以圣人方而不割，廉而不刿，直而不肆，光而不耀。

关于本章的理解，一般把其重点放在对立面之间的相互转化、无有定止。“祸兮，福之所倚；福兮，祸之所伏。”这就是说，“福”与“祸”互藏其宅，互相是对方的产生前提条件。“孰知其极？其无正也。”这句话一般理解为没有定准。“正复为奇，善复为妖。”一般理解为对立面之间的辗转互变、更迭相代。但是，仅仅是强调这种“变”是不够的。讲辩证法，不能不提防着价值虚无主义。倘若辩证法仅仅停留于“什么都在变化，完全没有固定标准”的认识层次，就会导致“怎么都行”的糊弄与混世。因此，理解本章内容就要超越这个层面来看问题。

关于本章内容，苏辙解释说：“天地之大，世俗之见有所眩而不知也。盖福倚于祸，祸伏于福。譬如昼夜寒暑之相代，正之为奇，差之为妖；譬如老稚生死之相继，未始有止，而迷者不知也。夫惟圣人出于万物之表，而揽其终始，得其大全而遗其小察，视之闷闷，若无所明，而其民醇醇，各全其性矣。若夫世人不知道之全体，以耳目之所知为至。彼方且自以为福，而不知祸之伏于后。方且自以为善，而不知妖之起于中。区区以察为明，至于察甚伤物，而不悟其非也。可不哀哉！”[①]在这里，苏辙明确地区分为“圣人之知”与“世俗之见”两个层面，两者是高下对比关系。“圣人”能够了解“道之全体”，洞见世间的反复无常的现象，但是并不迷惑于此反复无常之中；而“世人”则局限于耳目之所见闻，“区区以察为明”，不能够通观全局，而执

---

①苏辙：《老子解》，《三苏全书》（第5册），曾枣庄、舒大刚主编，北京：语文出版社，2001年版，第461—462页。

着于一隅之见，由此导致陷溺于世相之变幻而不能超越。

但是，仔细思考这里面的认识境界实际上有三个层次。(1)执着于一隅之见，知“定”而不知“变”，如同刻舟求剑、胶柱鼓瑟。(2)知“变”而不知“全”，只是学会一个因应变化之方，如同屈原《渔父》里讲的随沧浪之水的清浊变化而自身受其清浊影响，毫无操持贞定。(3)知“全”知“变”而不废“定”，因“全”而能超越“变”与“定”的各自局限性，达到更高境界的“贞”。因此，仅仅知“变”尚非辩证法的上乘见解。只知“定”，则僵死；只知“变”，则油滑；知“变”而超越“变”，复归于“定”，化而为“贞”，如此方有“恒”。因此，只是强调一个对立面的互相转化、辗转不定，仍然是一个不彻底的讲法。这只是相当于黑格尔辩证法三阶段的第二阶段：“在辩证的阶段，这些有限的规定扬弃它们自身，并且过渡到它们的反面。”[①]“凡有限之物不仅受外面的限制，而且又为它自己的本性所扬弃，由于自身的活动而自己过渡到自己的反面……凡有限之物都是自相矛盾的，并且由于自相矛盾而自己扬弃自己。”[②]即使在这里，黑格尔也已经在肯定地理解对立面变化的积极性，认为这种变化是基于事物的自身运动，换言之，这种变化并不是虚幻，而是源于事物的自变，充分地体现了有限事物的自主性而非盲目地接受外物的摆布。

回看老子此章，岂是没有一个定则？“圣人方而不割，廉而不刿，直而不肆，光而不耀。”“方”而不是“圆”，“廉”而不是“钝”，“直”而不是“曲”，“光”而不是“暗”，这都是正面的价值选择，其中都是操守的坚持与担当，何曾沉沦于一般世俗混世主义之中，何曾以“识时务者为俊杰”为变节妥协的借口。“正复为奇，善复为妖。人之迷也，其日固久矣。”这个“迷”不仅指知“定”而不知“变”，亦且指知“变”而不知“贞”。倘若只是知晓“正复为奇，善复为妖”的无常性，就无非是沉沦于一个循环圈子，就无非是成就一个轮回不已。陷入循环圈子与轮回旋涡之中，身不由己，只是发挥出依他性、因循体，只是丧失了自性而已，只是缺乏一个贞定体而已。“出淤泥而不染，濯清涟而不妖”，讲的恰恰就是操持与坚挺，岂可贬低之为不能达“权”知“变”？非不知“变”，只是不甘于受“变”裹挟；非不达“权”，只是警惕于“权”

①黑格尔：《小逻辑》，贺麟译，北京：商务印书馆，1980年版，第176页。

②黑格尔：《小逻辑》，贺麟译，北京：商务印书馆，1980年版，第177页。

流为“邪”。

因此，讲辩证法既要讲对立面的互转，又要超越此互转。黑格尔讲：“我们知道，一切有限之物并不是坚定不移，究竟至极的，而毋宁是变化的、消逝的。而有限事物的变化消逝不外是有限事物的辩证法。有限事物，本来以它物为其自身，由于内在的矛盾而被迫超出当下的存在，因而转化到它的反面。”①黑格尔的意思是，“变化消逝”与“被迫”地“转化到它的反面”的只是“有限事物的辩证法”，言外之意，还存在着“无限事物的辩证法”。辩证法倘若局限于这个“变化消逝”的环节，就是不彻底的。所以，黑格尔还讲了一个更高的阶段：“思辨的阶段或肯定理性的阶段在对立的规定中认识到它们的统一，或在对立双方的分解和过渡中，认识到它们所包含的肯定。”②所谓“在对立双方的分解和过渡中，认识到它们所包含的肯定”，就是针对那种价值虚无主义讲的。一般的人只看到一个滔滔不止的变化洪流而容易产生消极虚无的心理，只是养成一个“世事无常”“万般皆无定论”的虚妄心，由此而导致价值迷失、道德沉沦，造就一个混世魔王般的存在。所以，黑格尔强调要以“肯定”为结果，而非以“否定”为归宿。“辩证法具有肯定的结果，因为它有确定的内容，或因为它的真实结果不是空的、抽象的虚无，而是对于某些规定的否定，而这些被否定的规定也包含在结果中，因为这结果确是一结果，而不是直接的虚无。”③

只懂得“变化消逝”，只懂得对立面之间的相互过渡与辗转，仍然是认识的比较低的层次。这样的认识就只能在此与彼、正与反之间徘徊不定、游动犹疑。换言之，这种认识仍然只是执着于、沉溺于现象界的流变，而不能进入更高的境界。“这个更替目前还不是事情本身的更替，毋宁说，它之所以呈现为一种纯粹的更替，原因恰恰在于，它的各个环节的内容是保持不变的。”④倘若超越不了这个正与反之间的来回变动规律，就无非是把认识束缚于“颠倒律”之中，得出世事变幻不定的结论，它就仍然只是局限于“保留着更替和变化的原则”⑤而已。倘若对立面之间只是限于互相颠倒、

①黑格尔：《小逻辑》，贺麟译，北京：商务印书馆，1980年版，第179页。
②黑格尔：《小逻辑》，贺麟译，北京：商务印书馆，1980年版，第181页。
③黑格尔：《小逻辑》，贺麟译，北京：商务印书馆，1980年版，第181—182页。
④黑格尔：《精神现象学》，先刚译，北京：人民出版社，2013年版，第99页。
⑤黑格尔：《精神现象学》，先刚译，北京：人民出版社，2013年版，第100页。

变化,那么,就导致每一方都保存不下来,每一方的存在都是瞬间消失,认识活动就无非在各方之间飘忽不定。“它们作为内容出现,只是为了尽快消失,每一个环节都得给另一个环节腾出位置。所以,只有当它们被规定为一些已经遭到扬弃的环节,才会保存下来。……在意识那里,各个环节的相互排挤表明它们不是一种自在存在,而仅仅是一种为他存在。意识把内容的某一个环节显露出来,放置到其他环节面前,但意识同时又摆脱了这个状况并折返回自身之内,在自身内部同样具有一个对立面,把这个对立面当作它自己的对立面保留下来。实际上,没有任何一个环节完全被抽取出来,也没有任何一个环节完全保存在内核里面,意识会轮流处置它们。因为,意识必须使每一个环节都成为一个事关本质的东西,不但是一个自为存在,而且是一个为他存在。所谓整体,就是一个把个体性和普遍者贯穿起来的运动。”①这就是说,意识之所以产生一个各个环节之间的“交替轮换”的过程(比如“正复为奇,善复为妖”),原因就在于各个环节的存在都不能被把握为“一个事关本质的东西”,而仅仅是被理解为单纯地被否定之物,因此,从正反面之间的“轮流”之中摆脱出来的方案就必然是必须承认每一方都是整体的必要环节,每一方的存在都不是没有意义的,都最终不是消失的宿命,而是在整体中有其存在的位置。因此,积极的辩证法之区别于消极的辩证法,就在此彰显出来了。消极的辩证法,只是承认一个“变”,变来变去,得出什么都消失不见的结论;积极的辩证法则是通过“变”的过程,看到每一个环节都必须存在的必然性,每一方的消失都并不是真的虚无,而是跻身于整体之中。比如“正复为奇”,“正”在变化中并没有消失掉,它只是作为“奇”而出现;“善复为妖”,“妖”恰恰源于“善”的变化,换言之,“妖”与“善”具有同根关系。这样,“正”与“奇”、“善”与“妖”作为变化的环节就不是单纯的对立关系,而是统一关系,“奇”与“妖”也不是仅仅具有否定的价值,而“正”与“善”也不是仅仅暂时的存在,更不是消失不见了。

总结本章,我们必须超越通常的辩证法,那种只是片面地强调“一切皆变”的辩证法,那种只是为自己的操持变节找理由借口的辩证法。我们应当提倡积极的辩证法,提倡价值学的辩证法,用价值学的“贞定”对治虚无主义的“流变”,我们应该承认任何一个存在过的东西的积极意义,它们的

①黑格尔:《精神现象学》,先刚译,北京:人民出版社,2013 年版,第 252 页。

消失并不是真的虚无，而是具有积极的正面的价值，它们作为现象固然消失，但是，它们作为价值，在整体的洪流中是永恒流传着的。这正如涓滴之于沧海，固然有涓滴之蒸发消散的现象，但是，沧海恰恰源于涓滴之萃集，只要沧海存在着，涓滴就终究存在着。涓滴之变幻，不影响沧海之永恒，恰由涓滴之暂时，确证沧海之永存；反之，沧海之永在正确保了涓滴之价值，涓滴就被永恒地保存了下来。

五十九章 “啬”的意味

治人事天，莫若啬。

夫唯啬，是谓早服[①]；早服谓之重积德；重积德，则无不克；无不克，则莫知其极；莫知其极，可以有国；有国之母，可以长久。是谓深根固柢，长生久视之道也[②]。

本章的核心就是“啬”。什么是“啬”？老子主要是从外在效用方面解释的，后文以顶针修辞格极力形容之。“早服”“无不克”“可以长久”，这些都是从统治力的效果讲的。这是侧面的讲法，不是直接的定义。韩非子说：“书之所谓治人者，适动静之节，省思虑之费也。所谓事天者，不极聪明之力，不尽智识之任。苟极尽则费神多，费神多则盲聋悖狂之祸至，是以啬之。啬之者，爱其精神，啬其智识也。故曰‘治人事天莫如啬’。众人之用神也躁，躁则多费，多费之谓侈。圣人之用神也静，静则少费，少费之谓啬。”[③]照这种理解，“啬”就是“减少”的意思，即“为道者日损”（第四十八章）。苏辙对于本章的解释建立在联系上一章的末句，他说：“凡物方则割，廉则刿，直则肆，光则耀。唯圣人方而不割，廉而不刿，直而不肆，光而不耀。此谓啬也。夫啬者，有而不用者也。世患无以服人，苟诚有而能啬，虽未尝与物较，而物知其非不能也，则其服之早矣。物既已服，敛藏而用，至于没身而终不试，则德重积矣。德积既厚，虽天下之刚强，无不能克，则物莫测其量矣。如此而后可以有国。彼世之小人，有尺寸之柄而轻用之，一试不服，天下测知其深浅而争犯之，虽欲保其国家，不可得也。吾是以知啬之可以有国，可以有国，则有国之母也。”[④]据此可知，苏辙把“啬”理解为内

---

①“服”亦作“复”，解为“返于道”之义。憨山：“啬，即复性功夫也。”见憨山：《老子道德经解》，梅愚点校，武汉：崇文书局，2015 年版，第 115 页。

②通行本无“也”字，楚简、帛书则有之，以“也”字煞尾显得语重从容。

③王先慎：《韩非子集解》，北京：中华书局，2013 年版，第 139 页。

④苏辙：《老子解》，《三苏全书》（第 5 册），曾枣庄、舒大刚主编，北京：语文出版社，2001 年版，第 462 页。

敛而不用，重在能力的隐藏不露。“服”字，苏辙解释为“服从”，这个“服从”是从“服人”的角度讲的。韩非子则把“服”解为“虚无服从于道理”[①]。但根据下文的“无不克”以及本章开端“治人”，可知苏辙理解为“服人”是更符合整体语境的。“早服”就是“万物将自宾”（第三十二章）的意思。

同样是讲“服”，黑格尔与老子的观点是不同的，甚至是相反的。“我们应当把世界历史人物——一个时代的英雄——认作是这个时代眼光犀利的人物。他们的行动、他们的言词都是这个时代最卓越的行动、言词。伟大的人们立定了志向来满足他们自己，而不是满足别人。假如他们从别人那里容纳了任何谨慎的计划和意见，这只能够在他们事业上形成有限的、矛盾的格局。因为他们本人才是最懂得事情的，别人从他们学到了许多，并且认可了，至少也是顺从了——他们的政策。因为历史上这一个向前进展的‘精神’，是一切个人内在的灵魂，但是它是不自觉的‘内在性’，而由那些伟大人物带到自觉。他们周围的大众因此就追随着这些灵魂领导者，因为他们感受着他们自己内在的‘精神’不可抗的力量。”[②]在黑格尔看来，英雄、号令天下服从的伟人，是靠着时代呼声的洞见、先进的识见来服人的，是通过卓越的行动、言词来让大众追随的。这就与老子讲的靠着“啬”与“重积德”是不同的。老子是强调要内敛隐藏实力的，但是黑格尔则认为英雄必须靠个人的智慧能力、强大意志、卓越的行动力才能成功。而且，老子讲统治者强调“长生久视”，这就是偏于追求统治的长期稳固。但是黑格尔不这样认为。“假如我们进一步来观察这些世界历史个人的命运——这些人的职务是做‘世界精神的代理人’——我们可以知道他们的命运并不是快乐的或者幸福的。他们并没有得到安逸的享受，他们的整个人生是辛劳和困苦，他们整个的本性只是他们的热情。当他们的目的达到以后，他们便凋谢零落，就像脱却果实的空壳一样。他们或则年纪轻轻的就死了，像亚历山大；或则被刺身死，像凯撒；或则流放而死，像拿破仑在圣赫伦娜岛上。这一种可怕的慰藉——（就是说历史的人物没有享受到什么快乐，所谓快乐只能在私生活中获得，而他们的私生活每每消磨在极不相同的外在情况之中）——这种慰藉，在那般需要它的人是可以从历史取得的。‘嫉妒

①王先慎：《韩非子集解》，北京：中华书局，2013 年版，第 139 页。

②黑格尔：《历史哲学》，王造时译，上海：上海书店出版社，2006 年版，第 28 页。

心'最渴望这种慰藉——它看见伟大和卓越就感到不快——所以努力要毁谤那伟大和卓越,要寻出它们的缺点。"[①]在黑格尔看来,英雄业绩的获得是需要精力大量的投入与耗费的,是需要个人幸福的牺牲的,伟大人物的使命就在于实现时代的精神要求,而不是贪求个人的幸福与安逸长寿。这恰恰是与重"啬"(韩非子所谓尽量"少费")相对立的价值观。英雄的价值就在于把生命热情消耗于其历史使命之中,因此短命而死或死于非命等祸殃并不需要介意,这些祸殃只是庸人出于嫉妒心而聊以自慰而已。

老子以"啬"为"治人事天"之道,是出于中国历史的考量。历代的中国统治者,其绝大多数不是靠个人打拼得天下的,而主要是靠世袭继承制,这样一来,"力"就不如"重积德"更重要。如何赢得前任统治者的欢心,如何赢得重臣的拥戴,过于显示"力"往往适得其反,而如何学会明哲保身,学会韬光养晦,才是更为根本的生存之道。中国历史表明,在争夺继承权的过程中,往往是沉稳内敛之人胜过那些露才扬己之人。而且,只要是老皇帝健在,作为太子就只有长期隐身,只有靠"熬"、靠"等",而不能作任何别的念想。从这样的历史讲,老子的"啬"倒是有其事实依据的。相反,黑格尔讲英雄豪杰,则重于个人的打拼,重于生命热情的消耗,恰恰并不看重所谓的"重积德"而偏于其"才力"的发挥,这不是从"守江山"的角度来看问题,而是从实现历史使命的价值观来理解人生的意义。讲到"服",中国人更偏重于"以德服人",而西方人更偏重于"以力服人",这就是老子与黑格尔的思想区别之根源。

①黑格尔:《历史哲学》,王造时译,上海:上海书店出版社,2006年版,第28—29页。

六十章 人与鬼

治大国若烹小鲜。

以道莅天下，其鬼不神；非其鬼不神，其神不伤人；非其神不伤人，圣人亦不伤人。夫两不相伤，故德交归焉。

本章名句是“治大国若烹小鲜”。苏辙说：“烹小鲜不可挠，治大国不可烦，烦则人劳，挠则鱼烂。”[①]这就是要求统治者不要过多地外在干预。“以道莅天下，其鬼不神”，苏辙对此解释说：“圣人无为，使人各安其自然，外无所烦，内无所畏。则物莫能侵，虽鬼无所用神矣。”[②]本章的重点实际上在于论述人间世界与鬼神世界的关系，实际上涉及国家与宗教的关系，老子的主张是“两不相伤”，各安其所。用“道”而不是“上帝”作为最高的本体，这说明老子哲学上的成熟。只要人能够掌握了“道”，鬼神就不能妨碍人，双方就能够和谐共处，这说明“道”是双方共同遵循的最高规律。

在这方面，黑格尔的论述也值得比较。黑格尔认为哲学与宗教的对象都是绝对者。“哲学的对象与宗教的对象诚然大体上是相同的。两者皆以真理为对象——就真理的最高意义而言，上帝即是真理，而且唯有上帝才是真理。”[③]因此，在黑格尔那里，上帝就是绝对者，哲学研究也就是神学研究。“宗教本身的对象是最高的东西，是绝对的东西……宗教哲学是这样一个领域，在这一领域里，世界上的一切谜团都得到了解释，思想上的一切矛盾都得到了解决，感情上的一切痛苦都得到了解脱——这是永恒真理与永恒宁静的领域，是绝对真理本身的领域。”[④]“因此，哲学是神学，对它的

---

①苏辙：《老子解》，《三苏全书》（第5册），曾枣庄、舒大刚主编，北京：语文出版社，2001年版，第463页。

②苏辙：《老子解》，《三苏全书》（第5册），曾枣庄、舒大刚主编，北京：语文出版社，2001年版，第463页。

③黑格尔：《小逻辑》，贺麟译，北京：商务印书馆，1980年版，第37页。

④黑格尔：《黑格尔全集》（第17卷），梁志学、李理译，北京：商务印书馆，2012年版，第31页。

研究，或更确切地说，它本身就是对神的祭拜。”[1]就这些论述而言，黑格尔的观点是相当保守的；但实质上，黑格尔认为宗教只是对于绝对者的“感觉、信仰、自白”的领域[2]，理性认识是高于这个层次的。在国家与宗教的关系上，黑格尔是反对把宗教作为基础的。“这里正是谈论国家对宗教的关系的适当场合，因为近年来常常有人反复地说宗教是国家的基础，又因为作出这种主张的人妄以为国家学尽在于此。可是再没有一种主张比这一种更适宜于制造这么多的混乱，甚至把混乱提高到国家制度，提高到认识所应具有的形式了。”[3]“倒是需要一种挽救的力量来反对某种形态的宗教，而这种力量是维护理性的和自我意识的权利的。”[4]“在宗教中有着这样的场地，它使人们在一切变幻中和在现实的目的、利益、财产的消逝丧失中，意识到不变的东西、最高的自由和满足。现在，如果宗教就这样构成了基础，其中含有一般伦理性的东西，更正确些说，含有作为神的意志的国家本性，那么，它同时只是基础罢了，这是它的本来面目。就在这里，国家和宗教开始分道扬镳。国家是神的意志，也就是当前的、开展成为世界的现实形态和组织的地上的精神。”[5]“宗教是对绝对物的关系，这种关系采取感情、表象、信仰等形式，在宗教包罗万象的范围内，一切都只是偶然的、转瞬即逝。如果在对国家的关系上也坚持这种形式，以为对国家来说这种形式是本质上规定者和有效的东西，那么国家，作为已经发展成为具有巩固地存在着的各种权力和规章制度的机体，将陷于动荡不安和分崩离析。”[6]这就明确地指出了宗教干预国家的弊端。“同蒙蔽在感情和表象的主观性中的这种真的东西来比，真的东西是从内到外、从理性的想象到实在性的巨大跃进，全部世界历史就在从事这一工作，并且通过这种工作，有教化的人类获得了合理定在，即国家制度和法律的现实以及对它们的意识。那些求神拜佛和确信一切都直接存在于他们未经教养从而未达于成熟的意见中的人，对这项工作，即把他们的主观性提高到对真理的认识以及提高到对客观权利和义务的知识，不感兴趣，因此从他们那里所能得到的，只是对

①黑格尔：《黑格尔全集》(第17卷)，梁志学、李理译，北京：商务印书馆，2012年版，第32页。
②黑格尔：《黑格尔全集》(第17卷)，梁志学、李理译，北京：商务印书馆，2012年版，第41页。
③黑格尔：《法哲学原理》，范扬、张企泰译，北京：商务印书馆，1961年版，第269页。
④黑格尔：《法哲学原理》，范扬、张企泰译，北京：商务印书馆，1961年版，第270页。
⑤黑格尔：《法哲学原理》，范扬、张企泰译，北京：商务印书馆，1961年版，第270—271页。
⑥黑格尔：《法哲学原理》，范扬、张企泰译，北京：商务印书馆，1961年版，第271页。

一切伦理关系的破坏，愚昧无知和灭绝天理。”[①]这一论述是相当深刻的，对于“求神拜佛”等宗教迷信进行了猛烈的抨击。因此，国家是比宗教更为重要的，是体现了人类理性精神的，是世界历史进步的产物。“恰恰是在国家中一切是固定的安全的这一事实，构成了反对任性和独断意见的堡垒。因此，宗教本身不应成为统治者。”[②]当然，黑格尔也承认宗教的存在合理性[③]，但是对于其极端形式即宗教狂热是持批判态度的[④]。

相比而言，老子关于宗教信仰的论述还停留在相当朴素的认识阶段。但是，通过第四章“象帝之先”与第三十四章“成功遂事而不名有，万物归焉而不为主”等论述，结合本章的“两不相伤”，我们可以看到老子的理性精神是遥遥领先于时代的。在老子这里，“道”是最高存在，这一明确无误的哲学立场，甚至比黑格尔还要鲜明。黑格尔毕竟身处宗教信仰高度发达的国家，他尽管在根本上是强调理性精神的，倾向于强调人的自觉性、“独立自主，自己决定自己”[⑤]的主体性；但是，长期以来，他的哲学甚至被讥讽为神学，也有其自身的原因，那就是他的哲学观念仍然深受宗教信仰的影响，仍然深受上帝观念的影响。因此，对比黑格尔，我们更应当赞扬老子在哲学立场上的高度早熟。当然，只要不受个别言论的干扰，只要能够把握住黑格尔的基本精神，他的哲学思想总是能够从宗教信仰之中超拔而出的，事实上，在宗教狂热方面的揭露上，黑格尔做得非常出色，在关于宗教与国家关系的论述上，他的观点是非常鲜明的。

总结本章，我们应当从老子的“以道莅天下，其鬼不神”的论述中获得一种理性自信心。只要人能够充分地发挥自己的能动性，只要人能够尊重事物的本性，而不是过度地干预事物的自身发展，人就是最高贵的存在，一切鬼神都是不起作用的。当然，我们也并不完全否定宗教信仰的合理性，甚至尊重它在一定程度上、特定范围内的存在必要性，因此，老子的“两不相伤”的主张至今仍是可取的态度。黑格尔说：“国家本质上仍然是与宗教有区别的，因为国家所要求的东西，都是采取法律义务的形态；

---

①黑格尔：《法哲学原理》，范扬、张企泰译，北京：商务印书馆，1961年版，第272页。
②黑格尔：《法哲学原理》，范扬、张企泰译，北京：商务印书馆，1961年版，第282—283页。
③黑格尔：《法哲学原理》，范扬、张企泰译，北京：商务印书馆，1961年版，第273页。
④黑格尔：《法哲学原理》，范扬、张企泰译，北京：商务印书馆，1961年版，第271、282页。
⑤黑格尔：《黑格尔全集》（第17卷），梁志学、李理译，北京：商务印书馆，2012年版，第41页。

至于这种义务是出于怎样的心情来完成的，那是无足轻重的。相反地，宗教的园地是内心生活。如果国家要按宗教式样提出要求，它就会危害内心生活的权利；同样，如果教会要像国家那样行动，施加刑罚，它就会蜕变为一种暴虐的宗教。”[①]这就近乎“两不相伤”的立场，而警示了“两相妨害”的情况。

①黑格尔：《法哲学原理》，范扬、张企泰译，北京：商务印书馆，1961年版，第2281—282页。

六十一章　大小国关系

大国者下流，天下之牝也[①]。天下之交，牝常以静胜牡。以其静，故为下也。

故大国以下小国，则取小国；小国以下大国，则取于[②]大国。故或下以取，或下而取。大国不过欲兼畜人，小国不过欲入事人。夫两者各得其所欲，大者宜为下。

本章的基本内容是讲国际关系的，反映了老子的良好的愿望，即希望大国不要过于强横，对于小国要多有包容，同时小国也要认清形势，而尽力取容于大国。因此，这一章的内容不是讲国家力量之对比的，不是讲大国、小国的相互转化的（大国变小国，小国变大国），而是讲大国与小国之间的和平共处之道的。本章的核心比喻是"天下之交，牝常以静胜牡"，"交"就是"阴阳交媾、男女交合"[③]的意思，老子是拿最简单的男女性爱活动作比喻，讲大国与小国的关系。因此，这种关系就是和谐共处的、各得其宜的，没有真正的失败者，而是共赢同乐的格局。"大国不过欲兼畜人，小国不过欲入事人"，大国的目的就是兼并小国，小国的目的就是取容于大国，这就是双方各自的目标认定。然而，大国虽然兼并小国，但不是凭借强暴，而是凭借对于小国的包容心、柔爱精神，只有这样才能取得小国的信任与接受；小国虽然受到大国的统治，但是，不能光想着造反、颠覆，妄图推翻大国的统治，而是接受国力不足的事实，虚以下之，这才是保全国家的最好方式。王弼讲："小国修下，自全而已，不能令天下归之。"[④]小国要认清国家力量的对比形势，面对力量不能够发生逆转的现状，只能以"自全"为根本目的，

---

①王弼本作"大国者下流，天下之交，天下之牝"，此据帛书本。见高明：《帛书老子校注》，北京：中华书局，1996年版，第121—123页。

②王弼本无"于"字，此据帛书本。有无"于"字，对于文义的理解关系甚大。见高明：《帛书老子校注》，北京：中华书局，1996年版，第123—125页。

③郑良树：《老子新论》，上海：上海古籍出版社，2011年版，第228页。

④王弼：《老子道德经注》，楼宇烈校释，北京：中华书局，2011年版，第165页。

而不应当怀有野心，因为自身国力本不足以“令天下归之”。老子的基本立场是希望国家之间相安无事，不要发生战争冲突，在这个方面他更希望大国主动地体现出谦和、慈柔的态度。

但是，验诸历史事实，老子的主张就显然只能体现为一种美好的愿景，并没有真正的实践基础。就历史事实讲，大国侵凌小国，进行暴力征服是常有的；小国挑衅大国，甚至冒天下之大不韪，想要逆袭称霸世界的，也并不罕见。远的有战国七雄的历史，秦国之于六国的关系，就是大国与小国的关系。秦国统一的过程，是靠暴力征服的过程，这之中既有秦国暴虐的原因，也有六国不甘屈服而奋起反抗的原因，乃至有主动挑衅、投机一搏的情况，比如著名的荆轲刺秦王。近的来说，就是目前美国与各国的关系，这里面既有美国的咄咄逼人的一面，也有小国试图挑战美国妄图证明自己的存在感的一面。这里面的关系错综复杂，既不是单纯的实力使然，也不是单纯的态度使然，而是经济、政治、民族、宗教、历史、文化等各种因素的共同作用的结果。因此，老子对于国际政治关系的论述是相当朴素的认识，仅仅体现为一种渴望和平、反对战争的美好心愿。但是，在处理严峻的国际关系时，单纯美好的愿望或良好的态度是无法胜任工作的。一个国家只能结合具体的国际力量的对比提出符合实际的国家目标与外交原则，而这远不是取决于主观性的因素，甚至也不是民族尊严、历史荣耀所能支配的。

在国际关系的理解方面，黑格尔就显得极其冷静，甚至近乎残酷了。“永久和平这一要求往往是作为一种理想而被提出的，人类似乎必须全力以赴。例如康德曾经建议成立一个国君联盟来调停国与国间的争端，人们打算让神圣同盟成为这样一种制度。可是国家是个体，而个体性本质上是含有否定性的。纵使一批国家组成一个家庭，作为个体性，这种结合必然会产生一个对立面和创造一个敌人。”[①]这就是说，永久和平是实现不了的，因为国家作为个体的本性就是否定性，总是需要创造敌人与对手。虽然，黑格尔也讲到国家之间相互承认主权的原则[②]，但是同时也指出处理、调停国际关系的因素是偶然性的。“国家之间没有裁判官，充其量，只有仲裁员和调停人，而且也只是偶然性的，即以争议双方的特殊意志为依据

①黑格尔：《法哲学原理》，范扬、张企泰译，北京：商务印书馆，1961年版，第342页。
②黑格尔：《法哲学原理》，范扬、张企泰译，北京：商务印书馆，1961年版，第346—347页。

的。”[1]这样，任何一种情况都可能导致战争发生的危险[2]。黑格尔讲：“福利是国家在对别国关系的最高法律……福利是国家在对别国关系中的最高原则。”[3]这就是说，处理国家关系的根本依据是国家利益，而不是“道德戒律”[4]。

甚至，黑格尔还讲，国家民族的命运是有生命周期的，乃至是有灭亡的必然性。“一个世界历史性民族的特殊历史，一方面包含着它的原则的发展，即从它幼年潜伏状态起发展到它全盛时期，此时它达到了自由的伦理性的自我意识而进窥普遍历史；另一方面，它包含着衰颓灭亡的时期，其实，衰颓灭亡标志着在这个民族中出现了一个作为纯粹否定它自己的更高原则。这种情况指出，精神过渡到了那个更高原则，而另一个民族获得了世界历史的意义。从这一新时期开始，先前那个民族就丧失了它的绝对利益。诚然，那时它也会积极地接受更高原则，并按这个原则把自己组织起来。但是它对待这个原则，好像对待螟蛉子一样，缺乏内在的生气和活力。它可能丧失其独立，也可能作为一个特殊国家或一批国家而继续存在或苟延残喘，并偶然地卷入各种各样的内部事业和对外战争中。”[5]这就是说，一个民族也逃脱不了其盛极而衰的运势，它倘若不能自身发展为更高阶段，就必然被更高的原则所吞并，这样它的命运就会不由自主，只能接受被主宰的命运。当然，黑格尔还有很多论述不一定是正确的，甚至说有很多荒谬性的东西；但我们应该从辩证法的高度来理解其基本主张，对于国家民族的兴衰存亡应该基于世界大势的历史视野来理解，这才是黑格尔思想中有价值的东西。

回到老子的论述上来。“两者各得其所欲，大者宜为下”，这作为处理大小国关系的基本原则显然只是一种看上去很美的“应然”或“想当然”。我们一方面高度赞同其积极意义，但同时也要保持一份理性研究应有的冷静，看到国际关系的复杂性与不确定性，充分把握国家民族的整体利益，充分考虑各种国际风险，对于战争尤其要有足够的警惕与准备。进而言之，

---

①黑格尔：《法哲学原理》，范扬、张企泰译，北京：商务印书馆，1961年版，第348页。
②黑格尔：《法哲学原理》，范扬、张企泰译，北京：商务印书馆，1961年版，第348—349页。
③黑格尔：《法哲学原理》，范扬、张企泰译，北京：商务印书馆，1961年版，第349页。
④黑格尔：《法哲学原理》，范扬、张企泰译，北京：商务印书馆，1961年版，第350页。
⑤黑格尔：《法哲学原理》，范扬、张企泰译，北京：商务印书馆，1961年版，第354页。

无论是大国还是小国，都应当尊重历史发展趋势，都应当积极抓住发展机遇，尽量获得世界历史的先进性地位，这也就是主动占有黑格尔所讲的“那个更高原则”，否则，就可能面临被吞并或湮没的命运。验诸历史，不是有很多兴盛强大的国家、民族已经进入历史的云烟而日益远去了吗？

六十二章　对“不善”也要包容

道者，万物之奥[①]，善人之宝也，不善人之所保也。

美言可以市[②]，尊行可以加人[③]。人之不善，何弃之有？

故立天子，置三公，虽有拱璧以先驷马，不如坐进此道。古之所以贵此道者何？不曰求以得，有罪以免邪？故为天下贵。

本章闪耀着至今仍堪称伟大的思想，即“人之不善，何弃之有？”[④]老子对于不善也是包容的态度，甚至是谅解的态度，这是基于“道者，万物之奥”这个命题。“道”，既然是泽被一切的总根源，它就既能容纳善，又能包容不善。所谓善或者不善，都是人为划分的产物，但都源于“道”而生的，因此，从“道”的立场讲，就既无所谓善，也无所谓不善的。正是基于这种博大宽容的精神，“道”的价值地位才胜过“天子”、“三公”而“为天下贵”。

从辩证法的角度讲，“道”与善或不善的关系，就是“一分为二”的关系，“一”就是“道”，“二”就是善与不善。但是，这个“一分为二”是理解为“道”自身的活动呢，还是理解为人类自身的活动呢？倘若把“善”与“不善”的分裂、对立归结为“道”的自身活动，那就把矛盾关系理解为“道”的自身矛盾运动，说明“道”自身就有“恶”的种子，这样一来“恶”就取得了本体性的地位，甚至是与“善”相互对等的关系，那么，“恶”就不容贬低了。但倘若把善

---

①“奥”，帛书作“注”，通“主”。见高明：《帛书老子校注》，北京：中华书局，1996年版，第126—127页。“道者，万物之主”，这可以视为老子对于“道”的明确定义，是关于“道”的第一规定。由此，也表明“道”本身并不是完全不可说的。

②该句肯定了“美言”的价值，与“美言不信”（第八十一章）的否定态度存在着对立关系。这体现了老子关于“言”的观念的矛盾不定。

③该句肯定了“尊行”的价值，这表明老子似乎又不否定一切“为”，与其“无为”的主张有一定程度上的对立。

④该句陈鼓应解为“不善的人，怎能把道舍弃呢？”（陈鼓应：《老子今注今译》，北京：中华书局，2003年版，第297页）这样的理解未必妥当。而高明说：“‘人之不善，何弃之有？’义若第二十七章‘是以圣人常善救人，而无弃人’。不善人化于道，改过迁善，焉能弃之，故道为不善人之所保也。”（高明：《帛书老子校注》，北京：中华书局，1996年版，第128—129页）此解方较为妥当。

恶的划分理解为人类自身的道德区分，那么这就意味着善恶对立只具有相对意义，只是主观性的产物，就失去了根本意义，进而，所谓“善恶”的褒贬意义就不具有必然性，而带有偶然性或暂时性。但不管从哪个角度讲，“恶”都有其存在的价值意义，甚至有其积极的一面，这就不能总是一味地否定它。

在善恶的问题上，黑格尔有着相当丰富的论述。首先，黑格尔同意恶起源于人与自然相分裂的观点。“认为‘分裂状态’是所有人类无法避免的……显然是对的”①。因此，人之为人，就在于他的超越性，他必须超越原初的素朴性而经历一个转变过程，这样的过程是必经之路。“精神不只是直接的素朴的，它本质上包含有曲折的中介的阶段。婴儿式的天真，无疑地，有其可歆羡和感人之处，只在于促使我们注意，使我们知道这天真谐和的境界，须经过精神的努力才会出现的。在儿童的生活里所看见的谐和乃是自然的赐予，而我们所需返回的谐和应是劳动和精神的教养的收获。”②这就是说，人类必须经历艰辛的劳动创造过程。“男子应该汗流满面去劳动，女子应该忍受痛苦去生育。此种劳动，细究起来，一方面固是与自然分裂的结果，一方面也是对于这种分裂的征服。禽兽对于足以满足其需要之物，俯拾即是，不费气力。反之，人对于足以满足其需要的手段，必须由他自己去制造培植。”③

从人与自然相分裂，人必须超越其素朴状态而言，恶就是必然的。“我们必须放弃一种肤浅的观念，即认为原始罪恶只是基于最初的人的一种偶然行为。其实由精神的概念即可表明本性是恶的，我们无法想象除认人性为恶之外尚有别种看法。只要就人作为自然的人，就人的行为作为自然的人的行为来说，他所有的一切活动，都是他所不应有的……自然对人来说只是人应当加以改造的出发点。”④这就是说，自然状态就是恶，人必须走出这种恶。“人能超出他的自然存在，即由于作为一个有自我意识的存在，区别于外部的自然界。”⑤这就是说，人必须异出于自然界，成为别样的存

①黑格尔：《小逻辑》，贺麟译，北京：商务印书馆，1980年版，第90页。
②黑格尔：《小逻辑》，贺麟译，北京：商务印书馆，1980年版，第90页。
③黑格尔：《小逻辑》，贺麟译，北京：商务印书馆，1980年版，第91页。
④黑格尔：《小逻辑》，贺麟译，北京：商务印书馆，1980年版，第91页。
⑤黑格尔：《小逻辑》，贺麟译，北京：商务印书馆，1980年版，第92页。

在。那么，倘若从自然的立场来看，人之为人的这种“异出性”就是恶的。而这种“异出性”的标志就是人具有自我意识，那这就等于说，人的“我性”就是恶。“与痛苦一样，恶——自在自为存在着的无限的精神之否定物——同样不是从外面来到精神那里的；相反地，恶无非是立于其个别性的顶峰的精神。”①

倘若说人的自然存在就是善，按照辩证法，他就必须向着其对立面发展与变化，这样一来，成为善的对立面就是必然的运动过程。这个过程也就是从自在存在到自为存在的转变过程。“为了在事实上成为自主体和精神，它必须首先对自己而言转变为他者……直接的实存转变为思想，或者说，单纯的感性意识转变为包含着思想的意识。确切地说，正因为思想是一个来自于直接性的亦即有条件的思想，所以它不是纯粹知识，而是本身就包含着他者存在，因此是一个自己与自己相对立的思想，亦即关于善与恶的思想。”②这就是说，善恶的产生是源于人类的自相对立或者说自身矛盾。当然，站在上帝的立场上，或者说，站在“神性本质”的高度，人之恶源于与上帝、“神性本质”的相区别、相分离，这也就是说，恶是上帝自身或“神性本质”的“异化”③。人是异于神的存在，这种“异”就是恶。当然，最终善与恶要和解，恶被宽恕，意味着人与神的对立关系的取消，意味着“异”转化为“同”。“如果按照其概念来表达这种和解，那么就是：和解之所以成立，原因在于，自在地看来，恶和善是同一个东西，换言之，神性本质和整个范围内的自然界是同一个东西……由于恶和善是同一个东西，所以恶恰恰不是恶，善也不是善，毋宁说双方都遭到了扬弃：一般意义上的恶是一个内在存在着的自为存在，而善是一个缺乏自主体的单纯东西。当双方都这样按照其概念陈述出来，它们的同一也就昭然若揭。”④善与恶为什么要“和解”？原因在于两者从根本上是同源同根的，而且，两者都是有限的存在，每一方都不具有绝对的真理性。“单纯的这方或那方都不具有真理，恰恰相反，真理是它们的运动。”⑤

---

①黑格尔：《精神哲学》，杨祖陶译，北京：人民出版社，2006年版，第20页。
②黑格尔：《精神现象学》，先刚译，北京：人民出版社，2013年版，第475页。
③黑格尔：《精神现象学》，先刚译，北京：人民出版社，2013年版，第477页。
④黑格尔：《精神现象学》，先刚译，北京：人民出版社，2013年版，第479页。
⑤黑格尔：《精神现象学》，先刚译，北京：人民出版社，2013年版，第480页。

总结黑格尔关于善与恶的论述，可以归结为三条：(1)善恶的根源是人与自然的分裂与冲突，(2)人必须承受这一“异化”过程，人必须经历劳动的艰苦创造过程，(3)善恶最终和解，恶最终获得宽恕，这意味着人与自然相统一，也意味着人与自身的相和解。反观老子的关于善恶的论述(结合第二章、第四十九章)，也有几点：(1)善与恶是相随相伴的关系，两者是相互依存的，这是第二章的内容；(2)善与不善应该一视同仁地看待，这是第四十九章的内容；(3)应当“有罪以免”，主张对于恶的宽容，这是本章的内容。倘若比较老子与黑格尔的相关思想，作为两千多年前的思想家，老子自然不如黑格尔的相关论述深刻周详，但是，老子的“人之不善，何弃之有”与“有罪以免”的观点与黑格尔的“恶的宽恕与和解”的思想是有一定程度的一致性的。

站在当代的立足点上，我们认为善恶之辨从根本上来说，是人的为己性与为他性的矛盾关系。倾向于为己性，为了自身的存在必然导致否他性，于是必然去改变一切异己者，乃至于消灭掉一切异己者，这就是恶的根源。人之为己，人之倾向于保护自己、保全自己，这是人之奋斗不息的动力源泉。从根本上讲，消灭人的为己性就是消灭人的存在。这就是说，恶是消灭不掉的。因此，人类不须在为己性之外，片面地寻求为他性，只需承认他者存在的价值意义，能够在发展壮大自己的过程中，尽量地减少对于他者存在的伤害，进而，尽量地有利于他者的发展壮大，那么，这就是善的历程。施韦泽说：“敬畏生命绝不允许个人放弃对世界的关怀。敬畏生命始终促使个人同其周围的所有生命进行交往，并感受到对他们负有责任。对于其发展能够由我们施以影响的生命，我们与他们的交往以及对他们的责任，就不能局限于保存和促进他们的生存本身，而是要在任何方面努力实现他们的最高价值。”[①]这自然是极好的主张，但是能否施行则是需要漫长的、曲折的道路。

---

①施韦泽：《文化哲学》，陈环泽译，上海：上海人民出版社，2013年版，第323页。

六十三章　“难”与“易”的辩证法

为无为，事无事，味无味。

大小，多少。报怨以德。图难于其易，为大于其细。天下难事必作于易，天下大事必作于细。是以圣人终不为大，故能成其大①。夫轻诺必寡信，多易必多难。是以圣人犹②难之，故终无难矣。

本章的开头部分有很大的理解困难，造成一些争议性的解释，主要在于“大小多少”与“报怨以德”的理解问题。但是，倘若把全章贯通起来讲，从辩证法的立场讲，从对立面之间的相互关系的角度切入，则所谓难点就迎刃而解了。

关于“为无为，事无事，味无味”，高明说：“过去解此经文，皆把‘为无为，事无事，味无味’视为三个并列的动宾结构的短句，即所谓‘为所无为，事所无事，味所无味’。果真如此，则同下文‘大小多少，报怨以德’语义全不相应，故姚鼐、奚侗、马叙伦等皆疑‘大小’以下有脱简佚文。仔细分析经文‘为无为，事无事，味无味’三句，皆非动宾结构，而是三个词义相近的并列句，如果用标点断开，当写作‘为、无为，事、无事，味、无味’，即为与无为，事与无事，味与无味。而同下文之大与小、多与少、怨与德、难与易、大与细等同属一种结构，每一个并列句中的两个词都是相对的。老子则以‘报怨以德，图难乎其易也，为大乎其细也’，处理二者的关系。对待为首的三句，显然以同一处理方法，即为以无为，事以无事，味以无味。以此理解则文畅

---

①此处两个“大”字含义不同，前一“大”是事实上的“大”，后一“大”是价值上的“大”。“圣人终不为大，故能成其大”是说，圣人始终不去追求外在性的“大”，所以能够成就内在性的、价值充实性的“大”。理解本章中的“大小多少”、“难易”、“德怨”等范畴，都要做事实与价值、外在与内在的区别，老子的观念都是对治世俗价值观的，他对于那种外在性的、功利性的“大”、“多”、“易”、“德”这类褒义词是有意进行价值反转的。

②“犹”，“谋取”之义，“犹难”与“图难”意思相近，都是“择取难事，不回避困难”的意思。《诗·大雅·文王》：“世之不显，厥犹翼翼。”郑玄笺：“犹，谋也。”朱熹：《诗集传》，北京：中华书局，2011 年版，第 234 页。

义顺，毫不勉强。”[①]这是很有启发性的讲法，已经从语法结构的角度注意到了对立面的相互关系了。但是，还需要进一步，从辩证法的高度来理解之，从对立面之间的相互依存、相互转化的思想来解决问题。

本章核心思想正是基于“大与小、多与少、怨与德、难与易、大与细”等对立面的相互关系讲其“颠倒机制”的。所谓“为无为，事无事，味无味”，恰恰是对于对立面的必然转化思想的自觉运用，不需要非要解为并列结构，事实上高明最终理解为“为以无为，事以无事，味以无味”仍是与通常的动宾式结构的理解区别不大。既然“为与无为，事与无事，味与无味”是对立面的关系，则在实践方面，按照老子的一贯立场，他的选择必然倾向于一般大众所取的对立面，即是说，一般大众倾向于选择“为”、“事”、“味”，老子偏偏选择“无为”、“无事”、“无味”。因此，所谓“为无为，事无事，味无味”，就是在相互对立的矛盾关系中，选择那常人抛弃的那一方面，比如“为无为”，就是“执行无为”的意思，余则以此类推。同样的道理，“大小多少”、“德怨”、“难易”，一般人的选择肯定是“大”“多”“德”“易”，因为这些都是世俗理解的美好的方面，那么，老子偏偏不这么选择，他非要强调那“小”“少”“怨”“难”的方面[②]。憨山说：“世人之所难，而圣人之所易；世人之所易，而圣人之所难……”[③]此解颇能揭示圣人与世人之间在价值选择上的颠倒关系。

“报怨以德”，一般理解为“以德报怨”，这是从道德宽容的角度讲，局限于从具体的人事关系讲，而不能够提升到哲学的高度，从辩证法的角度讲。按照辩证法，“德”与“怨”是相互转化的，所谓“报怨以德”正是讲“德”与“怨”的互换关系，“报”不是人际关系上的“报答”，而是辩证法意义上的对立面之间的“交换互变”[④]。因此，“报怨以德”应该全面地理解，一方面是“德”变为“怨”，另一方面是“怨”变“德”，这恰恰符合“颠倒律”的“倒转机制”。关于“德”与“怨”，通常的见解是“正转机制”，即“以德报德，以怨报

---

①高明：《帛书老子校注》，北京：中华书局，1996年版，第132页。

②“大小”，即“以小为大”，或者说“小即是大”而非刻意去“为大”，呼应后文讲的“圣人终不为大”。这就颠倒了通常的价值观，通常是追求“大”而嫌弃“小”，努力于“由小到大”。老子认为，“小”处就是“大”，不需要另外去找“大”。同理，“多少”即“以少为多”，直接把“少”颠倒为“多”，不需要努力于另外建立一种“多”。

③憨山：《老子道德经解》，梅愚点校，武汉：崇文书局，2015年版，第124页。

④就字义讲，“报”者，“还”也，“返”也，实则“换”也。

怨”，这是人际关系的讲法，不是辩证法的讲法。只有超越“德”与“怨”的“正转机制”，才能达到对于两者的“倒转机制”的认识，才能超越对于一时之“德”、一时之“怨”的执着。比如说，甲方自以为施“德”于乙方，但是，在乙方身上产生的效应未必就是好事，而很可能颠倒为坏事，那么，这就是“德”反转为“怨”了。这方面典型的例子就是家长宠溺孩子，从家长的角度自以为是“德”，但从孩子健康成长的角度讲，则是“怨”。反过来，家长严厉要求孩子，孩子可能一时觉得“怨”，但长大成人后回看这段经历，可能就转化为“德”。有了对“德”与“怨”的反转机制的理解，再运用到人际关系的处理上就会通达很多。即使是施恩于人，也不需要苛求回报，因为自以为的“德”未必就是“德”；反之，别人使坏于己，倘若不是犯罪，也不需要记仇，因为己之所“怨”未必就不是“德”。

“图难于其易，为大于其细。天下难事必作于易，天下大事必作于细。”这是基于难易、大小之间的转化关系而讲选择“难”还是“易”、“大”还是“小”的问题。但一般人不注意的是，按照辩证法与老子的价值立场，应该是宁可选难而不选易[①]、宁可选小而不选大[②]。而“图难于其易”“天下难事必作于易”若照通常的理解，一般解释为讲先易而后难的循序渐进过程。但这里在理解“图难于其易”“天下难事必作于易”就不能按照通常的这种理解，不能仅仅从字面上来讲。“图难于其易”的关键词是“图难”，是“谋求难”“选择难”的意思，之所以“图难于其易”，是源于懂得“难”必反转为“易”的规律，故在“易”存在的地方偏偏择取了“难”[③]，而不是只捡“易的”而抛弃“难的”。“天下难事必作于易”，不能仅仅理解为“天下难事”以“易”为起点的意思，而是讲“天下难事”源于“易”，是讲“难”与

①以“难”为选择点，是逆于常情的选择，但《论语·雍也》也讲：“仁者先难而后获，可谓仁矣。”这种理解的理据是：以难为始，则难可化为易，而反之，以易为始，恰恰反转为难。《周易·系辞下》也说：“《损》，先难而后易。”又说：“危者使平，易者使倾。”这就是讲难易的倒转变化，即“危”（“难”）向“平”（“易”）转化与“易”向“倾”（“危”）转化。

②按照上文的“大小”（“以小为大”）与下文的“圣人终不为大”，可知，老子是“宁小而不求大”的立场。

③有学者把“图难于其易”解为“处理困难要从容易的入手”（陈鼓应：《老子今注今译》，北京：中华书局，2003年版，第299页）或“谓谋划解决困难时要从简易处下手”（辛战军：《老子译注》，北京：中华书局，2008年版，第245页），这恰恰不符合辩证法的对立转化原理（从“易”入手，必反转为“难”），亦与下文“多易必多难”“圣人犹难之”之旨相悖。

“易”的转化关系的[1]，按照辩证法的“颠倒律”，倘若以“易”为始点，则必将以“难”为结局。由此，“天下难事必作于易”的句意就不能按照通常的理解，而是相反的意思：天下难事源于以易为始，换言之，凡以易为始者必导致天下难事，所强调的正是由易而反转为难的运动必然性。下文讲“多易必多难”恰恰是讲只挑选“易”的弊端，“多易”并不是“指经常把事情看的很简单而心生轻视”[2]或“把事情看得太容易”[3]的意思，而是“过多地选择容易的事情”的意思，按照辩证法，越是挑拣“易”的事情往往适得其反，最终导致困难重重。因此，老子这句话是在警告逃避困难的通常做法，是在揭示遇到困难绕着走、捡便宜图轻松的弊端。“是以圣人犹难之，故终无难矣”，这个意思是很明白的，“圣人”不避困难，故由“难”而“易”，“终无难矣”作为结语恰恰体现了“难”化为“易”的辩证运动过程。

在这个问题上，尼采竟然与老子的主张有点一致。尼采说：“伟人曲折而行，还有河流，曲折地，却向着自己的目标：这是它们最佳的勇气，它们不怕曲折的道路。”[4]老子所言的圣人，之所以高于一般世人，就在于圣人不逃避困难，敢于选择一般庸众之所难，其道路必然不是一帆风顺的。历史也多次表明，平坦笔直的人生大道是造就不了英雄的，大英雄之人生往往是风云动荡的人生。尼采呼唤的“高人”正是敢于承担苦难、不要小聪明以贪图安逸的人：“超越那些吧，你们高人们，诸如琐屑拘执的美德，蝇头微利的狡计，沙粒一样的顾虑，蚁山一样的虚妄，可怜兮兮的苟安，大多数人所谓的幸福！”[5]尼采此处要求“高人”超越的东西，不正是寻常人孜孜以求的苟且度日之“易”吗？寻常人越是追求平庸无奇之“易”，那么，他们就越是难以伟大！

---

①同样，“为大于其细”，“天下大事必作于细”，亦是讲虽小而大的反转效应，实质强调的是“细”比“大”更可取。“为大于其细”意思是，在“细”存在的地方即可“为大”（结合上文的“大小”即“以小为大”）而不需要舍“细”而另去求“大”，乃至于说，“细”本身即是“大”的前身。老子的价值观是与世俗价值观颠倒的，一般世俗更重视事物发展的后起阶段，但老子偏偏强调起始阶段的重要性，宁可守着这种起始阶段而只保持着一种势能。对于世俗而言，是“后来者居上”，故“大”显然更可取；对于老子而言，则是“后来者”始终不如原初者，故“细”的价值更值得重视。

②辛战军：《老子译注》，北京：中华书局，2008 年版，第 245 页。

③陈鼓应：《老子今注今译》，北京：中华书局，2003 年版，第 299 页。

④尼采：《权力意志》（下卷），孙周兴译，北京：商务印书馆，2007 年版，第 1321 页。

⑤尼采：《查拉图斯特拉如是说》（西学基本经典影印本），北京：中国社会科学出版社，1999 年版，第 287 页。

总结本章,老子是从辩证法的高度来讲道路选择进而是价值选择的问题。比如,就难易、大小而言,老子基于两者的相互转化原理,实际主张的是宁取难而不挑易、宁守小而勿贪大的价值持守。但是,世人在解释本章时往往陷入了循序渐进、由易而难的成见之中,导致了对于难易作为选择起点的误解,想当然地以为老子也是主张选择“易”为起点的。但是,老子本章恰恰是反常规的主张,是超越世俗立场而独树己见地认为应该先“难”而后“易”。这反而是知难而进,不回避困难的积极态度,反而符合“万事开头难”与儒家“先难而后获”的道理。吴与弼说:“大抵学者践履工夫,从至难至危处试验过,方始无往不利。若舍至难至危,其他践履,不足道也。”[①]这种“从至难至危处试验过,方始无往不利”的观念与老子此章的观念是相通的。

①黄宗羲:《明儒学案·崇仁学案一》,《黄宗羲全集》(第七册),杭州:浙江古籍出版社,2005年版,第10页。

六十四章　“为之于未有”

其安易持，其未兆易谋，其脆易判，其微易散。为之于未有，治之于未乱。合抱之木，生于毫末；九成[①]之台，起于累土；百仞之高[②]，始于足下。为者败之，执者失之。

是以圣人无为，故无败；无执，故无失。民之从事，常于几成而败之。慎终如始，则无败事。是以圣人欲不欲，不贵难得之货；学不学，复众人之所过；能辅[③]万物之自然，而不敢为。

本章文义有容易误解处。陈鼓应说："本章上段，全文意义完整而连贯。其大意为：一、注视祸患的根源。在祸乱发生之前，先作预防。二、凡事从小成大，由近而远；基层工作，十分重要……"[④]这是莫名其妙的一段话，既说"上段"[⑤]，又说"全文"，显得逻辑混乱[⑥]。实际上，本章通观而言，思路连贯，主旨明确，就是主张"无为"或"不敢为"的。本章分两部分：(1)"其安易持"至"为者败之，执者失之"，这部分是论证部分，是强调事物之最初阶段易于控制，因此"未有""未乱"才是最好的；(2)"是以圣人无为"至"不敢为"，是结论部分。全章意思是讲多一事不如少一事，少一事不如本无事，故"无为"是最好的；与之相反，"为者败之，执者失之"，"民之从事，常于几成而败之"。

---

①楚简、帛书作"成"，一般版本作"层"，作"成"近古。见杨丙安：《老子古本合校》，杨雯整理，北京：中华书局，2014年版，第282页。

②王弼本作"千里之行"，帛书作"百仞之高"，当以此为是。见高明：《帛书老子校注》，北京：中华书局，1996年版，第137页。

③"能辅"又作"以辅"，但语义不如"能辅"，故依帛书本作"能辅"。见高明：《帛书老子校注》，北京：中华书局，1996年版，第140页。

④陈鼓应：《老子今注今译》，北京：中华书局，2003年版，第303页。

⑤此处或当补充若干字，抑或文字有脱落？

⑥陈鼓应另一部书关于本章的表述与本段语句基本相同，唯有"本章上段"四字改为"本章删去错简之外"，可见陈先生是认为本章是有内容错乱之处的，由此，所谓"全文意义完整而连贯"之语就完全失去了依据。见陈鼓应：《老子注译及评介》，北京：中华书局，1984年版，第311页。

这里需要纠正通常的误解。“合抱之木，生于毫末；九成之台，起于累土；百仞之高，始于足下。”这几句话，通常理解为从小到大的渐进发展。这粗看起来也似乎不算差，甚至可以联系上一章的“天下大事必作于细”来解释。但是，从老子的根本立场讲，他根本就不在乎这种发展壮大的价值追求；一方面，他确实意识到由小而大的转化关系，但另一方面，他实际上有着超越于世俗的小大之辨的更高的境界，即“道”，这是保持着一切发展的可能性而却拒绝去发展、去助长的“无”的状态[①]。“合抱之木，生于毫末；九成之台，起于累土；百仞之高，始于足下”，这几句话不能单独地抽出来讲，而应该放在本章上下文之中来讲。前文刚言“为之于未有，治之于未乱”，则何须再讲发展壮大的渐进式道路？因为“毫末”“累土”“足下”尽管是微小的阶段、萌芽的阶段，但也已经是“有”的阶段了，而不是“未有”了，按照“为之于未有”的意思就应该取消这些“有”。再看后文，“为者败之，执者失之”，这分明是警告语，是不要“为”，但是，“累土”之为“高台”等等，不恰恰落入“为”了吗？因此，必须对“合抱之木，生于毫末；九成之台，起于累土；百仞之高，始于足下”作新的理解。这几句话本义不是讲渐进式发展之路的，更不是讲所谓“基层工作”（“基层工作”根本不是高高在上的“圣人”所考虑的领域）。这几句话是讲什么呢？是讲事物的后起壮大阶段对于原始萌芽阶段的依存关系，也就是说，“合抱之木”依赖于“毫末”，“九成之台”依赖于“累土”，言外之意就是，“毫末”“累土”等阶段是更好的阶段，是更好控制的阶段，这恰恰是开头“其安易持，其未兆易谋”的意思。因此，老子讲这几句话的本意恰恰是反对由“毫末”发展为“合抱”，由“累土”发展为“九成”，由“足下”发展为“百仞”，因为这已经属于难以控制的阶段了，已经是处于“物壮则老”（第五十五章）的危险之中了。也就是说，事物发展到这样的阶段就已经接近“败”与“失”[②]了。所以，下文才发出“为者败之，执者失

①如果拿亚里士多德的“潜能”与“现实”的理论（参见汪子嵩：《亚里士多德关于本体的学说》，北京：人民出版社，1983 年版，第 222 页）来对比老子的立场，就可知老子是宁可守着“潜能”而不肯转向“现实”，因为“道”的基本价值就在于“隐”而不是“彰”，就在于摄“动”归于“寂”而不是实现发挥出来。如果说亚里士多德的立场是“现实先于潜能”（参见汪子嵩：《亚里士多德关于本体的学说》，北京：人民出版社，1983 年版，第 223—224 页），则老子的立场正相反，是“潜能高于现实”，所以最好是保持着种子的状态而不萌芽。

②木发展到“合抱”则砍伐的斧斤将要来临，台至于“九成”则越接近垮塌，足立于“百仞”则越易于跌倒（俗话所谓爬得越高摔得越狠），这是老子的基本逻辑。

之”的警告。

老子的“为之于未有,治之于未乱”的思想,与儒家讲的“未发”“防患于未然”的思想是相近的。《中庸》云:“戒慎乎其所不睹,恐惧乎其所不闻。”“喜怒哀乐之未发,谓之中。”朱熹与其门人曾经详细地讨论。朱熹说:“所不闻,所不见,不是合眼掩耳,只是喜怒哀乐未发时。凡万事皆未萌芽,自家便先恁地戒慎恐惧,常要提起此心,常在这里,便是防于未然,不见是图底意思。”①又说:“‘喜怒哀乐之未发,谓之中’,只是思虑未萌,无纤毫私欲,自然无所偏倚。所谓‘寂然不动’,此之谓中。”②

同样,“民之从事,常于几成而败之”,也是警告语,但不是讲越接近于“成”越要小心,而是说越接近“成”越要接近于“败”了,“成”之愈切,“败”之愈速。从老子的本义讲,他根本不追求“成”,而是主张“大器免成”(第四十一章)的,他一直是警告着“强”“壮”“成”的风险性的,怎么还会期待着事物由萌芽而壮大起来呢?正是呼吁人们不要追求这种发展壮大,不要刻意地施为造作,下文才得出“圣人无为,故无败;无执,故无失”的论断。可见,老子本章的基本用意不是一种“发展观”,相反,他是在主张一种“不发展观”。“慎终如始,则无败事”,这话不能照通常的理解,因为通常是追求有一个更高于“始”的“终”,通常是从发展壮大的价值立场来讲,恰恰更在乎“终”;但是,老子是从“不发展”的立场讲,实际上更在乎“始”。

老子出于救治世俗追求的立场,因为世俗总是倾向于助长事物发展的,所以他提出“圣人欲不欲,不贵难得之货;学不学,复众人之所过”之主张。“欲不欲”,针对的是世俗的“壮大欲”,“学不学”,针对的是世俗的“增益之学”。世俗是用加法,是火上浇油火更旺的方法,老子是用减法,是釜底抽薪火自熄的方法。“复众人之所过”,就是纠正众人做错的地方③。辩证法是研究“颠倒律”而精于“颠倒术”,“复众人之所过”就是把做错的正过来。这是从老子的“圣人无为”的立场来讲的,众人都是“有为”的,把“有为”的颠倒回去,回到“无为”的状态。所以,归根到底,老子是无欲于为,无

①黎靖德:《朱子语类》(第4册),北京:中华书局,1986年版,1986年版,第1499页。

②黎靖德:《朱子语类》(第4册),北京:中华书局,1986年版,1986年版,第1509页。

③本句有两种理解,一种是理解为“复归于众人之所曾经过”(辛战军:《老子译注》,北京:中华书局,2008年版,第251页),一种是理解为“补救众人的过错”(陈鼓应:《老子今注今译》,北京:中华书局,2003年版,第303页),后一种理解要更妥当。见高明:《帛书老子校注》,北京:中华书局,1996年版,第140页;郑良树:《老子新论》,上海:上海古籍出版社,2011年版,第241页。

心于发展的。"能辅万物之自然,而不敢为",这个帛书本的"能辅"要比通行本的"以辅"更符合老子的本义,作"能辅"则意思是虽然有能力但偏不敢为,而"以辅"毕竟不够彻底,尚残留"为"的痕迹,因为"辅"已经是"为"。

总结本章,我们认为,必须从老子的整个思想立场来理解具体的语句含义,特别是"合抱之木,生于毫末;九成之台,起于累土;百仞之高,始于足下"等语句,绝不可不顾上下文的语境限制而按照通常的"进化观""发展观"来理解其义,而应该注意本章的结构完整性与语义连贯性,注意与老子全书的基本立场相联系。总之,本章是把老子的"无为"思想展示得更为充分的一章。那高高的"九成之台",按照老子的本义,还不如"累土"好,因为它马上就要倒塌了。

六十五章　“智”与“愚”的价值翻转

古之为道者[①]，非以明民，将以愚之。

民之难治，以其智也[②]。故以智治国，国之贼也；不以智治国，国之福也[③]。

恒[④]知此两者，亦稽式[⑤]也[⑥]；恒[⑦]知稽式，是谓玄德。玄德深矣、远矣，与物反矣，乃至大顺。

本章是老子哲学立场在政治方面的贯彻。本章的基本矛盾就是“智”与“愚”的关系。老子之主“非以明民，将以愚之”不能仅仅从“愚民术”的层次去理解，而应该从其价值学的高度来认识。程颐说：“老氏之学，更挟些权诈……又大意在愚其民而自智，然则秦之愚黔首，其术盖亦出于此。”[⑧]此种观点未必不是冤枉了老子。就拿本章来说，老子并不是主张“愚其民而自智”的，“以智治国，国之贼也”明明白白地是在批判统治者之“逞智”的，这就是说，老子不仅是要求“民愚”，而且也要求“君愚”，是希望天下都“愚”的[⑨]。通常的价值观是以“智”为正面的，以“愚”为负面的；老子则颠倒这一价值观，以“愚”为正面的，以“智”为负面的。在第二十章，老子明确地夫子自道：“我愚人之心也哉，沌沌兮！俗人昭昭，我独昏昏；俗人察察，我独闷闷。”可见，老子是不以“愚”为耻，反以“愚”为荣的。因此，我们必须

---

①此据帛书乙本，通行本作“古之善为道者”，“当以乙本为宗”。见高明：《帛书老子校注》，北京：中华书局，1996年版，第142页。

②通行本作“以其智多”，帛书作“以其智也”语义更为明确。从老子的立场，不是“智多”或“智少”的问题，而是“智”本身就是大弊，故“以其智也”较“以其智多”更能传达老子对于“智”的批判态度。

③通行本无两“也”字，此从帛书本，有“也”字，其断定意味更显著。

④通行本无“恒”字，此据帛书本补出，语义更显完足。

⑤通行本作“楷式”，此据帛书改。

⑥通行本无“也”字，此据帛书补出，语义更肯定，节奏更有韵致。

⑦通行本作“常”字，此据帛书改。

⑧程颢、程颐：《二程集》(上册)，北京：中华书局，1981年版，第152页。

⑨刘笑敢：《老子古今》(上卷)，北京：中国社会科学出版社，2006年版，第662—663页。

从价值学的立场，来看待老子讲的“智”与“愚”的关系。本章有意地颠倒世俗的价值观，所以后文讲“玄德深矣、远矣，与物反矣，乃至大顺”，“与物反矣”就是针对世俗观念采取对立、反转的立场①。从老子的角度讲，他生逢乱世，是目睹了很多令其痛心疾首的事情的，他把这些黑暗罪恶的东西归结于“智”的进步，因此，他就要求“倒回去”，这恰恰是与世俗追求相反的路线。因此，所谓“大顺”的理想之境就是靠着“与物反矣”才能实现的。

通过本章，我们更可以看到老子辩证法与黑格尔辩证法的基本对立。这涉及到关于人的价值的认识。人怎么样活着才有意义？什么才是人之为人的本性？从道家哲学讲，人之为人，在于去掉“智”而“无我”，返回到与天同一的地步。所以庄子《逍遥游》讲：“至人无己，神人无功，圣人无名。”《齐物论》讲：“今者吾丧我，汝知之乎？”又说：“人之生也，固若是芒乎？其我独芒，而人亦有不芒者乎？”“其我独芒”就是老子第二十章自我标榜的“我愚人之心也哉”的意思，人活着就应该“芒”（茫昧无知），而不应该活得太明白，活得太明白了就会太痛苦了。而黑格尔恰恰认为，人之为人的本质在于“知”，在于“我性”。“就思维被认作主体而言，便是能思者，存在着的能思的主体的简称就叫做我。”②“思维之所以作为特殊科学研究的对象的权利，其理由也许是基于这一件事实，即我们承认思维有某种权威，承认思维可以表示人的真实本性，为划分人与禽兽的区别的关键。”③所以，黑格尔恰恰是高度赞扬“智”的开启的。“精神达到知道它是什么，这就是精神的实现。精神本质上只是它关于自己本身所知道的东西。精神起初只不过自在地是精神；它成为自为的过程就是它实现的过程。”④站在黑格尔的立场讲，“愚”就是应该超越的原始素朴状态，“智”才是应该追求的正面价值⑤。“哲学是认识，也只有通过认识，人作为上帝的肖像这一原始的使命才会得到实现。”⑥同时，黑格尔是不回避“痛苦”的，“痛苦”恰恰是人之

①“与物反矣”有两种解释，关键在于“反”字的理解，一是“相反”，一是“返归”。笔者采取“相反”的解释。“玄德”是老子推崇的境界，与世俗之“物”是“反”的关系。河上公注：“玄德之人与物反异，万物欲益己，玄德施与人也。”见河上公：《老子道德经河上公章句》，王卡点校，北京：中华书局，1993年版，第255页。

②黑格尔：《小逻辑》，贺麟译，北京：商务印书馆，1980年版，第68页。

③黑格尔：《小逻辑》，贺麟译，北京：商务印书馆，1980年版，第72页。

④黑格尔：《精神哲学》，杨祖陶译，北京：人民出版社，2006年版，第28页。

⑤黑格尔：《小逻辑》，贺麟译，北京：商务印书馆，1980年版，第88—90页。

⑥黑格尔：《小逻辑》，贺麟译，北京：商务印书馆，1980年版，第91页。

标志性的存在方式。“精神能够从一切外在东西和它自己的外在性、它的定在本身抽象出来;它能够忍受对其个体的直接性的否定,忍受无限的痛苦,就是说,能够在这个否定中肯定地保持自己,而且能够自为地是同一的。”[①]精神自由是与痛苦内在地联系在一起的,所以,“他物、否定、矛盾、分裂因而是属于精神的本性的”[②]。老庄哲学是基于自我麻痹而免除现实生活中的种种矛盾痛苦,黑格尔则是借助矛盾痛苦把生命力激活了,从而实现自我价值。“属于外部自然的东西都由于矛盾而毁灭……可是,精神却有力量在矛盾中,因而在痛苦中——既超越邪恶也超越祸害——保持自己。”[③]这就是说,精神之高贵卓越恰恰在于身处矛盾痛苦而挺立。“矛盾为精神所忍受,是因为精神自身内没有任何一个规定,精神会不知道它是精神所设定的,因而也是精神所能够重新加以扬弃的。这种支配存在于精神里的全部内容的权力,构成精神的自由的基础。”[④]因此,能够承受巨大的矛盾痛苦,敢于直面而征服之,才是生命的伟大标志。

从当代视域来看,老子的宁“愚”不“智”的主张是不可取的。从人的价值学角度讲,“智”而不“愚”才是值得追求的,哪怕“智”带来了太多的罪恶与祸殃,哪怕“智”导致了太多的痛苦与失落,也不能因噎废食地重返“愚”的境地。老子设想的那种与天合一的“玄同”之境,并不值得追求,因为,那就意味着取消人之为人的存在,而泯除了人兽之别,成为“呆若木鸡”(《庄子·达生》)那样的存在。

此外,尼采也是主张“愚民”的。他说:“专制,这是伟人的特性:因为伟人要愚化庸众。”[⑤]但这与老子的“愚民”有本质的不同。老子之“愚民”,是把“愚”视为一种正面价值而褒扬的。而尼采之“愚民”,是基于“高人”与“群畜”的等级划分,是从负面价值的贬斥角度讲的。但不管哪种“愚民”,都是不值得肯定的,因为开发民智是人类文明进步的基本要求。

---

①黑格尔:《精神哲学》,杨祖陶译,北京:人民出版社,2006年版,第20页。
②黑格尔:《精神哲学》,杨祖陶译,北京:人民出版社,2006年版,第20页。
③黑格尔:《精神哲学》,杨祖陶译,北京:人民出版社,2006年版,第21页。
④黑格尔:《精神哲学》,杨祖陶译,北京:人民出版社,2006年版,第21页。
⑤王岳川编:《尼采文集》(权力意志卷),西宁:青海人民出版社,1995年版,第7页。

六十六章[①] “上”与“下”的反转

江海所以能为百谷王者，以其善下之也，是以能为百谷王。

是以圣人之欲上民也，必以言下之；其欲先民也，必以其身后之。

故居上而民弗重也，居前而民弗害，天下皆乐推而弗厌也。不以其无争与？故天下莫能与之争。

本章的核心内容是协调“圣人”与“民”的关系。老子是出于良好的愿望来讲的，在这个论证的过程中，他运用了辩证法的“颠倒机制”或“反转效应”。这个论证主要是借助于比喻：“江海所以能为百谷王者，以其善下之也，是以能为百谷王。”这就是“下”反转为“上”，为了“上”，而先要“下”。“是以圣人之欲上民也，必以言下之；其欲先民也，必以其身后之。”这就是推及到统治者与百姓的关系上，“上”以“下”为前提，“先”以“后”为基础。老子这样讲的基本目的实质上是想要减轻百姓的负担与压力，即“居上而民弗重也，居前而民弗害”。老子的设想是美好的：要想赢得百姓的拥戴，必须优先考虑老百姓的利益，甚至说得好听点，与人民的利益保持一致。“不以其无争与？故天下莫能与之争。”这里的“无争”实质上指不要与民争利，一旦与民争利则老百姓就会感到“重”与“害”了，就不会“天下皆乐推而弗厌也”了。能够站在老百姓的立场上说话，本章当然是很值得称许的。

但是，“圣人”与“民”的关系，向来不是直接的、对等的关系，更不是简单的、同一的关系。作为统治者，要想掌握最高权力，起首要作用的并不是百姓的拥护，而是权力核心圈、利益核心圈的拥护。作为古代国君，他首先要取得核心圈的极少数人的信任与拥戴，首先要保障权力的稳固与军队的支持。而且，在他站稳脚跟之后，真正的政令之执行，也不是单凭一个人的道德品质所能左右的，而是靠着庞大的官僚机器来发挥作用。在这个推行

---

① 本章文本主要以帛书乙本为据。见高明：《帛书老子校注》，北京：中华书局，1996年版，第145—149页。

过程中，在“圣人”与“民”之间，是间隔着无数的环节的，真正与下民直接接触的只是“胥吏”与“杂役”这个阶层，真正的政权败坏与否很大程度上也体现在这个阶层。黑格尔说：“政府成员和国家官吏是中间等级的主要组成部分，全体民众的高度智慧和法律意识就集中在这一等级中。”[①]“国家的意识和最高度的教养都表现在国家官吏所隶属的中间等级中。因此中间等级也是国家在法制和知识方面的主要支柱。”[②]总而言之，就当时的历史条件而言，指望国君单个人的高尚其德而赢得天下太平是不切实际的幻想而已。

在这方面，马基雅维利就显得比较冷静而实际。他说：“那些新登帝位的皇帝们因为需要特别的帮助，就依靠军队更甚于依靠人民。这种作法对君主是否有益处，那就要看君主是否知道在军队当中怎样保持自己的声威而定了。”[③]关于君主的素质，他则说：“任何人都认为，君主守信，立身行事，不使用诡计，而是一本正经，这是多么值得赞美啊！然而我们这个时代的经验表明：那些曾经建立丰功伟绩的君主们却不重视守信，而是懂得怎样运用诡计，使人们晕头转向，并且终于把那些一本信义的人们征服了。”[④]“君主必须是一头狐狸以便认识陷阱，同时又必须是一头狮子，以便使豺狼惊骇……关于这一点，我能够提出近代无数的实例为证，它们表明：许多和约和许多诺言由于君主们没有信义而作废和无效；而深知怎样做狐狸的人却获得最大的成功。但是君主必须深知怎样掩饰这种兽性，并且必须做一个伟大的伪装者和假好人。”[⑤]从道德伦理的角度，人们大可以指责马基雅维利如何如何地“教唆”君主，但是显然，马基雅维利所言的并非没有道理。这是因为，一旦涉及到国家政权，任何可能性都是存在的，这里面有着大量的不确定性，有着大量的私欲私利的搅和，有着大量的偶然性因素，作为君主单靠着高尚其德是无法应对群敌环伺的。所以，马基雅维利说：“一位君主必须有一种精神准备，随时顺应命运的风向和事物的变幻情况而转变……如果可能的话，他还是不要背离善良之道，但是如果必需的

①黑格尔：《法哲学原理》，范扬、张企泰译，北京：商务印书馆，1961年版，第314页。
②黑格尔：《法哲学原理》，范扬、张企泰译，北京：商务印书馆，1961年版，第315页。
③马基雅维利：《君主论》，潘汉典译，北京：商务印书馆，1985年版，第93页。
④马基雅维利：《君主论》，潘汉典译，北京：商务印书馆，1985年版，第83页。
⑤马基雅维利：《君主论》，潘汉典译，北京：商务印书馆，1985年版，第84页。

话，他就要懂得怎样走上为非作恶之途。”[1]马基雅维利的观点虽然极端，但是他毕竟考虑到君主执政的种种复杂因素，他的论断的局限性在于，他实质上恰恰深受着道德伦理立场的影响，他仍然从狭隘的非善即恶的对立关系来看问题。君主与民之间的关系，涉及到经济、政治、历史、文化、道德、宗教方方面面的因素，中间又夹缠着多种阶层等级的千万种零部件，因此，无论如何，都不是马基雅维利所言的“善良之道”或“为非作恶之途”那样简单。

关于君主，黑格尔既有一些坏东西，也有一些深刻的东西。比如：“国家意志的这种最后的自我，抽象地说来是简单的，所以它是直接的单一性；因此，其概念本身就包含着自然性的规定；因此，君主作为这样一个人从其他一切内容中抽象出来的个人，天生就注定是君主尊严的化身，而这个个人就注定为君主，是通过直接的自然的方式，是由于肉体的出生。”[2]这种“天生注定”的论调是非常荒谬的。比起老子的圣人靠与民同利而非争利赢得万民拥戴、获得政权合法性的立场，这是相当糟糕的论调。但是，黑格尔另一方面又讲，君主的个人品质是无关紧要的，一切取决于客观化的机制。“一切依存于特殊性的品质这一点是无意义的……在一个有良好组织的君主制国家中，惟有法律才是客观的方面，而君主只是把主观的东西‘我要这样’加到法律上去。”[3]黑格尔认为，君主的伟大之处在于克制任性，实现理念的普遍性。“意志的没有根据的最后的自我，以及同样没有根据的、作为赋予自然的规定的存在，这两个环节处在不可分割的统一中，——这种不为任性所推动的理念就是君主的伟大之处。这种统一包含着国家的真正的统一，而国家的真正的统一只有靠自己这种内在的和外在的直接性才不至降入特殊性的领域，降入特殊性的任性、目的、观点的领域，才能避免御座周围的派系倾轧和国家权力的削弱与破坏。”[4]但是，在关于君主本性的问题上，黑格尔难免自负：“唯有哲学才能思维地考察这个君主伟大之处的问题，因为除了纯以自身为根据的无限观念的思辨办法以外，一切其

①马基雅维利：《君主论》，潘汉典译，北京：商务印书馆，1985年版，第85页。
②黑格尔：《法哲学原理》，范扬、张企泰译，北京：商务印书馆，1961年版，第301页。
③黑格尔：《法哲学原理》，范扬、张企泰译，北京：商务印书馆，1961年版，第302页。
④黑格尔：《法哲学原理》，范扬、张企泰译，北京：商务印书馆，1961年版，第302—303页。

他探讨方式都会自在自为地取消君主伟大之处的本性的。"①

此外,关于国家职务,黑格尔也说出了一些值得称道的东西:"国家职务要求个人不要独立地和任性地追求主观目的,并且正因为个人做了这种牺牲,它才给与个人一种权利,让他在尽职履行公务的时候、而且仅仅在这种时候追求主观目的。于是也就从这方面建立了普遍利益和特殊利益间的关系,这种联系构成国家的概念和内部巩固性。"②倘若我们把君主、最高国家统治者也视为一种国家职务,那么,这种观点也是适用的,这就是说,真正能够左右国家稳固的是协调好个人利益、集团利益、全民利益的关系。倘若从这个角度讲,老子的"居上而民弗重也,居前而民弗害,天下皆乐推而弗厌也",就是至今仍具有生命力的东西,就是在为绝大多数人的利益而呼吁,就是要求最高统治者协调好个人利益与百姓利益的关系,尽量地达到与民同利的境界。那么,关于本章的内容,就是至今仍然闪烁着光芒的东西。但另一方面,只有当百姓不再把自己的命运、国家的命运寄托于单个人的个性品质、乃至于单个人的个人能力,而是越来越多地托付于完善的机构建制与国民素质,这个时候,才是一个国家、人民开始成熟的时候,也才是最值得倡导的追求。

①黑格尔:《法哲学原理》,范扬、张企泰译,北京:商务印书馆,1961年版,第303页。

②黑格尔:《法哲学原理》,范扬、张企泰译,北京:商务印书馆,1961年版,第312页。

六十七章　“不肖”与“三宝”

天下皆谓我大[①]。大而不肖[②]。夫唯不肖，故能大[③]；若肖，久矣其细也夫！

我有三宝，持而宝之：一曰慈，二曰俭，三曰不敢为天下先。夫慈，故能勇；俭，故能广；不敢为天下先，故能为成器长。

今舍其[④]慈，且勇；舍其俭，且广；舍其后，且先：则死矣[⑤]。夫慈，以战则胜，以守则固。天将建[⑥]之，如以慈垣之[⑦]。

本章开头讲“天下皆谓我大”，但本章之重点是讲“大”的根源，即“道”的独特性，即“不肖”，也就是迥异于众，与第二十章“我独异于人”之义相近。这种“不肖”又具体化为“三宝”，即“慈”“俭”“不敢为天下先”。在这“三宝”中，老子又重点突出了“慈”的优点。老子之讲“三宝”，是针对着当时形势的，说明当时的社会风气恰恰是“三宝”的对立面。所以，老子之提出“三宝”，之所以标新立异，是有救治时弊的良苦用心的。“夫唯不肖，故能大；若肖，久矣其细也夫！”这恰恰是老子不甘心于同流合污的鲜明个性，他终究是做不到“和光同尘”的。通过本章“不肖”，通过第二十章“我独异于人”，通过第五十三章“使我介然有知”，我们就可以清楚地了解老子其人之真面目，这并不是一个装糊涂做哑巴的圆滑世故之人，而是一个有着拯世热场的人、一个特立独行的人、一个愤世嫉俗的人。“今舍其慈，且勇；舍其俭，且广；舍其后，且先：则死矣。”这就是面对当时社会风气的痛斥，“则

---

①“天下皆谓我大”，这是讲天下的看法。通常把它与“大而不肖”合在一句。但“大而不肖”是老子的看法，不属于“天下皆谓”的内容，故应各自独立为句。“天下皆谓我大”，王弼本作“天下皆谓我道大”。

②此依据帛书乙本。通行本作“似不肖”。

③此依据帛书乙本。另作“夫惟大，故似不肖”。

④此依据帛书乙本，他本或无“其”字。

⑤此依据帛书乙本，帛书甲本作“则必死矣”，通行本作“死矣”，或作“是谓人死门”。

⑥通行本作“救”，此从帛书本。

⑦通行本作“以慈卫之”，此从帛书本。

死矣”简直是不亚于诅咒的话了。

关于老子的“三宝”，一方面，确实应该肯定其积极的意义；但另一方面，它毕竟是一种针砭时弊的产物，因此也是有着其时代局限性的，我们有必要区别地正确地看待。比如，就“慈”而言，它是对待他者存在的一种温和宽容的态度，它不同于那种残暴地对待他者存在的否定态度。就此而言，“慈”的主张是至今仍有正面价值的观念。但是，另一方面，“慈”往往容易被视为软弱的表现，容易遭致野蛮横暴者的残忍对待。所以，老子讲“慈”，是和“勇”结合在一起的，“勇”以“慈”为基础，“慈”以“勇”为后盾，两者不可脱离。脱离了“勇”的“慈”，就是一味退让与软弱了；脱离了“慈”的“勇”，就是一味莽撞而横暴了。“夫慈，以战则胜，以守则固。”这就表明，老子的“慈”是有强大力量的，不是软弱无力的，其目的还是基于保全自己，而不是导致自身受损。

再就“俭”而言，也要具体分析。“俭”的提出，是基于物质匮乏的生活条件，反映了贫穷的下层人民的一种生活策略，进而成为一种代表着正面价值的道德范畴。但是，“俭”稍不留意就是“啬”，老子自己也是讲“啬”的（第五十九章）。这就是竭力用减法，把自己的生活要求降低到最低层次，这种做法就值得商榷了。“俭”还是“奢”，要有个衡估的标准，这个标准来自于两方面，一方面是当时的社会平均生活水平，一方面是自己的收入水平。远远超出自己的收入水平，远远超出社会的平均消费水平，这就是“奢”；反之，把自己的生活水平控制在力所能及的范围，控制在社会平均生活水平的区间，这就是“俭”；但是，一旦把生活水平降低到远远低于自己的收入水准或远远低于社会平均水平，这就是“啬”了，就近乎于“守财奴”之类了，就不值得提倡。

从经济学的角度讲，一味地鼓励“俭”未必就是好事，因为经济发展的基础是广大人民不断增长的需要，所以就有必要“刺激消费”。但是，这个“刺激消费”的理念倘若过了头，就是鼓励“超前消费”了，就无异于是在鼓励奢靡之风。这首先体现在货币超发方面，即马克思讲的：“无度和无节制成了货币的真正尺度。”①马克思嘲讽说：“工业的宦官顺从他人的最下流的念头，充当他和他的需要之间的牵线人，激起他的病态的欲望，默默盯着

①马克思：《1844年经济学哲学手稿》，北京：人民出版社，2000年版，第120页。

他的每一个弱点,然后要求对这种殷勤服务付酬金。”[①]这一方面反映了,商品生产是通过不断刺激人的消费欲望,来获取产品利润的;另一方面则揭露了其严重弊端,实质上就是不惜透支消费者的承受能力,而一味地满足其逐利的本性。但另一方面,矫枉过正地倾向于“节约”也是有问题的,因为这只会导致广大人民的生活水平的停滞不前。对此,马克思揭露说:“国民经济学这门关于财富的科学,同时又是关于克制、穷困和节约的科学,而实际上它甚至要人们节约对新鲜空气或身体运动的需要。这门关于惊人的勤劳的科学,同时也是关于禁欲的科学,而它的真正理想是禁欲的却又进行重利盘剥的吝啬鬼和禁欲的却又进行生产的奴隶。它的道德理想就是把自己的一部分工资存入储蓄所的工人,而且它甚至为了它喜爱的这个想法发明了一种奴才的艺术。”[②]这就是区别于“超前消费”的“鼓励储蓄”的根本实质了。

最后,关于“不敢为天下先”,也是不能空泛地一概而论的。事实上,老子之提出“道”的理念,他的这一系列的思想主张,恰恰是超越于时代的,他讲“我独异于人,而贵食母”(第二十章),恰恰是“敢为天下先”的体现。老子讲“不敢为天下先”,是从物质利益的追逐方面讲的,是在警告统治者不要与民争利、只顾享乐在先的。因此,这个“先”的内涵要界定清楚,绝不能误以为是指精神追求的先进性。事实上,老子之讲“道”,正是基于精神追求的先进性的高度自认的基础上的。可以说,正是由于在物质追求方面,“不敢为天下先”;反而换来的是,在精神追求方面,“敢为天下先”,这个“先”对于老子来说,是当仁不让的。

---

① 马克思:《1844年经济学哲学手稿》,北京:人民出版社,2000年版,第121页。

② 马克思:《1844年经济学哲学手稿》,北京:人民出版社,2000年版,第123页。

六十八章 “不争之德”

善为士者不武，善战者不怒，善胜敌者弗[1]与，善用人者为之下。是谓不争之德，是谓用人[2]，是谓配天，古之极也。

本章之中心意思是讲“不争之德”。老子的一切主张都是基于“无为”“不争”的，他看到了恶性竞争的严重问题，认识到了人间种种争名逐利的恶果，故有意地救治之。我们讲过，一切竞争皆围绕着利益而展开。“利益是人在一个社会场域中同物的某种关系。在人类历史上，它可能只有在同被称为真正的所有权的事物在一起时才完全显示出来。”[3]因此，竞争的根源是物质利益的占有权问题。由于物质利益的匮乏性[4]，此有则彼无，利于己则损于人（即“通过损害其他事物来发展它”[5]），合乎自身之目的性必伴随着反乎他者之目的性（即“一切合目的性都是反合目的性”[6]），故利益的争夺必然表现为相互对立的否定关系。而战争是竞争的最极端、最暴力的形式，在战争中，物质财富的消耗与掠夺无论是从空间，还是从时间，都是以最空前的否定形式展现出来的；而最根本的、最彻底的消耗与损害，就是对于肉体生命的摧毁。老子显然看到了战争对于人类社会的破坏性、残酷性，故常常以战争为例，针锋相对地提出迥异于世俗价值追求的道德标准，此即“不争之德”。因此，老子的“不争之德”的提出不是随随便便的，而是基于对于世间恶性竞争的反思，尤其是针对战争的罪恶性的批判。

从辩证法的角度，我们应该重思老子的“不争之德”的价值意义。从与黑格尔辩证法的比较的角度，我们更应该深思“不争之德”的哲学意义及其局限性。我们都知道，辩证法是研究矛盾对立的，但是，却很少有人真正理

---

①“弗”，王弼本作“不”，此据帛书本。

②王弼本作“是谓用人之力”，此据帛书本。

③萨特：《辩证理性批判》（上册），林骧华等译，合肥：安徽文艺出版社，1998 年版，第 344 页。

④萨特：《辩证理性批判》（上册），林骧华等译，合肥：安徽文艺出版社，1998 年版，第 264—271 页。

⑤萨特：《辩证理性批判》（上册），林骧华等译，合肥：安徽文艺出版社，1998 年版，第 346 页。

⑥萨特：《辩证理性批判》（上册），林骧华等译，合肥：安徽文艺出版社，1998 年版，第 339—343 页。

解，辩证法的根本精神是要解决矛盾对立关系的；即是说，仅仅强调矛盾对立，仅仅认识到矛盾冲突的必然性，这是远远不够的；能够超越矛盾对立，能够解决矛盾冲突，能够走出彼此相斗、相克、相胜的恶斗圈而谋求更好地发展方式，这才是辩证法的根本精神。就矛盾对立关系中的双方而言，任何一方都不具有绝对的真理性、至上的道义性，都无非仅仅代表着个人的利益、角度、立场。这一点，庄子早就看得很清楚：“彼亦一是非，此亦一是非，果且有彼是乎哉？果且无彼是乎哉？”成玄英疏曰：“夫彼此是非，相待而立，反覆推讨，举体浮虚。自以为是，此则不无；为彼所彼，此则不有：有无彼此，不可决定。”①这就是说，每一方所坚持的真理都是片面的，都是一种“自以为是”罢了。老庄哲学正是看穿了矛盾斗争双方皆有其片面性，进而认为相争者都有不义性，更认为所争之物都有虚无性、暂时性（只有“道”是永恒的，与之相比，一切所争都如同“蜗牛角上一点点微利”），从而不屑于去争、去得。这一方面具有积极意义，因为它极大地解放了人的精神，将人从尔虞我诈的世俗竞争之中拯救出来，为人悬设了、开辟了更有价值的生存境界；但另一方面，它也可能导致自我麻痹，乃至由于不屑竞争而无意之中丧失了自己的发展机会，难免于导致意气消沉、价值虚无。

与之相比，黑格尔同样看到了矛盾双方的局限性，也主张超越对立关系而谋求统一。就矛盾双方的局限性，黑格尔说：“每一方都只有通过对方才存在着，而任何通过对方才存在着的东西又立即不复存在，因为双方都是这样。因此，实际上双方都缺乏一个自己固有的可以承载并维持着它们的实体。”②这即是说，双方都是相待而立的，都不具有永恒价值，这种观点与成玄英的意思非常接近。矛盾双方之间的相斗而不相容，此立则彼消，此消则彼立，彼此之间就难免陷入了互相交替着、轮流着“你方唱罢我登场”的恶循环。因此，必须要摆脱这种“规定性的直接更替或绝对转换”③，必须洞见这种相互对立着的你拉我扯的“力的交织的真相”④。可以说，在试图超越矛盾对立的僵死之局而谋求解脱、解放的探索方面，老庄哲学与黑格尔哲学是有一致之处的。但是，恰恰在解决方案、途径的思考方面，两

①郭象、成玄英：《庄子注疏》，北京：中华书局，2011 年版，第 36 页。

②黑格尔：《精神现象学》，先刚译，北京：人民出版社，2013 年版，第 90 页。

③黑格尔：《精神现象学》，先刚译，北京：人民出版社，2013 年版，第 94 页。

④黑格尔：《精神现象学》，先刚译，北京：人民出版社，2013 年版，第 94 页。

者分道扬镳了,乃至说,是背道而驰的。老子是提出“不争之德”以为价值标准,从而把竞争问题消极地解决了,因为既然“不争”了,则一切矛盾冲突当然就没有了。黑格尔则不然,黑格尔认为唯有“争”到不计生命代价才能克服肉体生命的局限性而向着无限的精神领域进发。老庄哲学重“无我”,就是放弃了个体性的、主体性的利益追求;黑格尔则高扬“个体性原则”,主张个体的奋力拼搏与敢于牺牲。“本质并非自在体,而是个体性,因此它的能力是一个否定的原则,不承认任何持存的和绝对神圣的东西,而是敢于并且承受得起任何东西的损失。”[①]正是这种拼命精神、敢于牺牲一切的精神,使其无往不胜。黑格尔的逻辑其实不难理解:既然现实中的事物都是有限的,既然人的生命也是有限的,那就拿来拼一把吧,反正从无限性、永恒性的立场讲它们都不值钱,“唯有冒着生命危险,自由才会经受考验”[②],才能在斗争中成为主人。我们倘若反思老庄哲学,倘若把“道”视为最高价值,则一切都无所谓,那么,沿着黑格尔的思路就会由此而积极奋斗:既然一切都无所谓(相应地,肉体生命也该无所谓才是),那么,干吗非要“无为”“不争”而苟且过活?为什么不拼尽全力地去消耗尽生命的能量?

把老子与黑格尔作比较,我们就看出,老子从根本上还是更在乎生命价值的[③],老子毕竟还是“慈”的心肠;而黑格尔则更冷血、更决绝,他敢于正视法国大革命时期那样的“恐怖”,认为肉体生命本来就是用来牺牲掉的,通过肉体生命的死亡恰恰证明了绝对自由的力量,尽管是暴力摧残,尽管砍人脑袋“并不比劈下一棵白菜根或吞一口水具有更多的意义”[④],但恰恰证明了个体生命之微不足道与普遍意志之绝对肯定[⑤]。因此,老子与黑格尔在对待生命的态度上是迥异的,导致他们在对待竞争乃至战争的立场上都是对立的。

---

①黑格尔:《精神现象学》,先刚译,北京:人民出版社,2013年版,第236页。
②黑格尔:《精神现象学》,先刚译,北京:人民出版社,2013年版,第120—121页。
③从道家发展到道教,并形成一套注重现实养生的学问,这是有其内在的逻辑必然性的。
④黑格尔:《精神现象学》,先刚译,北京:人民出版社,2013年版,第365页。
⑤黑格尔:《精神现象学》,先刚译,北京:人民出版社,2013年版,第365—368页。

六十九章 “无敌”并不好

用兵有言曰①:“吾不敢为主而为客,不敢进寸而退尺。”是谓行无行,攘无臂,执无兵,乃②无敌。

祸莫大于无敌③,无敌近④亡⑤吾宝。故抗兵相若⑥,则哀者胜矣。

本章以军事为喻,主张宁退勿进,不要轻易陷入对抗性局面,这实际上是上一章“不争之德”的进一步发挥。“吾不敢为主而为客,不敢进寸而退尺。”这在军事思想上就是,不要主动进攻,以防御为主。从军事角度讲,这种思想就是以静制动,以不变应万变,有其一定的合理性,但未必就是最好的军事方针。从其积极的一方面讲,在敌强我弱、敌众我寡的情况下,避免主动出击,乃至避免作战,以求保存实力,是值得采取的一种策略。“行无行,攘无臂,执无兵”,就是指避免陷入战斗,也就是上一章讲的“善胜敌者弗与”,避免接触,使敌人有力使不上。高明说:“由于‘谦退’、‘不敢为物先’,因而使得他人欲战、欲斗、欲用兵、欲为敌而都找不到对立的一方。”⑦《孙子兵法·虚实篇》讲:“我不欲战,画地而守之,敌不得与我战者,乖其所之也。”又说:“敌虽众,可使无斗。”指的也是不陷入与敌为战,从而使敌人失去用武之地的情况。但另一方面,用兵贵于奇变,不拘一格,因此,它并不具绝对的有效性。《孙子兵法·九地篇》讲:“兵之情贵速,乘人之不及,由不虞之道,攻其所不戒也。”又说:“为兵之事,在于顺详敌之意,并敌一向,千里杀将,此谓巧能成事者也。”这就是在讲主动出击的情况。总之,进

---

①王弼本无“曰”字,此据帛书本。

②此字通行本为“扔”或“仍”,据帛书本改。见高明:《帛书老子校注》,北京:中华书局,1996年版,第169—170页。

③王弼本作“轻敌”,此据帛书本改。

④王弼本作“几”字,此据帛书本改。

⑤“亡”字,唯有王弼本与河上本作“丧”,他本皆作“亡”。但王弼注云:“故曰‘几亡吾宝’。”可见,其原文是“几亡吾宝”。见王弼:《老子道德经注》,楼宇烈校释,北京:中华书局,2011年版,第180页。

⑥“若”字,王弼本作“加”字,此从帛书本改。

⑦高明:《帛书老子校注》,北京:中华书局,1996年版,第170页。

攻与防御不是绝对的分开的，而是进攻中有防御，防御中有进攻，“是进攻和防御的不断的交替和结合”[1]。

但实质上，老子虽讲战争，其骨子里是反战的，是重“不争之德”的，甚至说，他是无意于输赢的。“祸莫大于无敌，无敌近亡吾宝。”这句话里“无敌”又作“轻敌”，但未必符合老子的本义。王弼注曰：“言吾哀慈谦退，非欲以取强无敌于天下也。不得已而卒至于无敌，斯乃吾之所以为大祸也。”[2]可见，“无敌”乃是不得已的一种结果，并不是主动争取的目标，因为它违背了“不争之德”，所以从价值审判的角度讲是“大祸”。这里有两个“无敌”的内涵要做区别：(1)“行无行，攘无臂，执无兵，乃无敌”的“无敌”，是从事实结果的角度讲的，意思是讲采取“行无行，攘无臂，执无兵”的策略，会取得“无敌”的效果；(2)“祸莫大于无敌，无敌近亡吾宝”的“无敌”，是从价值判断的角度讲的，从“不争之德”的立场出发，认为这并不是好事。“宝”，王弼认为就是“三宝”，即第六十七章讲的“一曰慈，二曰俭，三曰不敢为天下先”，这恰恰与“无敌”是价值对立的关系，所以一旦“无敌”了，“三宝”也就丧失掉了。所以，这两句表面上前后相连的话在实际意思上却是转折的。“故抗兵相若，则哀者胜矣”，最后还是在强调“哀”的重要。“哀”不是通常所理解的“哀伤”的意思，而是“慈爱”“怜惜”的意思[3]，这恰恰符合“三宝”之首的“慈”。

因此，老子之言兵事，本质上是“非战”“反战”的。俗话讲“慈不将兵”，而老子始终是把“慈”放在首要地位的。本来，战争是最高的竞争方式，而他仍是主“不争之德”的，因此他的思想就难免具有一定的矛盾性。一方面，他不想陷入你死我活的战斗局面，但另一方面，又想要保全自己；一方面允诺“无敌”的效应，但另一方面又认为“无敌”是坏事。但总体上讲，本章主旨是和老子关于战争的基本立场相一致的，“祸莫大于无敌”与第三十章“以道佐人主者，不以兵强于天下”意思是相应的，“抗兵相若，则哀者胜矣”与第三十一章“夫乐杀人者，则不可以得志于天下矣”也是相应的。

老子讲“不争之德”，讲“慈”，作为一种美好的价值理念是值得充分肯定的。然而，倘若真正应用于实际，未必就能行得通，至少在黑格尔看来，

---

①克劳塞维茨：《战争论》(第3卷)，北京：商务印书馆，1978年版，第775页。

②王弼：《老子道德经注》，楼宇烈校释，北京：中华书局，2011年版，第180页。

③王弼：《老子道德经注》，楼宇烈校释，北京：中华书局，2011年版，第182页。

这种理念是必输无疑的。因为它太仁慈，太在乎牺牲，“动摇在保全和牺牲之间”[①]，既不想伤害自己，又不忍损害对方，这样在价值立场上就已经预设了输的必然性，因为真正的敌手是为了胜利不择手段、毫无顾忌的。当然，从老子的道德情怀讲，黑格尔的立场或许显得过于狭隘、功利了点。雅斯贝尔斯是站在西方立场上看问题的，他说：“老子的局限性正是这一精神的局限性：在任何的苦痛之中老子保持着乐观的心境。”[②]这一论断或许未必准确，但若是针对老子本章的“行无行，攘无臂，执无兵，乃无敌”就不无道理了。实质上，老子更在乎的不是功利性的输赢而是道义性的输赢，他对于“不争之德”的最终胜利确实是相当乐观的。然而，这算是一种“局限性”吗？问题的答案可能就取决于是站在西方注重竞争、强调拼搏的文化语境，还是站在东方注重和谐、强调顺应的文化传统了。

---

①黑格尔：《精神现象学》，先刚译，北京：人民出版社，2013年版，第236页。

②雅斯贝尔斯：《大哲学家》，李雪涛主译，北京：社会科学文献出版社，2005年版，第844页。

七十章　“不我知”的“牢骚语”

吾言甚易知也，甚易行也①；而天下莫之能知也②，莫之能行也③。

夫④言有宗，事有君。夫唯无知也⑤，是以不我知。

知我者希，则我贵矣⑥。是以圣人被褐而⑦怀玉。

本章在一定程度上是老子的“牢骚语”。“吾言甚易知也，甚易行也；而天下莫之能知也，莫之能行也”，这也多少近乎屈原的“国无人莫我知兮”的愤懑与不甘。老子的内心矛盾、痛苦在本章是相当直接地流露了出来。进而，他找原因，把世人对其学说的不理解归咎于“无知”。再而，他自我宽慰，“知我者希，则我贵矣”。终而，他自我定位，“圣人被褐而怀玉”，因此并不需要世人的认可。

但结合老子的其他言论，他又是矛盾的。在第四十一章，他已经讲了“道隐无名”，但第六十七章，他又讲“天下皆谓我大”，既然已经是“天下皆谓我大”，那么，就不能说还是“隐”的状态了，也不是本章所谓“知我者希”的情况，可见这之间是矛盾的。而且，“圣人被褐而怀玉”的讲法本身就是矛盾的，这是内与外、本质与现象的背反性。本来应该是表里一致的，但“被褐”与“怀玉”是相对立的，是“金玉其内”而“败絮其外”的。“圣人被褐而怀玉”虽然矛盾，但是，它反映了自我价值实现的曲折性，反映了社会价值评估机制的颠倒性，也就是说，真正有才华的人得不到相应的社会承认，享受不到应有的物质待遇与社会地位。这在老子的时代肯定就是普遍现象，伟大的孔子不也是“惶惶如丧家之犬”吗？所以，这句话的矛盾恰恰是

---

①此从帛书甲本。

②此从帛书乙本。

③此从帛书乙本。

④“夫”字，王弼本无，据帛书乙本加。

⑤“也”字，王弼本无，据帛书甲乙本加。

⑥通行本有作“则我者贵矣”，亦有作“则我贵矣”，据帛书删去“者”字。

⑦“而”字，王弼本无，据帛书甲乙本加。

社会矛盾的反映，是价值评判体制颠倒性的反映，也是社会不公正的反映。

事实上，仅就哲学家而言，“知我者希”的情况就并不罕见。比如叔本华、尼采，本就是长期湮没无闻之辈，黑格尔也是长期困厄、盛名迟来的人。所以，他们也都有一肚子的牢骚。尼采说：“适应的努力、孤寂的痛苦、对某个集体的要求：在一位思想家那里，这些东西可能如此这般表现出来，即他在自己的个案中恰恰减掉了最个人性的和最富有价值的东西，而且通过一般化也把这种东西公共化了。如此一来，一位引人注目的人物的完全表达出来的哲学，就可能并不真的是他自己的哲学，恰恰倒是他的环境，他作为人悖离于这个环境，是反典型的。”①这里就有愤激之语，揭示了思想家与其环境的对立关系，其自我实现的过程、被社会传播的过程往往是湮没真相的过程，是扭曲其自我价值的过程。黑格尔自己也是牢骚满腹：“我们很恼火地发现，有些无知无识、既无规矩也无趣味的粗俗之人，他们没有能力去思维一个抽象命题，更没有能力去把握多个抽象命题之间的关系，但却一会儿扬言自己具有自由而开明的思想，一会儿标榜自己具有天才灵感。”②“我们尝试着通过概念的自身运动而呈现出一个科学体系，但这份努力看起来不容易得到人们的认可。”③“常有人将哲学这一门学问看得太轻易，他们虽从未致力于哲学，然而他们可以高谈哲学，好像非常内行的样子。他们对于哲学的常识还无充分准备，然而他们可以毫不迟疑地，特别当他们为宗教的情绪所鼓动时，走出来讨论哲学，批评哲学。他们承认要知道别的科学，必须先加以专门的研究，而且必须先对该科有专门的知识，方有资格去下判断。人人承认要想制成一双鞋子，必须有鞋匠的技术，虽说每人都有他自己的脚做模型，而且也都有学习制鞋的天赋能力，然而他未经学习，就不敢妄事制作。唯有对于哲学，大家都觉得似乎没有研究、学习和费力从事的必要。”④通过这些表述，可见黑格尔对于同时代人的不满是郁积得相当严重的，充满了恼怒、不甘、委屈等等复杂的情绪。

为什么哲学家的价值实现如此困难？最简单的答案就是所谓“曲高和寡”。但深层次的原因则是思想家认识的先进性与大众认识的滞后性之间

---

①尼采：《权力意志》(上卷)，孙周兴译，北京：商务印书馆，2007 年版，第 62 页。

②黑格尔：《精神现象学》，先刚译，北京：人民出版社，2013 年版，第 43 页。

③黑格尔：《精神现象学》，先刚译，北京：人民出版社，2013 年版，第 45 页。

④黑格尔：《小逻辑》，贺麟译，北京：商务印书馆，1980 年版，第 42 页。

的矛盾。海德格尔就认为常人的世界无非是“庸庸碌碌，平均状态，平整作用”[①]，庸人们无非是“人云亦云、鹦鹉学舌”，“不求甚解”，传播着“陈词滥调”的“闲言”[②]，庸人们无非是东摸摸西碰碰，怀着浮于表面翻新而不能逗留深入的“好奇”[③]，庸人们的认知无非是对什么都随随便便，对什么都缺乏实质性认知的“两可”而已。“一切看上去都似乎被真实地领会了、把捉到了、说出来了；而其实却不是如此，或者一切看上去都不是如此而其实却是如此。”[④]“公众解释事情的这种两可态度把先行的议论与好奇的预料假充为真正发生的事情，倒把实施与行动标成了姗姗来迟与无足轻重之事。从而，就诸种真实的存在可能性来看，在常人之中的此在之领会不断地在其种种筹划中看错。”[⑤]海德格尔的貌似晦涩的话，其意思却非常简单，那就是揭露常人的认知之浅陋，他们的思想总是停留在似是而非、模棱两可的状态，他们因为见识浅陋因而经常“看错”。这意思说得粗俗点，就是“狗眼看人低”；说得文雅些，就是“大贤虎变愚不测”。这或许就是老子的“知我者希”的大众方面的原因。

回到本章开始的话：“吾言甚易知也，甚易行也；而天下莫之能知也，莫之能行也。”原因就很清楚了，“吾”与“天下”是有巨大的落差的。对于“吾”而言，“甚易知也，甚易行也”，但对于“天下”而言，就不一定了，此即天才与大众的差别，明白这个道理，或许也就可以释然了，乃至说，不妨对于大众的“莫之能知也，莫之能行也”抱着一种宽容与耐性，要给大众一段时间去“知”与“行”，也要预想到这个被大众接受的过程比较漫长而曲折的种种可能性。

①海德格尔：《存在与时间》，陈嘉映、王庆节译，北京：生活·读书·新知三联书店，2012年版，第148页。

②海德格尔：《存在与时间》，陈嘉映、王庆节译，北京：生活·读书·新知三联书店，2012年版，第196页。

③海德格尔：《存在与时间》，陈嘉映、王庆节译，北京：生活·读书·新知三联书店，2012年版，第200页。

④海德格尔：《存在与时间》，陈嘉映、王庆节译，北京：生活·读书·新知三联书店，2012年版，第201页。

⑤海德格尔：《存在与时间》，陈嘉映、王庆节译，北京：生活·读书·新知三联书店，2012年版，第202页。

七十一章[①] 以“知”为门槛眺望“不知”

知不知，尚矣；不知知，病矣。是以圣人之不病也，以其病病也，是以不病。

本章之核心范畴即“病”，是揭示一般认识的局限性问题。本章围绕着“病”，又具体展开为两对矛盾关系：“知”与“不知”的关系、“病”与“不病”的关系。此处所谓“病”，就是一般认识之“有限性”。“圣人之不病”，就在于他能够洞察到一般认识的这种“病”。只有了解、认识了一般认识之“有限性”，才能放弃这种有限之知的途径，而寻求别一种特有的抵达“无限性”的领域的办法，即非普通认识论的、非言语层面的一种神秘直观或缄默中的体验。

“知不知”，这本身就是矛盾语。一般按其字面意思理解为“知道自己不知道”，即“了解自己的无知”，这也就是认识到自己的有限性。“不知知”，也是矛盾语。一般理解为“不知而自以为知”的意思。这两句话按照通常的理解就是关于自我认知的不同态度，前者是虽知而不自以为知，后者是不知而强以为知。但是，倘若严格地按照汉语语法讲，“知不知”与“不知知”或许就不是这么简单。“知”是动词，后面的“不知”就是名词，作为名词讲的“不知”意思就应当近乎“未知”，不是仅指某个人自身的无知，而是指人类的整体性的无知，质言之，这个“不知”就是指整个与“知”相对的未知领域、不可知的领域。按照这个理解，“知不知”就不是讲谦虚的态度问题，而是指能够认识到未知领域，能够觉察到那个无限的未知空间，简言之，“知不知”恰恰是高一级别的认识活动，即对于无限领域的、未知领域的探索能力，这不是讲谦虚不谦虚的态度问题，而是讲能够不能够的素质问题。同样，“不知知”，“不知”是动词结构，“知”作为名词，就是指知识领域、

---

①此章文本依帛书本。

已知的空间。王弼注云："不知知之不足任，则病也。"[①]可见，在王弼看来，"不知"所针对的正是"知之不足任"。由此可知，"不知知"的"知"就是一般性的知识领域，它对于"道"是"不足任"的。有的学者把这个"知"理解为"圣知之知，一般指对事物的知识"[②]，这就弄混了"圣知之知"与"一般之知"的概念。严格来说，"知不知"的"知"（作动词的"知"）才是"圣知之知"；而"不知知"的"知"（作名词的"知"）只能是"不足任"的"一般之知"。上句的"不知"与该句的"知"就是未知领域与已知领域的关系。这两句意思是，既要了解未知领域，也要了解已知领域的局限性，不了解已知领域的有限性就是毛病所在。《庄子·庚桑楚》说："学者，学其所不能学也；行者，行其所不能行也；辩者，辩其所不能辩也。知止乎其所不能知，至矣；若有不即是者，天钧败之。"成玄英疏曰："率其所能，止于分内，所不能者不强知之，此临学之至妙。"[③]这就是所谓"安分守己"，懂得守住自己的界限。还是老子本人讲得最简要："知止不殆，可以长久。"（《道德经》第四十四章）因此，本章之宗旨当如林语堂之所言："寻找不可知的境界而停止。"[④]

苏辙对此解释说："道非思虑之所及，故不可知。然方其未知，则非知无以入也。及其既知而存知，则病矣。故知而不知者上，不知而知者病。"[⑤]苏辙明确地认为"道"是属于未知领域或不可知领域的，但对这个领域的探求又必须依赖着通常的认知活动来进入。这就是说，未知领域与认知能力并不是绝对割裂的关系，而是相互依存的关系，甚至说，并不需要抛弃或贬低有限的认知活动，因为对于未知领域的了解毕竟还要依靠着它才能进行。这个意思甚至是与黑格尔的思想有一定程度的可比性的。黑格尔说："当科学崭露头角时，它本身也是一个现象。科学的出现不等于科学已经真正得到贯彻和传播。在这里，我们究竟是把科学看作一个现象（因为它和别的知识一起出现），还是把别的不真实的知识称作科学的一种假象，这是无关紧要的。但是科学必须使自己摆脱假象（亦即那些不真实的知识），而要做到这一点，它只能去反对它们。科学不能仅仅去谴责那些不

①王弼：《老子道德经注》，楼宇烈校释，北京：中华书局，2011年版，第186页。

②陈剑：《老子译注》，上海：上海古籍出版社，2016年版，第255页。

③郭象、成玄英：《庄子注疏》，曹础基、黄兰发点校，北京：中华书局，2011年版，第420页。

④林语堂：《老子的智慧》，南京：江苏人民出版社，2014年版，第108页。

⑤苏辙：《老子解》，《三苏全书》（第5册），曾枣庄、舒大刚主编，北京：语文出版社，2001年版，第472页。

真实的知识是一些平庸的观点，同时保证它自己是一种完全不同的知识，而那些不真实的知识在它看来毫无意义。科学不能自诩预见到了一种更好的知识，而且这种更好的知识就包含在那些不真实的知识之内。”①黑格尔的意思是，科学知识与非科学知识并不是割裂的，不应该瞧不起或抛弃不真实的知识，因为科学知识恰恰是与不真实的知识同源为伴的，科学刚开始也仅是“现象”，它没必要转身一变就蔑视别的知识为“假象”。回到苏辙的理论场域，“道”的认知与“非道”的认知也不是割裂的关系，事实上，关于“道”的认知恰恰基于日常的、“非道”的认知。但苏辙还讲了第二层意思，就是说，当日常认知达到了更高的层次以后，就应该放弃日常性的认知，否则，“既知而存知”就有问题了。“知而不知者上，不知而知者病”，这意思是，对于“道”应该保持“不知”的探索精神，不应该止步，因为你刚刚由通常的认识进入这个无限的领域，你还不能透彻的了解它，所以，“不知而知者”就是大问题。当然，苏辙的思想还是有矛盾的，他一方面认为“道非思虑之所及”，另一方面又说它“非知无以入”，他讲“道”由“未知”到“既知”而仍要讲“既不可不知，又不可知”②也是模棱两可的主张，但是，我们还是应该从积极合理的方面来理解其意思。

苏辙关于“道不可知”的解释或许是接近老子的理论场域的，其“既不可不知，又不可知”的两可态度或许也反映了老子本人的理论模糊性。一方面，老子的确认为“道不可知”的，第二十五章也讲“吾不知其名，字之曰道，强为之名曰大”；但是，这样讲的时候，“道”已经进入“知”的讨论范围了，再说“不知”就显得矛盾。但是，老子虽“知”之而强调其“不知”，无非是增强“道”的神秘性，无非是要常人保持对其的敬畏心，不要太骄狂于一时的“知”。“圣人之不病也，以其病病也，是以不病。”这里“圣人”之“不病”是与“不知知，病矣”相区别的。可见，“病”与“不病”的本质是关于“知”的有限性、局限性的。因为，唯有认识到了“知”的界限才有可能突破界限，“圣人”毫无疑问是突破了日常之“知”的疆域的，因为他既达到了对于“不知”的“知”而又懂得一般的“知”的局限性。所以，“圣人”就是“兼知”的人，他对于“不知”的领域与“知”的领域都是洞察于心的，简言之，“圣人”就是既

①黑格尔：《精神现象学》，先刚译，北京：人民出版社，2013 年版，第 49—50 页。

②苏辙：《老子解》，《三苏全书》（第 5 册），曾枣庄、舒大刚主编，北京：语文出版社，2001 年版，第 472 页。

知有限领域而又向着无限领域迈进的人。

在揭示“知之不足任”方面，老子可能与康德更接近。康德认为：“我们当做一切事物的终极承载者而如此不可或缺地需要的无条件的必然性，对于人类理性来说却是真正的深渊。”[①]“自然的许多力量通过某些结果来表现自己的存在，它们对我们来说是无法探究的；因为我们通过观察远远不能充分地追究它们。”[②]“我们所有那些要带领我们超越到可能经验的领域之外的推论都是骗人的、没有根据的”[③]。但是，康德在指出人类经验认识的局限性的同时，也坚持认为知识只要不滥用，只要不超越其使用领域，就没有问题，就有其合理性与积极价值。这是与老子不同的地方。康德说：“凡是在我们的力量的本性中有其根据的东西，都必定是合目的的，并且与我们的力量的正确应用一致，只要我们能够防止某种滥用，并找到它们的真正方向。”[④]康德的意思是，超越于经验层面的存在，“知”固然是“不足任”的；但是不要紧，它只要在其“足任”的范围内安分守己就可以发挥其有效应用。可见，康德之揭示“知之不足任”，目的反而是为了维护“知之足任”的有效性。而老子则是彻底否定了“知”的。但关于康德的这个立场，黑格尔是不完全赞同的：“照康德的说法，当思维要去认识无限时，思维自身的本性里便有陷于矛盾的趋势……康德在这里仅停滞在物自体不可知性的消极结果里，而没有更进一步达到对于理性矛盾有真正积极的意义的知识。”[⑤]

所以相比于康德，黑格尔对于“知”的力量就更为肯定，认为“知”的有限性并不是缺点，而是激发其突破限制的动力源泉。黑格尔说：“只有无知的人是受限制的；因为他不知道他的限制；相反，谁知道限制，谁就知道它不是他的知的一种限制，而是一个已知的东西，一个服从于他的知的东西；只有未知的东西会是知的一种限制；相反地，已知的限制并不是知的限制；因此，知道自己的限制就是知道自己的不受限制性。但是，如果我们宣称精神是不受限制的、真实无限的，那么这并不是说，在精神里面完全没有限

①康德：《纯粹理性批判》，李秋零译注，北京：中国人民大学出版社，2004年版，第400页。
②康德：《纯粹理性批判》，李秋零译注，北京：中国人民大学出版社，2004年版，第401页。
③康德：《纯粹理性批判》，李秋零译注，北京：中国人民大学出版社，2004年版，第418页。
④康德：《纯粹理性批判》，李秋零译注，北京：中国人民大学出版社，2004年版，第418页。
⑤黑格尔：《小逻辑》，贺麟译，北京：商务印书馆，1980年版，第133页。

制;相反地,我们必须认识到,精神必然规定自己,因而必然有限化自己,必然限制自己。”[①]这里的观点正表明了他与老子的立场对立性。尽管两人都意识到,了解“限制”对于了解“无限”的重要意义;但是,老子是从捍卫“未知”的立场讲的,是提醒世人要警惕一般认识之弊病;而黑格尔则站在“已知”的立场上,认为“已知”虽“有限”但却可突破其“限制”而达到“不受限制”。换言之,老子坚持其“道”的“无限性”立场,否定一般认识之进入“道”的权能,认为一般认识之“病”就在于其不可胜任通向“道”的任务。而黑格尔则认为,“无限”的东西必须“有限化”,必须向着“规定性”“限制性”转化,恰恰是坚持有限之知通往无限之域的权能。总之,老子坚持“无限”与“有限”之间的不可通达性,而黑格尔则坚持两者之间的可通达性。

此外,关于“可知”与“不可知”的关系,歌德也说过一段颇有教益的话:“我想告诉你一个你最好毕生坚守的真理。在自然界存在着可知的和不可知的。要搞清这个区别,好好记住它,并且尊重它。仅仅知道这一点,对我们已经有好处,尽管要看清可知何处终止,不可知始于何处,是非常艰难的事。一个对此无知的人,也许会终生去苦苦追求不可知,结果却永远没法接近真理。相反,一个懂得这个区分的聪明人,会坚持追寻可知的事物,在可知的领域里全面探索,巩固扩展其已知,沿着这条路往前走甚至可能在不可知的领域里也收获点什么,尽管如此他最终还是得承认,对某些事物只能了解到一定的程度,大自然总在自己背后隐藏着些疑问,要探究它们已非人力所及。”[②]

总之,我们理解本章,不是从通常的自知之明、谦虚态度上讲的,不是从孔子的“知之为知之,不知为不知”的角度讲的,而是从未知领域、无限领域与已知领域、有限领域的关系讲的。就本章而言,老子对于俗知、已知保持其一贯的批判态度,认为它是“病”,而“圣人”正是能够洞察其“病”的人。这个“病”,说到底,就是“知”的有限性。所以,“知不知”与“不知知”的意思,就不是通常的那种理解,而是指既要了解未知又要了解已知之弊的意思。倘若进一步思考,则“知”与“不知”的界限又不是绝对的,两者是相互转化的关系。庄子《齐物论》:“庸讵知吾所谓知之非不知邪?庸讵知吾所

---

①黑格尔:《精神哲学》,杨祖陶译,北京:人民出版社,2006年版,第31—32页。

②艾克曼:《歌德谈话录》,杨武能译,成都:四川文艺出版社,2018年版,第213页。

谓不知之非知邪?”《知北游》:“弗知乃知乎,知乃不知乎？孰知不知之知?”这就是说,一方面“知”可以转化为“不知”,随着知识的发展,以前的“知”可能是肤浅的、错误的“知”,那么它相对于后来的“深知”“真知”而言,就成为一种“不知”。比如“地心说”之相对于“日心说”,就是一种“不知”。另一方面,“不知”也可以转化为“知”,甚至说,它本身已经是一种“知”。能够意识到自身的“不知”,这就已经是“知”的发端与觉解,这就已经是自我批判、自我否定,那么,“不知之知”正透露了一种可贵的求知精神,一种永不满足于现有之“知”的反省精神。人类一方面在不断地积累、扩充知识,但是,另一方面,又在不断地否定、批判各种旧知。这就呈现为旧知与新知的不断交替的过程,这个过程正是“知”之“病”的不断治疗、克服的过程,也是“知”与“不知”之间的不断转化、相互过渡的过程。由此,老子的“知不知”恰是值得继续发扬光大的知识批判精神。已知、旧知只有经过这种自觉的知识批判,才会不断地更新、发展。

七十二章 “大威”的颠覆力量

民之不畏威，则大威将[①]至矣。

毋[②]狎其所居，毋厌其所生。夫唯弗[③]厌，是以不厌。

是以圣人自知而[④]不自见也[⑤]，自爱而不自贵也。故去彼取此。

本章的难点在于“民之不畏威，则大威将至矣”中两个“威”字的内涵如何界定。实际上，本章与第七十三、七十四章在内容上都有一定的联系。第七十三章讲“勇于敢则杀，勇于不敢则活”，不就是在强调“畏”的积极价值吗？正好与本章“不畏”构成对立关系。而第七十三章的“天网恢恢，疏而不失”，不就是在讲一种“大威”吗？第七十四章，“若民恒且不畏死，奈何以杀惧之也”，不正是“民之不畏威”的一种极端现象吗？再看本章的核心关系是什么？本章的基本意思实际上是拿“民”与“圣人”对比着讲的，“圣人”其实就是老子设定的最高统治者的榜样，因此，本章实质上是讲君民关系的，是讲如何维持统治稳固的。搞清楚了这个基本意思，其他内容就迎刃而解了。“民不畏威”，就是百姓心中无“畏”，这个“威”就是统治者的威权或权威，质言之，“民不畏威”就是指统治者失去了百姓的敬畏，统治者的威信扫地了，政权失去了合法性了，不再对于百姓具有约束力了。这句话不是警告百姓的，而是警告统治者的：失去民心了，天大的麻烦就要来临了！“大威将至矣”的“大威”，是指天道之威，这里具体讲就是指颠覆政权之威，是讲统治者就面临被推翻的危险了。王弼注云：“离其清静，行其躁欲，弃其谦后，任其威权，则物扰而民僻，威不能复制民。民不能堪其威，则

---

①王弼本无“将”字，高明以为当从帛书为是。见高明：《帛书老子校注》，北京：中华书局，1996年版，第181页。

②王弼本作“无”，帛书本作“毋”。

③王弼本作“不”，帛书本作“弗”。

④王弼本无“而”，据帛书本加。

⑤王弼本无“也”，从帛书本加。

上下大溃矣，天诛将至。”[①]这里的言外之意就是，对老百姓好一点，不要丧失民心。因此，下文就讲了具体的做法：“毋狎其所居，毋厌其所生。”高明解释说：“此言治天下者无狭迫人民之居处，使不得安舒，无压榨人民之生活，使不得顺适。”[②]其实，按照下文的“圣人自知而不自见也，自爱而不自贵也”，就可以明白，这里的“狎”与“厌”之所指或许不是指高明所讲的敲诈压迫，而是指统治者竭力地“自见”、“自贵”的具体体现。我们或许不需要迂回地去理解这里老子的意思，而只需要按照最直接的意思来理解，“狎”就是“靠近”，“厌”就是“厌恶”，这里“毋狎其所居，毋厌其所生”的意思就是警告统治者不要太靠近老百姓，不要干预老百姓的日常生活，以至于让老百姓不胜其烦。老子是主张“无为”的，而这种接近老百姓的做法恰是老子不提倡的。所以，与“圣人自知而不自见也，自爱而不自贵也”相对立的，就是竭力地显示自己的存在感，竭力地体现自己的优越性的种种做法。老子本章所讲的重点，是统治者如何保持自己的威信的，按照最简单的理解就是，与老百姓保持一定的距离，不要竭力地去向老百姓证明自己的存在价值，越是竭力地证明自己统治有术、领导有方，越是有可能扰民，导致民不聊生。

这样，本章的层次意思就是很分明的：(1)“民之不畏威，则大威将至矣”，是警告统治者失去威信的严重性。(2)“毋狎其所居，毋厌其所生。夫唯弗厌，是以不厌。”是提出具体的统治方案及其良效，也就是说，保持距离感，不要无事生非去扰民，老百姓自然就拥护你。(3)“是以圣人自知而不自见也，自爱而不自贵也。故去彼取此。”是进一步从正面讲保持距离感的积极意义，强调“无为”而不要主动干预。

关于“狎”，孔子也讲过其危害性：“唯女子与小人为难养也，近之则不逊，远之则怨。”(《论语·阳货》)“近之则不逊”，就是说，太接近了就失去了敬畏了，威信就没有了。西方有句谚语，“仆从眼中无英雄”，意思就是太接近英雄的人反而不敬畏英雄。黑格尔也论述过这个问题。“‘仆从眼中无英雄’是一句有名的谚语，我会加上一句——歌德在十年后又重复地说过——‘但是那不是因为英雄不是英雄，而是因为仆从只是仆从’。仆从给

---

①王弼：《老子道德经注》，楼宇烈校释，北京：中华书局，2011年版，第187页。

②高明：《帛书老子校注》，北京：中华书局，1996年版，第182页。

英雄脱去长靴，伺候英雄就寝，知道英雄爱喝香槟酒等等。历史的人物在历史学中，由这般懂得心理学的仆从伺候着，就显得平淡无奇了。他们被这些仆从拉下来，拉到和这些精通人情的仆从们的同一道德水准上——甚至还在那水准之下几度。”[①]“所谓‘仆从眼中无英雄’，并不是因为仆从的主人算不上英雄，而是因为仆从看在眼里的不是主人的各种英雄事迹，反倒是主人吃饭、喝水、穿衣等等遵循着个别生理需要和个别观念的行为。”[②]黑格尔把这一现象归结于“仆从”的水平层次低。但另一方面，不也是因为“仆从”与“英雄”之间太没有距离的缘故吗？

总之，本章的基本内容是讲统治者如何维护“威”的问题，而从老子的基本立场讲，最好的办法就是不要显摆（“不自见”）、炫耀自己（“不自贵”），“毋狎其所居，毋厌其所生”，别到老百姓那里找存在感，不要强硬地向老百姓颁行各种法令制度，这只会导致民无敬畏之心，进而失去了统治力。简言之，“无为”是保持“威”的最好方式，“距离产生威”；反之，一味“狎”之，始则不敬终必生“厌”了。

①黑格尔：《历史哲学》，王造时译，上海：上海书店出版社，2006年版，第29—30页。

②黑格尔：《精神现象学》，先刚译，北京：人民出版社，2013年版，第410页。

七十三章[1]　“大勇者之畏”

勇于敢则杀，勇于不敢则活。此两者，或利或害。天之所恶，孰知其故？

天之道，不争而善胜，不言而善应，不召而自来，繟然而善谋。天网恢恢，疏而不失。

本章的宗旨是强调要有对于天道的敬畏心。联系上一章内容，统治者之丧失威信的根源就在于太想证明自己的人为干预力量、控制领导能力，也就是太“有为”。所以，统治者太迷信自己主使的“人道”，而对于“天道”缺乏敬畏，处处干预百姓生活，到处插手百姓的事务，也就总是“狎其所居，厌其所生”。

“勇于敢则杀，勇于不敢则活。”这里，“勇于敢”就是勇于逞能，勇于显示自己的干预、控制、主导的力量[2]；“勇于不敢”就是勇于约束自己，勇于退让，勇于退场隐身而不是在场显摆。前者，是勇于“有为”“伸手”；后者，是勇于“不为”“缩手”。“天之所恶，孰知其故？”这是反问句，其实答案很清楚：“天之所恶”，是因为“勇于逞能”，“勇于显示”。反过来，“天之所爱”，就是“勇于退隐”，“勇于无为”。“天之道，不争而善胜，不言而善应，不召而自来，繟然而善谋。”这都是讲“隐身”“无为”的伟大力量的。“天网恢恢，疏而不失。”这还是强调天道之“威”的。因此，本章的基本关系就是有为之人道与无为之天道的对立关系，违背天道威力而一味逞能是要付出代价的。所以，本章还是警告为主，是警告统治者不要轻举妄动，“勇于敢则杀”，就是当头棒喝。

倘若从辩证法的角度讲，老子的观点也是有偏颇之处的。这是因为，

---

①本章文本依据帛书本，与王弼本大同小异。唯王弼本于“孰知其故？”后多出“是以圣人犹难之”七字。

②庄子《齐物论》：“大勇不忮。”忮，就是“狠”的意思。可知“勇于敢”近乎“勇于狠”，是“大勇”的对立面。见王叔岷：《庄子校诠》（上册），北京：中华书局，2007 年版，第 76 页。

天道与人道的关系并不纯粹是对立的、割裂的关系，倘若承认人道终究源于天道，承认人道本身就是天道之具体实现的诸种方式之一，则两者就是统一的关系，甚至说，天道本身就包含着人道，这样人道就具有合于天道的方面。而且，老子区别对待两种“勇”：“勇于敢则杀，勇于不敢则活。此两者，或利或害。”这是在价值评估方面进行了高低评断，这种观点也不可绝对化。严格地讲，“勇于不敢”也是人的一种主动选择，因此，它也算是人道的范畴。人主动地去适应天道，去选择“无为”的践行原则，这本身就是人的主体性的体现。所以，“勇于敢”与“勇于不敢”都是相对而言的，亦都是天道所统之下的人道。

“勇于敢”的真正弊端是，太固执于自身的目的性，太放任自己的主观性，因此，它就总是有限的、相对的、短暂的实践活动。老子提出“勇于敢则杀”，认为它就是“天之所恶”，或者说，一切人为的实践活动都是“天之所恶”。这个立场是从反思、批判人的高度来讲的，是从反思、批判实践的高度讲的。可以说，对于人的存在，以及对于其实践活动的深刻批判，这是老子之提出“天之道”的初衷。这一批判立场在老子后学那里得到继承并进一步深化了。《庄子·秋水》讲：“曰：‘何谓天？何谓人？’北海若曰：‘牛马四足，是谓天；落马首，穿牛鼻，是谓人。故曰：‘无以人灭天，无以故灭命，无以得殉名。谨守而勿失，是谓反其真。’”在这里，“天之道”与“人之道”是相对立的，“落马首，穿牛鼻”等人类实践活动是违背“牛马四足”的天性之真的，所以，从“天之道”的立场来看“人之道”，就是有罪责的存在，而“天之道”则意味着本真的存在。在这里，体现出的是两种价值冲突。

倘若把理论视域扩展为讨论人与自然的关系，而不再局限于讨论统治者的治国之道，那么，老子之主张的“天之道”还是具有积极的理论价值的。因为，“人之道”代表的只是以人类为中心的立场，反映的只是人类的目的要求，一切人类活动都是由人类自身的立场性所决定，这样一来，它就总是具有局限性，它不能代表自然本身的目的要求。所以，“落马首，穿牛鼻”等实践活动仅仅具有相对于人类自身的合目的性，而不具有相对于“牛马”自身的合目的性，因为显然，这是违背了“牛马”自身的天性的。这样看来，一切人类实践活动总是有罪责的活动，就自然事物的价值立场而言，总是一种有意或无意的伤害。举个例子，比如人类养宠物，不管饲养者如何宠爱之，都仅仅出于其主观性的目的，并不一定就符合宠物自身的目的要求。

欧阳修《画眉鸟》诗云："百啭千声随意移，山花红紫树高低。始知锁向金笼听，不及林间自在啼。"从画眉鸟的角度讲，"百啭千声随意移，山花红紫树高低"才是值得追求的生活方式，无论养鸟人如何宠爱它、呵护它，都终究是一种"锁"起来的生活。因此，老庄哲学所代表的立场，就是一种替动物说话的立场，是具有反思、批判人类中心主义的价值意义的。这正如彼得·辛格所言的："曾经有些最伟大的中国思想家，对待动物的态度比同时代的西方思想家要进步得多。"①

总而言之，"天之道"与"人之道"的对立，反映了人类与自然界的矛盾冲突。人类能不能克服自身的有限目的性，能不能寻求一种遵从大自然的合目的性，或者说，突破人类自身的限制，达到一种绝对的合目的性，实现"天之道"与"人之道"的和谐统一？从这样的高度来讲，"勇于敢则杀，勇于不敢则活"就是一种警告，也是一种呼声，代表了人类与大自然之间由矛盾冲突走向和解共容的良好愿望。同时，"勇于不敢"也并不是一般人所认为的那么消极，因为它恰恰也是一种"勇"，甚至说是一种相比于"勇于敢"而言的"大勇"。"不敢"就是懂得自己的局限性，就是善于自我约束自己，因此，"不敢"并不是一般性的"怯懦"或"软弱"，而是战胜自己、自我克服的积极力量，这正是一种积极突破自我的"大畏"，在某种程度上，它甚至可与海德格尔所言的"大勇者之畏"②相比较。这样一来，"大勇"与"大畏"就是合一的，"勇"自身就包含了作为其对立面的"畏"。这恰恰是符合辩证法精神的，堪称黑格尔所讲的"否定的统一"，即"每一规定、每一具体物、每一概念在本质上倒不如说是有区别的和可区别的环节之统一"③。相比之下，只有"勇"而无"畏"的人，就只有一种片面性的"匹夫之勇"罢了，无非是孔子所言的"小人不知天命而不畏也，狎大人，侮圣人之言"(《论语·季氏》)之类。而老子所言的"勇于不敢"则是以"畏天道"为基础的"大勇"。

---

①彼得·辛格：《动物解放》，祖述宪译，青岛：青岛出版社，2006年版，第2页。
②海德格尔：《路标》，孙周兴译，北京：商务印书馆，2000年版，第136页。
③黑格尔：《逻辑学》(下卷)，杨一之译，北京：商务印书馆，1976年版，第69页。

七十四章 “畏”的缺失

若民恒且不畏死，奈何以杀惧之也？若民恒且畏死，而为奇者，吾得而杀之，夫孰敢矣！若民恒且必畏死，则恒有司杀者[①]。

夫代司杀者杀，是代大匠斲也[②]。夫代大匠斲者，则希不伤其手矣[③]。

倘若我们把七十二章、七十三章乃至七十五章的内容与本章相联系，就会发现其中或明或暗地透露了一个共同的主题词，即“畏”。第七十二章讲“民不畏威”，第七十三章讲“勇于敢则杀”，第七十五章讲“民之轻死”，以及本章讲“若民恒且不畏死”，都在揭示“畏”之缺失的弊端。但是，“民”之“畏”的缺失，从根源上，是由于上层统治者的“畏”之匮乏。换言之，由于统治者心中无“畏”，导致其缺乏有效的约束机制，导致权力的滥用、放纵、失控，从而肆无忌惮、胡作非为，进而导致其失去了在百姓之中的威信，也就失去了政权的合法性依据。但从本体论的高度讲，一切政权的合法性，都应该基于合理性，从老子的立场讲，就是要把政权的合法性奠基于“天之道”之中，“天之道”才是世俗政权合理性的最后依据。因此，“畏”的丧失，不管是就“民”而言，还是就“王”而言，从根本上，就是对于“天之道”的认知的丧失。“畏”，必须追溯为“天之道”之“畏”，必须区别于一般性的“怕”，而凸显这种“大畏”。

“若民恒且不畏死，奈何以杀惧之也？若民恒且畏死，而为奇者，吾得而杀之，夫孰敢矣！若民恒且必畏死，则恒有司杀者。”在这里，首先是世俗意义上的“不畏死”与“畏死”的对立关系，也就是能不能“以杀惧之”的问题。但这两种情况，都是属于人为性的层面，都是“人治”的情况，终究是“人杀”而不是“天杀”。所以，老子提出了一个更高的层次意义上的“杀”，

---

①以上文字多有讹误，此依高明的订正。见高明：《帛书老子校注》，北京：中华书局，1996年版，第189、191页。

②王弼本作“是谓代大匠斲”，此从帛书本。

③王弼本作“希有不伤其手矣”，不如帛书“则希不伤其手矣”语气深沉有力。

这个“杀”就是“天杀”，也就是“恒有司杀者”的“杀”。从老子的立场讲，无论是严刑峻法，采取恐怖统治，还是三令五申，采取貌似合理的法制，无非是“酷吏”与“清官”之别，都是一种“人治”，都具有其立场、利益的主观性与制约性，也就是因此都是相对的、有限的。这种基于“人治”的“法”都是不合天理的。因此，老子是站在“天之道”的立场上讲“治国”的合法性与合理性问题。真正的“威”，不是基于“人治”的威权或暴政，而是基于“天治”的“天道之威”，即第七十二章所讲的“大威”或本章所讲的“恒有司杀者”之“威”。也只有这种“威”，才能产生“大畏”，具有恒久性的威慑力，让人们不敢胡作非为。因此，老子的立场非常鲜明，他反对所谓“替天行道”（一切所谓“替天行道”都具有自私性、有限性），也就是反对“代大匠斲”。

这种源自本体论层面的“威”，或许近乎海德格尔所讲的“无之不性”或“无之不化”。这种“不”，海德格尔认为比一般性的“否定”更为根本。“否定实际上只有当可否定的东西已经被先行给定时才能进行否定，这当儿，否定如何能从它自身中具有这个不呢？除非一切思想本身都已先行洞见到这个不了，不然的话，可否定的东西和有待否定的东西又如何能够作为一个不性的东西而被见到呢？可是，只有当这个不的本源，即一般的无之不化，从而亦即无本身，已经从遮蔽状态中被提取出来时，这个不才能够成为可敞开的。这个不并非由否定而产生，相反，否定倒是植根于从无之不化作用中产生的这个不。但否定也只不过是不着的行为的一种方式，亦即说，只不过是先行植根于无之不化的行为的一种方式。”[①]实际上，透过这些貌似佶屈聱牙的表述，海德格尔讲的“不”无非就是源自本体论层面的绝对性的否定，而一般性的否定则是低于一格的存在者层次的相对性的否定。海德格尔讲“向死而生”，讲生存的“决心”[②]，都是奠基于这种绝对否定的力量，即死亡。“处在这些考察中心的就是：从存在论上标画此在式的向终结存在，并获得一种生存论的死亡概念。”[③]因此，一切作为有限生命的世人，都是“终有一死者”，都面临着被终极的“不”加以取消的命运。这

---

①海德格尔：《路标》，孙周兴译，北京：商务印书馆，2000 年版，第 135 页。

②海德格尔：《存在与时间》，陈嘉映、王庆节译，北京：生活·读书·新知三联书店，2012 年版，第 348—349 页。

③海德格尔：《存在与时间》，陈嘉映、王庆节译，北京：生活·读书·新知三联书店，2012 年版，第 273 页。

就是说，所有的存在者都终究面临着被取消存在的资格，一切存在者都终将不存在，这就是植根于每一生命体之中的“不性”。海德格尔讲人的“被抛境况”，实际上就是讲这种“不性”。“这一‘不’属于被抛境况的生存论意义，此在这一存在者作为根据，其本身就是它本身的一种不之状态。不之状态绝不意味着不现成存在、不实存；它所意指的‘不’组建着此在的被抛境况这一存在。”[①]

如果说，黑格尔代表了一种积极乐观的态度，主张“凡是现实的东西都是合乎理性的”[②]，那么，海德格尔则代表了一种悲观绝望的态度，近乎主张“凡是存在的都是终被说‘不’的”。黑格尔看待生与死，是积极肯定死的意义，是把这种绝对否定视为积极的“无”，死反而证明精神的不朽性。海德格尔看待生与死，是近乎消极绝望的，透过死亡，透过这一“终结”，他看到了生的“被抛”，实质上就是釜底抽薪，把生的终极意义消解了，与后来萨特的“活着就是恶心或厌烦”[③]并无实质性的区别，都反映了第二次世界大战之前的一种普遍绝望心态。

我们再回到老子本章上来。老子本章的核心话题正是“畏死”与否的问题。正是通过“杀”来思考“生”的意义。这一思路与海德格尔是一致的，甚至可以说，这是海德格尔或许接受了老子思想影响的一个实例。老子之提出“恒有司杀者”，就是在强调一种终极性的向着世人宣示“不”的“大威”的至高存在。这个“大匠”才是最高的裁判，它才拥有生杀予夺的主宰力量，一切都应该听命于它。“夫代大匠斲者，则希不伤其手矣。”这是警告，是警告那些狂妄之徒，不要僭越，不要冒充造物主来“替天行道”，而实则在人世间横行霸道。真正说来，不管是普通老百姓，还是最高统治者，都应该敬畏这一“大匠”，真正的“必畏死”源于对于它的觉悟与领会。只有从这个高度，只有奠基于这种“必畏死”的理解，人类才懂得“生”之可贵，懂得和谐共处的意义。

---

①海德格尔：《存在与时间》，陈嘉映、王庆节译，北京：生活·读书·新知三联书店，2012年版，第326页。

②黑格尔：《法哲学原理》，范扬、张企泰译，北京：商务印书馆，1961年版，第11页。

③“这是一种深沉、深沉的厌烦，存在的深沉核心，我本身就是由它组成的。”见萨特：《恶心》，《萨特文集》（第1卷），北京：人民文学出版社，2005年版，第188页。

七十五章[①] “贤于贵生”的境界

民之饥，以其上食税之多，是以饥。民之难治，以其上之有为，是以难治。民之轻死，以其求生之厚，是以轻死。

夫唯无以生为者，是贤于贵生。

我们上一章已经讲过，第七十二章以至本章都有内容的连贯性。这些章也都涉及到生死关系的问题。但老子一心所系的，始终是百姓的“生”的压力问题。老子认识到，老百姓的生存条件是由统治者决定的，因此，必须警告统治者不要对老百姓过于残酷。“民之饥，以其上食税之多，是以饥。民之难治，以其上之有为，是以难治。民之轻死，以其求生之厚，是以轻死。”这三个排比句，一层逼近一层。王弼注云：“言民之所以僻，治之所以乱，皆由上，不由其下也。民从上也。”[②]可见，上层统治者是一切社会祸乱的根源。“民之饥，以其上食税之多，是以饥。”这是从经济盘剥的方面进行批判，揭示百姓经济困乏的根源。对此，韩非子也说：“上以无厌责已尽，则下对‘无有’，无有则轻法。”[③]“民之难治，以其上之有为，是以难治。”这是从政治高压的方面进行批判，揭示百姓生活不得自由的根源。“上之有为”是应该批判的，因为它是出于维护统治阶级的利益而不能代表普通百姓的利益，反映了上层与下层之间尖锐的社会矛盾，实质上，所谓“有为”无非就是方方面面对老百姓进行控制。“民之轻死，以其求生之厚，是以轻死。”这是经济盘剥与政治高压双重作用的后果，是社会矛盾最激化阶段的体现，说明老百姓已经活不下去了，“轻死”实际上也同时是“轻生”，既然活不下去了，“生”就不值得珍惜了，就索性铤而走险，起来造反，此之谓“官逼民反”。从生存论的角度讲，这是统治者“求生之厚”与老百姓“求生不得”的矛盾对立。“夫唯无以生为者，是贤于贵生。”此处，老子提出“无以生为”的

---

①本章文本采取王弼本，语义与帛书本对照并没有实质性的差异。

②王弼：《老子道德经注》，楼宇烈校释，北京：中华书局，2011年版，第192页。

③王先慎撰：《韩非子集解》，钟哲点校，北京：中华书局，2013年版，第198页。

生存论概念，就是对治统治者的“求生之厚”的奢侈浮华，因此，它比“贵生”从价值评判上要高一格。

因此，本章的基本矛盾是“民之轻死”与“求生之厚”的对比关系，反映了一方面民不聊生而另一方面奢靡腐化的混乱世相。因此，从稳固统治的角度讲，老子希望统治者不要过于追求个人的生活享受，也就是不要过于“贵生”，而所谓“无以生为”则是希望统治者适当降低其生活标准，缓和一下阶级矛盾，减轻一些百姓的重负。因为，归根到底，在老子所处的时代里，统治者与百姓的根本利益与追求是相互对立的，统治者的生活享受是建立在损害、侵犯老百姓的根本利益的基础上的，是只顾“为己存在”而忽略了“为他存在”（为民着想）的。

倘若我们超越政治学意义，从一般生命意义的角度讲，从价值实现的角度讲，那么“无以生为”也是值得重视的生存论概念。一个人太在乎生活享乐，太计较于“求生之厚”，是不是也是需要反思、批判的？我们认为，每个人都有提高生活水平、进而追求世俗享受的权力。但是，这一切必须建立在不损人利已的基础上，必须建立在合乎道义性的基础上，必须建立在力所能及的范围内。一旦超越了这个前提基础，片面地、盲目地追求“求生之厚”，贪图一种不合道义性乃至非法性的享乐生活，就是一种可耻的生活追求，也就一定会遭受惩罚。因此，从一般人的角度讲，“无以生为”的概念意义就在于协调好自身存在与他者存在的基本关系，不要一味地追求“为已存在”而丝毫不顾他人的生活目的、物质利益。

七十六章 “弱者的哲学”

人之生也柔弱，其死也坚强。万物草木之生也柔脆，其死也枯槁。故坚强者死之徒，柔弱者生之徒。

是以兵强则不胜，木强则共[①]。故坚强处下，柔弱处上。

本章的基本范畴是“柔弱”与“坚强”。老子的哲学是“弱者的哲学”，是站在受压迫者的立场替百姓说话的哲学，即使是在为统治者设想的时候，也是出于渴望和平稳定的良好愿望，是希望上层统治者能够体恤下情，能够对待百姓柔和一些。因此，在“强”与“弱”的力量对比中，老子反转了其通常的价值评判标准，毅然地选择了以“弱”为贵、以“弱”为高、以“弱”为生命之本的价值立场。老子的“道”，以及围绕着“道”提出的“无为”“不争”等理念，都是从“弱”的立场出发的一种系统的价值学说。我们多次讲过，辩证法的基本机制是“颠倒机制”，而把辩证法具体运用于价值学说，进行价值审判，就是“价值颠倒”或“价值倒转”。老子看到了世界的恃强凌弱、以大欺小、以智吞愚的种种悲惨景象，看到了种种胜利者的丑恶嘴脸，看到了各种弱者、失败者的不幸遭遇，因此他就有意地进行一次系统化的“价值颠

①本章文字采取王弼本，与帛书本无大异，唯有“木强则……”存在着较大争议，王弼本为“木强则兵”，有人认为应当是“木强则折”，其他版本多为“木强则共”，而帛书甲本是“木强则恒”，帛书乙本是“木强则兢”，可见分歧之大。依据王弼注“木强则兵”为“物所加也”（王弼：《老子道德经注》，楼宇烈校释，北京：中华书局，2011年版，第193页），再结合苏辙解“木强则共”为“木自拱把以上必伐矣”（苏辙：《老子解》，《三苏全书》[第5册]，曾枣庄、舒大刚主编，北京：语文出版社，2001年版，第477页），乃至再联系今人解“木强则共”为“木强则烘”（高明：《帛书老子校注》，北京：中华书局，1996年版，第201—202页），就可以看出所有这些解释的共同之处，即都把“木强则……”理解为“木”因“强”而遭遇外在的伤害，实质上都与“砍伐”有关。因此，笔者在此做一大胆的推断，认为“木强则……”或许当为“木强则斤”，因为“斤”就是伐木之具，作“木强则斤”字面意思就是“木强就会加以斧斤”，这与王弼注“物所加也”是十分吻合的，而“兵”“折”“斤”本来都是形近字，或许是古人抄写之误，由于笔者不通音韵学，故不敢轻易断定“兵”“斤”“兢”“恒”之间是否有音韵方面的相近联系（尽管从当代读音讲，它们之间明显有相似之处）。但就目前的众多解释而言，理解为“木强则斤”是能够自圆其说的，而理解为“木强则共”反而意思不那么直接，而又绕不过“伐取”这个环节。然而，由于“木强则斤”毕竟只是笔者的推断，故谨慎起见，文本姑且遵从“木强则共”。

转”，与通常的价值追求进行彻底的决裂，把通常褒“强”贬“弱”的价值观颠倒为褒“弱”贬“强”的价值观。从这个角度讲，老子的理论学说是一次“价值学的革命”。它也在一定程度上类似马尔库塞所言的“大拒斥”。“在其先进的境地，它即是大拒斥——对现存本身的反抗……即是否弃、打碎、重建他们的实际生存的方式。”①因此，老子的学说，也相应地以其价值力量，“去叩击命运的大门，去发挥自身的威力，给苦难者以安慰”②。

因此，我们理解老子的主张，更多地应该从价值审判的角度出发，而非从事实层面去理解。比如“兵强则不胜”，验之现实，从常理与事实讲，“兵强则胜”显然更符合实际。我想聪明如老子，他不会不明白这些最基本的事实规律。但是，倘若从价值审判的角度讲，从道义性的立场讲，“兵强则不胜”就毫无问题。“兵强”往往导致以杀伐为功，“一将功成万骨枯”，“兵强”是靠着侵凌弱者来证明的，是建立在失败者的悲惨命运的基础上，因此，它的事实上的“胜”也就是价值上的“败”，它赢在实利而输于正义。因此，“坚强处下，柔弱处上”，也就是事实与价值的颠倒关系，在生活中，更符合实际的常常是“坚强处上，柔弱处下”，但从价值审判讲，从伸张正义的立场讲，就倒过来了，弱者更值得同情，更需要呵护。孔子说：“笃信好学，守死善道。危邦不入，乱邦不居。天下有道则见，无道则隐。邦有道，贫且贱焉，耻也；邦无道，富且贵焉，耻也。”（《论语·泰伯》）这也是从道义性讲的，孔子认为在一个没有公平正义的国家，其“富且贵”一定是建立在非道义性的基础上的，因此是“耻也”。

像老子、孔子这样的天才人物，在其当时的国家中，都是最顶尖的人物，他们倘若稍一用心，就足够做一个“成功人士”，“富且贵”对于他们而言只是区区小事，但是他们偏偏选择了自己的道路，坚守自己的信念，不愿意折腰事权贵。千百年后，那些当年的炙手可热者、权倾天下者、富可敌国者，是否真的“胜”了呢？可以说，他们输得一塌糊涂，只剩下生前的享乐荣华亦随风而逝。孔子说：“饭疏食饮水，曲肱而枕之，乐亦在其中矣。不义而富且贵，于我如浮云。”（《论语·述而》）那种建立于“不义”基础上的“富且贵”，从价值审判的立场讲，是最无足挂齿的东西。千百年来，中国历史

① 马尔库塞：《审美之维》，李小兵译，桂林：广西师范大学出版社，2001年版，第66页。
② 马尔库塞：《审美之维》，李小兵译，桂林：广西师范大学出版社，2001年版，第198页。

上一直延续着追求正义的传统，有着大量的志士仁人，有着可歌可泣的故事，有着惊天动地的创举，他们生前可能“贫且贱”“困而辱”，但是，他们的精神魂魄是不朽的，也是史不绝传、代不乏人的。

与老子相比照，尼采的哲学则是“强者的哲学”。尼采处处彰显自己，明诏大号地鼓励世人做“超人”，蔑视一切弱者为“颓废”。尼采的哲学当然有其积极意义，但是，他的哲学也的确有“恃强凌弱”的价值倾向性。他号称要“重估一切价值：这就是我用来表示一种人类至高的反省行为的公式”①，但是，从价值学的角度讲，尼采并没有从根本上“颠倒”传统的“强者为上”的价值论，反而是把“强者为王”的逻辑发挥到极致，因此，他的哲学并不如其鼓吹的那样神奇。倘若按照其逻辑“没有任何东西是合理的，一切都允许做”②，那么，为什么“弱者”的“颓废”就不允许呢？尼采说：“从根本上讲，我的‘非道德论者’一词包含着两重否定。一方面，我否定一个类型的人，它迄今为止一直被视为最高的类型，即善人、好心人、慈善者；另一方面，我否定一种道德，它作为自在的道德而发挥作用并且起着支配作用，——那就是颓废之道德，说得更明确些，就是基督教的道德。”③尼采之所以反对基督教，从根本上，就是反对“弱者的哲学”。“因为大体说来，我认为对善和善意的高估已经是颓废的结果了，是虚弱的征兆，是与一种提高和肯定的生命不相容的：否定和毁灭乃是肯定的条件。”④“对信仰的需要，对某种无条件的肯定和否定的需要，乃是弱者的需要；所有弱者都是意志上的弱者，所有意志上的弱者都是由于没有激情、没有绝对命令去发号施令。”⑤但是，这是一种近乎蛮不讲理的逻辑。因为尼采也说过：“在肯定与否定、偏爱与拒斥、爱与恨的一切相互关系中，仅仅传达出特定生命类型的一个视角、一种兴趣：一切存在着的事物都自在地肯定。”⑥既然“一切存在着的事物都自在地肯定”，那么，为什么尼采偏偏不愿意“肯定”弱者呢？为什么他坚持自己的“一个视角、一种兴趣”而诋毁、攻击别的“视角”与“兴趣”呢？

①尼采：《瞧，这个人：人如何成其所是》，孙周兴译，北京：商务印书馆，2016年版，第155页。
②舍斯托夫：《思辨与启示》，方珊等译，上海：上海人民出版社，2005年版，第292页。
③尼采：《瞧，这个人：人如何成其所是》，孙周兴译，北京：商务印书馆，2016年版，第157页。
④尼采：《瞧，这个人：人如何成其所是》，孙周兴译，北京：商务印书馆，2016年版，第158页。
⑤尼采：《权力意志》（下卷），孙周兴译，北京：商务印书馆，2007年版，第691页。
⑥尼采：《权力意志》（下卷），孙周兴译，北京：商务印书馆，2007年版，第953页。

当然，从当代价值追求讲，尼采与老子的哲学思想都有值得借鉴的地方。老子的哲学，既可以说是“弱者的哲学”，但又何尝不是一种“强者的哲学”？因为他追求的是一种道义性的“强”。反之，尼采的哲学既是“强者的哲学”，但也是一种“弱者的哲学”，因为“强者为王”的思想恰恰是千百年来一直处于被审判的地位，一直是道义性的输家。从理想的追求讲，我们既要追求实力的强者，也要追求道义的强者，单独地强调其一都是片面的；只有既有强者的意志与能力，又有强大的道义与品格，才能实现真正的“双赢”。

七十七章　两极分化的"颠倒机制"

天之道，其犹张弓与？高者抑之，下者举之；有余者损之，不足者补之。天之道，损有余而补不足；人之道则不然，损不足以奉有余。

孰能有余以奉天下？唯有道者。是以圣人为而弗有，成功而弗居也，若此其不欲见贤也[①]。

在本章中，老子讲了两种价值追求之间的对立，即"天之道"与"人之道"的对立。"天之道"，是追求高下之间的平衡的，如同拉弓射箭一样，既不要太高也不要太低，维持一种动态的、灵活的均势。这运用于社会维稳，就是要求贫富、贵贱之间的差距不要过于悬殊。但事实上，"人之道"往往是现实的常态，是"损不足以奉有余"，这就是"劫贫济富"，也就是"马太效应"："凡有的，还要加给他，叫他多余；没有的，连他所有的，也要夺过来。"（《新约·马太福音》）可以说，老子是世界上最早意识到这一贫富分化现象并深入地思考与批判的人。他寄希望于"唯有道者"来改变这一现状，寄希望于"圣人"来倡导一种新的价值观念，即懂得分享而非独享成果，懂得把自身的成功与幸福建立在他人的成功与幸福的基础上。

从残酷的生存法则讲，或许的确如霍布斯所讲，人类出于自我保全的天性，必然导致利益的争斗，乃至于发生"每一个人对每一个人的战争"[②]，似乎追求公平正义都是一种奢侈。老子显然意识到这种"竞争"的恶果，于是针锋相对地提出一种"不争的哲学"以对治其弊。相反，黑格尔则认为，人人相争并非坏事，因为按照辩证法的"颠倒机制"，每一行动都会颠倒为其反面（"行为本身就是一种颠倒或反转"[③]），所以，每一个自私自利的人都事实上并不能实现其初衷（个人目的），而是转化为一种普遍性的事实。"他们宣称他们的行动和行为仅仅是为了他们自己，仅仅以他们自己和他

①本章文本主要采用王弼本，唯此末句采用帛书本。

②霍布斯：《利维坦》，黎思复、黎廷弼译，北京：商务印书馆，1985年版，第93—94页。

③黑格尔：《精神现象学》，先刚译，北京：人民出版社，2013年版，第454页。

们自己的本质为目的。然而，当他们通过某些行为把自己呈现在光天化日之下时，这些行为本身就反驳了他们的那些口号（比如拒绝光天化日、禁止任何人的参与、排斥一个普遍的意识等等）。真正说来，事情的实现就是把每个人自己的东西陈列在一个普遍的因素里面，只有这样，每个人自己的东西才会并且一定会转变为全人类的事情。”[①]这就是说，“至私”反转为“至共”，“为己性”反转为“为他性”，“利己”反转为“利他”。

但老子在“争”中更多看到的是，恶性之争、严重的社会不公会导致的另一种“颠倒机制”，即“大威将至”（第七十二章）的情况，也就是发生社会暴动、天下大乱、革命运动，这种情况下，那些在下的贱民与在上的贵族也会发生一种颠倒作用，从而天翻地覆。而“圣人”恰恰是懂得这一规律的人，是想要避免社会大动荡的智者，是提醒统治者：想要实现自己的利益，想要长治久安，就不要只顾自己的利益，而要兼顾他人的利益，就不要只顾自己的发展，而要兼顾他人的发展，简言之，就是兼顾“为己性”与“为他性”，适当地放弃自己的利益乃是更为可取地实现自己。“圣人为而弗有，成功而弗居也”，实质上就是提倡自我牺牲，就是做“利他性”的事情。事实上，黑格尔也讲“牺牲自己”的重要性。“这种牺牲是一种外化活动”[②]，是创造出异于自身的他者。因此，为了实现自己的价值，就要懂得这个迂回实现自己的道理，通过建立他者，通过让他者独立自主，才能最终建立自己，实现自己的自由。这是辩证法的最高价值的“颠倒机制”：通过“为他”、“立他”最终反转为“为己”“立己”。这就是共同实现的道路，是自他共建之路，是自身与他者双赢互利的道路。

实质上，“天之道”的高下抑扬，也是“颠倒机制”的一种体现，目的也是实现高与下之间的良性互转，是避免高与下之间的阶层固化，最终是避免社会大动荡、大革命的悲剧。总而言之，阅读本章，我们应该看到老子的良苦用心，应该重视在社会发展过程中，在国家的发展过程中，如何发挥正面的、积极的“颠倒机制”，如何避免一种错误的、片面的“颠倒机制”，应该提倡一种把“为己”与“为他”相互统一起来的发展道路，树立一种“自利利他”的价值观。

---

①黑格尔：《精神现象学》，先刚译，北京：人民出版社，2013年版，第254页。

②黑格尔：《精神现象学》，先刚译，北京：人民出版社，2013年版，第502页。

七十八章 “正言若反”的价值论意蕴

天下莫柔弱于水，而攻坚强者莫之能胜，以其无以易[①]之也。柔之胜刚也，弱之胜强也，天下莫弗知也，而莫能行也[②]。是以圣人云：“受国之垢，是谓社稷主；受国不祥，是谓天下王。”[③]正言若反[④]。

本章主旨是讲辩证法的“颠倒机制”，即“柔之胜刚也，弱之胜强也”。本来，“柔”与“弱”是地位低下的，但是，却发生了反转效应，最终战胜了那高高在上的“刚”与“强”。“正言若反”，是讲正反面不是绝对的，所谓“正”与“反”既是因为视角、立场的不同而发生的不同判断，也是由于各自每一方都具有对方的规定性，都具有向对方转化的可能性。黑格尔说：“每一个都是它自身，又是它的他物；因此，每一个都不是在一个他物里，而是在自身里，具有其规定性。——每一个都只是与它的他物相关，才与自身相关。”[⑤]这样一来，矛盾对立的双方就既是相互独立的，又是相互依存的，每一方都不具有绝对的真理性，必须综合两者、结合起来，才能得到全面的认识。

---

①“易”字有各种理解。或解为“容易”，或解为“改易”，或解为“轻视”。见陈永栽、黄炳辉：《老子章句解读》，上海：上海古籍出版社，2001年版，第368页。由全章主旨，当以“轻视”（“轻易”）为准确。憨山说：“易，轻易也……世人皆以柔弱为不足取，率轻易之。故天下皆知之而莫能行，以柔弱为垢辱不美之称故也。”此解颇有理据，深合“正言若反”之旨。见憨山：《老子道德经解》，梅愚点校，武汉：崇文书局，2015年版，第154页。

②以上文本依从帛书本订正。见高明：《帛书老子校注》，北京：中华书局，1996年版，第208—211页。

③严遵云：“何谓受国之垢？曰：食民所吐，服民所丑，居民所使，乐民所苦，务在顺民，不遑适己……何谓受国不祥？曰：忍民所丑，受民所恶；当民大祸，不以为德；计在丧国，不失天心；虑在杀身，不失民福……复何故哉？柔心弱志，轻己重民，安于丑辱也。”这就是要求君主牺牲自我利益来为民众谋福利。这种观念可谓范仲淹“先天下之忧而忧，后天下之乐而乐”或林则徐“苟利国家生死以，岂因祸福避趋之”的先声。见严遵：《老子指归》，王德有点校，北京：中华书局，1994年版，第115—116页。

④以上文本依从王弼本，与帛书本语义无别，唯王弼本“是为天下王”据帛书本改为“是谓天下王”。见高明：《帛书老子校注》，北京：中华书局，1996年版，第212页。

⑤黑格尔：《逻辑学》（下卷），杨一之译，北京：商务印书馆，1976年版，第47页。

关于“正言若反”，河上公注曰：“此乃正直之言，世人不知，以为反言。”[①]苏辙说：“正言合道而反俗，俗以受垢为辱，受不祥为殃故也。”[②]可见，这都注意到了老子的价值主张之与世俗价值观念的对立关系。从世俗观念的立场讲，“垢”与“不祥”都是不好的东西，都是应当竭力避免的东西，但老子恰恰反转为正面的、积极的东西。这就是“正言若反”在救治世俗价值观方面的“颠倒机制”。

钱锺书说：“夫‘正言若反’，乃老子立言之方，《五千言》中触处弥望，即修词所谓‘翻案语’与‘冤亲语’，固神秘家言之句势语式耳。”[③]这就是把辩证法的“颠倒机制”仅仅视为一种普通修辞现象了，钱锺书仅从语言现象的角度来理解，虽然不无道理，但是遮蔽了其语言深层的辩证法内蕴。钱锺书进而总结了三种语言现象：(1)“同者异而合者背”；(2)“违者谐而反者合”；(3)“一正一负”“相仇相克”者，“冤亲词乃和解而无间焉”[④]。实质上，透过这种语言现象，我们从辩证法的角度就可以看得更清楚，第一种语言现象正反映了辩证法的“矛盾律”(事物必然向其反面发展，因此在“同者异”与“合者背”中，“同”走向“异”，“合”走向“背”)；第二种语言现象正反映了辩证法的“结合律”(相互对立的双方必然为了克服其各自的局限性而相互结合在一起，故表现出相互靠近对方的趋势)；第三种语言现象则反映了辩证法的“统一律”(矛盾双方相互和解而共存，扬弃了各自的局限性而提升为一个更高的统一体)。严格来讲，第二种只是第三种的必经阶段，第三种则是第二种基础上的进一步发展。钱锺书虽然博学多识，但毕竟仅仅限于语言现象方面的总结把握。他批评苏辙“犹皮相其文词也”，故欲“抉髓而究其理”，但得出的却是“否定之否定尔”，并且把“否定之否定”简单化为“反正为反，反反复正”[⑤]。这就表明钱锺书自己的理解并不能透过“皮相”而洞见其本质。按照黑格尔的观点，“否定之否定”绝不是在“正”与“反”之间来回交替与轮换，这种关于对立面之间的“纯粹的更替”的认识阶段[⑥]恰

①河上公：《老子道德经河上公章句》，王卡点校，北京：中华书局，1993年版，第298页。

②苏辙：《老子解》，《三苏全书》(第5册)，曾枣庄、舒大刚主编，北京：语文出版社，2001年版，第478页。

③钱锺书：《管锥编》(第2册)，北京：中华书局，1986年版，第463页。

④钱锺书：《管锥编》(第2册)，北京：中华书局，1986年版，第463—464页。

⑤钱锺书：《管锥编》(第2册)，北京：中华书局，1986年版，第464页。

⑥黑格尔：《精神现象学》，先刚译，北京：人民出版社，2013年版，第102—103页。

恰是要超越的一个过站，而“否定之否定”从根本上讲，是超越于对立面之间的这种简单化的“颠倒”的，因为这只是一种“恶循环”（正——反——正——反……），而“否定之否定”则意味着扬弃了对立面的这种无穷的纠缠，它把对立面内化为自身的一个构成环节，它超越了与对立面之间的矛盾冲突了，一切外在于它、对立于它的因素都最终是供其享受与消化的“财富”了，换言之，它已经战胜了一切“外在”、“非我”的存在而绝对地返回其自身了[①]。所以，“否定之否定”不能简单化地理解为“负负得正”这样的数学公式。在“否定之否定”里，倘若非要按“正”与“负”来讲，第一个“否定”就是指区别于“正”的“负”，第二个“否定”则是指针对着“负”的扬弃活动。“正”恰恰通过对于自身的对立面的扬弃活动来实现其自己，最终是达到用自身去融摄对方的统一体[②]。这样的运动过程是区别于“正”与“负”之间的来回轮替的，而是“否定的无限性之扬弃，这就是转回到自身，是自身关系”[③]。因此，“否定之否定”仅仅意味着一种“自身关系”，那个“他者关系”（“负”）已经被扬弃了，已经属于过去时了。所以，“否定之否定”代表着矛盾对立的解决阶段，反之，仅仅停留于“反正为反，反反复正”这种简单公式里的认识，尚达不到真正的辩证法的最终阶段，因为它仅仅认识到对立面的相互交替，尚不能完成两者之间的融合。黑格尔揭示了这种认识的局限性：“一个规定不可分离地要引出另一个，但只是交替的。这两种规定的统一和对立之矛盾停滞在哪里，哪里也就有了这种交替的表现，即无限的进展。”[④]这里所谓“两种规定”就相当于“正”与“负”，所谓“只是交替的”，就相当于只是停留在“正”与“负”之间来回循环的认识阶段。但真正的辩证法恰恰要超越这种表面化的对立关系，超越这种对立面之间的无限反转，

---

①黑格尔：《精神现象学》，先刚译，北京：人民出版社，2013 年版，第 502 页。

②关于“否定之否定”的一个案例是《精神现象学》第一章对于“这一个”的三段式分析：“它被设定为这一个东西，但真正被设定的却是一个他者，换言之，‘这一个’已经被扬弃了。在这之后，他者存在或对于‘这一个’的扬弃重新遭到扬弃，因此返回到起初的‘这一个’。但是，折返回自身的‘这一个’与起初的‘这一个’并不完全是同一个东西，确切地说，它不再是一个直接事物，而是一个折返回自身的事物，或一个在他者存在中保持不变的单纯东西：一个作为无限多‘这时’的‘这时’，而这才是真正的‘这时’。”由此可见，“否定之否定”的本质是一种自我提升的运动，而非单纯的重复，它作为统一体出现区别于最初的存在。见黑格尔：《精神现象学》，先刚译，北京：人民出版社，2013 年版，第 67 页。

③黑格尔：《逻辑学》（上卷），杨一之译，北京：商务印书馆，1966 年版，第 150—151 页。

④黑格尔：《逻辑学》（上卷），杨一之译，北京：商务印书馆，1966 年版，第 151 页。

因为这种对立面之间的“反”与“复”仅仅是同一层面上的单调重复。

因此，老子本章讲的“正言若反”，必须按照河上公与苏辙的理解为准[①]，它不是一般性地讲“正”与“反”之间的“颠倒交替”的，更不是黑格尔意义上的“否定之否定”，而是讲老子自己的价值观与世俗价值观之间的“颠倒关系”的，质言之，老子认为世俗价值观是错误的，因此要把它“正过来”，这个“正”反而不被世俗理解，被世俗蔑视为“反”。简言之，本章的“正言若反”是一种“价值颠倒”而非一般性的“正反面交替”。

这种“颠倒机制”，也就是庄子讲的“反衍”。“北海若曰：‘以道观之，何贵何贱，是谓反衍。’”(《庄子·秋水》)从“道”的立场讲，矛盾对立关系不是静止的、僵化的、相互割裂的，而是相通为一的、相互沟通、相互转化的，这种相互过渡、相互转化的机制就是“颠倒机制”，也就是此处所言的“反衍”。成玄英疏云：“反衍，犹反覆也。夫贵贱者，生乎妄执也。今以虚通之理照之，则贵者反贱，而贱者复贵，故谓之反衍也。”[②]成玄英的解释是非常准确的，他指出了世俗观念的片面性，即只能静止地、割裂地对待“贵贱”，也就是“妄执”这种表面性的对立；他认为，“以虚通之理照之”，即从“道”的立场讲，从对立面转化融通的道理讲，对立双方是会发生一种反转效应的，即“贵者反贱，而贱者复贵”。老子讲“受国之垢，是谓社稷主；受国不祥，是谓天下王”，正是这种反转效应的具体体现。

因此，正确地认识辩证法的“颠倒机制”，并且把它运用于人生价值的实现过程，那就是一个人的发展道路是需要一条曲折、迂回的过程的，也就是会发生一个“反转”的过程。我们讲“逆境出人才”，或者孟子讲“天将降大任于斯人也，必先苦其心志，劳其筋骨”(《孟子·告子下》)其实也是讲一种“反转”的过程，他列举的“舜发于畎亩之中，傅说举于版筑之间，胶鬲举于鱼盐之中，管夷吾举于士，孙叔敖举于海，百里奚举于市”的事迹恰恰都是“贱者复贵”的轨迹。良好的社会机制，就体现在这种“贵者反贱，而贱者复贵”的阶层流动性、高下畅通性。正确地把握这种“颠倒机制”，就能让我们“不戚戚于贫贱，不汲汲于富贵”，保持一种高远的胸襟与长远的视野，就不会鼠目寸光，只计较于一时之贵贱得失，而是能够“富贵不能淫，贫贱不

①憨山大师也是如此解。他说：“柔若无为，乃合道之正言，世俗以为反耳。”见憨山：《老子道德经解》，梅愚点校，武汉：崇文书局，2015 年版，第 154 页。

②郭象、成玄英：《庄子注疏》，北京：中华书局，2011 年版，第 317 页。

能移，威武不能屈”。原因无他，一切都是会发生变动的，高下、贵贱、强弱、忧患与安乐，等等，都会发生一种奇妙的颠倒作用。毫无疑问，老子是深刻地领会到这一辩证法的精髓的，而孟子更是把它提升为一种“浩然正气”。

总之，领悟了“正言若反”的道理，我们就能够坚持自我，独立不倚，达观地看待社会上贵贱贫富的变迁，而不需要趋众附势，更不需要同流合污。同时，领会辩证法的“颠倒机制”，也能增强一种内在的自信力，积极地创造条件以改变命运，不因为一时的羞辱、挫折而灰心，更不因别人一时的飞黄腾达而躁竞，而是埋头于积蓄力量，最终达到“贱者复贵”的反转目的。

七十九章[①] “怨”难解而“善”难为

和大怨，必有余怨，安可以为善？

是以圣人执左契，而不责于人。故[②]有德司契，无德司彻。

天道无亲，常与善人。

通常关于本章的理解，常常陷入一些细节性的争论，比如“左契”“右契”之类[③]。但实质上，本章的核心内容却常常被忽略了。本章实质上是在批判世俗的利益之争的。所谓“和大怨，必有余怨”，可谓目光如炬，是在揭露名利场里的尔虞我诈的严重弊端的，因此这句话不是泛泛而言的，而是针对着名缰利锁里的世人之间表面“和大怨”而实则“必有余怨”的本质，即是说，他们追名逐利的本性决定了其矛盾冲突的必然性，即使他们一时和解，也是一种假象罢了。这就等于说，一旦陷入利益之争，就必然陷入一种难解的“怨”。“安可以为善？”这就是说，深陷于利益之争中的人，是无所谓“善”的，也就别想“为善”。简言之，老子这两句话的意思是：名利场中怨无尽，是非圈里无好人。笔者曾闲读杜甫诗集至《秋草五首》其二：“衰老甘贫病，荣华有是非。”[④]此“荣华有是非”五字足以与本章语义相通，可谓英雄所见略同。凡世间“荣华”之获取，必然伴随着“是非”，也就必然难免于“怨”。由此五字，亦可知老杜于世相之洞见！

霍布斯针对这种“人人相互为战”的局面也讲过：“是和非以及公正与不公正的观念在这儿都不能存在。没有共同权力的地方就没有法律，而没有法律的地方就无所谓不公正。”[⑤]而实质上，即使有共同权力，即使有法律，也会因为利益而扭曲，所以，“公正”与否就仅仅某一立场的产物。

---

①本章文本主要采用王弼本。

②王弼本无“故”字，其他版本多有“故”字，据帛书本加之。

③郑良树：《老子新论》，上海：上海古籍出版社，2011 年版，第 283—284 页。

④仇兆鳌：《杜诗详注》(第 4 册)，北京：中华书局，1979 年版，第 1733 页。

⑤霍布斯：《利维坦》，黎思复、黎廷弼译，北京：商务印书馆，1985 年版，第 96 页。

老子认为,所有这种围绕着利益的"争"从根本上都具有不义性,因此主张一种"不争之德",所谓"圣人执左契,而不责于人"就是要求不要与民争利。但统治者常常是陷入与民争利的局面而难以自知的,也就是"无德司彻"。"有德司契,无德司彻"的根本区别,无非是"利己"还是"利他"的关系。最后,老子提出"天道无亲,常与善人"的命题,这个命题是价值学命题,所谓"天道无亲"就是指天道没有偏私之心,因此它自然就是那些心怀自私自利者的对立面,它当然就代表着"善人"的本性。此"善人"并不是首句所指的陷入利益恩怨之中的"安可以为善"的那种"善",那种"善"实质上是"伪善",顶多是表面和气而已。此"善人"之"善",就是"不争之德",不是纯粹地"为己存在",而是竭力地"为他存在"。因此,本章体现了老子一贯的价值立场与批判态度。

关于"天道无亲,常与善人",有人从通常的道德报应的角度来理解①,虽不无道理,但似乎仍难免于从功利性的层面看问题。我们反复强调,老子是主张"不争之德"的,而一切"争"都是围绕着"利"的;因此,老子的"不争之德"与"善人"都只有从超越于"利"的层面去理解,才能获得正解;也就是说,这里的"天道无亲,常与善人",并不能从一般性的获得实惠、好报之类去理解,而是应该从价值学,从精神境界的提升与解放的高度去理解。

这一点,可以联系一下康德的道德与果报的论述。康德明确地讲:"道德学根本就不是关于我们如何谋得幸福的学说,而是关于我们如何配当幸福的学说。"②这话什么意思呢?这话就是讲,我们追求道德修养并不是指望着有什么幸福的结果,或者是以获得幸福为目的,而是纯粹地以提升自己的道德水平配得上该有的幸福为尺度;言外之意,我只要单纯地提高自己的道德境界而问心无愧就行了,至于事实上能不能真的获得幸福,这不是我所关心的范围。康德认为,人是有限的存在,能不能单靠其个人努力就保障其幸福,这是拿不准的。"依照世界中单纯的自然进程,与德性价值精确切合的幸福是无法期待的,是被看作不可能的,于是这一方面的至善可能性只有在设定一个道德的世界创造者时才能够得到承认。"③康德是从很严苛的角度讲,意思是,人只是凡夫俗子,只能尽到自己的天职本分,

①刘笑敢:《老子古今》(上卷),北京:中国社会科学出版社,2006年版,第767—771页。

②康德:《实践理性批判》,韩水法译,北京:商务印书馆,1999年版,第142页。

③康德:《实践理性批判》,韩水法译,北京:商务印书馆,1999年版,第158页。

尽力地去完善自己，至于能不能获得回报那就属于上帝的事情了。康德甚至说：“自然在我们看来像继母一样，仅仅供给我们为达到我们的目的所必需的能力。”[①]这就是说，“自然”作为“继母一样”的存在，是很严苛的，她并不保障我们就有好的结局，“仅仅供给达到我们的目的所必需的能力”，就意味着并没有保障最终能够“达到我们的目的”。康德最后说：“在这里，我们竭尽我们理性的全力也只有一个晦暗和无绪的未来前景，世界统治者只让我们猜测，不让我们瞥见……于是真正德性的、直接奉献于法则的意向就能够发生了，理性的创造物能够配当分享至善，后者是与他个人的道德价值而不单单与他的行为相切合的。”[②]所以，康德心目中的道德法则是无条件的自律，它并不保障绝对的好报，甚至说，它根本就不具有这种奢望。比较老子与康德，我们认为，在超越功利性的层面，两人是一致的，都把最高的价值追求放置在超越于世俗享受与物质利益的另一领域。康德讲：“德性意向的动力必须是超脱一切感性条件的。”[③]这句话对于老子也是基本适用的。但另一方面，康德讲道德律虽然很崇高，但字里行间总是有一种悲怆的气息，有一种“知其不可而为之”的孤往精神，不乏一种冷峭彻骨的峻拔；而老子显然要更为从容闲雅，对于“道”的自信力要更为充足，“天道无亲，常与善人”就体现出了这种自信。

倘若再联系黑格尔的论述，在道德与回报方面，黑格尔就要更为理性一些。黑格尔明确认为康德的“好人不一定得好报”或“好人不求好报”带有一定的虚假性。因为，康德毕竟预设了某种不确定的、偶然性的因素，也就是不可控制的彼岸，这样它总是不完满的，总是一种非现实的存在。[④]黑格尔认为，只有实现出来的东西才是真实的东西，不能客观化的东西就是虚假的东西；因此，不要悬空地假设什么“至善”“道德自律”之类。“‘世界历史’在原则上可以全然不顾什么道德，以及议论纷纷的什么道德和政治的区分……而且要把个人完全置之度外，置之不论。”[⑤]在理论自信方面，黑格尔倒是近乎老子：“理念深信它能实现这个客观世界与它自身之间

---

①康德：《实践理性批判》，韩水法译，北京：商务印书馆，1999年版，第160页。
②康德：《实践理性批判》，韩水法译，北京：商务印书馆，1999年版，第161页。
③康德：《实践理性批判》，韩水法译，北京：商务印书馆，1999年版，第82页。
④黑格尔：《精神现象学》，先刚译，北京：人民出版社，2013年版，第374—378页。
⑤黑格尔：《历史哲学》，王造时译，上海：上海书店出版社，2006年版，第62页。

的同一性。——理性出现在世界上，具有绝对信心去建立主观性和客观世界的同一，并能够提高这种确信使成为真理。理性复具有一种内在的冲力，把那据它看来本来是空无的对立，复证实其为空无。”①由此可知，黑格尔不是从单个人的角度去谈幸福与道德的回报比问题，而是超越于个别性、偶然性，从理性、普遍性来谈其必然合一，更严格地说，黑格尔是从主观性与客观性的必然合一来谈相关问题。进而来说，黑格尔根本就不在乎个别性的幸福问题②，认为人生的目标就不在此，而是追求绝对理念。

由此可见，在超越个人的幸福层面，在设定人生目标方面，老子、康德、黑格尔都表现出超越于世俗层面的倾向，都带有一定的超功利性。因此，从世俗果报的角度来理解他们的宗旨，可能是不得其要的。黑格尔说：“一切有关纯粹功利的东西、外部的事物等等，都应该被排除于哲学的探讨之外。”③这句话对于三人的价值追求而言，是最好的表述。当然，相比于老子与康德，其直面现实、改造现实之心更切，也最具理性的自信力。相比而言，老子更多的是从价值学的立场讲的，是从消解现实争斗的初衷讲的；而黑格尔更多的，是从矛盾斗争的积极作用讲的，他是坚信辩证法的和解力量才是最后获胜的，但这一力量的拥有者就只能是理性本身。从根本上说，老子怀有对于“道”的自信，而黑格尔则具有“理性”的自信，但老子的“道”与黑格尔的“理念”具有各自不同的内涵，两者的立场也是不同的。

①黑格尔：《小逻辑》，贺麟译，北京：商务印书馆，1980年版，第410页。
②黑格尔：《小逻辑》，贺麟译，北京：商务印书馆，1980年版，第143页。
③黑格尔：《法哲学原理》，范扬、张企泰译，北京：商务印书馆，1961年版，第300页。

八十章　老子的“理想国”

小国寡民。使有十百[1]人之器而不用，使民重死而不远徙。虽有舟舆，无所乘之；虽有甲兵，无所陈之。使民复结绳而用之。甘其食，美其服，乐其俗，安其居。邻国相望，鸡犬之声相闻，民至老死不相往来。

这一章所描述的或许就是老子心目中的“理想国”。

这样的国家有什么特点呢？首先是规模小，“小国寡民”嘛。但是，统治阶级与被统治阶级的差异已经出现了，或者说仍然保留着老子时代已经日益加剧的阶级分化。“使有十百人之器而不用，使民重死而不远徙”，这里的“使”字就体现了统治者的行政干预作用。两个“使”字句却涉及经济与政治两大根本：第一，降低劳动生产率；第二，严格控制人口流动，做好居民的情绪稳定工作。“民重死”是“民不畏死”的反面，“民重死”就是怕死惜生，就会贪恋生命；“民不畏死，奈何以死惧之”（第七十四章），就会铤而走险，可以想见“民重死”就会服从管理，老老实实。“重死”的对立面换个讲法，也就是“轻死”。“民之轻死，以其求生之厚，是以轻死。”（七十五章）这就是“官逼民反”了。“不远徙”，简直就类似后世所谓的户籍制了，应该是进行严格的地域人口控制，不让大量的民众聚集于某地，这就避免了聚众闹事的可能性。而且，还要严格限制百姓的国际交流，家庭住户之间虽然接邻而居，但是不能互通有无，这就类似后世的“闭关锁国”政策了吧。

在“甘其食，美其服，乐其俗，安其居”的和平盛世的景象背后，是武装力量的存在。“虽有甲兵，无所陈之”，“甲兵”还是要有的，只是不给施展的机会，也就是尽量避免战争，尽量不诉诸武力。那为什么不是“终无甲兵，无所陈之”呢？所以，既然“有甲兵”，毕竟是要留一手的。当然，能够做到让老百姓“甘其食，美其服，乐其俗，安其居”，也是有积极意义的，毕竟和平

---

①王弼本作“什伯”，今据帛书改。见杨丙安：《老子古本合校》，杨雯整理，北京：中华书局，2014 年版，第 348 页。

盛世相比于战争频繁还是要好上无数倍。更何况，张养浩曾一句话道破天机："兴，百姓苦；亡，百姓苦。"

这里，单就经济思想而言，老子的观念也显然是有问题的。"使有十百人之器而不用"("十百人之器"，就是能抵得上十倍百倍的人力生产效率的工具[①])，"虽有舟舆，无所乘之"，这就是故意不让百姓享受技术进步带来的便利嘛！那还要它们存在干什么？从老庄哲学的角度讲，机械发明与利用会导致民心不古，进而民智开窍就会产生种种难以预料的问题。庄子就讲了"抱瓮老人"的故事，明明可以利用"槔"以节省人力提高效率，却偏偏"抱瓮"而费力费时。这个老人针对质疑有一个答复："吾闻之吾师，有机械者必有机事，有机事者必有机心。机心存于胸中，则纯白不备。纯白不备，则神生不定。神生不定者，道之所不载也。吾非不知，羞而不为也。"[②]这大概就是传统视科技发明为"奇技淫巧"的思想根源吧！

老子的治国思想恰恰是"堵"而不是"疏"，是"隔"而不是"通"的。他也不是不知道科技发明的便利之处，但他担心伴随着科技发明就会带来民心思变的后果。从统治者的立场上来说，老百姓费时费力地从事繁重的劳动生产，自然就没有足够多的余暇余力去胡思乱想或胡作非为。而科技进步必然促进生产效率的提高，必然在一定程度上解放了劳动者的头脑与身体，令其有自由时间、剩余精力去干些别的勾当，给统治者带来很多不必要的麻烦。

另一方面来看，老子的治国术实际上就是"治心术"。他认为民众欲望与心智开启是联系在一起的。欲望是恶的根源，最好的办法就是消除欲望，而消除欲望的根本在于心智淳朴，没有"机心"，这样就不会有分别心、计较心，就不会心理失衡产生不平、不忿的冲动，自然也就不会惹是生非了。"使民复结绳而用之"，就是让老百姓维持极其低下的文明程度。

就本章而言，老子的治国方略完全是站在统治者的立场上，是从管理便利的角度来讲的，实际上只考虑统治管理的成本效益，而丝毫没有顾及老百姓的自身权益与生存质量。乃至说，为了自身管理方便、统治省心，宁可让老百姓放着技术发明而不用，偏偏让老百姓费时费力地埋头劳作而无

---

①陈鼓应：《老子今注今译》，北京：中华书局，2003年版，第346页。

②郭象、成玄英：《庄子注疏》，北京：中华书局，2011年版，第235页。

余暇余力制造麻烦。总而言之,老子本章的思想观念是需要批判的。他的治国思路无非就是:降低劳动生产率,降低文明程度,降低人口聚集规模,降低百姓欲望追求,加强区域分割与控制,禁止国际往来而闭关自守。这样,他心目中的和平盛世、长治久安实则只是维持一个长期低水平低效率的生活层次。

当然,除了本章之外,老子还有更多的论述是心系民生的,是站在老百姓的立场上说话的。因此,对于老子的言论与主张也需要有所辨别,而非一概而论。而且,老子之主张"小国寡民",或许是由于看到了现实中"大国兼并"的战争痛苦,故其初衷也许并不坏。

八十一章　从“颠倒律”到“道德律”

信言不美，美言不信；善者不辩，辩者不善；知者不博，博者不知。

圣人无[①]积，既以为人，己愈有；既以与人，己愈多。

天之道，利而不害；圣人之道，为而不争。

这一章的内容很丰富。老子这里充分展示了辩证法的“颠倒律”：(1)诚实的语言不华丽，华丽的语言不实际，这就是语言形式与其内容的颠倒；(2)良善者不巧辩，巧辩者不良善，这就是人的内质与其外在的颠倒；(3)明慧者不求广博，广博者未必通达，这是智慧见地与其学问广博的颠倒；(4)不重占有而一心利人，反而愈加富有，这就是自我价值实现与其行事取径的颠倒。在更高的层面上，则是专门“为他”而不“为己”的高尚情怀。所谓“利而不害”，即主善济万物；所谓“为而不争”，即主努力而不牟利。这对于道德建设与境界提升实在是大有激励作用。我们说，理论总是要有一个价值指向的，是助人向善，还是引人堕落，这是一个很值得关注的维度。在这个角度上，老子的《道德经》最终还是指引人向上一路，因此，说老子总是消极无为，也是不够公允的。至少就本章来说，其激浊扬清的道德意识是很强烈的。

但是，我们也要看到，不能把老子讲的“颠倒律”一味放大。比如语言的形式与内容的关系，是否就是绝对背反的？这句话至少对于文学审美是一个相当大的伤害。因为文学的本质属性就在于“美言”的创造。自古以来，就有哲学与文学的复杂纠葛。柏拉图就说：“哲学与诗歌之间的争吵古已有之。”[②]认为诗人是说谎者，应该逐出理想国。北宋道学家乃有“作文害道”[③]之论，亦堪比较。宋代道学家对于文学的指责，在一定程度上与以下论述比较一致：“诗怂恿欲望、因而也怂恿意志。它为了满足欲望怂恿生

---

①“无”，常亦作“不”。见杨丙安：《老子古本合校》，杨雯整理，北京：中华书局，2014 年版，第 354 页。

②柏拉图：《柏拉图全集》(第 2 卷)，王晓朝译，北京：人民出版社，2003 年版，第 630 页。

③程颐、程颢：《二程集》(上卷)，北京：中华书局，2004 年版，第 239 页。

产或以满足来定义完满。哲学则倡导克制欲望或将欲望转化，使之与智能的完满相协调。”[①]周敦颐在评价音乐时，即是从欲望的角度讲：“乐者，古以平心，今以助欲；古以宣化，今以长怨。”[②]但是，艺术的作用恰恰就是“兴发感动”，就是要具有情感的感染力。有趣的是，许多指责诗歌的哲人也往往忍不住要作诗，或者表现出诗兴的冲动。老子与柏拉图，一方面都指责“美言”，但另一方面恰恰又都是“美言家”，《道德经》的语言节奏与韵律尤其具有诗的形式特征。关于修辞学，培根曾经为之辩护而批驳柏拉图：“我们不得不说，柏拉图是非常不公正的。他把修辞学只当作是浮华的技艺，看作跟烹饪术类似，只会毁坏健康的食品，或用各种各式的调料来弥补不健康的食品，满足人们的口舌之谈……我们看到，言语多用在装点善行善德，而不是用于粉饰罪恶。因为人们的言谈比起他们的行为或思想还要真诚一些。”[③]“总而言之，我们不能以‘文过饰非’来责难修辞学，就好像不能因为诡辩术而责难逻辑学一样，或因为罪恶而责难道德学一样。因为我们知道这些表面对立的学说研究的内容是相同的，但是人们对它们的使用却不相同。”[④]这种关于修辞学的辩护与老子的主张可谓针锋相对。

至于“知者不博，博者不知”，则可能涉及到两种学术风格的差异。苏辙说：“有以一贯之，则无所用博。博学而日益者，未必知道也。”[⑤]这就是指出了“以一贯之”的重思想条理的一种学人与“博学而日益”的重学问积累的另一种学人，前者有思想家的特点，后者则是学问家的趋势。用以赛亚·伯林的话讲，前者是“刺猬型”专攻一计，后者是“狐狸型”善于多闻[⑥]。这里需要讲的是，不管是哪一种类型，都是必要的，都具有其存在的价值，两者之间应该相互补充、相互促进，而不是相互蔑视、相互排挤。至于一些人拿“知者不博，博者不知”来讥讽学人之见识浅陋，甚至得出徒学无益、越学越傻的结论，则此已经不须多言，因为这已经是价值观的扭曲了。不说别的，单就老子《道德经》而言，所涉及的内容“博”不？那么，老子算是“知

---

①罗森：《诗与哲学之争》，张辉译，北京：华夏出版社，2004年版，第22页。

②周敦颐：《周子通书》，徐洪兴导读，上海：上海古籍出版社，2000年版，第37页。

③培根：《学术的进展》，刘运同译，上海：上海人民出版社，2007年版，第130页。

④培根：《学术的进展》，刘运同译，上海：上海人民出版社，2007年版，第131页。

⑤苏辙：《老子解》，《三苏全书》（第5册），曾枣庄、舒大刚主编，北京：语文出版社，2001年版，第480页。

⑥伯林：《俄国思想家》，彭淮栋译，南京：译林出版社，2003年版，第25—26页。

者”还是“博者”？

另外，“善者不辩，辩者不善”也往往容易有偏差。《论语》也讲“刚毅木讷，近仁”，又讲“巧言令色，鲜矣仁”，这也往往容易打击到善辩之士。实际上，古今中外都有很多出色的雄辩家、修辞家，是不是个个都“不善”？这就不能不结合具体情况而轻易设下如此“宏大判断”。实际上，《论语》里就批评“使于四方，不能专对”[①]的情况，言外之意就是说，能够“专对”是必要的本领，这就要有一定的“辩”的技能。因此，类似这样的“颠倒律”是不可不谨慎使用的。否则，必然得出“知识越多越反动”的谬论，或者把“专”与“红”硬是分裂开来、对立起来，这就打击了相关人才。

①杨伯峻：《论语译注》，北京：中华书局，2009年版，第133页。

附录 “异在论”的语词来历与理论基础

近年来，为了满足当代中国理论创新的需要，笔者一直在尝试建构一套自认稍有新意的思想体系，即“异在论”。“异在论”简单地说，就是以“异的共在”为价值追求的理论。它以“自身与他者”的并建关系为主轴，以异阶性、平阶性、异类间性等一系列新创范畴为范畴群，目的是实现“本体层面”的价值论革新，即为了改变通常的一元本体论的独断格局，在“本体层面”引入“异的存在”，弃一元独专而趋求多元共存。但是，“异在论”又不同于一般的多元论，因为理论上讲“异在论”要比之更源始，“多元”尚应以“异的共在”为基础。作为一套新理论体系，“异在论”当然有其理论背景与来源出处。本文的主要目的就是讲“异在”这个常人稍显生疏的词语的学术来历，以及产生“异在论”思想体系的文化土壤。

一、关于“异在”一词

“异在”这个词，在日常汉语中并不常用。这个词的最早出现，应该源自中国哲学界对于黑格尔哲学术语的翻译。代表了老一代“黑学”研究水平的张世英主编的《黑格尔辞典》收了这个词①，冯契主编的《哲学大辞典》也收了这个词②，此外，杨祖陶先生在其专著中亦收了这个“词条”③。“异在”本是德语 Anderssein 的中译词，这个德语词还有其他不同的译法，比如杨一之翻译《逻辑学》(俗称《大逻辑》)就翻译为“他有”④，邓晓芒讲《精神现象学》则翻译为“他在”⑤，先刚新译的《精神现象学》又翻译为“他者存在”⑥。值得注意的是，马克思《1844 年经济学哲学手稿》的刘丕坤译本把

①张世英：《黑格尔辞典》，长春：吉林人民出版社，1991 年，第 292—294 页。
②冯契：《哲学大辞典》(分类修订本)，上海：上海辞书出版社，2007 年，第 95 页。
③杨祖陶：《康德黑格尔哲学研究》，武汉：武汉大学出版社，2001 年，第 455—458 页。
④黑格尔：《逻辑学》(上卷)，杨一之译，北京：商务印书馆，1966 年，第 112 页。
⑤邓晓芒：《黑格尔〈精神现象学〉句读》，北京：人民出版社，2014，第 307 页。
⑥黑格尔：《精神现象学》，先刚译，北京：人民出版社，2013 年，第 23 页。

这个词翻译为“异在”[①],后来的不同中译修订本(“马恩”全集本[②],《1844年经济学哲学手稿》单行本[③]、“马恩”文集本[④])也都沿用了这个译法。另外,卢卡奇的《历史与阶级意识》的中译本也有“异在的既定性”或“异在的东西”[⑤]的讲法。

这个 Anderssein 到底是什么意思呢?简言之,它就是“异于自身的存在”,或者说,是与“自身存在”相对的“他者存在”。因此,理解这个词的根本,是从“自身与他者”的关系入手,是基于两者的“相异”来考察。

笔者真正关注这个词,一个重要的原因就是注意到马克思《1844年经济学哲学手稿》反复念叨这个词[⑥]。马克思之所以念叨这个词,主要是针对黑格尔《精神现象学》最后一章的一句话:“自我意识……在它的异在(Anderssein)本身里就是在它自己本身里。”[⑦]这句话不仅是《精神现象学》全书的文眼,而且是整个黑格尔哲学体系的点睛之笔。青年马克思确实抓住了黑格尔哲学的核心与精髓。这句话是什么意思呢?简言之,就是把“他者存在”、“异己存在物”理解为“自己本身里”的东西。一切异于自身的存在,并不是漠不相关的外在物,而是内在于自身内部的否定性,是自身经由一番运动而产生了这一切“他者存在”。黑格尔认为,客观世界的存在并非如常人所理解的那样是独立的外在的东西,相反,它是概念思维的产物,我们的目的就在于消除它的“陌异感”,使之有“家园感”。黑格尔说:“正如宗教和宗教崇拜在于克服主观性与客观性的对立,同样科学,特别是哲学,除了通过思维以克服这种对立之外,没有别的任务。认识的目的一般就在于排除那与我们对立的客观世界的生疏性,如人们所常说的那样,使我们

---

①马克思:《1844年经济学哲学手稿》,刘丕坤译,北京:人民出版社,1979年,第124页。

②中共中央马克思恩格斯列宁斯大林著作编译局:《马克思恩格斯全集》(第3卷),北京:人民出版社,2002年,第322—337页。

③马克思:《1844年经济学哲学手稿》,中共中央马克思恩格斯列宁斯大林著作编译局译,北京:人民出版社,2000年,第103—118页。

④中共中央马克思恩格斯列宁斯大林著作编译局:《马克思恩格斯文集》(第1卷),北京:人民出版社,2009年,第207—222页。

⑤卢卡奇:《历史与阶级意识》,杜章智、任立、燕宏远译,北京:商务印书馆,1999年,第195、299页。

⑥据笔者统计,马克思在短短几页中共重复了8次“异在”。或许它作为德语词原本平常字眼,却引起了我的理论警觉,并由此逐渐建立“异在论”。

⑦黑格尔:《精神现象学》(下卷),贺麟、王玖兴译,北京:商务印书馆,1979年(2010年重印本),第293页。

居于世界有如回到老家之感。这就无异于说，把客观的世界导回到概念，——概念就是我们最内在的自我。”[①]这段话堪称是对于“在它的异在(Anderssein)本身里就是在它自己本身里”这句话的注解。作为人类的异己者，大自然就是他者，必须完成对这个他者的征服。黑格尔认为，人类的一切努力就在于化“陌生”、“异在”的客观世界如同“在家”、“回家”。

但是，“家园”的营造是有弊端的。由“生”到“熟”，这是人类征服世界、使之变成“家园”的过程。这个过程的完成使得大自然损失惨重，动植物失去了独立性，变成了人类的宠物与花园里的花草。因此，这一过程是自然界的“祛异”过程。“异”的丧失，导致人类的生活失去了他者的制衡，人类的生活也日益失去了刺激。“家”待久了，就“熟地无风景”了，人们就要另外去探索“异域”、“异乡”、“异地”。然而，现在连珠峰、南极也日益变成了“熟地”。这样，我们就必须要经历一番由“熟”返“生”的过程，恢复自然的“野”，消除人为的种种痕迹。这种“熟而后生”的境界似乎黑格尔并不懂得，但中国道家以及受此影响的中国艺术家一向懂得并注重于这方面的追求。

由黑格尔的哲学语境，可知“异在”就是“他者存在”或“异于自身的存在”，因此，“异在”是一个与“自身存在”构成对应关系、对立关系的概念。但是，笔者仍要进一步改造“异在”概念的基本内涵，这是因为它是一个偏指向他者的概念，容易造成单向度的片面。笔者认为，必须从“自身与他者”的双向运动、双向维度来使用“异在”概念。这就是说，“异在”概念在笔者这里，是强调“自身与他者”的“相异存在”。“相异”即是指双方之间的“异”，一方面“自身异于他者”，“自身存在”是“他者存在”的“异在”；另一方面，“他者异于自身”，“他者存在”是“自身存在”的“异在”。任何离开一方而单讲另一方的观念，都是片面的，就难免陷入“独在”，也就是抽象的存在，可简称“虚在”；只有把两者结合起来讲，只有从两者的“相异而相依”讲，某一方的存在才是具体的存在，可简称“实在”。比如说“世间有没有鬼”这个问题。“鬼”首先作为观念物存在于某个人的头脑中、语言中，这就是单方面的存在，它缺乏他者的验证与规定，故它是“虚在”。这种“虚在”还区别于绝对的“不存在”，因为它毕竟存在于某些人的头脑中、语言中。

①黑格尔：《小逻辑》，贺麟译，北京：商务印书馆，1980年，第378页。

除了“异在”这个概念，还有“异在性”概念。近年来这两个概念在学界中已经有人使用。具体到文艺学领域而言，“异在”或“异在性”的使用与马尔库塞的美学思想[①]联系得比较紧密。比如，金永兵的《论马尔库塞艺术的异在性思想》[②]，董学文、盖生的《论文学理论的异在性》[③]，黄文杰的《论马尔库塞审美形式的异在效应》[④]，张公善、徐岱的《从“异在”到“异态”：生活诗学的伦理维度》[⑤]，这些论文都是基于马尔库塞理论或至少借鉴了马尔库塞的观点。除了文艺学领域，其他领域也涉及到“异在”或“异在性”的概念，主要涉及到列维纳斯的他者理论[⑥]。学界对这些概念的使用各有其个人性的理解，因此在概念的界定上并不统一。笔者之使用“异在性”也如同“异在”一样，是出于双向维度的强调，是在“自身与他者”的“相异存在”基础上，强调两者的“相互区别性特征”以及“相互关涉性”，简单地说，“异在性”就是“相异相关的共在性”。这与马尔库塞强调艺术对现实的“大拒斥”、“分离”、“反抗”等“否定性”功能并不一致，也与列维纳斯强调“他者性”[⑦]或“他性”存在着差异。笔者认为，在“自身与他者”的双向维度下，偏于“自身”或偏于“他者”都是一种理论片面性的表现，只有把两者结合起来，只有从两者的共在性、相异性着眼，才能获得较为公允的结论。

二、异在论的理论来源

笔者的“异在论”作为一套理论体系，肯定有其理论来源。从直接的思想启发处讲，黑格尔的“异在”概念以及马克思对其的批判，这是“异在论”命名的源头。但是，真正深入下去，“异在论”的最基本的思想内涵实际上与中国传统思想，尤其是与先秦思想联系在一起。

国人经常挂在口头的一句话是“和为贵。”那么，“和”的基础是什么？倘若我说“和”的基础乃是“异”，是否会令人惊诧？请少安勿躁，先看几则

---

①马尔库塞：《审美之维》，李小兵译，桂林：广西师范大学出版社，2001年，第66—70、181、197页。

②金永兵：《论马尔库塞艺术的异在性思想》，《蒲峪学刊》1997年，第4期。

③董学文、盖生：《论文学理论的异在性》，《求索》2003年，第4期。

④黄文杰：《论马尔库塞审美形式的异在效应》，《西北大学学报》(哲学社会科学版)2005年，第2期。

⑤张公善、徐岱：《从“异在”到“异态”：生活诗学的伦理维度》，《中国社会科学院研究生院学报》2008年，第3期。

⑥孙向晨：《面对他者——莱维纳斯哲学思想研究》，上海：上海三联书店，2008年。

⑦杨春时：《他者性的美学：超越性与主体间性的变异》，《陕西师范大学学报》(哲学社会科学版)，2012年，第6期。

古人主张“和而不同”的材料。

其一是《国语·郑语》中，史伯与郑桓公的对话：

> 公曰：“周其弊乎？”对曰：“殆于必弊者也。《泰誓》曰：‘民之所欲，天必从之。’今王弃高明昭显，而好谗慝暗昧；恶角犀丰盈，而近顽童穷固。去和而取同。夫和实生物，同则不继。以他平他谓之和，故能丰长而物归之；若以同裨同，尽乃弃矣。故先王以土与金木水火杂，以成百物。是以和五味以调口，刚四支以卫体，和六律以聪耳，正七体以役心，平八索以成人，建九纪以立纯德，合十数以训百体。出千品，具万方，计亿事，材兆物，收经入，行姟极。故王者居九畡之田，收经入以食兆民，周训而能用之，和乐如一。夫如是，和之至也。于是乎先王聘后于异姓，求财于有方，择臣取谏工，而讲以多物，务和同也。声一无听，色一无文，味一无果，物一不讲。王将弃是类也而与剸同。天夺之明，欲无弊，得乎？”①

其二是《左传·昭公二十年》中，晏子答齐侯的话：

> 齐侯至自田，晏子侍于遄台，子犹驰而造焉。公曰：“唯据与我和夫！”晏子对曰：“据亦同也，焉得为和？”公曰：“和与同异乎？”对曰：“异。和如羹焉，水、火、醯、醢、盐、梅，以烹鱼肉，燀之以薪。宰夫和之，齐之以味，济其不及，以泄其过。君子食之，以平其心。君臣亦然。君所谓可而有否焉，臣献其否以成其可。君所谓否而有可焉，臣献其可以去其否。是以政平而不干，民无争心。故《诗》曰：‘亦有和羹，既戒既平。鬷嘏无言，时靡有争。’先王之济五味，和五声也，以平其心，成其政也。声亦如味，一气，二体，三类，四物，五声，六律，七音，八风，九歌，以相成也；清浊、小大，短长、疾徐，哀乐、刚柔，迟速、高下，出入、周疏，以相济也。君子听之，以平其心。心平，德和。故《诗》曰：‘德音不瑕。’今据不然。君所谓可，据亦曰可；君所谓否，据亦曰否。若以水济水，谁能食之？若琴瑟之专一，谁能听之？同之不可也如是。”②

其他还有一些材料。比如《论语·子路》中，孔子说：“君子和而不同，小人

①徐元诰：《国语集解》，王树民、沈长云点校，北京：中华书局，2002年，第470—473页。

②杨伯峻：《春秋左传注》(第4册)，北京：中华书局，1981年，第1419—1420页。

同而不和。"[①]又比如苏轼《答张文潜县丞书》说:"文字之衰,未有如今日者也。其源实出于王氏。王氏之文,未必不善也,而患在于好使人同己。自孔子不能使人同,颜渊之仁,子路之勇,不能以相移。而王氏欲以其学同天下!地之美者,同于生物,不同于所生。惟荒瘠斥卤之地,弥望皆黄茅白苇,此则王氏之同也。"[②]

把以上几则材料联系起来看,不难发现这之中的一个共同立场:反对"同"。表面上看,"同"的对立面似乎是"和",中国古代的"和"的理念大抵由此而来。但实质上,真正与"同"构成对立关系的是"不同",即"异"。所谓"同",就是"单一"而无"他",好比"以水济水";而所谓"和"就在于有"他"的积极参与,即"以他平他"。史伯、晏子的话语更多的是从政治上讲,孔子是从做人上讲,苏轼则兼讲了政治与文章。孔子反对"同"的比较详细的话主要还是这一段:

> 子贡问曰:"乡人皆好之,何如?"子曰:"未可也。""乡人皆恶之,何如?"子曰:"未可也;不如乡人之善者好之,其不善者恶之。"[③]

"皆好之"、"皆恶之"的弊端就在于"同",而"善者好之,其不善者恶之"则是有了对立面的区分,这个区分就是"异"。老子《道德经》虽然重"玄同"[④](这个"玄同"正是笔者要批判的),但是他显然也知道"同"的弊端:"天下皆知美之为,美斯恶已;皆知善之为,善斯不善已。"[⑤]

这种"皆同"、"俱同"而无"他"的情况,黑格尔有个比喻:黑夜中母牛尽黑。[⑥] 黑格尔还批判"纯黑暗"与"纯光明"的虚而不实,因为"纯黑暗"与"纯光明"都只是"单一"的"同",光明与黑暗只有与异于己的对立面相结合才是具体的。同理,"纯天真无邪"也应该受批判,因为它也是"俱同"而无"异"。[⑦] 类似"纯……"的东西,都是"纯自身"的东西,都是与"异"隔断联系的"同",它就是死寂的、不可知、不可言的东西。某个东西只有接受他者

---

①杨伯峻:《论语译注》,北京:中华书局,2009年,第140页。

②苏轼:《苏诗文集》(第4册),孔凡礼点校,北京:中华书局,1986年,第1427页。

③杨伯峻:《论语译注》,北京:中华书局,2009年,第140页。

④辛战军:《老子译注》,北京:中华书局,2008年,第217页。

⑤辛战军:《老子译注》,北京:中华书局,2008年,第7页。辛战军对该句的点读与通常不同,一般标点是:"天下皆知美之为美,斯恶已;皆知善之为善,斯不善已。"

⑥黑格尔:《精神现象学》,先刚译,北京:人民出版社,2013年,第10页。

⑦黑格尔:《逻辑学》(下卷),杨一之译,北京:商务印书馆,1976年,第62—63页。

的规定，与他者建立关系，它才是具体的存在。

中国古代的反“同”思想可以概括为“相异相济”、“相异相生”原理。这就是说，必须有“他”的存在，必须借助于“他”，“自”的存在才能实现出来。“声一无听，色一无文，味一无果，物一不讲”，是从反面讲没有“他”来相济的必然后果。同时，这个原理运用在政治学、认识论，就是“相异相制”原理，“制”就是“限制”、“制衡”。从政治上讲，就是强调他者的制约作用，避免“剸”（“自专”）的局面。从逻辑学讲，就是某样东西必须接受他者的规定，这个东西才有意义。比如“A 是 A”，就缺乏他者的规定，只是纯自身关系；必须采取“A 是……的 B”的形式，这个命题才有意义，B 就是 A 的他者，它限制了 A 使 A 得以明确。但反过来，B 也在与 A 的关联中激活了自身的存在。因此，A 与 B 是相互依存的关系，这就是“相异相依”。

但是，要实现“相异相济”、“相异相生”、“相异相制”、“相异相依”，就不能在逻辑的开端“单设”一个“纯 X”，或者说，就不能在本体论层面“单设”一个本体，这种“单设”方法实际上是“独体论”。这方面的范例就是谢林。谢林说：“一切知识都以客观东西和主观东西的一致为基础。”①这样，知识活动就是两者的“彼此会合的活动”，“哲学的课题就在于说明这种会合的活动”。② 也就是说，谢林本来一开始就假定了两个相异者，即客观与主观。但是，他紧接着就把相异变成了同一：“在知识活动本身，即当我进行认识时，客观的东西和主观的东西是统一在一起的，以致我们不能说二者当中何者居先。这里既不存在第一位的东西，也不存在什么第二位的东西，两者同时存在，而且是一个东西。”③一方面，谢林清楚地认识到“一切知识似乎都有互为前提和彼此相需的两极”④，但另一方面，他出于直线式思维推演的需要，必须假定一个原点，要由该原点推导出一切。“发现一个点，在这个点上主体与客体直接就是一个东西。”⑤因此可以说，谢林的思维模式就是典型的“独体思维”，他固执地要寻找一个原点，要由这个“独一无他”的“一”出发，来推演出他一开始就预设了的“异”。黑格尔一方面区

①谢林：《先验唯心论体系》，梁志学、石泉译，北京：商务印书馆，1976 年，第 6 页。
②谢林：《先验唯心论体系》，梁志学、石泉译，北京：商务印书馆，1976 年，第 6 页。
③谢林：《先验唯心论体系》，梁志学、石泉译，北京：商务印书馆，1976 年，第 6 页。
④谢林：《先验唯心论体系》，梁志学、石泉译，北京：商务印书馆，1976 年，第 7 页。
⑤谢林：《先验唯心论体系》，梁志学、石泉译，北京：商务印书馆，1976 年，第 30 页。

别于谢林，认识到了把“异”引入、植入于意识自身的必然性，但另一方面，他最终仍落入同一性哲学的窠臼，用“同”来含摄“异”，而所谓“异”被认为是根本上的“同”。“范畴意味着：存在与自我意识就是同一个东西；而所谓同一个东西，并不是比较的相同，而是就其本身说根本是一个东西。只有坏的、片面的唯心主义才重新将这个统一作为意识摆在一边，而另将一个自在摆在另一边与它对立起来。——但是这个范畴，即这个自我意识与存在的单纯的统一，现在在其自身就有差别，因为范畴的本质正就在于：它于他物中或绝对差别中直接与自身相同。因此，差别是存在的，但又是完全透明的，它同时是一个差别而又不是一个差别。”①可见，黑格尔的“异”实质上源于“自身”的，他的“异”从根本上说，既不是“相异”，也不是“相同”，而是“自同”而“自异”，即“自身与自身等同”且“自身异出自身”。黑格尔的哲学原点亦是只有“自身”而无“他者”的，这样，他的哲学原点就依然是“独体”而已。

区别于这种“单设”某一原点的“独体论”，笔者主张“相异并建”原则。所谓“并建”，就是“同时建立”，相异者建立其一则另一亦必然建立起来，不需要假定其一为先而另一为后，即是说，不需要将另一从在先之一中推导出来。这种思想方法亦有中国古代哲学意识做基础。这就是发源于《易传》的“乾坤并建”思想。在解释世界的产生上，在理解宇宙的结构时，《易传》所持的就是“乾坤并建论”与“天地人三才说”。“乾坤并建论”是反对“独”的，认为“独乾”、“独坤”或“独阴”、“独阳”是产生不出来世界的，必须相异者相结合才能产生万物，这就需要“并建”乾与坤、阴与阳这样的相异者。王夫之揭示“乾坤并建”之义说：“易者，互相推移以摩荡之谓。《周易》之书，乾、坤并建以为首，易之体也；六十二卦错综乎三十四象而交列焉，易之用也。纯乾纯坤，未有易也，而相峙以并立，则易之道在，而立乎至足者为易之资。《屯》《蒙》以下，或错而幽明易其位，或综而往复易其几，互相易于六位之中，则天道之变化、人事之通塞尽焉。”②王夫之又说：“大哉《周易》乎！乾、坤并建，以为大始，以为永成……乾、坤并建于上，时无先后，权无主辅，犹呼吸也，犹雷电也，犹两目视、两耳听，见闻同觉也……然则独乾

①黑格尔：《精神现象学》（上卷），贺麟、王玖兴译，北京：商务印书馆，1979年（2010年重印本），第178页。

②王夫之：《船山全书》（第1分册），长沙：岳麓书社，1996年，第41页。

尚不足以始，而必并建以立其大宗，知、能同功而成德业。”[①]由“乾坤并建”方法论，推广开来，则不拘定名。若易“乾”为X，则“坤”为“X之异”；X之为X，即就“自身”而言，而“X之异”即是“他者”。故由“乾坤并建”原则作为方法论来源，可以开发出“自、他并建”原则，“自、他相异”亦如“此、彼相异”，主张相异者并建而立就是“相异并建”原则。

不仅如此，“异在论”还在价值观上亦祖述中国传统观念，此观念即“生生之谓易”。《系辞上》说：“生生之谓易，成象之谓乾，效法之谓坤……”[②]“生生”者，不是“独生”其一而灭其余，而是谋求乾与坤的“共生”、“并生”。乾与坤相互作用，促成一种和谐共在的生存格局：“夫乾，其静也专，其动也直，是以大生焉；夫坤，其静也翕，其动也辟，是以广生焉。”[③]由这种思想观念为基础，则生发出“相异共生”原则，是强调“自、他共生”、“自、他共在”，而反对“独生”、“独在”的单一格局。

综上可知，“异在论”实际上是中西哲学思想会通的新成果。“异在论”的“异在”一词有着黑格尔哲学背景，但对它的重新阐释受到马克思哲学思想的启发，并与马尔库塞、列维纳斯等人的相关概念的理解运用有别。从根本上讲，“异在论”的基本理论仍是源于中国传统思想观念而改造之。在本体论层面，它基于“和实生物、同则不继”等观念，破斥过去那种立本体为“孤体”、“独体”的倾向，主张“相异为体”、“相异为本”、“相异立宗”，强调“相异相依”、“相异相济”、“相异相和”等。在方法论方面，它基于“乾坤并建”方法论，发挥为“相异并建”原则，反对“独建”其一而派生其余的直线式推演模式，“自身与他者”乃是一立而俱立，立“自”则立“他”。在价值论方面，它基于传统“生生”、“大生”、“广生”等观点，发展为“相异共生”原则，强调“自、他共在”而反对“独生”其一而灭其余的生存观念，警戒“相违”，避免“相杀”。可见，“异在论”并未凭空而起，亦非生造新说，而是基于中国传统思想理念的现代转化，由此树立一套系统的理论学说。当然，作为一种新理论，它的构建与论证仍处于起步阶段，并需要经受学界的批判与检验。

---

①王夫之：《船山全书》(第1分册)，长沙：岳麓书社，1996年，第989页。

②黄寿祺、张善文：《周易译注》，上海：上海古籍出版社，2001年，第538页。

③黄寿祺、张善文：《周易译注》，上海：上海古籍出版社，2001年，第541页。

主要参考文献

1. 王弼:《老子道德经注》,楼宇烈校释,北京:中华书局,2011 年版。
2. 严遵:《老子指归》,王德有点校,北京:中华书局,1994 年版。
3. 河上公:《老子道德经河上公章句》,王卡点校,北京:中华书局,1993 年版。
4. 朱谦之:《老子校释》,北京:中华书局,1984 年版。
5. 高明:《帛书老子校注》,北京:中华书局,1996 年版。
6. 高亨:《老子正诂》,北京:清华大学出版社,2011 年版。
7. 杨丙安:《老子古本合校》,杨雯整理,北京:中华书局,2014 年版。
8. 王安石:《王安石老子注辑佚会钞》,上海:华东师范大学出版社,2013 年版。
9. 苏辙:《老子解》,《三苏全书》,曾枣庄、舒大刚主编,北京:语文出版社,2001 年版。
10. 憨山:《老子道德经解》,梅愚点校,武汉:崇文书局,2015 年版。
11. 王夫之:《老子衍》,《船山全书》,长沙:岳麓书社,1996 年版。
12. 黄元吉:《道德经注释》,北京:中华书局,2012 年版。
13. 蒋锡昌:《老子校诂》,上海:商务印书馆,1937 年版。
14. 陈鼓应:《老子注译及评介》,北京:中华书局,1984 年版。
15. 陈鼓应:《老子今注今译》,北京:中华书局,2003 年版。
16. 郭沂:《郭店竹简与先秦学术思想》,上海:上海教育出版社,2011 年版。
17. 古棣:《老子校诂》,长春:吉林人民出版社,1998 年版。
18. 钱锺书:《管锥编》,北京:中华书局,1986 年版。
19. 熊铁基、陈红星:《老子集成》,北京:宗教文化出版社,2011 年版。
20. 彭裕商、吴毅强:《郭店楚简老子集释》,成都:巴蜀书社,2011 年版。
21. 徐志钧:《老子帛书校注》,南京:凤凰出版社,2013 年版。
22. 刘笑敢:《老子古今》,北京:中国社会科学出版社,2006 年版。
23. 郑良树:《老子新论》,上海:上海古籍出版社,2011 年版。

24. 陈梦家:《老子分释》,北京:中华书局,2016 年版。
25. 辛战军:《老子译注》,北京:中华书局,2008 年版。
26. 郭永恩:《关于日本昭和初期〈老子〉思想的研究:主论津田左右吉和长谷川如是闲的〈老子〉研究》,北京:北京大学出版社,2013 年版。
27. 朱晓鹏:《老子哲学研究》,北京:商务印书馆,2009 年版。
28. 董京泉:《老子道德经新编》,北京:中国社会科学出版社,2012 年版。
29. 安乐哲、郝大维:《道不远人:比较哲学视域中的〈老子〉》,何金俐译,北京:学苑出版社,2004 年版。
30. 林光华:《〈老子〉之道及其当代诠释》,北京:中国人民大学出版社,2015 年版。
31. 张艳:《帛书〈老子〉词汇研究》,上海:上海古籍出版社,2015 年版。
32. 董平:《老子研读》,北京:中华书局,2015 年版。
33. 陈剑:《老子译注》,上海:上海古籍出版社,2016 年版。
34. 蒙文通:《道书辑校十种》,成都:巴蜀书社,2001 年版。
35. 郭象、成玄英:《庄子注疏》,北京:中华书局,2011 年版。
36. 郭庆藩:《庄子集释》,北京:中华书局,2013 年版。
37. 王先慎:《韩非子集解》,北京:中华书局,2013 年版。
38. 杨伯峻:《论语译注》,北京:中华书局,2009 年版。
39. 黄寿祺、张善文:《周易译注》,上海:上海古籍出版社,2001 年版。
40. 孙武:《十一家注孙子校理》,曹操等注,杨丙案校理,北京:中华书局,1999 年版。
41. 程颢、程颐:《二程集》,北京:中华书局,1981 年版。
42. 张载:《张载集》,北京:中华书局,1978 年版。
43. 朱熹:《四书章句集注》,北京:中华书局,1983 年版。
44. 黎靖德:《朱子语类》,北京:中华书局,1986 年版。
45. 陆九渊:《陆九渊集》,北京:中华书局,1980 年版。
46. 王夫之:《老子衍》,《船山全书》(第 13 册),长沙:岳麓书社,1996 年版。
47. 梁漱溟:《中国文化要义》,上海:上海人民出版社,2003 年版。
48. 熊十力:《新唯识论》,北京:中华书局,1985 年版。
49. 熊十力:《体用论》,北京:中华书局,1994 年版。
50. 冯友兰:《三松堂全集》,郑州:河南人民出版社,2001 年版。

51. 鸠摩罗什等:《佛教十三经》,中华书局 2010 年版。
52.《大乘起信论校释》,真谛译,高振农校释,北京:中华书局,2016 年版。
53. 韩廷杰:《成唯识论校释》,北京:中华书局,1998 年版。
54. 王素芬、丁全忠:《生态语境下的老子哲学研究》,北京:人民出版社,2016 年版。
55. 张祥龙:《海德格尔思想与中国天道》,北京:生活·读书·新知三联书店,1997 年版。
56. 牟宗三:《圆善论》,长春:吉林出版集团有限责任公司,2010 年版。
57. 牟宗三:《心体与性体》,上海:上海古籍出版社,1999 年版。
58. 牟宗三:《从陆象山到刘蕺山》,上海:上海古籍出版社,2001 年版。
59. 牟宗三:《中西哲学之会通十四讲》,上海:上海古籍出版社,2007 年版。
60. 牟宗三:《政道与治道》,长春:吉林出版集团有限责任公司,2010 年版。
61. 柏拉图:《柏拉图全集》,王晓朝译,北京:人民出版社,2002 年版。
62. 奥古斯丁:《忏悔录》,周士良译,北京:商务印书馆,1963 年版。
63. 马基雅维利:《君主论》,潘汉典译,北京:商务印书馆,1985 年版。
64. 霍布斯:《利维坦》,黎思复、黎廷弼译,北京:商务印书馆,1985 年版。
65. 康德:《纯粹理性批判》,李秋零译,北京:中国人民大学出版社,2004 年版。
66. 康德:《实践理性批判》,韩水法译,北京:1999 年版。
67. 康德:《判断力批判》,邓晓芒译,北京:人民出版社,2002 年版。
68. 杨祖陶、邓晓芒:《康德〈纯粹理性批判〉指要》,北京:人民出版社,2001 年版。
69. 费希特:《全部知识学的基础》,王玖兴译,北京:商务印书馆,1986 年版。
70. 黑格尔:《逻辑学》(上卷),杨一之译,北京:商务印书馆,1966 年版。
71. 黑格尔:《逻辑学》(下卷),杨一之译,北京:商务印书馆,1976 年版。
72. 黑格尔:《小逻辑》,贺麟译,北京:商务印书馆,1980 年版。
73. 黑格尔:《精神现象学》(上卷),贺麟、王玖兴译,北京:商务印书馆,1962 年版。
74. 黑格尔:《精神现象学》(下卷),贺麟、王玖兴译,北京:商务印书馆,1979 年版。
75. 黑格尔:《精神现象学》,先刚译,北京:人民出版社,2013 年版。

76. 黑格尔:《法哲学原理》,范扬、张企泰译,北京:商务印书馆,1961 年版。
77. 黑格尔:《历史哲学》,王造时译,上海:上海书店出版社,2006 年版。
78. 黑格尔:《精神哲学》,杨祖陶译,北京:人民出版社,2006 年版。
79. 黑格尔:《自然哲学》,梁志学等译,北京:商务印书馆,1980 年版。
80. 黑格尔:《哲学史讲演录》,贺麟、王太庆译,北京:商务印书馆,1959 年版。
81. 费尔巴哈:《基督教的本质》,荣震华译,北京:商务印书馆,1984 年版。
82. 马克思:《1844 年经济学哲学手稿》,北京:人民出版社,2000 年版。
83. 马克思:《资本论》(第 1 卷),北京:人民出版社,2004 年版。
84.《马克思恩格斯选集》(第 1 卷),北京:人民出版社,1995 年版。
85.《马克思恩格斯选集》(第 3 卷),北京:人民出版社,1995 年版。
86.《马克思恩格斯全集》(第 30 卷),北京:人民出版社,1995 年版。
87. 叔本华:《作为意志与表象的世界》,石冲白译,北京:商务印书馆,1982 年版。
88. 尼采:《查拉图斯特拉如是说》,钱春绮译注,北京:生活·读书·新知三联书店,2012 年版。
89. 尼采:《权力意志》,孙周兴译,北京:商务印书馆,2000 年版。
90. 尼采:《重估一切价值》,林笳译,上海:华东师范大学出版社,2013 年版。
91. 尼采:《瞧,这个人:人如何成其所是》,孙周兴译,北京:商务印书馆,2016 年版。
92. 海德格尔:《存在与时间》,陈嘉映、王庆节译,北京:生活·读书·新知三联书店,2012 年版。
93. 海德格尔:《路标》,孙周兴译,北京:商务印书馆,2007 年版。
94. 海德格尔:《在通向语言的途中》,孙周兴译,北京:商务印书馆,2004 年版。
95. 海德格尔:《现象学之基本问题》,丁耘译,上海:上海译文出版社,2008 年版。
96. 海德格尔:《形而上学导论》,熊伟、王庆节译,北京:商务印书馆,1996 年版。
97. 萨特:《存在与虚无》,陈宣良等译,北京:生活·读书·新知三联书店,2012 年版。

98. 萨特:《辩证理性批判》,林骧华等译,合肥:安徽文艺出版社,1998年版。
99. 萨特:《存在主义是一种人道主义》,周煦良、汤永宽译,上海:上海译文出版社,2005 年版。
100. 雅斯贝尔斯:《大哲学家》,李雪涛主译,北京:社会科学文献出版社,2005 年版。
101. 拉康:《拉康选集》,褚孝泉译,上海:上海三联书店,2001 年版。
102. 维特根斯坦:《逻辑哲学论》,贺绍甲译,北京:商务印书馆,1996 年版。
103. 列维纳斯:《总体与无限:论外在性》,朱刚译,北京:北京大学出版社,2016 年版。
104. 克劳塞维茨:《战争论》,中国人民解放军军事科学院译,北京:商务印书馆,1978 年版。
105. 马尔库塞:《审美之维》,李小兵译,桂林:广西师范大学出版社,2001年版。
106. 施韦泽:《文化哲学》,陈泽环译,上海:上海人民出版社,2013 年版。
107. 福柯:《主体解释学》,佘碧平译,上海:上海人民出版社,2005 年版。
108. 罗森:《诗与哲学之争》,张辉译,北京:华夏出版社,2004 年版。
109. 彼得·辛格:《动物解放》,祖述宪译,青岛:青岛出版社,2006 年版。
110. 伯林:《俄国思想家》,彭淮栋译,南京:译林出版社,2003 年版。
111. 舍斯托夫:《思辨与启示》,方珊等译,上海:上海人民出版社,2005 年版。